W0375106

CHRONIK DES DDR-SPORTS

Den Umschlag gestaltete
Alexej Brykowski

ISBN 3 - 933544 - 35 - 1
© 2000 by SPOTLESS-Verlag
Alle Rechte vorbehalten
Druck und Weiterverarbeitung:

Es ist Aufgabe der Historiker, „in Erinnerung zu rufen,was andere vergessen haben ... Wir sprechen als Beobachter unserer Zeit und nicht zuletzt als Menschen, deren Ansichten über dieses Jahrhundert von den Ereignissen geprägt wurden, die wir als entscheidend erlebt haben. Wir sind Teil dieses Jahrhunderts. Und dieses ist ein Teil von uns. Dies sollten vor allem jene Leser nicht vergessen, die aus einer anderen Ära stammen, ein Student vielleicht, der zu dem Zeitpunkt, in dem dieses Buch geschrieben wird, gerade seine Universitätslaufbahn beginnt und sogar den Vietnamkrieg für graue Vorgeschichte hält."

Eric Hobsbawm,

(in „Das Zeitalter der Extreme - Weltgeschichte des 20. Jahrhunderts")

Wilhelm Liebknecht hat in seinem „Volksfremdwörterbuch" den Autoren von Chroniken vorgegeben, dass sie „die Begebenheiten ohne Rücksicht auf Wesen, Ursprung und Zusammengehörigkeit, einfach nach der Zeitfolge aneinanderreihen" sollten.

Diese Chronik soll - solcher Empfehlung folgend - ins Bild setzen über die Geschichte des DDR-Sports, die bekanntlich heutzutage gern angefochten und sogar in Frage gestellt wird. Sie zu annullieren, ist allerdings unmöglich. Sie über allem Streit um keinen Preis in Vergessenheit geraten zu lassen, war das Ziel, das sich die Autoren stellten. Ihre Reihenfolge folgt dem Alphabet: Margot BUDZISCH, Professor für Theorie der Körperkultur an der Humboldt-Universität Berlin 1977 bis 1994, Klaus HUHN, Dr. paed.,Journalist, Mitglied des Weltverbandes der Sporthistoriker. Hans SIMON, Dr. sc. paed., Hochschullehrer für Sportgeschichte 1951 bis 1990 an der Deutschen Hochschule für Körperkultur (DHFK) Leipzig. Lothar SKORNING, Dr. paed., Hochschullehrer für Geschichte der Körperkultur 1969 bis 1991 an der Humboldt-Universität zu Berlin. Günther WONNEBERGER, Dr. phil., Prof. für Geschichte der Körperkultur 1967 bis 1991 an der Deutschen Hochschule für Körperkultur (DHFK) Leipzig, Präsident des International Committee for History of Sport and Physical Education (ICOSH) 1971 bis 1983.

Das Quintett bedankt sich bei einer „Hundertschaft“ rühriger Helfer, die vom ehemaligen BSG-Vorsitzenden bis zu heute fungierenden Funktionären, von Trainern bis zu Olympioniken früherer Jahre reichte und auch unzählige Chronisten in Städten und Dörfern in ihren Reihen sah. So entstand das Werk eines Kollektivs, wiewohl man das heute „Team“ zu nennen pflegt.

Der Herausgeber

1945

März: In Berlin wird das „Reichssportfeld" (mit Olympia-Stadion, Sportplätzen und Sporthallen, NSRL-Verwaltungskomplex, einschließlich Olympia-Ausschuß und Internationalen Olympischen Institut) als Bestandteil der „Festung Berlin" zum Kampf gegen die anrückende Rote Armee vorbereitet. Die Führerschaft des NSRL übernimmt entsprechende militärische Funktionen. Hitler-Jungen werden militärisch ausgebildet und in einem Hitlerjugend-Regiment zusammengefaßt. Ein nach „Führerbefehl" aus älteren Männern rektutiertes „Volkssturm"-Bataillon „Reichssportfeld" wird aufgestellt und ausgerüstet. Am 18. März hält Carl Diem, Führer des NSRL-Gaues Ausland und Direktor des Internationalen Olympischen Instituts, vor den auf Kommando Versammelten im großen Saal der Sportakademie eine pathetische Ansprache, in der er das spartanische Vorbild im Kampf gegen die Perser beschwört, zum „Endkampf" auffordert und den „Opfertod fürs Vaterland" mystifiziert verherrlicht, so wie er es in mehreren Orten vorher bereits getan hatte, die er mit Sonderauftrag im „dringenden Reichsinteresse" als Durchhalte-Propagandist bereiste.

21. April: Eine Volkssturmeinheit unter dem Kommando des Reichssportführers Ritter von Halt, zu der auch Carl Diem gehört, versammelt sich in der Nacht im Haus des Deutschen Sports am Olympiastadion in Berlin und wird am Nachmittag nach Grünheide transportiert, wo längs der Autobahn ein Brückenkopf gebildet werden soll. Am Tag darauf zieht man sich in die Müggelberge zurück. Zu den Opfern dieses sinnlosen Einsatzes gehört Arthur Jordan, leitender Mitarbeiter des Olympischen Ausschusses des Deutschen Reiches Gatte der bekannten Wasserspringerin Olga Jensch-Jordan.

28. April: Im Befehl Nummer 1 des „Chefs der Besatzung von Berlin" wird eine Ausgangssperre von 22 Uhr bis 5 Uhr angeordnet. Außerhalb dieser Zeit ist der „Betrieb von Vergnügungsstätten (Kino, Theater, Zirkus, Stadion)" erlaubt.

Bei den letzten Kämpfen um Berlin fällt Hermann Buse, einer der erfolgreichsten deutschen Straßenrennfahrer.

8. Mai: Die bedingungslose Kapitulation des Oberkommandos der Deutschen Wehrmacht besiegelt den Sieg der Antihitlerkoalition und damit die Befreiung Europas vom Faschismus.

Mitte Mai: Leipziger Antifaschisten um Rudolf Friedrich, vor 1933 in der Kampfgemeinschaft für Rote Sporteinheit tätig, sprechen bei der US-Militärverwaltung vor, um die Bedingungen für den Aufbau des antifaschistischen Sports zu erfahren. Sie erhalten keine verbindliche Auskunft.

19. Mai: Die Ortsgruppe Brandenburg/Havel der KPD beauftragt Fritz Lüdemann die „Organisation des antifaschistischen Sports durchzuführen".

22. Mai: Die Funktionäre des 1933 verbotenen Arbeiter-Turn- und -Sportbundes (ATSB) Robert Riedel, Willy Meißner und Fritz Vogel übergeben dem Leipziger Oberbürgermeister Dr. Vierling eine Eingabe zur Vorlage bei der Militärverwaltung. Darin beantragen sie die Rückgabe des 1933 beschlagnahmten Vermögens und der Immobilien, insbesondere der ATSB-Schule in der Fichtestraße, des Verlagshauses und der dazugehörigen vier Wohnhäuser.

23. Mai: Dr. Carl Diem bietet dem Berliner Oberbürgermeister Dr. Arthur Werner an, die „Einrichtungen der Zentralverwaltung des deutschen Sports“ (Reichssportamt, Reichssportfeldverwaltung, Reichsakademie für Leibesübungen, Reichsbund für Leibesübungen) zu leiten, bis andere Entscheidungen getroffen sind.

27. Mai: Auf dem Berliner Hertha-BSC-Platz und in Berlin-Neukölln finden die ersten Fußballspiele mit Genehmigung der Militärkommandanten statt.

30. Mai: Die erste Tagung der Berliner Sportobleute mit 47 Teilnehmern aus allen Stadtbezirken analysiert die Situation des Berliner Sports und berät Maßnahmen zur Auflösung des Berliner NSRL und seiner Vereine, zur Sicherstellung von Sportanlagen und Sportgeräten, zur Bildung von kommunalen Sportgruppen und Sportämtern in den Stadtbezirken.

1. Juni: Dem Dresdner Oberbürgermeister wird ein Antrag zur „Neuorganisierung der Dresdner Alpenvereine“ und wenig später eine Denkschrift zum Sächsischen Bergsteigerbund (SBB) übergeben. Verfasser ist Fritz Petzold, führender Funktionär des SBB.

3. Juni: Sportveranstaltungen in vielen Berliner Stadtbezirken, genehmigt von der Sowjetischen Militäradministration (SMAD), darunter ein 10-km-Lauf „Rund um den Friedrichshain“ und ein Radrennen über 45 km in Berlin-Mitte. Bei einem Fußballspiel in Schöneberg vollzieht Stadtkommandant Bersarin den Anstoß.

10. Juni: In Pirna/Elbe gründen ehemalige Arbeitersportler einen „Zentralverein“ und beginnen mit dem Sportbetrieb.

11. Juni: Die Leipziger Oskar Eisenhardt und Rudolf Friedrich - beide vor 1933 in der Kampfgemeinschaft für Rote Sporteinheit organisiert - beraten mit Robert Riedel - vor 1933 im ATSB - über die Zusammenarbeit beim Sportaufbau.

14. Juni: Robert Riedel trifft sich mit den früheren ATSB-Funktionären Walter Heyne, Willi Meißner, Alfred Mühlheim und Fritz Vogel.
Im Berliner Stadtbezirk Prenzlauer Berg wird die öffentliche Badeanstalt Oderberger Straße wiedereröffnet.

Mitte Juni: Leipziger Arbeitersportler aus der früheren Kampfgemeinschaft für rote Sporteinheit übergeben einen offenen Brief an die Führungskräfte anderer früherer Arbeitersportorganisationen. Darin schlagen sie das gemeinsame Wirken für eine einheitliche antifaschistische Volkssportbewegung vor.

21. Juni: Das am 7. Juni gebildete Berliner Stadtsportamt tritt zu seiner ersten Sitzung zusammen. Der Magistrat hatte folgende Leitung berufen: Franz Müller, Vorsitzender des früheren Arbeiter-Sport- und Kulturkartells, Max Preuß, Stadtoberturnrat, 1933 gemaßregelt, Hans Mickinn, Sportredakteur, 1934 zu lebenslänglicher Zuchthaushaft verurteilt, Hans Sobeck, Fußballauswahlspieler und Rundfunkansager, Otto Schippke, Mitglied der Reichsleitung der oppositionellen Arbeitersportler, Arno Kölblin, deutscher Meister und Europameister der Profiboxer im Schwergewicht, Dr. Carl Diem, Generalsekretär der Olympischen Spiele 1936, Karl Kosel, Vorsitzender der Freien Turnerschaft Berlin, Arthur Priefert, Leiter der Handball-, Hockey- und Tennissparten der oppositionellen Arbeitersportler, Frieda Trampe, Sportlehrerin. Der Vorsitzende teilte mit, daß das Reichssportamt sowie die öffentlichen Einrichtungen des NSRL aufgelöst sind. An der Sitzung nahmen auch Vertreter des Berufssports teil, die die Forderung erheben, die weit verbreiteten „wilden Schaukämpfe und das Rummelboxen" künftig zu kontrollieren. Eine Aufsicht, gebildet aus Vertretern des Stadtsportamtes und des Berufssports, soll die Kontrolle ausüben. Zu Beginn der Tagung wurde der Opfer des Faschismus gedacht.
24. Juni: Auf dem Berliner Wannsee findet die erste Segelregatta statt.
25. Juni: Im Leipziger Sportamt diskutieren Vertreter früherer Sportorganisationen aller politischer Richtungen die Gründung eines „Deutschen Volksbundes für Leibesübungen". Ihnen wird mitgeteilt, daß die US-amerikanische Militärbehörde keinerlei Sportbetrieb zulassen werde.
29. Juni: In vielen Städten und Gemeinden der Sowjetischen Besatzungszone werden Sportausschüsse oder Sportämter gegründet.
In Kitscher (Kreis Borna) setzen sich Fußballspieler im Streit mit dem Baron von Armin um einen Platz im Schloßpark durch.
1. Juli: Die frühere Galopprennbahn Berlin-Karlshorst wird als Trabrennbahn eröffnet. 40.000 Berliner kommen zur Eröffnung. In sieben Rennen starten insgesamt 50 Pferde.
In Berlin-Pankow veranstaltet das Stadtbezirkssportamt ein Jugendsportfest mit dem Fußballspiel Pankow-Heinersdorf (2:1) als Höhepunkt.
6. Juli: Die „Richtlinien für den Wiederaufbau der Sportbewegung in Berlin" werden vom Sportamt veröffentlicht.
7. Juli: Im Berliner Eisstadion am Friedrichshain findet der erste geschlossene Kampfabend der Berliner Amateurboxer statt.
In Dresden folgen über 800 Wanderer und Bergsteiger aus allen früheren Organisationen dem Aufruf der Organisationsleitung antifaschistischer Bergsteiger zur Teilnahme an einer Gedenkveranstaltung für die Opfer des Faschismus.
Der sowjetische Militärbefehlshaber für das Gebiet von Rostock erlaubt in seinem Befehl Nr. 3 „in den Städten und Dörfern... Sportplätze und Schwimmhallen wieder in Betrieb zu nehmen".

14. Juli: Im Sportheim am Leipziger Palmgartenwehr (Heilige Brücke) findet eine Beratung antifaschistischer Sportler statt, zu der im Namen des „provisorischen Ausschusses der antifaschistischen Sportler in Leipzig" Robert Riedel (SPD) und Erich Quade (KPD) eingeladen hatten. Dabei wird mit Empörung zur Kenntnis genommen, daß der Sportdirektor der Leipziger Stadtverwaltung begonnen hat, den Sportbetrieb - unter Umgehung der Antifaschisten - mit aufgelösten NSRL-Vereinen zu organisieren.

15. Juli: Nach dem Einmarsch der sowjetischen Truppen in Leipzig wird ein Befehl zur Normalisierung des Lebens erlassen, in dem die Tätigkeit von Sportorganisationen und Sportveranstaltungen gestattet werden.

Mitte Juli: In Wismar treffen sich Soldaten der Roten Armee mit Jugendlichen zum Fußballspiel.

Der sowjetische Stadtkommandant von Rostock stellt Lebensmittel für die Teilnehmer an einem Sportfest zur Verfügung.

23. Juli: Carl Diem hält auf dem Reichssportfeld in Berlin Sportlehrgänge ab und benutzt dabei den Namen der Berliner Universität.

29. Juli: Sportfest in Neukölln mit 6000 Teilnehmern zur Ehrung Werner Seelenbinders. Die Gedenkrede hält Stadtrat Ottomar Geschke. Das Stadion erhält den Namen Werner Seelenbinders, seine aus Brandenburg überführte Urne wird beigesetzt.

In Leipzig erklärt der sowjetische Kommandant, General Trufanow, daß Sportorganisationen bestehen können, wenn sie sich den „Berufsverbänden" anschließen, womit entsprechend sowjetischer Praxis die Gewerkschaften gemeint sind. Mitarbeiter des Sportamtes glauben jedoch, der General habe vom Berufssport gesprochen und sind verunsichert.

Im Stadtbad Weißer Hirsch in Dresden-Bühlau findet ein Schwimmfest statt.

31. Juli: Eine Verlautbarung der SMAD gestattet „antifaschistische Jugendkomitees" bei den Bürgermeistereien zu bilden, die zunehmend Sport, Spiel und Wandern in ihre Aktivitäten einbeziehen.

Sportliche Wettkämpfe in Freital organisiert vom Antifa-Jugendausschuß.

2. August: Unterzeichnung des Potsdamer Abkommens, in dem die Bedingungen der Alliierten für die Entmilitarisierung und Entnazifizierung Deutschlands sowie für eine Entwicklung als friedlicher demokratischer Staat enthalten sind.

5. August: In Berlin-Tempelhof findet ein Frauensportfest statt. Welte (Spandau) gewinnt den Dreikampf (Kugelstoßen, 100 m, Weitsprung). Treptow veranstaltet ein Sportfest, bei dem auch Tennis-Schaukämpfe ausgetragen werden.

6. August: Im Rundschreiben Nr. 4 des Berliner Hauptsportamtes sind 19 Sportarten verzeichnet, die in Berlin organisiert betrieben werden.

14. August: In Jena ruft das Sportamt die Sportler auf, „wieder aktiv" zu werden.

15. August: Leipziger NSRL-Vereine bereiten die Bildung eines eigenen Verbandes vor, dem später gegründete Arbeitersportvereine beitreten sollen.

In Berlin treffen sich 70 ehemalige Mitglieder des Touristenvereins „Die Naturfreunde“ (TVDN) und gründen zwei Sparten ihrer Organisation.

21. August: Schulung von Sportfunktionären aus den Stadtbezirken durch das Berliner Hauptsportamt.

24. August: Auf Befehl der sowjetischen Militärkommandantur ordnet der Leipziger Oberbürgermeister an, alle Sportvereine endgültig aufzulösen, ihr Vermögen sicherzustellen und als neuen Sportdirektor Bruno Plache einzusetzen, dem die Wiederaufnahme und Durchführung des Sportbetriebes obliegt. Stellvertreter von Plache wird Robert Riedel,

1. September: Sportfeste in Brandenburg und Rostock.

2. September: Großes Volkssportfest auf dem Berliner „Exer“.

15. September: Der Berliner Magistrat fragt bei der Alliierten Kommandantur an, wie die im britischen Sektor genehmigte Wiedergründung des als NSRL-Vereins ursprünglich aufgelösten Sportclubs Charlottenburg (SCC) zu bewerten ist. Diese Praxis gefährde die Durchführung der bisherigen alliierten Anweisungen und werde zu unterschiedlichen Regelungen in den vier Sektoren führen.

16. September: Erster Kegelwettkampf in Berlin.

21. September: Die Abteilung Kultur und Volksbildung in der mecklenburgischen Landesverwaltung fordert Klarheit für die Organisierung des Sports, da zum Teil die Meinung verbreitet sei, nur Jugendliche unter 21 Jahren dürften Sport in organisierter Form betreiben.

23. September: Der sowjetische Militärkommandant von Leipzig spricht ein Sportverbot für die ganze Stadt aus. Er reagiert damit auf Versuche, NSRL-Vereine zu erhalten. Dem Antifa-Jugendausschuß werden sportliche Aktivitäten gestattet, die dieser vom Sportamt organisieren läßt; neben Sportspielen und Wanderungen finden auch „Badeabende“ für Schwimmer statt.

25. September: Das Polizeipräsidium Dresden weist eine Neuregelung des Vereinswesens an: „1. Alle Dresdner... Vereine sind aufgelöst... 2. Der Neuaufbau beginnt mit dem 25. September 1945...“ Zur Realisierung werden bestehende Sportgruppen von den Sportämtern erfaßt; die Liste umfaßt schließlich Gruppen in fast 30 Sportarten, darunter auch Wandern und Bergsteigen.

28. September: Die Landesverwaltung Mecklenburg erläßt „Richtlinien für die Organisierung antifaschistischer Sportgruppen“, in denen die Auflösung aller früheren und neu entstandenen Sportvereine angeordnet wird. Unter Verantwortung von kommunalen Sportämtern werden „sportliche

Interessengruppen" gestattet, die im „Geist demokratischer Erneuerung" arbeiten.

30. September: Erstes Fußballstädtespiel. Im Berliner Mommsenstadion gewinnt Berlin gegen Wittenberge 6:3.

Im Berliner Mommsenstadion findet vor 3000 Zuschauern der Leichtathletikausklang statt, an dem auch zwei US-Amerikaner teilnehmen. Den 3000-m-Lauf gewinnt nach hartem Kampf Brinckmann (Charlottenburg) vor Rehn (Neukölln) und Crane (USA). Das Speerwerfen gewinnt Smith (USA) mit 52,30 m.

September: In den Berliner Stadtbezirken beteiligen sich an den Rundenspielen um die Stadtmeisterschaften im Fußball, Handball und Hockey 518 Mannschaften.

2. Oktober: Eine Streitschrift gegen Maßnahmen der SMAD, die von Vorsitzenden ehemaliger NSRL-Vereine verfaßt wurde, gibt Anlaß zu polizeilichen Untersuchungen, bei denen illegale Versammlungen und Materialien festgestellt werden. Vier Führer früherer NSRL-Vereine werden verhaftet, darunter Dr. Wilhelm Schomburgk, vor 1945 führender Funktionär des Deutschen Tennisbundes,

7. Oktober: Die erste Berliner Tennismeisterschaft gewinnt Göpfert.

10. Oktober: Das Alliierte Kontrollratsgesetz Nr. 2 verbietet alle Organisationen des NS-Regimes, darunter als Nr. 43 den Nationalsozialistischen Reichsbund für Leibesübungen, dem sämtliche deutsche Sportorganisationen angehörten.

14. Oktober: Ein Straßenrennen über 50 km wird als erste Berliner Radsport-Meisterschaft nach Kriegsende ausgetragen. Sieger: Erich Zawadski.

18. Oktober: Der Aufruf zur demokratischen Schulreform, gemeinsam von KPD und SPD herausgegeben, fordert die antifaschistisch-demokratische Umgestaltung des Schulwesens und setzt damit auch Maßstäbe für den Inhalt der zukünftigen Körpererziehung der Schüler.

3. November: Der Landesjugendausschuß Mecklenburg wird gegründet. Er fördert besonders den Jugendsport, wodurch der Einfluß der Jugendausschüsse auf den Sport insgesamt stark zunimmt, Zentrum dieser Bestrebungen ist Greifswald, wo Manfred Ewald wirkt.

4. November: Erste Profiboxveranstaltung in Kliems Festsälen in Berlin-Neukölln, genehmigt vom zuständigen USA-Stadtkommandanten. Im Hauptkampf triumphiert Paul Wallner über Jakob Schönrath

10. November: Das Berliner Sportamt Schöneberg veranstaltet die ersten Amateurboxkämpfe. Die Presse kritisiert die hohen Preise für Ringplätze: 3,30 RM.

18. November: Hallenschwimmfest im Stadtbad Charlottenburg. Höhepunkt ist das Duell über 100 m Kraul zwischen dem in 1:05,2 min siegreichen Bernhard Schlüricke (Neukölln) und Otto Kedziora (Kreuzberg).
19. November: Die Alliierte Kommandantur von Berlin läßt folgende Sportarten bei den Sportämtern zu: Volleyball, Basketball, Hockey, Rugby, Fußball, Schlittschuhlaufen, Tennis, Kegeln, Angeln, Kindergymnastik, Körpergymnastik. Alle anderen Sportabteilungen sollen innerhalb 72 Stunden aufgelöst werden. Das Berliner Hauptsportamt hatte zu diesem Zeitpunkt bereits 29 Sportarten registriert: Fußball, Handball, Hockey, Tennis, Leichtathletik, Männerturnen, Frauenturnen, Kinderturnen, Radfahren, Schwimmen, Segeln, Rudern, Kanu, Boxen, Ringen, Jiu-Jitsu, Wandern, Schach, Tischtennis, Basketball, Rugby, Kricket, Faustball, Bergsteigen, Freikörperkultur, Angeln, Kegeln, Wintersport, Rollschuhlauf.
21. November: Fußballauswahlspiele in Berlin: Ost-West 3:3, Nord-Süd 2:1.
8. Dezember: Als Auftakt einer Reihe von Kulturveranstaltungen treffen sich in Dresden-Wölfnitz Bergsteiger, Wanderer und der Dresdner Bergsteigerchor. Ähnliche Treffen finden später in Dobritz, Strießen, Pieschen, Loschwitz, Radebeul, Hellerau, Stretch und Tolkewitz statt.
17. Dezember: Die Direktive Nr. 23 des Alliierten Kontrollrates "Beschränkung und Entmilitarisierung des Sportwesens in Deutschland" verbietet die vor der Kapitulation bestehenden sportlichen Organisationen aller Art und verfügt ihre Auflösung. Demokratische Organisationen und Sportverkehr auf Kreisebene werden gestattet. In mehreren Orten veranlassen sowjetische Kommandanturen verstärkte Kontrollen, Einschränkungen und auch zeitweilige Sportverbote.
20. Dezember: Eine Berliner Eisschau wird gegründet.
Dezember: In Berlin sind 25.000 Sportler in den kommunalen Sportgruppen erfaßt.
Erhebungen zur Sportstättensituation, die im Verlaufe des Jahres vielerorts durchgeführt worden waren, lassen die Folgen des Krieges erkennen. Beispiele - Berlin: von 416 Turnhallen sind 301 zerstört; Erfurt: keine der 18 Turnhallen ist zweckentsprechend nutzbar; Rostock: 26 Segel- und Motorboote sind verbrannt; Dresden: 22 Sportplätze werden „anderweitig“ genutzt. Fast überall werden intakt gebliebene Turnhallen als Notunterkünfte oder Lagerhallen verwendet, Sportplätze oftmals als Gartenland genutzt.

1946

5. - 6. Januar: Eine Landeskonferenz für Sachsen-Anhalt berät Fragen der Sportentwicklung. Dabei kommt es zu scharfen Angriffen antifaschistischer Sportfunktionäre auf den Vertreter der Landesregierung.
12. Januar: Der Alliierte Kontrollrat erläßt die Direktive Nr. 24 „Entfernung von Nationalsozialisten und Personen, die den Bestrebungen der Alliierten feindlich gegenüberstehen, aus Ämtern und verantwortlichen Stellungen". Dazu werden ausdrücklich alle „Amtsträger" des NSRL gerechnet.
12. Januar: Die SMAD in Thüringen erläßt die Anordnung Nr. 11: Die Leitung des Sports wird dem „Landesamt für Kommunalwesen" übertragen und schließt die Kontrolle des Jugend- und Schulsports ein.
14. - 16. Januar: Sportfunktionäre aller Länder und Großstädte der SBZ treffen sich auf Initiative des Hauptsportamtes in Berlin zum Erfahrungsaustausch. Festgestellt wird, daß die Folgen des Krieges die Sportentwicklung stark behindern, daß aber sowohl vom kommunalen Sport als auch von Jugendausschüssen große Anstrengungen unternommen werden, neue Sportstrukturen zu schaffen.
26. Januar: Im Berliner Sportpalast wird die erste Eiskunstlaufveranstaltung nach Kriegsende durchgeführt.
27. Januar: Erstes Städtespiel im Handball. Bernburg schlägt Berlin-Pankow mit 17:5.
Januar: In Mecklenburg verständigen sich Vertreter der Sportämter und der Antifa-Jugendausschüsse darauf, die Direktiven der Alliierten schnell und konsequent auszuführen, wobei den Jugendausschüssen eine besondere Verantwortung zukommen soll.
1. Februar: Die Alliierte Kommandantur von Berlin präzisiert ihre Anordnung vom 19. November 1945 und legt fest, daß vorläufig keine Sportvereine gegründet werden dürfen, aber zusätzliche Sportarten betrieben werden können, sofern das Komitee für Erziehungswesen einen entsprechenden Antrag genehmigt.
18. Februar: Dresdner Bergsteiger erneuern das Bergrettungswesen. Ein erster Lehrgang für Berg-Samariter findet statt.
Februar: In Leipzig wird das im September 1945 erlassene generelle Sportverbot aufgehoben, nachdem das Sportamt alle Bedingungen der SMAD zur Liquidierung der NSRL-Vereine und die Sicherstellung der Sportstätten und -geräte erfüllt hat.
7. März: Gründung der Freien Deutschen Jugend (FDJ) als überparteiliche Massenorganisation. Die zahlreichen Sportgruppen der antifaschistischen Jugendausschüsse werden übernommen und damit aus ihrer bisherigen kommunalen Bindung herausgelöst.

7. März: Die SMAD Leipzig genehmigt den Sportbetrieb für zehn Sportarten, die in der Alliierten Berliner Richtlinie vom 19. November 1945 enthalten sind.

10. März: Der FDJ-Landesvorstand Mecklenburg wird in Schwerin gegründet. Seine Sportabteilung unter Karl-Heinz Bunge gewinnt junge Funktionäre aus den Sportämtern für den FDJ-Sport und erreicht bei der SMAD die Übertragung der Gesamtverantwortung für den Sport im Lande. Ältere Sportler stehen dieser Entwicklung zum Teil ablehnend gegenüber.

17. März: Im Endspiel um den Berliner Fußballpokal schlägt Wilmersdorf Tempelhof 2:1.

22. März: Die Deutsche Zentralverwaltung für Volksbildung beantragt bei der SMAD die Errichtung eines Referats für Sport. Dem Antrag wird nicht stattgegeben.

19. April: 30.000 Zuschauer im Stadion Berlin-Gesundbrunnen bei Städtespielen. Im Fußball bezwingt Berlin die Mannschaft aus Dessau mit 2:1, im Handball gewinnt bei den Männern Berlin gegen Weißenfels 10:0 und bei den Frauen Berlin gegen Weißenfels 9:0.

21. - 22. April: Vereinigung von KPD und SPD zur SED. Im „Manifest an das deutsche Volk“ wird der „Aufbau einer antifaschistisch-demokratischen Republik“ postuliert und auf das weitere Ziel einer sozialistischen Gesellschaftsordnung mit „voll entfalteter Demokratie“ orientiert. Der Jugend wird die Förderung von Wandern, Tanz und Spiel zugesichert.

April: An einem Lehrgang des Leipziger Sportamtes nehmen mehr als 50 Funktionäre aus allen vier Besatzungszonen teil. Oberbürgermeister Zeigner referiert über „Sport und Politik“.

26. Mai: Der Berufssport nimmt zu. Im Stadion Neukölln erleben 30.000 Zuschauer ein Stunden-Mannschaftsrennen. Sieger: Bresching/Zerm, die das beachtliche Stundenmittel von 39,5 km erreichen.

Bei den Berufsringern endet das Duell zwischen dem Artisten Kleska-Behrens und Kley 7:7.

Mai: Die Dresdner Antifaschistische Touristenbewegung (ATB), zu der auch die Verwaltung von Naturfreundehäusern und Bergsteigerhütten gehört, wird vom Sportamt der Stadt nicht mehr als Sportart anerkannt. Die folgende Umorganisation zur „Einheitstouristenbewegung“ (ETB) löst die Probleme nicht.

8. - 10. Juni: Das I. Parlament der FDJ beschließt in Brandenburg die „Grundrechte der jungen Generation“. Darin sind das Recht auf Freude und Frohsinn formuliert und die Forderungen nach Entwicklung des gendanderns und des „ausgleichenden Jugendsports“ sowie nach Jugendherbergen, Sportanlagen und Bootshäusern.

9. Juni: Der ehemalige Radrennfahrer und inzwischen erfolgreiche Berufsboxer Conny Rux erringt bei der 7. Veranstaltung der Berufsboxer seinen vierten k.o.-Sieg.
Neukölln wird durch einen 4:1-Sieg Berliner Hockeymeister gegen Westend.
16. Juni: Das Radrennen „Rund um Berlin" (153 km) für Berufsfahrer setzt eine alte Tradition fort. Sieger: Karl Wiemer.
17. Juni: Die Leipziger SMAD genehmigt zusätzliche Planstellen für das Leipziger Sportamt.
17. Juni: In einem Wahlaufruf zu den Gemeindewahlen in der SBZ fordert der SED-Parteivorstand auch eine verstärkte Sportförderung. Dazu werden in weiteren Richtlinien konkrete Maßnahmen vorgeschlagen.
25. Juni: Die Zeitung „Neues Deutschland" tritt zum ersten Mal als Radsportveranstalter auf. 20.000 Zuschauer erleben in einem 100-km-Mannschaftsrennen im Prenzlauer Berg den Sieg des Duos Hoffmann/Jährling.
Im Berliner Friedrichstadt-Palast kommt es zu einem Profiboxskandal. Der ursprünglich vorgesehene Kampf um die deutsche Meisterschaft zwischen Gustav Eder und Herbert Nürnberg kann nicht stattfinden, weil das Hauptsportamt den Kampf wegen „der ungeklärten politischen Vergangenheit Nürnbergs" untersagt. Der in letzter Minute als Ersatzmann verpflichtete Fredy Teichmann ist kein ernsthafter Gegner für Eder, verliert durch k.o. in der 2. Runde. Die empörten Zuschauer, die erhöhte „Meisterschaftspreise" bezahlen mußten, protestieren. Die sowjetische Kommandantur greift ein, läßt den Veranstalter in ihr Büro in der Friedrichstraße abführen und verfügt, daß er eine Geldstrafe von 10.000 RM an die Sozialaktion „Rettet das Kind" zu zahlen hat.
27. Juni: Den Schwimmwettkampf „Quer durch den Weißen See" gewinnt Jule Feicht.
29. Juni: Der „Vorwärts" - Abendzeitung der SED - veranstaltet im Berliner Stadion Mitte sein erstes Sportfest, dessen Reinerlös für die Kinderlandverschickung gestiftet wird. Höhepunkt ist das Handballspiel Polizei Magdeburg - Halle (10:3).
1. Juli: Eine Kommission der Zentralverwaltung für Volksbildung der SBZ unter Vorsitz von Max Preuß legt den Lehrplan für „Körpererziehung" vor. Das Lehrfach erhält einen festen Platz in der Stundentafel der Schule. In der Praxis plagt man sich aber noch mit vielen Unsicherheiten und Mängeln.
7. Juli: In Leipzig wird ein erstes Schwimmsport-Städtetreffen ausgetragen. Die Leipziger Sportler gewinnen gegen die Berliner alle Wettkämpfe, außer im Wasserball.
25. Juli: Der FDJ-Landesvorstand Mecklenburg veröffentlicht seine von der Mecklenburgischen SMAD bestätigten Richtlinien für den Aufbau „einer zentral gelenkten, einheitlichen demokratischen Sportbewegung in-

nerhalb der FDJ", der Sportler aller Altersgruppen beitreten sollen. Folgende Sportarten werden zugelassen: Fußball, Handball, Basketball, Hokkey, Rugby, Leichtathletik, Tennis, Tischtennis, Eishockey, Schwimmen, Gymnastik, Turnen, Kegeln, Schach, Angeln, Rudern.

28. Juli: Das letzte Spiel um die Berliner Fußballmeisterschaft zwischen Wilmersdorf und Prenzlauer Berg wird wegen eines tätlichen Angriffs auf den Schiedsrichter beim Stande von 1:0 abgebrochen. Die Entscheidung in der Meisterschaft war bereits beim 6:1 zwischen beiden Mannschaften am 7. Juli gefallen.

4. August: Die FDJ-Landesleitung Thüringen organisiert einen landesweiten Volkssporttag mit vielfältigem Programm und Gästen aus Sachsen.

In Greifswald werden die 1. Nachkriegs-Leichtathtletikmeisterschaften des Landes Mecklenburg veranstaltet.

8. August: Der Zentrale Kulturausschuß der SED diskutiert das Thema „Sport und Körperkultur". Er empfiehlt den Aufbau einer einheitlichen Sportorganisation und veranlaßt die Ausarbeitung entsprechender Materialien, die danach in einer speziellen Sportkommission beraten werden.

16. - 18. August: Im Rahmen der Sächsischen Sporttage finden in Leipzig vor 40.000 Zuschauern sportliche Wettkämpfe und Vorführungen in mehreren Sportarten statt.

17. - 18. August: Die FDJ-Landesleitung Mecklenburg veranstaltet Wettkämpfe im Fußball, Handball, Schwimmen und Leichtathletik.

24. - 25. August: Berliner Leichtathletikmeisterschaften im Stadion Rehberge mit Teilnahme von Sportlern aus mehreren Ländern der SBZ. Sieger bei den Männern - 100 m: Bert Sumser (Berlin) 11,4 s, Hochsprung: Karl-Heinz Langhoff (Rostock) 1,80 m, Speerwerfen: Rudi Etzold (Neukirchen) 54,87 m; Frauen - 200 m: Siegfriede Dempe (Weimar) 27,9 s.

Berliner Schwimmeisterschaften im Spandauer Südbad. Männer - 100 m Kraul: Bernhard Schlüricke (Berlin) 1:04,6 min, 400 m Kraul: Julius Feicht (Berlin) 5:48,5 min, 100 m Rücken: Gerhard Ringeis (Erfurt) 1:15,6 min; Frauen - 400 m Kraul: Gisela Dziallas (Berlin) 6:20,8 min.

In Dresden findet im Rahmen der Sächsischen Sporttage ein Sportfest statt, dessen Höhepunkt ein Fußballstädtespiel ist. Dresden gewinnt gegen Berlin 6:2.

31. August: In Berlin-Treptow findet die erste Nachkriegsregatta im Rudern und Kanu statt, an der 25 Mannschaften teilnehmen.

31. August - 1. September: Die ersten mecklenburgischen Landesmeisterschaften nach dem Kriege im Schwimmsport finden statt.

August: Nach Angaben des Leipziger Sportamtes sind in der Stadt 17.000 Sportler registriert.

8. - 9. September: Beim Alliierten Militär-Leichtathletiksportfest im Berliner Olympiastadion starten Sportler aus 11 Ländern, darunter die späteren Olympiasieger Emil Zatopek (CSR) und Joseph Barthel (Luxemburg).

14. September: Ein Schulsportfest findet zum Tag des Kindes im Berliner Stadion Stadtmitte statt.

12. Oktober: Die Direktive Nr. 38 des Alliierten Kontrollrats zur „...Bestrafung von Kriegsverbrechern, Nationalsozialisten und Militaristen..." stuft den früheren „Reichssportführer" und alle „Sportbereichsleiter" des NSRL als mutmaßliche „Hauptschuldige" ein. Alle „Amtsträger" des NSRL sowie alle Träger des „SA-Wehrsportabzeichens" sollen überprüft werden.

15. November: Ein Institut für Körpererziehung und Schulhygiene wird an der Berliner Universität gegründet. Unter Leitung von Dr. Carl Diem nehmen neun Sportstudenten die Ausbildung auf.

20. November: Einen Dreistädtewettkampf im Turnen gewinnen in Berlin die Gastgeber vor Greiz und Leipzig.

23. - 24. November: An einem Schwimmvergleichskampf in Berlin nehmen Aktive aus Magdeburg, Erfurt, Leipzig, Halle, Weißenfels, Nordhausen und Eberswalde teil. Herausragende Schwimmerin ist die Leipziger Weltrekordlerin Gisela Graß, die drei Disziplinen gewinnt.

28. - 30. November: Die 4. Tagung des FDJ-Zentralrats befaßt sich mit Sportfragen und beschließt auf der Grundlage der Mecklenburger Erfahrungen Richtlinien zum verstärkten Aufbau von FDJ-Sportgruppen, die neben den kommunalen Sportgruppen entstehen, aber in sportpraktischen Fragen und bei der Wettkampforganisation mit den Sportämtern zusammenwirken sollen. Die von der Sportabteilung der FDJ angestrebte Fußballmeisterschaft der SBZ scheitert an den völlig unterschiedlichen organisatorischen Bedingungen in den Ländern der SBZ.

15. Dezember: In Berlin beginnt die Meisterschaftsrunde im Eishockey mit sechs Mannschaften.

23. - 29. Dezember: Der erste Schachkongreß der SBZ findet in Weißenfels statt.

Dezember: Beim Sportamt Chemnitz sind 6000 Aktive erfaßt.

Dezember: Die erste Zonenbestenliste der Leichtathletik wird von Statistikern erarbeitet und publiziert .

Dezember: In einem Geschäftsbericht des Freien Deutschen Gewerkschaftsbundes (FDGB) für das Jahr 1946 wird gefordert, anstelle der organisatorischen Mehrgleisigkeit des Sports eine selbständige Sportorganisation zu schaffen. Die Bildung gewerkschaftlicher Betriebssportgruppen wird befürwortet, der Werksport früherer Prägung aber abgelehnt.

1947

11. Januar: Dreistädteturnier im Eishockey in Halle mit Gästen aus Leipzig und Berlin. Das Turnier endet mit einem Sieg der Berliner.
16. Januar: Die CDU-Fraktion der Berliner Stadtverordnetenversammlung bringt den Antrag ein, zur Vorbereitung der bevorstehenden Sportvereinszulassung einen „Ausschuß für Leibesübungen" einzusetzen und dem Hauptsportamt lediglich „die Aufsicht und Förderung" zu überlassen.
Januar: Im Berliner Stadtbezirk Prenzlauer Berg sind mehr als 3000 Aktive in Sportgruppen organisiert.
5. Februar: Organisiert von der FDJ beginnen in Oberwiesenthal zonenoffene Wintersportwettkämpfe. Den Riesentorlauf am Fichtelberg gewinnt Kurt Poppa. Im Sprunglauf siegt Heinz Kampf vor Paul Heckel. Weitere Wettkämpfe finden in Altenberg, Geising und auf dem Adelsberg bei Chemnitz statt.
21. Februar: In Frankfurt (Oder) beginnen die Fußballspiele um die Kreismeisterschaft.
Februar: Infolge des sehr strengen Winters und des Mangels an Brennstoffen können viele Schwimmbäder und Schwimmhallen nicht beheizt werden. Die Produktion von Sportartikeln und Sportbekleidung kommt angesichts der bis zu 40 Prozent gesunkenen Industrieproduktion nicht wie vorgesehen in Gang.
22. März: Im Befehl Nr. 66 regelt die Alliierte Kommandantur von Berlin die Zulassung nichtpolitischer Organisationen (Klubs, Vereine, Verbände) und unterscheidet zwischen der Genehmigung für ganz Berlin und den einzelnen Besatzungssektoren. Den deutschen Behörden soll zunehmend Verantwortung übertragen werden.
30. März: In Berlin werden die ersten Nachkriegsmeisterschaften im Waldlauf ausgetragen.
März: Beim Sportamt Berlin-Köpenick sind 21 Ruder-, 18 Segel- und drei Paddelsportgruppen mit insgesamt 2500 Mitgliedern eingetragen.
15. April: Das Leipziger Sportamt berichtet über die illegale Weiterführung des Leipziger Platzvereins, eines Fördervereins des Leipziger Sportclubs (LSC), der 1945 verboten worden war.
15. - 16. April: Auf der 6. Tagung des FDJ-Zentralrats wird die Hoffnung ausgesprochen, daß „Schritte zur Beschaffung von Sportbekleidung und Sportgeräten bald von Erfolg gekrönt sind". Jede Monopolstellung in der Leitung des Sports sei abzulehnen. Es müsse auch damit Schluß gemacht werden, „daß Siebzigjährige der FDJ beitreten, um in den Genuß eines Anglerscheins zu kommen".

19. - 20. April: Die erste Studentenmeisterschaft der SBZ findet in Jena statt. Das Programm beschränkt sich allerdings auf einen 1500-m-Lauf und den Waldlauf.
26. - 27. April: Bei einem Tischtennisturnier in Zeitz treffen Mannschaften aus Altenburg, Leipzig, Naumburg, Weimar und Zeitz aufeinander.
27. April: Das traditionsreiche Straßenrennen Berlin-Cottbus-Berlin wird für Amateure und für Berufsfahrer ausgetragen. Richard Balzer (Berlin) und Hermann Schild (Chemnitz) sind die Sieger.
27. April: In Potsdam beschließen Vertreter von FDJ, Sportämtern und Funktionäre einzelner Sportarten, in der Provinz Brandenburg den Sport zukünftig einheitlich im Rahmen der FDJ aufzubauen.
1. Mai: Die ersten Steherrennen der SBZ finden in Erfurt statt.
4. Mai: In einem ersten Fußball-Interzonenspiel trennen sich die Auswahlmannschaften Berlins und Düsseldorfs im Berliner Olympiastadion 2:2.
4. - 11. Mai: Aus Anlaß der Einweihung einer neuen Sportanlage findet in Dresden-Laubegast eine Sportwerbewoche statt, an der sich Dresdner Sportler verschiedener Sportarten beteiligen.
5. Mai: Die erste Nummer der Zeitung „Deutsches Sport-Echo“ erscheint im Sportverlag Berlin.
11. Mai: Eine Berliner Hockey-Auswahl schlägt eine Thüringen-Auswahl in Jena 4:1.
23. - 26. Mai: Während des II. Parlaments der FDJ finden in Meißen in den Sportarten Fußball, Handball, Tennis, Leichtathletik, Rudern, Faustball, Radsport, Korbball und Gymnastik zonenoffene Wettkämpfe statt. Es ist die erste Veranstaltung dieser Art in der SBZ. Den von der Jugendzeitung „Start“ für die beste Leistung gestifteten Pokal gewinnt der Zehnkämpfer Ernst Schmidt. Das Parlament beschließt Richtlinien zur Schaffung von Erholungsmöglichkeiten der Jugend bei Sport und Touristik und begrüßt die von der SMAD verfügte Fahrpreisermäßigung für Reise-, Sport- und Wandergruppen der Jugend.
19. Juni: Die Leipziger FDJ und die Abteilung Körpererziehung der Stadtverwaltung schließen eine Arbeitsvereinbarung zur gemeinsamen Entwicklung des Sports ab. Dies entspricht der Konzeption, die in Sachsen favorisiert wurde. Die Landesleitung der SED hatte die Bildung gemeinsamer Sportausschüsse empfohlen.
Juni: Der FDJ-Landesvorstand Mecklenburg schätzt die Zahl der sporttreibenden FDJ-Mitglieder auf 25.000.
7. Juli: Die Sportabteilung des FDJ-Landesvorstandes Thüringen teilt allen Sportgemeinschaften mit, daß die SMAD den Aufbau des FDJ-Sports genehmigt hat. Dies soll in Verbindung mit dem kommunalen Sport geschehen. Für die Rasenspiele sollen Landesklassen gebildet werden.

19. Juli: Eine Delegation des Zentralrats der FDJ, zu der unter Leitung Erich Honeckers der Leiter der Abt. Sport, Herbert Geißler, gehört, reist auf Einladung des „Antifaschistischen Komitees der Sowjetjugend" nach Moskau und besucht am 20. Juli die zentrale Sportparade der UdSSR. Im Rahmen einer mehrtägigen Reise finden Aussprachen über die zukünftigen Beziehungen statt. Die Berichterstattung über den „Friedensflug nach Osten" wird vom Zentralrat der FDJ zur Mobilisierung des Jugendverbandes genutzt. Die Sportparade - mit Massenübungen und Schauvorführungen im Stadion - wird hoch gewürdigt und die dabei praktizierte Huldigung Stalins besonders hervorgehoben.

19. - 20. Juli: An den 2. offenen Berliner Leichtathletik-Meisterschaften nehmen Athleten aus der SBZ teil und gewinnen 15 der 28 Titel. Ernst Schmidt triumphiert im Kugelstoßen, Erika Seibt im Speerwerfen.

20. Juli: Das 1. Motorradrennen der Nachkriegszeit findet vor 60.000 Zuschauern auf der Trabrennbahn in Berlin-Karlshorst statt.

26. - 27. Juli: Die für diese Tage geplanten Zonenmeisterschaften im Schwimmen, Springen und Wasserball werden von der Halberstädter Kommandantur verboten, da keine zentrale Genehmigung vorgelegt werden konnte. Die aus 20 Städten der SBZ angereisten Sportler können nur an Schauvorführungen teilnehmen.

2. - 3. August: Die Leichtathletikmeisterschaften des Landes Sachsen werden in Chemnitz und die des Landes Mecklenburg in Rostock ausgetragen.

25. August: Der Berliner Stadtverordnetenausschuß für Leibesübungen beschließt Richtlinien für die Behandlung der Anträge auf Bildung von Sportvereinen und -verbänden gemäß dem Befehl Nr. 66 der Alliierten Kommandantur vom 22. März 1947. Ausgangspunkt ist das Ziel, eine einheitliche Sportbewegung zu schaffen, in der die großen Vereine und die Fachverbände das Rückgrat bilden sollen. Alte Vereinsnamen sollen nur in Ausnahmefällen zugelassen werden.

30. - 31. August: Hauptsportamt und Hauptjugendausschuß des Berliner Magistrats veranstalten ein zonenoffenes Sportfest der Berliner Jugend mit 563 Teilnehmern. Der Leipziger Sprinter Wolfgang Müller ist einer der erfolgreichsten Teilnehmer.

August: An den „Deutschen Meisterschaften" der Westzonen in der Leichtathletik und im Schwimmen/Wasserspringen nehmen Sportler aus der SBZ teil.

7. September: In Hoppegarten findet der „Große Preis der sowjetischen Besatzungszone" im Galopprennsport statt.

13. - 14. September: In Halle wird die erste Ostzonenmeisterschaft im Berufs-Straßenradsport durchgeführt. Matysiak/Ziege gewinnen das Mannschaftsfahren. Preiskeit erringt drei Einzeltitel.

17. September: In Oppach/Sachsen wird die erste Sportschule der FDJ eröffnet.
21. September: Die Fußballauswahl von Düsseldorf besiegt Berlin mit 1:0.
September: Erstmals nach Kriegsende stellt die Sportartikelindustrie auf der Leipziger Messe aus.
6. Oktober: In der Zeitung „Deutsches Sport-Echo“ beginnt eine kritische Diskussion zur Situation im Berufssport in der Sowjetischen Besatzungszone. Es werden auch Forderungen erhoben, ihn zu verbieten.
19. Oktober: Als offizielle Deutsche und Berliner Straßenmeisterschaften ausgeschrieben, finden auf einer Rundstrecke um die ehemalige Brauerei am Pfefferberg Straßenrennen statt, die von „Neues Deutschland“ veranstaltet werden. Bei den Berufsfahrern (120 km) ist Gerhard Voggenreiter (Nürnberg) erfolgreich. Für die namhaftesten Profis - Harry Saager, Heinz Schwarzer, Herbert Preiskeit - wird insgeheim „Startgeld“ gezahlt: Ein Pfund Butter.
4. - 5. November: In Köln findet eine Diskussion über Jugendfragen statt, an der aus der SBZ eine FDJ-Delegation mit Erich Honecker teilnimmt. Unter den westdeutschen Teilnehmern sind auch Sportfunktionäre: Prälat Ludwig Wolker, Vorsitzender der katholischen Sportorganisation Deutsche Jugendkraft (DJK), und Siegfried Perrey, Vertreter der Sportjugend, der ausdrücklich für die weitere Zusammenarbeit eintritt.
7. November: Der Jugendausschuß der LDPD beschließt ein Programm, in dem der „Aufbau freier Sportvereine“ gefordert wird. Die Initiative geht vom Jugendreferenten der sächsischen LDP, Wolfgang Mischnik, aus.
21. - 22. November: Im Leipziger Gewerkschaftshaus findet die „Zonenkonferenz der Natur- und Heimatfreunde“ statt. In der vom „Naturfreundegeist“ geprägten Diskussion wird die einheitliche Organisation in der SBZ als notwendig angesehen. Die gewählte provisorische Zonenleitung besteht aus Vertretern der vor 1933 bestehenden großen Dresdner Organisationen (Donath, Frank, Kohl, Petzold).
Dezember: Auf der Grundlage des Alliierten Befehls Nr. 66 vom 22. März 1947 sind im US-Sektor 34, im britischen Sektor elf Sportvereine und im französischen Sektor ein Tennisclub lizensiert worden. Im sowjetischen Sektor wird die bisher geltende Regelung des kommunalen Sports beibehalten. Später wird bekannt, daß vom Erziehungskomitee der Alliierten Kommandantur zehn Vereine nicht genehmigt werden, darunter der Sportclub Preußen, die Turnerschaft Korporation, der Ruderverein Merowinger, der Fußball-Club Alemannia, die Turngemeinde und der Alpenverein.
Eine Sportbuchreihe der FDJ, erschienen im Verlag Neues Leben Berlin, umfaßt zahlreiche Titel zu einzelnen Sportarten.

1948

10. Januar: Gisela Graß (FDJ-Sportgruppe Zentrum Leipzig) schwimmt in Berlin Zonenbestzeit in 1:23,7 min über 100 m Brust.
16. Januar: Der Rat der Stadt Dresden teilt mit, daß „gemäß Anweisung der Stadtkommandantur... das organisierte Bergsteigen und Klettern... untersagt ist“. Das Wandern der Natur- und Heimatfreunde-Gruppen und der persönliche Klettersport sind erlaubt. Das Verbot richtet sich gegen nicht genehmigte „Klubs“ und „Seilschaften“ und gilt bis Herbst 1948.
19. Januar: In Nr. 6 der Sportzeitung „Deutsches Sportecho“ beginnt eine längere Artikelserie „Werner Seelenbinder - Sportler und Sozialist“.
8. März: Im Zentralsekreteriat der SED steht die Entwicklung des Sports auf der Tagesordnung. Es werden drei Konzeptionen diskutiert: Bildung eines Volkssportverbandes; drei Sportsäulen (FDJ-FDGB-freie Sportbewegung); Förderung des Jugendsports. Schließlich wird lediglich die Jugendsportförderung beschlossen; damit sind die Pläne zur Bildung einer eigenständigen Sportbewegung zurückgestellt.
17. März: Besprechung bei der SMAD. Vertreter der SED, der FDJ, des FDGB und des Berliner Hauptsportamtes verweisen darauf, daß im Sport noch immer ein organisatorisches Durcheinander herrscht. Die SMAD verlangt Vorschläge.
28. März: Fußball-Osterturnier in Berlin. Union Oberschöneweide gewinnt gegen Osnabrück 2:1.
3. - 4. April: Schwimmstädtekampf: Leipzig vor Berlin und Chemnitz.
10. - 11. April: Auf dem 1. Jungaktivistenkongreß der FDJ in Zeitz erklärt Herbert Geißler, Leiter der Zentralratsabteilung für Sport und Wandern, seinen Austritt aus der FDJ, da er den politischen Kurs der FDJ nicht mehr mittragen könne.
Mitte April: Die beiden Vorsitzenden der SED, Wilhelm Pieck und Otto Grotewohl, werfen bei der SMAD die Sportfrage auf. Paul Verner, Jugendsekretär der SED, erhält von der SMAD die Mitteilung, daß die FDJ zonenoffene Wettkämpfe für Sportler bis 30 Jahre organisieren darf. Der kommunale Sport unterliegt weiter den Beschränkungen der Direktive 23 und muß innerhalb der Kreisgrenzen ausgetragen werden.
17. April: Erstmals findet nach dem Kriege das Straßenrennen Berlin-Leipzig statt. Sieger wird der Leipziger Otto Busse.
26. April: Beim Parteivorstand der SED wird eine „Kommission zur Formulierung eines allgemeinen Beschlusses über die Sportfrage“ eingesetzt.
9. Mai: In Chemnitz werden 30.000 Zuschauer gezählt, als bei einem Fußballstädtespiel die Gastgeber gegen Dresden mit 1:2 verlieren.

11. Mai: Die SMAD gibt überraschend bekannt, daß sie der FDJ die Leitung des gesamten Sports für alle fünf Länder der SBZ überträgt. Berliner Sportgruppen dürfen am Sportverkehr teilnehmen. Bisher verbotene Kampfsportarten dürfen wieder betrieben werden.

20. - 21. Mai: Der FDJ-Zentralrat beschließt Richtlinien für den FDJ-Sport der SBZ. Darin wird von jungen Sportlern die persönliche und von älteren die kooperative FDJ-Mitgliedschaft verlangt. In vielen Sportgruppen entsteht Unruhe. Vor allem ehemalige Arbeitersportler fordern über die Gewerkschaften eine andere Lösung. Vertreter von LDP und CDU greifen die Forderung nach „freien Vereinen" wieder auf.

29. - 30. Mai: Zwischen Leipzig und Dresden wird ein Städtevergleich in den Sportarten Fußball, Handball, Hockey, Faustball, Tischtennis, Leichtathletik, Schwimmen und Radsport ausgetragen.

16. Juni: Der zentrale Sportausschuß des FDJ-Zentralrats konstituiert sich unter Leitung von Karl-Heinz Bunge. Mitglieder sind Robert Riedel, Adolf Buck, Reinhard Hellwich, Helmut Behrendt, Alfons Staude, Rudi Reichert, Olga Jensch-Jordan, Gisela Graß, Helmut Schön, Karl-Heinz Langhoff, Gerhard Seitz. Edith Baumann vom SED-Parteivorstand wendet sich gegen die von Robert Riedel vertretene Auffassung, daß der FDJ-Sport nur als Übergangslösung akzeptabel sei.

18. Juni: Die separate Währungsreform in den drei Westzonen und Westberlin (am 23.6.1948) behindert die gesamtdeutschen Beziehungen sehr stark. Auch die Verhandlungen über eine gesamtdeutsche Fußballmeisterschaft werden eingestellt.

20. Juni: In Weimar findet ein Straßenradrennen der Amateure statt. Sieger: Bernhard Trefflich (Weimar).

30. Juni: Der Parteivorstand der SED stimmt „Richtlinien zum Aufbau einer einheitlichen Sportbewegung" zu, die am 5. Juli vom Zentralsekretariat verabschiedet und dann in den Ländern parteiintern erläutert werden. Darin wird entgegen der bisherigen Regelung nicht der FDJ-Sport, sondern eine einheitliche demokratische Sportbewegung unter Trägerschaft von FDGB und FDJ postuliert.

4. Juli: Im Endspiel der ersten Ostzonenmeisterschaft im Fußball siegt die SG Planitz gegen Freiimfelde Halle mit 1:0. Jedes der fünf Länder - Brandenburg, Mecklenburg, Sachsen, Sachsen-Anhalt und Thüringen - hatte seine beiden besten Mannschaften für eine k.o-Runde gemeldet. Planitz schlug Schwerin (3:1) in der Vorrunde und Weimar-Ost (5:0) im Halbfinale.

4. Juli: Weißenfels-Mitte wird Männer-Handballmeister der Ostzone.

11. Juli: Beim ersten offiziellen Amateur-Box-Vergleich der SBZ trennen sich die Staffeln von Chemnitz und Freital 8:8.

18. Juli: In der Vorrunde zur deutschen Fußballmeisterschaft verliert der Berliner Meister Union Oberschöneweide gegen den FC St. Pauli mit 0:7.
19. Juli: In Schwerin wird der Landessportausschuß für Mecklenburg gebildet. Berufen werden Vertreter der FDJ, des FDGB, des Landesinnenministeriums, des Landesministeriums für Kultur und Volksbildung, der Vereinigung für gegenseitige Bauernhilfe, des Demokratischen Frauenbundes sowie die Vertreter der einzelnen Sportarten. Ähnlich wird nachfolgend in den Kreisen und Orten verfahren.
1. August: Aufruf des FDGB und der FDJ zur Bildung einer Demokratischen Sportbewegung in der SBZ.
15. August: In einem Fußballvergleich besiegt Ostzonenmeister SG Planitz den Berliner Meister Oberschöneweide mit 2:1.
21. - 26. August: Auf der 3. Tagung des Rates des Weltbundes der demokratischen Jugend (WBDJ) wird die FDJ als Mitglied aufgenommen. Die damit verbundene Hoffnung führender FDJ-Funktionäre, bald am offiziellen internationalen Sportverkehr teilnehmen zu können, erweist sich als Illusion.
28. August: In Dresden treffen sich 50 Funktionäre der Natur- und Heimatfreunde zu einer Beratung, an der Willy Bulan (Berlin) und Theo Pinkus (Schweiz) teilnehmen.
11. - 12. September: Ostzonenmeisterschaften im Schwimmen und Wasserspringen in Zeitz. Zu den Siegerinnen zählen Eva-Maria Schmidt über 100 m Freistil in 1:15,0 min, Gisela Graß (beide Leipzig-Mitte) über 200 m Brust in 3:10,0 min und 100 m Rücken in 1:28,1 min und Olga Jensch-Jordan im Kunstspringen. Bei den Männern: Kurt Fiedler (Leipzig Mitte) über 100 m Freistil in 1:05,2 min, Hans-Joachim Lange (Börde Magdeburg) über 200 m Brust in 3:00,0 min und Hans-Joachim Scheffel (Halle) im Kunstspringen.
18. - 19. September: Ostzonen-Meisterschaften der Leichtathletik in der Chemnitzer Südkampfbahn vor 12.000 Zuschauern. Zum ersten Mal dürfen wieder Startpistolen anstelle der von der Besatzungsmacht bis dahin nur zugelassenen Trillerpfeifen verwendet werden. Heinz Birkemeyer (Erfurt) gewinnt die 100 m in 10,8 s, Rolf Töpelt (Leipzig) die 400 m in 50,7 s und Hans Kruse (Neustadt/Mecklenburg) die 5000 m in 16:14,8 min. Weitere Sieger sind Karl-Heinz Langhoff (Rostock) im Hochsprung mit 1,80 m, Karl Kröniger (Leipzig) im Speerwerfen mit 60,64 m, Karl Scholz (Leipzig) im Weitsprung, Rudolf Kahnt (Tröglitz) im 1500-m-Lauf, Rudolf Etzold (Neukirch) im Kugelstoßen, Dr. Marcellus Markus (Leipzig) im Hammerwerfen. Bei den Frauen triumphiert die Olympiazweite von 1936, Lies Krüger (Dresden), Hildegard Schreyer (Potsdam) schlägt über 80 m Hürden die Studentenweltmeisterin von 1938 Siegfriede Dempe (Weimar).

1. Oktober: Offizielle Berufung und Konstituierung des Deutschen Sportausschusses als Leitung der einheitlichen Sportbewegung der SBZ. In Gegenwart des Vorsitzenden der FDJ, Erich Honecker, und des FDGB, Hans Jendretzky, werden im Haus der Jugend in der Berliner Kronenstraße berufen: als Leiter Waldemar Borde, als technischer Leiter Robert Riedel, als Mitglieder Manfred Ewald, Rudi Reichert, Rudolf Fischer, Fritz Schaaf, Gerhard Wenzel, und bekannte Sportler wie Gisela Graß, Karl-Heinz Langhoff, Helmut Schön, Olga Jensch-Jordan. Aus der „Trägerschaft" von FDJ und FDGB ergibt sich eine zwiespältige Praxis von tatkräftiger Unterstützung und bürokratischer Gängelung

1. Oktober: Neugründung des Instituts für Körpererziehung an der Universität Halle-Wittenberg. Direktor ist Dr. Gerhard Lukas.

4. Oktober: Der stellvertretende LDP-Vorsitzende der SBZ, Lieutenant, teilt dem Vorsitzenden des DS mit, daß die Vertreter der LDP an der DS-Gründung am 1. Oktober als Beobachter zu betrachten seien und nicht weiter als berufene Mitglieder tätig sein würden.

10. Oktober: „Chemie Leuna" wird als erste Betriebssportgemeinschaft (BSG) gegründet.

15. Oktober: Der Sächsische Landtag beschließt, dem Landessportausschuß Sachsen 950.000 Mark für den Aufbau der Demokratischen Sportbewegung zur Verfügung zu stellen. In der Diskussion kommt es zu harten Auseinandersetzungen über die Struktur und die Leitung des Sports zwischen Vertretern der SED und der LDP. Der LDP-Unterausschuß für Sport beschließt auf Initiative von Wolfgang Mischnik, die Demokratische Sportbewegung „ideell und auch in technisch-organisatorischer Hinsicht" abzulehnen und statt dessen „freiwillig sich bildende Sportvereine" zu fordern.

30. Oktober: Der LDP-Parteivorstand diskutiert einen „Bericht über die Gründung von Sportausschüssen". In der Diskussion wird der gegen den DS gerichtete Beschluß des Unterausschusses für Sportfragen vom 15. Oktober nicht gebilligt. Später wird vom engeren Vorstand die Unterstützung des DS empfohlen.

9. November: In Freyburg/Unstrut wird die erste Sportschule des DS eröffnet.

12. November: In Leipzig werden erstmalig zonenoffene Gehörlosen-Schwimmwettkämpfe veranstaltet.

In Staßfurt finden die Landesmeisterschaften Sachsen-Anhalts im Radball statt. Magdeburg gewinnt mit 6:3 gegen Staßfurt.

15. November: In Dresden wird, den Vorgaben des DS entsprechend, der Landessportausschuß Sachsen gebildet. Er besteht aus 32 Mitgliedern.

30. November: Der erweiterte technische Beirat des Berliner Hauptsportamtes und Sportgruppenfunktionäre beschließen, den Sport im Rahmen der bisherigen Sparten des Hauptsportamtes weiterzuführen, um den Sportbetrieb für ganz Berlin zu erhalten und eine einheitliche Sportorganisation vorzubereiten, die von der Alliierten Kommandantur genehmigt werden muß. Bestrebungen, den Sport in den westlichen Bezirken zu separieren, werden in einer besonderen Entschließung abgelehnt.

November: Die für Oktober und November angesetzten Spartenleitertagungen der Länder der SBZ haben in allen wichtigen Sportarten zur Gründung von Sparten des DS geführt, die damit Verantwortung für die Organisation des Sportbetriebes in der SBZ, einschließlich Ostberlins, übernehmen. Hauptakteur dieser Arbeit war der technische Leiter des DS, Robert Riedel.

12. Dezember: Die Dresdner Fußballauswahl besiegt die Berliner Auswahl mit 1:0. Das Spiel findet auf dem Platz am Gesundbrunnen statt und ist von der SED als Unterstützung für die bevorstehenden Wahlen gedacht. Die Idee, Max Fechner vom SED-Parteivorstand den Anstoß vollziehen zu lassen, wird angesichts der Stimmung auf den Rängen in letzter Minute fallen gelassen.

13. Dezember: Die FDJ wandelt ihre „Kindervereinigung" in den Verband „Junge Pioniere" um. Der daraus abgeleitete Anspruch auf die Leitung des gesamten Kindersports der SBZ führt zur Auseinandersetzung mit Sportfunktionären und vorübergehend zu Stagnation im Kindersport.

18. Dezember: Die 2. Tagung des Deutschen Sportausschusses der SBZ schätzt die Entwicklung des Sports ein und wird informiert, daß bislang insgesamt 227.000 Mitglieder registriert sind. Es wird das Programm für ein großes Sportfest zum Pfingsttreffen der Jugend 1949 beraten.

1949

10. Januar: Das Sekretariat des FDJ-Zentralrates beschließt Richtlinien für den Sportbetrieb an Universitäten und Hochschulen.
12. Januar: Die Deutsche Wirtschaftskommission der SBZ beschließt die „Förderung des Deutschen Sportausschusses“ durch Berücksichtigung seiner Bedarfsanforderungen bei der Aufstellung der Pläne und bei der Verteilung von Sportartikeln. Der DS wird den „übrigen demokratischen Organisationen der SBZ“ gleichgestellt.
14. Januar: In Hamberge bei Grevesmühlen wird die Landessportschule Mecklenburg eingeweiht.
15. - 16. Januar: Die Ski-Landesmeisterschaften von Sachsen-Anhalt im Lang- und Sprunglauf werden in Wernigerode ausgetragen.
17. Januar: Das Sekretariat des FDJ-Zentralrates beantragt, „alle Jugendherbergen des ehemaligen Jugendherbergsverbandes der FDJ übereignen zu lassen“.
19. Januar: Eine Großberliner Sportkonferenz diskutiert die Lage des Sports nach der Spaltung der Stadt. Nach scharfer Diskussion findet sich eine Mehrheit für den Vorschlag, einen Berliner Sportausschuß analog dem DS der SBZ zu bilden. Westberliner Sportfunktionäre behaupten, die Konferenz sei nicht demokratisch gewählt worden und es hätten Konferenzteilnehmer mit abgestimmt, die nicht stimmberechtigt waren.
28. Januar: In der Entschließung der I. Parteikonferenz der SED werden die Mitglieder der SED aufgefordert, die Arbeit der Sportausschüsse mit allen Kräften zu unterstützen.
2. Februar: Unter Leitung von Heinz Dose und Helmut Behrendt konstituiert sich ein „Sportausschuß Groß-Berlin“. Seine Wirksamkeit bleibt infolge der Spaltung Berlins auf den Ostsektor beschränkt.
6. Februar: Auf dem Karpfenteich des Treptower Parks finden die ersten Berliner Meisterschaften im Eisschnellauf statt. Dreifacher Meister: Heinz Seelecke.
11. - 13. Februar: Unter starker Zuschauerbeteiligung werden die ersten Wintersportmeisterschaften der SBZ in Oberhof veranstaltet. Die Voraussetzungen sind extrem ungünstig. Erst weigern sich die Hoteliers, den Sportlern einen Vorzugspreis einzuräumen, dann regnet es in Strömen, am Ende werden es doch noch glanzvolle Titelkämpfe, bei denen Herbert Leonhardt (Mühlleithen) den 15-km-Langlauf, die Nordische Kombination und den Sprunglauf gewinnt. Bei den Frauen triumphiert Gerda Uhlig (Pobershau) über 5 km. Ein polnischer Student der Hochschule für Grafik aus Leipzig startet als Gast bei den alpinen Wettbewerben.

28. Februar: Das Sekretariat des FDJ-Zentralrates beschäftigt sich mit „Sportfragen" und beauftragt den DS-Vorsitzenden, Waldemar Borde, mehrere Vorlagen einzubringen und Aktivitäten einzuleiten, so für eine verbesserte Sportjournalistenausbildung, zur Stiftung eines Sportleistungsabzeichens und zur Herstellung eines Teilnehmerabzeichens für das Sportfest zum Pfingsttreffen der Jugend.

29. März: In einem Rundschreiben des Jugendsekretariats der LDP Sachsen an die Kreisverbände wird die Forderung nach „Bildung freier Sportvereine" als „nicht durchführbar" erklärt. Die Kreisverbände werden angehalten, die sich bildenden Kreissportausschüsse und die Vorbereitung des Sportfestes zum III. FDJ-Parlament zu unterstützen.

30. März: Der Deutsche Sportausschuß und Beauftragte des „Zentralbüros für Junge Pioniere" der FDJ einigen sich auf „Richtlinien für den Aufbau des Sports im Verband der Jungen Pioniere". Darin wird die Gesamtverantwortung des Zentralbüros für den Kindersport und die Mitverantwortung der technischen Abteilungen der Sportausschüsse festgeschrieben. An der Basis wurden meist praktische Lösungen gefunden, auch wenn der Machtanspruch der FDJ zuweilen abgelehnt wurde.

März: Die Abteilung Berufssport des DS nimmt die Arbeit auf. Sie soll „Klarheit und Ordnung im Berufssport" bezüglich der Genehmigung und Finanzierung schaffen und auf seine Einschränkung zu Gunsten des Amateursports einwirken. 1948 fanden fast 70 Radrennen für Profis statt, einige davon mit bis zu 40.000 Zuschauern. Berufssport war als „Artistik" von der SMAD zugelassen worden.

In der neueröffneten Sportschule im Leipziger Rosenthal, die der DS als Deutsche Sportschule übernommen hat, wird ein Lehrgang für Sportjournalisten und Sportpressefunktionäre durchgeführt.

2. - 3. April: Der DS veranstaltet in Berlin ein zonenoffenes Meistertreffen der Schwimmsparte.

15. April: Der DS fordert die Landessportausschüsse auf, die Berufsboxschulen zu schließen und das Amateurboxen zu fördern.

19. April: Das Sekretariat des FDJ-Zentralrates stimmt dem Antrag des DS zu, „interzonale Meisterschaften" auszutragen, und beschließt, die FDJ-Mitglieder in den Sportgemeinschaften in „FDJ-Aktivs" zu organisieren, um den Einfluß der Jugendorganisation zu verstärken.

30. April: Erich Honecker, Vorsitzender der FDJ, trifft mit Mitgliedern des Sekretariats des DS zusammen, um über die kritische Lage zu beraten, die durch die von ihm veranlaßte Absetzung Waldemar Bordes, den Weggang Robert Riedels und das Ausscheiden anderer Funktionäre entstanden war.

1. Mai: Die „Rechts- und Strafordnung des DS“ tritt in Kraft. Sie geht vom Grundsatz der Sauberkeit, Anständigkeit und Ehrlichkeit aus und verlangt die umfassende Anerkennung des Fairplay. Die praktischen Regelungen für Entscheidungen, Einsprüche, Fristen und Strafen entsprechen den Gepflogenheiten im internationalen Sport.

20. Mai: Der Landessportausschuß Sachsen-Anhalt berät über den Kindersport. Nach reger Diskussion wird beschlossen, den Kindersport im Rahmen der „Jungen Pioniere“ zu betreiben und dafür die besten Übungsleiter zu gewinnen.

23. Mai: Die Zonenmeisterschaften im Tischtennis gewinnen bei den Männern die BSG Carl Zeiss Jena und bei den Frauen die BSG Post Magdeburg.

27. Mai: Der Präsident der Deutschen Zentralverwaltung des Inneren, Dr. Kurt Fischer, erläßt die Anordnung zur Registrierung aller Sportgemeinschaften zu ihrer behördlichen Anerkennung. Der DS wird in diesem Zusammenhang veranlaßt, die Leitungen der Sportgemeinschaften, die bisher gewählt worden waren, durch die jeweiligen Trägerorganisationen berufen zu lassen.

Mai: Ernst Horn aus Thüringen wird zum neuen Leiter des DS berufen, nachdem Waldemar Borde angeblich aus gesundheitlichen Gründen zurückgetreten war. Tatsächlich war er vom FDJ-Vorsitzenden Erich Honekker wegen Meinungsverschiedenheiten zum Rücktritt veranlaßt worden. Robert Riedel, technischer Leiter des Deutschen Sportausschusses, erklärt, daß er keine Möglichkeit mehr sieht, Einfluß im Sinne des früheren Arbeiter-Turn- und -Sportbundes zu nehmen und Verbindungen zu alten Arbeitersportlern aufrechtzuerhalten. Er siedelt in die amerikanische Besatzungszone über. Die Vorbereitung des von ihm konzipierten Turn- und Sportfestes zum Leipziger Pfingsttreffen wird von seinen Mitarbeitern erfolgreich zu Ende geführt.

1. - 5. Juni: Das III. Parlament der FDJ verabschiedet eine „Entschließung zur Arbeit der demokratischen Sportbewegung“. Darin ist die Förderung des Sports als eine Hauptaufgabe der FDJ bezeichnet. Um das Ziel zu erreichen, „allen arbeitenden Menschen die Teilnahme an einem alle Disziplinen umfassenden Volkssport zu ermöglichen“, werden umfangreiche Maßnahmen gefordert, die vom Bau von Sportstätten, über die Sportlehrerausbildung bis zu erhöhten Lebensmittelzuteilungen an Spitzensportler reichen.

4. - 6. Juni: Während des Pfingsttreffens der Jugend findet in Leipzig ein großes Sportfest statt, das an die nationalen Turn- und Sportfesttraditionen erinnert. Beteiligt sind Aktive aller Altersstufen und vieler Sportarten: Es finden Wettkämpfe, Schauvorführungen, ein Festzug und Massenübungen statt. Die Übungen finden großen Beifall bei den 30.000 Zuschauern im Bruno-Plache-Stadion.

12. Juni: In Köthen finden Zonenhockeymeisterschaften statt. Die Meister: BSG VEB Köthen (Männer), BSG Industrie Leipzig (Frauen).

16. - 17. Juni: Bei den Leichtathletikmeisterschaften der SBZ werden in Jena 19 Zonenbestleistungen erzielt. Kurt Edel (Potsdam) gewinnt die 400 m in 50,6 s, der 18jährige Heinz Pingel (Parchim) die 1500 m in 4:07,0 min, der 45jährige Dresdner Gasagkassierer Max Gebhardt die 5000 m in 15:37,0 min, Karl Scholz (Leipzig) die 400 m Hürden in 59,0 s, Karl-Heinz Langhoff (Rostock) den Hochsprung mit 1,85 m, Ernst Schmidt (Großenhain) das Kugelstoßen mit 13,19 m, Karl-Heinz Balzer den Stabhochsprung mit 3,70 m, Georg Frister (Gera) den Dreisprung mit 14,08 m und Rudolf Etzold (Neukirchen) den Zehnkampf mit 5684 Punkten. Bei den Frauen erringt Lisa Endesfelder (Chemnitz) drei Titel: 100 m in 12,4 s, 200 m in 25,5 s und den Weitsprung mit 5,24 m. Lies Krüger (Dresden) verteidigt ihren Titel im Speerwerfen mit 37,35 m und Ruth Wiederhold (Leipzig) gewinnt das Diskuswerfen mit 36,20 m.

24. - 26. Juni: Die Kulturtagung der CDU der SBZ nimmt in ihrem Grundsatzbeschluß zu Körpererziehung und Sport Stellung, stellt friedliche Ziele des Sports heraus, lehnt „Rekordsucht und Spezialistentum“ ab und fordert Unterstützung des Sports durch staatliche und kommunale Behörden.

26. Juni: Im Finale der zweiten Zonenmeisterschaft im Fußball schlägt die ZSG Halle Fortuna Erfurt im Endspiel mit 4:1. Der Austragungsmodus entsprach dem von 1948. Der Meister hatte den Favoriten, die SG Dresden-Friedrichstadt 2:1 bezwungen und im Halbfinale Eintracht Stendal mit 3:0.

27. - 28. Juni: Auf der 4. Tagung des DS, die sich vor allem mit der Auswertung des Sportfestes im Rahmen des Pfingsttreffens der Jugend in Leipzig befaßt, wird offiziell mitgeteilt, daß Robert Riedel aus dem Urlaub nicht an seinen Arbeitsplatz im DS zurückgekehrt ist. Sein Nachfolger wird Rudi Rothkamm. Im DS sind 321.000 Sportler registriert.

28. Juni: Im Sekretariat des FDJ-Zentralrates wird die Diskussionsgrundlage für eine Aussprache mit der Deutschen Wirtschaftskommission (DWK) der SBZ beraten. Der Punkt 12 enthält Vorschläge zur Förderung des Sports, insbesondere seiner materiellen Basis (Sportstätten, Sportgeräte und -bekleidung sowie Zusatzverpflegung), entsprechend einem Beschluß des III. Parlaments der FDJ.

29. Juni: Die Landessportschule des LSA Thüringen wird in Bad Blankenburg eingeweiht.

2. - 3. Juli: Auf dem Tegeler See finden offene Berliner Meisterschaften der Kanuten statt. Aus der Ostzone sind Sportler aus Leipzig und Neuruppin vertreten, aus den Westzonen Aktive aus Duisburg, Düsseldorf und Kaiserswerth.

3. Juli: Im Potsdamer Lustgarten wird eine neue Sportstädte als "Ernst-Thälmann-Stadion" eingeweiht. Die Potsdamer 4x100-m-Staffel der Männer (Müller, Edel, Lacina, Stahn) erzielt mit 43,9 s Ostzonenbestzeit.

9. - 10. Juli: Auf dem Langen See in Berlin-Grünau wird die traditionelle „Große Grünauer Ruder-Regatta“ durchgeführt. Am erfolgreichsten schneidet die SG Potsdam ab.

12. Juli: Die vom Sekretariat des FDJ-Zentralrates verabschiedete „Entschließung zur Verbesserung der ideologischen Arbeit der FDJ“ enthält Festlegungen zu entsprechenden Aktivitäten in den Sportgemeinschaften mit dem Ziel, „die ideologischen Grundlagen der Sportgemeinschaften zu festigen“ und weitere Sportfunktionäre zu entwickeln.

16. Juli: In der Berliner Waldbühne treffen sich Turner aus allen Besatzungszonen zu einem Vergleichskampf. Überragende Leistungen zeigt Altmeister Alfred Müller (BSG Leuna).

17. Juli: In Berlin-Grünau finden Zonenmeisterschaften im Rudern statt. Die Sieger bei den Männern: H. Stanjek (Blau-Weiß Astoria Berlin) im Einer, Potsdam im Doppelzweier, die SG Dahme im Vierer o.Stm., die RG SG Spree/Studentischer RC im Vierer m.Stm., die SG Blau-Weiß Astoria Berlin im Achter. Bei den Frauen siegt G. Seidel (Potsdam) im Einer und die SG Collegia Berlin im Doppelvierer.

23. Juli: Die Zonenmeisterschaften im Kanusport werden in Magdeburg ausgetragen. Die Sieger bei den Männern: Kniep (Magdeburg Südost) im Einerkajak (1000 m), Schumann/Wilsdorf (Leipzig) im Zweierkajak, Kniep im Einerkajak (10.000 m), Vorhölter/Vorhölter (Magdeburg) im Zweierkajak. In den Kanadierrennen: Bär (SG Fichte Leipzig) im Einerkanadier (1000 m), Bär/Gößner (SG Fichte Leipzig) im Zweier, Bernburg im Mannschaftskanadier, Pohl/Musche (Magdeburg) im Zweierkanadier (10.000 m). Bei den Frauen werden Meister: B. Magnus (Berlin) im Einerkajak (500 m) und Schramm/Thordsen (Leipzig) im Zweierkajak.

24. Juli: Im Berliner Poststadion gehen erstmalig nach Kriegsende Leichtathleten aus der Ostzone und den Westzonen an den Start. Die herausragende Leistung erzielt Heinz Ulzheimer (Frankfurt/M.) im 400-m-Lauf mit 49,2 s.

31. Juli: In Erfurt finden Zonenmeisterschaften im Bahnradsport statt. Meister werden: Bruno Zieger (Erfurt) im Sprint und 1000-m-Zeitfahren, Heinemann/Scherner (Erfurt) im Zweier-Mannschaftsfahren, Weinschenk (Berlin) im 4000-m-Verfolgungsfahren, Fortuna Erfurt im 4000-m-Mannschaftsverfolgungsfahren.

Juli: Die erste BSG bei einer landwirtschaftlichen Maschinen-Ausleih-Station (MAS) wird in Possern (Kreis Weißenfels) gegründet.

6. August: Im Schwimmsport finden die 2. Zonenmeisterschaften in Erfurt statt. Eva-Maria Schmidt verteidigt ihren Titel über 100 m Freistil (1:13,7 min), Gisela Graß ihren über 200 m Brust (3:07,2 min), über 100 m Rükken triumphiert Jutta Großmann - später Langenau - (BSG KWU Leipzig) in 1:26,5 min. Bei den Männern sind erfolgreich: Zentgraf (BSG Motor Arnstadt) über 100 m Freistil in 1:04,2 min und über 1500 m in 22:12,4 min, Gold (BSG KWU Erfurt) über 200 m Brust in 2:49,8 min, im Kunstspringen Scheffel (Halle) und im Turmspringen Kitzig (Dresden) statt.

6. - 7. August: In Mannheim finden gesamtdeutsche Rudermeisterschaften statt. Vor 15.000 Zuschauern gewinnt die RG Flöhrsheim-Rüsselsheim das Achterrennen. Potsdamer Boote belegen den 2. Platz im Doppelzweier und den 3. Platz im Leichtgewichtsachter.

7. August: In Klosterlausnitz werden die Zonenmeisterschaften im Schachsport abgeschlossen. Bei den Männern heißt der Meister R. Pietzsch (Einheit Pankow), im Mannschaftswettbewerb BSG Erich Zeigner Leipzig und bei den Frauen M. Kremer (Mühlhausen).

8. - 9. August: In Schwerin werden Zonenmeisterschaften im Segelsport ausgetragen. Behnke/Stallbohm (Schwerin) siegen in der Drachenklasse.

14. - 28. August: An den II. Weltfestspielen der Jugend und Studenten in Budapest nimmt im Rahmen der FDJ-Delegation eine 115köpfige Athleten-Gruppe des DS teil. Da die Sportsektionen des DS von den Internationalen Föderationen noch nicht anerkannt sind und deshalb keine Startgenehmigung erhalten, werden Freundschaftswettkämpfe mit ungarischen Athleten ausgetragen. Ein ungarischer Fußballfunktionär kommt auf die Idee, die Nationalmannschaft als „Gewerkschaftsauswahl“ antreten zu lassen und beruft sich darauf, daß die Gewerkschaften der SBZ Mitglied des Weltgewerkschaftsbundes sind. Vor 30.000 Zuschauern triumphieren die Ungarn 3:2. Anschließend finden noch zwei Freundschaftsspiele in der Provinz statt. Bei den Leichtathletik-Wettbewerben werden Rekorde aufgestellt, die sich auch in den offiziellen Listen der DDR-Rekorde finden: 800-m-Lauf: W. Dinse 1:57,7 min, 1000 m: Rolf Bäslack 2:28,9 min, Hochsprung: Karl-Heinz Langhoff 1,90 m, Kugelstoßen: Ernst Schmidt 13,35 m. Auch Boxer, Schwimmer und Wasserballer starten - meist allerdings vor leeren Tribünen, weil man bei öffentlichen Veranstaltungen Sanktionen der Föderationen fürchtet. Nützlich sind die Begegnungen der DS-Leitung mit Vertretern der Internationalen Föderationen.

21. August: Das zonenoffene Sundschwimmen gewinnen in Stralsund bei den Männern Henschel (Magdeburg) und bei den Frauen Hildebrandt (Magdeburg).

26. - 28. August: In Halle finden Zonenmeisterschaften im Kegeln statt. Die Meister bei den Männern: W. Kunze (Weißenfels) im Asphaltkegeln, Gera in der Mannschaft, H. Frank (Erfurt) im Bowling und Halle in der Mannschaft, K. Buckow (Berlin) im Bohlekegeln und Halle in der Mannschaft. Bei den Frauen: M. Breitbarth (Gera) im Asphaltkegeln und Pirna in der Mannschaft, C. Völker (Erfurt) im Bohlekegeln und Erfurt in der Mannschaft.

28. August: Erstmalig wird der FDGB-Fußball-Pokal ausgespielt. Im Endspiel siegt in Halle die BSG Waggonbau Dessau-Nord gegen die BSG Gera-Süd 1:0.

Erstes Bergring-Rennen für Motorräder nach dem Kriege in Teterow. Dreifacher Sieger: Flemming.

Die Zonenmeisterschaft für Radamateure wird in Leipzig ausgetragen. Straßenmeister wird Sternberg (Berlin).

3. September: Anläßlich der Herbstmesse findet eine Beratung über die Produktion und Nutzung von Sportartikeln statt. Es referieren Wirtschaftsleiter, Sportfunktionäre und Sportwissenschaftler.

3. - 4. September: In Leipzig werden Zonenmeisterschaften im Faustball ausgetragen. Bei den Männern siegt die BSG VEB Erfurt, bei den Frauen die ZSG Industrie Konsum Leipzig.

Auf der Dessauer Rennstrecke finden erstmals nach dem Kriege Motorradrennen statt.

9. - 18. September: Über 1186 km führt in 7 Etappen die erste Zonenrundfahrt der Radsportler. Die von einem Likörfabrikanten geplante Etappenfahrt wird vom DS kurzfristig übernommen und ist das erste deutsche Amateuretappenrennen seit 1928. Die 1. Etappe Berlin-Rostock (240 km) gewinnt Max Bartoskiewicz (Berlin I), die 2. Rostock-Wittenberge (175 km) Dietrich (Leipzig I), die 3. Wittenberge-Magdeburg (109,5 km), Weinert (Berlin I), die 4. Magdeburg-Erfurt (175,3 km) Bartoskiewicz, die 5. Erfurt-Chemnitz (195 km) Horn (Berlin III), die 6. Chemnitz-Leipzig (97,5 km) Bartoskiewicz, die 7. Leipzig-Berlin (194 km) Schatz (Halle). Gesamtsieger wird Bartoskiewicz vor Hey (Erfurt) und Gaede (Magdeburg). Bei den Mannschaften gewinnt Berlin I vor Erfurt und Magdeburg. Die Zahl der Zuschauer geht in die Hunderttausende.

16. - 18. September: In Leipzig finden Meisterschaften im Tennis statt. Bei den Männern siegt W. Jacke (Berlin), im Doppel Randel/Rosenthal (Berlin), bei den Frauen I. Hallbauer (Leipzig) und Hallbauer/Hallbauer im Doppel. Das gemischte Doppel gewinnt Hallbauer/Jacke (Leipzig/Berlin).

18. September: Beim Schleizer Dreieckrennen der Motorsportler werden 160.000 Zuschauer gezählt.

19. September: Im Organisations-Wettbewerb der Landessportausschüsse, der zu dem vom III. FDJ-Parlament beschlossenen „Max-Reimann-Aufgebot“ gehört, belegt Sachsen den ersten Platz vor Thüringen und Sachsen-Anhalt, Mecklenburg, Brandenburg, Berlin.

21. September: Das Sekretariat des FDJ-Zentralrates berät die Vorbereitung des Deutschlandtreffens der Jugend Pfingsten 1950. 90.000 Sportler sollen an Wettkämpfen, Sportschauen und Demonstrationen teilnehmen. Werner Scharch koordiniert alle Sportaktivitäten.

25. September: Beim 1. Nachkriegsrennen für Motorräder und Sportwagen auf dem Sachsenring siegt bei den Seriensportwagen Paul Greifzu.

30. September: In Zella-Mehlis werden gesamtdeutsche Meisterschaften der Ringer in zwei Klassen ausgetragen. Im Fliegengewicht gewinnt Müller (Apolda), im Federgewicht Burbath (Köln-Mühlheim).

6. Oktober: Der Vorsitzende des DS, Ernst Horn, informiert im Sekretariat des FDJ-Zentralrates über die bevorstehende DS-Sitzung und erhält den Auftrag, „die Frage der Stiftung des Sportabzeichens in Verbindung mit dem Präsidenten der Republik zu klären“.

7. Oktober: In Berlin bildet sich der Deutsche Volksrat zur provisorischen Volkskammer um und beschließt die Gründung der Deutschen Demokratischen Republik als Reaktion auf die im September erfolgte Gründung der Bundesrepublik Deutschland. In der Verfassung der DDR wird das Recht des Bürgers auf Bildung und Erholung sowie auf die Möglichkeit zur allseitigen Entfaltung seiner körperlichen, geistigen und sittlichen Kräfte festgeschrieben.

8. - 9. Oktober: Die 5. Tagung des DS findet in Berlin als Festveranstaltung anläßlich des einjährigen Bestehens des DS statt. Die Gründung der DDR wird begrüßt. Der Rückblick auf ein Jahr Tätigkeit fällt positiv aus: Drei Großveranstaltungen - Wintersportmeisterschaft in Oberhof, Sportfest zum Pfingsttreffen in Leipzig, Teilnahme an den Weltfestspielen in Budapest - sowie das allgemeine Wachstum der Sportbewegung werden hervorgehoben. Die Mitgliederzahl hat die halbe Million überschritten, 19 Zonenmeisterschaften sind durchgeführt worden und die Zahl der Betriebssportgemeinschaften übersteigt 800. Schritte zur Versorgung mit Sportmaterial sind mit Hilfe der DWK eingeleitet worden.

9. Oktober: Im Berliner Stadion Mitte gewinnt eine ungarische Fußballauswahl der Gewerkschaften gegen eine Sachsen-Auswahl 2:1. Das ist der erste internationale Sportwettkampf des DS nach Gründung der DDR.

11. Oktober: An der Demonstration aus Anlaß der Wahl Wilhelm Piecks zum Präsidenten der DDR nehmen Delegationen von Sportlern teil, die von den Landessportausschüssen dazu aufgerufen worden waren.

Im Sekretariat des FDJ-Zentralrates wird mitgeteilt, daß Modellbau-Gruppen gebildet werden können und der Aufbau von Interessengruppen für Segelflug geprüft wird.

16. Oktober: Dr. Marcellus Markus (Leipzig) erzielt in Pirna mit 44,82 m im Hammerwerfen den ersten DDR-Rekord.

Die ersten DDR-Meisterschaften im Kunstturnen finden in Leipzig statt. Sieger im Mehrkampf - Ringe waren nicht im Programm - bei den Männern H. Boll (Berlin), bei den Frauen C. Scholz (Leipzig). Die Meister an den einzelnen Geräten. Männer: H. Boll (Reck), H. Boll (Barren), H. Radochla (Döbern/Seitpferd), H. Boll (Pferdsprung), A. Lätzer (Greiz/ Bodenturnen). Frauen: C. Scholz (Pferdsprung), C. Scholz (Stufenbarren), U. Pagel (Leipzig/ Schwebebalken), C. Scholz (Bodenturnen).

21. - 23. Oktober: Die ersten DDR-Boxmeisterschaften finden in Leipzig statt. Die Meister: H. Fiedler (Görlitz/Fliegengewicht), G. Czerwinski (Dresden/Bantamgewicht), H. Scheler (Sonneberg/Federgewicht), J. Heinrich (Querfurt/Leichtgewicht), W. Kriese (Wittenberge/Weltergewicht), H. Henatsch (Berlin/Mittelgewicht), H. Robak (Cottbus/Halbschwergewicht), H. Scheerbaum (Naumburg/Schwergewicht).

22. - 23. Oktober: Die ersten DDR-Titel im Klassischen Ringkampf werden vergeben an: E. Hoffmann (Thüringen/Fliegengewicht), F. Albrecht (Thüringen/Bantamgewicht), F. Viehweg (Sachsen/Federgewicht), H. Albrecht (Thüringen/Leichtgewicht), H. Schedler (Thüringen/Weltergewicht), K. Hoffmann (Thüringen/Mittelgewicht), H. Albrecht (Thüringen/Halbschwergewicht), A. Sillmann (Thüringen/Schwergewicht).

Die in Greiz und Berlin ausgetragenen DDR-Meisterschaften im Gewichtheben enden mit Erfolgen von: H. Kretzschmar (Sachsen/Bantamgewicht), Heinemann (Sachsen/Federgewicht), Matuschek (Berlin/Leichtgewicht), Schimmel (Berlin/Mittelgewicht), Dünnebeil (Thüringen/Leichtschwergewicht), F. Lorenz (Calbe/Schwergewicht).

24. Oktober: Der Gewichtheber Fritz Lorenz (Calbe) überbietet im Schwergewicht den von Josef Manger gehaltenen Deutschen Rekord im Olympischen Dreikampf um 2,5 kg auf 412,5 kg.

27. Oktober: Das Sekretariat des FDJ-Zentralrates bestätigt „Richtlinien und Maßnahmen zur Aufnahme des Segelfluges durch die FDJ“. Sie sollen in Kraft treten sobald die Genehmigung der SMAD vorliegt. Im Zentralrat der FDJ wird eine spezielle Abteilung für den Segelflug aufgebaut.

8. November: Begründet mit dem in der DDR-Verfassung enthaltenen Recht auf Erholung beschließt das Sekretariat des FDJ-Zentralrates die Gründung des „Ferien- und Wanderwerkes der FDJ“. Ihm werden alle Jugendherbergen und Jugend-Ferienlager unterstellt. Belange des Sports sollen nach FDJ und Pionierverband an dritter Stelle berücksichtigt werden.

19. November: Als „Sächsische Sportkonferenz“ wird eine Großveranstaltung des LSA Sachsen durchgeführt. Der Stellvertreter des Ministerpräsidenten der Regierung der DDR, Walter Ulbricht, legt Positionen zur Sportpolitik der Regierung dar.

3. - 4. Dezember: Nach langwieriger Vorbereitung veranstaltet der DS in Buna seine erste Betriebssportkonferenz. Die BSG sollen Rückgrat der Demokratischen Sportbewegung werden.

10. - 11. Dezember: Im Stadtbad Berlin-Schöneberg wird das traditionelle Vergleichstreffen der Schwimmerinnen von Berlin-Westring und Leipzig-Mitte ausgetragen. Leipzig gewinnt.

13. Dezember: Ausgehend von einem Bericht des DS-Org.-Leiters, Gerhard Sprafke, über eine Studienreise in die UdSSR und einer von Hermann Güntert vorgetragenen Analyse zur Lage in der Demokratischen Sportbewegung werden Aktivitäten eingeleitet, die den DS befähigen und auch berechtigen sollen, mehr als bisher Führungsorgan des Sports zu sein.

15. Dezember: Das in der Regierung der DDR gebildete Amt für Jugendfragen und Leibesübungen sowie der Zentralrat der FDJ veröffentlichen einen Aufruf zur „Entwicklung eines breiten Wintersports“. FDJ und FDGB stellen dafür Personal, Objekte und Geld zur Verfügung. Der DS wird zur Realisierung herangezogen, seine Wintersportmeisterschaften sollen aber nicht beeinträchtigt werden.

19. Dezember: (bis 18. Januar 1950) Edith Keller nimmt an der Schachweltmeisterschaft in Moskau teil. Der Veranstalter hatte für sie eine Sondergenehmigung erwirkt, da die Sektion Schach der DDR noch nicht Mitglied im Weltverband ist.

1950

2. Januar: Beim Deutschen Sportausschuß (DS) wird eine Zentrale Motorsportkommission gebildet, die für den gesamten Motorsport in der DDR verantwortlich ist. In den Kreisen entstehen Motorsport-Gemeinschaften (MSG), die berechtigt sind, Motorsportveranstaltungen durchzuführen.
7. Januar: Am Institut für Körpererziehung der Humboldt-Universität zu Berlin konstituiert sich eine Arbeitsgemeinschaft „Körperliche Erziehung im wissenschaftlichen Nachwuchs für Absolventen", die vom Ministerium für Volksbildung in die Aspirantur berufen sind.
18. Januar: Edith Keller erringt in Moskau den 5. Platz bei der Schach-WM der Frauen. (vgl. 19.12.1949)
18. Januar: Das ZK der SED beschließt, die Sportschule in Leipzig zum zentralen Institut für Leibesübungen und Sport ausbauen zu lassen.
21. Januar: Die Auswahl von Berlin-Weißensee gewinnt die I. DDR-Meisterschaft im Hallenhandball der Männer beim Finale in Leipzig.
Januar: Das Sekretariat des DS beschließt, monatliche Bildungsabende und Mitgliederversammlungen in allen Sportgemeinschaften einzuführen. Damit soll die ideologisch-politische Erziehung in der Demokratischen Sportbewegung im Sinne der Ziele und Aufgaben des DS durchgesetzt und das „Nursportlertum" überwunden werden.
8. Februar: Die Volkskammer beschließt das „Jugendgesetz" („Gesetz über die Teilnahme der Jugend am Aufbau der Deutschen Demokratischen Republik und die Förderung der Jugend in Schule und Beruf, bei Sport und Erholung vom 8. Februar 1950") mit konkreten Maßnahmen zur staatlichen Förderung des Sports (Schaffung eines Sportabzeichens, Gründung einer Sporthochschule, Produktion von Sportgeräten, -bekleidung und -schuhen, Schaffung von Sportanlagen, Fahrpreisermäßigung).
12. - 15. Februar: Erstmalig verhandelt der DS mit einer polnischen Sportdelegation in Berlin.
24. - 26. Februar: Dank einer Sonderstartgenehmigung der FIS können Skisportler der DDR in der CSR beim Tatra-Pokal starten. Traudel Gottstein erringt im Abfahrtslauf den 6. Platz.
1. März: Eine statistische Sondererhebung zum Sportunterricht in den Schulen der DDR zeigt weitverbreitete Mängel in materieller Hinsicht (Sportstätten, Sportmaterial, Sportbekleidung) und bei der Durchführung des Unterrichts (Sportlehrermangel, Nichterfüllung der Stunden- und Lehrpläne, fehlende Fachqualifikation). Die Volksbildungsorgane treffen Maßnahmen zur Verbesserung des Sportunterrichts. Die sofortige Ausbildung von Schwimmfachlehrern wird veranlaßt.
1. - 9. März: In Schierke finden die I. DDR-Meisterschaften in den Wintersportdisziplinen statt. DDR-Meister werden bei den Männern in den alpi-

nen Disziplinen H. Friedel (Abfahrtslauf), H. Mitlöhner (Torlauf und alpine Kombination) und in den nordischen Disziplinen H. Friedel (15-km-Langlauf und Nordische Kombination), Thüringen I (4x10-km-Staffel) und F. Knappe (Skispringen) sowie bei den Frauen H. Pilz (Abfahrtslauf), H. Zeh (Torlauf und alpine Kombination) und G. Uhlig (5-km-Lauf). Im Eiskunstlauf siegen H. Sirinek bei den Männern, B. Schellhorn bei den Frauen und Lampe/Kuhrüber im Paarlauf. DDR-Meister im Eishockey wird die SG Frankenhausen. Eine sowjetische Delegation stellt den ersten Kontakt zum DS her. Ein Skispringer nimmt außer Konkurrenz am Meisterschaftssprunglauf teil. Es werden Verhandlungen mit dem Delegationsleiter Romanow geführt.

30. März: In einer Verordnung des Ministeriums für Volksbildung wird festgelegt, daß der Turnunterricht ab 10. April und der Schwimmunterricht ab 15. Mai an allen Schulen aufzunehmen ist.

3. April: Das Sekretariat des DS verabschiedet in Zusammenarbeit mit dem FDGB und der FDJ den Beschluß „Über die Reorganisierung des Sports in den volkseigenen und ihnen gleichgestellten Betrieben auf Produktionsbasis". Damit werden die Bildung von Sportvereinigungen (SV) nach sowjetischem Vorbild entsprechend der Organisationsstruktur der Gewerkschaften und Betriebssportgemeinschaften (BSG) als vorherrschende Grundeinheiten beschlossen. Ferner wird festgelegt, daß die Anzahl der betriebsfremden Mitglieder in einer BSG nicht mehr als 20 Prozent betragen darf. Damit soll das Schwergewicht des Sports in die volkseigenen Betriebe verlegt und der Einfluß von kleinbürgerlichen Kräften zurückgedrängt werden.

14. April: Der FDGB-Bundesvorstand beschließt Maßnahmen zur Reorganisation des Sports (vgl. DS-Beschluß vom 3.4.1950), erklärt die Industriegewerkschaften Metall, Eisenbahn, Druck und Papier, Chemie, Textil und Bekleidung, Bergbau sowie die Gewerkschaft Land und Forst zu Schwerpunkten bei der Umgestaltung des Betriebssports und fordert dessen raschen Ausbau. Neben gewerkschaftlichen Mitteln und Möglichkeiten sollen für den Betriebssport 20 Prozent der Mittel der Direktorenfonds der volkseigenen und gleichgestellten Betriebe verwendet werden. Die BSG Chemie Leuna erhält 1950 mehr als 120.000 M vom Leuna-Werk, damals noch SAG-Betrieb.

16. April: Die BSG Horch-Zwickau gewinnt in Dresden die I. DDR-Meisterschaft im Fußball mit 5:1 gegen die SG Dresden Friedrichstadt. Die hochfavorisierte Dresdner Elf mit zahlreichen früheren Nationalspielern verliert völlig unerwartet das zuweilen harte Spiel. Zuschauer, die auf der Aschenbahn plaziert sind, wenden sich gegen den Schiedsrichter und sorgen für Krawalle, die dann auch als politische Demonstrationen gegen den auf der Ehrentribüne sitzenden Walter Ulbricht, Stellvertreter des Ministerpräsidenten der DDR, gedeutet werden. In den Tagen danach kommt es zu sportpolitischen Auseinandersetzungen, schließlich zur Überführung der Mannschaft der SG Dresden Friedrichstadt in die BSG Tabak Dresden. Bald darauf verläßt die Mannschaft fast komplett Dresden und schließt sich in Westberlin Hertha BSC an, dessen Name in Erinnerung an den früheren Dresdner Sportclub (DSC) vorübergehend in Hertha DSC umgewandelt wird. Mit der Mannschaft verläßt Helmut Schön die DDR.

26. April - 18. Mai: Eine Delegation des ZR der FDJ unter Leitung von Heinz Keßler reist auf Einladung nach Moskau und macht sich mit der Arbeit des Komsomol vertraut. Als Mitglied der Delegation erhält Manfred Ewald Einblick in die Arbeit des sowjetischen Sports.

30. April: W. Ittershagen (BSG Motor Zeiß-Jena) und die Mannschaft der BSG Schott-Jena gewinnen die 1. DDR-Meisterschaften im Waldlauf in Berlin-Grünau.

1. Mai: Anläßlich dieses Feiertages finden in vielen Kreisen und Städten Massenwaldläufe statt.

2. - 9. Mai: Erstmalig nimmt eine DDR-Mannschaft an der Friedensfahrt Warschau - Prag teil; sie erringt den 8. Platz in der Mannschaftswertung. Lothar Meister I kommt als bester DDR-Fahrer auf Platz 14.

12. Mai: Als erste Sportvereinigung entsteht die SV Motor; sie erfaßt alle BSG im Bereich der IG Metall des FDGB.

12. - 14. Mai: Heinz Schneider (BSG Post Mühlhausen) gewinnt bei den I. DDR-Meisterschaften im Tischtennis in Weimar drei Titel (Einzel, Doppel mit Freytag, gemischtes Doppel mit Hanft). Weitere Titelträger sind A. Horn (Frauen-Einzel) und Kirsten/Löwenberg (Frauen-Doppel).

13. Mai: Vertreter der Zentralen Sektion Leichtathletik im DS und des Deutschen Leichtathletik-Verbandes (DLV) verhandeln in Berlin über einen gemeinsamen Antrag an die IAAF um Aufnahme in die Internationale Föderation und um Zulassung zu Europameisterschaften und Olympischen Spielen. Später stellt der DLV der BRD selbst einen Antrag auf Mitgliedschaft in der IAAF.

14. Mai: Beim ersten Vergleichstreffen der Leichtathleten in Weißenfels gewinnt der Hamburger Sportverein mit 173,5 Punkten vor der BSG KWU Halle und der SG Nordost Berlin.

17. - 18. Juni: In Greiz finden die II. DDR-Meisterschaften im Ringen statt. Die Sieger sind R. Jugold (Fliegen-), F. Albrecht (Bantam-), G. Lohr (Feder-), H. Albrecht (Leicht-), H. Schedler (Welter-), K. Hoffmann (Mittel-), H. Albrecht (Halbschwer-) und R. Hildebrand (Schwergewicht).

27. - 30. Mai: Anläßlich des I. Deutschlandtreffens der Jugend in Berlin findet ein erstes internationales Sportfest in der DDR mit Sportdelegationen aus der UdSSR, der CSR, Polens und Ungarns statt. Höhepunkte sind die Wettkämpfe und Vorführungen in den neuerbauten Sportanlagen, der Werner-Seelenbinder-Halle und dem Walter-Ulbricht-Stadion (dem späteren Stadion der Weltjugend).

18. Juni: Die BSG Post Magdeburg (Männer) und die BSG VEB Köthen (Frauen) gewinnen die I. DDR-Meisterschaften im Hockey in Köthen.

18. Juni: Zwischen Oberhof und Zella-Mehlis findet das I. Bergrennen der DDR für Sport- und Rennwagen sowie Motorräder statt.

24. - 25. Juni: In Dresden werden die I. DDR-Meisterschaften im Judo ausgetragen. Titelträger sind F. Krysiak (Feder-), S. Haunschild (Leicht-), H. Bark (Halbmittel-), H. Becker (Mittel-), G. Kästner (Halbschwer-) und G. Schmidt (Schwergewicht).

30. Juni: Die VI. Tagung des DS in Berlin beschließt das „Friedensaufgebot der Demokratischen Sportbewegung". Der damit verbundene Organisationswettbewerb betrifft die „Hebung des ideologischen Niveaus und des sportlichen Leistungsstandes" sowie die Erweiterung und Festigung der Sportbewegung. Der Wettbewerb ist umstritten und führt zur Zahlenhascherei.

Juni: An der Deutschen Sportschule in Leipzig beginnt ein Vorsemester für künftige Studenten der Hochschule für Körperkultur.

3. Juli: In Dessau-Gestänge werden die I. DDR-Meisterschaften im Kanu-Slalom veranstaltet. H. Setzkorn (Pirna) gewinnt seinen ersten Titel im Einerkajak (Männer) und A. Herold im Einerfaltboot (Frauen).

3. Juli: Der Fachausschuß Fußball des DS konstituiert sich unter Leitung von Fritz Gödicke in Berlin neu. Ihm gehören u. a. an: Rudi Reichert, Gerhard Schulz, Alfred Kunze, Erich Jahnsmüller, Horst Scherbaum, Werner Oberländer, Georg Buschner.

7. - 9. Juli: In Berlin werden die II. DDR-Meisterschaften im Boxen ausgetragen. Die Meister: H. Girod (Fliegen-), G. Czerwinski (Bantam-), H. Pörtner (Feder-), A. Hänsel (Leicht-), W. Grosse (Welter-), R. Fleischer (Mittel), H. Robak (Halbschwer-) und E. Recklebe (Schwergewicht).

8. - 9. Juli: Schönebeck ist Schauplatz der II. DDR-Meisterschaften im Gewichtheben und Rasenkraftsport. Die Sieger im Gewichtheben sind H. Kahl (Bantam-), H. Kretzschmar (Feder-), R. Gapon (Leicht-), H. Unrein (Mittel-), S. Arnold (Leichtschwer-) und H. Albrecht (Schwergewicht) sowie im Rasenkraftsport Fehse (Feder-), Lietzmann (Leicht-), Kraus (Mittel-) und Fleischhauer (Schwergewicht).

9. Juli: In Mecklenburg findet zum ersten Mal ein „Sporttag der Landjugend" statt.

12. Juli: Die Sektion Schach im DS wird als erster Sportverband von der zuständigen Internationalen Föderation - dem Weltschachbund (FIDE) - anerkannt und als Mitgliedsverband aufgenommen.

22. - 23. Juli: Die I. DDR-Meisterschaften in der Leichtathletik finden in Halberstadt, im Kanurennsport in Pirna und im Bahnradsport/Männer in Zwickau statt.

Die Titelträger in der Leichtathletik bei den Männern sind M. Westphal (100 m), F. Lacina (200 m), R. Bäslack (400 und 800 m), W. Dinse (1500 m), W. Thees (5000 m), M. Gebhardt (10.000 m), H. Stephan (110 m Hürden), K. Scholz (400 m Hürden), A. Genatowski (3000 m Hindernis), BSG Konsum Leipzig (4x100-m- und 4x400-m-Staffel), W. Meier (Hochsprung), K.-H. Balzer (Stabhochsprung), K. Scholz (Weitsprung), G. Frister (Dreisprung), E. Schmidt (Kugelstoßen, Diskuswerfen), K. Kröniger (Speerwerfen) und Dr. M. Markus (Hammerwerfen). Bei den Frauen werden als Meister geehrt: E. Preibisch (100 und 200 m), H. Schreyer (80 m Hürden), BSG Lokomotive Pirna (4x100-m-Staffel), J. Karsten (Hochsprung), E. Junghanns (Weitsprung), L. Niemann (Kugelstoßen), L. Klitsch (Diskuswerfen) und F. Schmidt (Speerwerfen).

Die Sieger im Kanurennsport bei den Männern: Netz (Einerkajak 1000 m), Rothemann (Einerkajak 10.000 m), Helm/Netz (Zweierkajak 1000 und 10.000 m), Kramer (Einerkanadier 10.000 m), Ziller/Kliebisch (Zweierkanadier 1000 m), Leine (Einerkanadier 10.000 m), Grohmann/Dost (Zweierkanadier 10.000 m) und die ZSG Burg (Mannschaftskanadier 1000 m) sowie bei den Frauen Böhland (Einerkajak 500 m) und Krause/Zeh (Zweierkajak 500 m).

Die Meister im Bahnradfahren sind H. Rothmund (Malfahren), H. Körnig (1000-m-Zeitfahren), Zieger/Stolze (Zweier-Mannschaftsfahren), Wottka und die BSG Eisen/Stahl Magdeburg (4000-m-Verfolgung, Einzel und Vierermannschaft).

26. Juli: In Realisierung des Jugendgesetzes (vgl. 8.2.1950) befaßt sich das Sekretariat des FDJ-Zentralrats mit Sportfragen. Im Zentralrat soll die Abteilung Sport unter Leitung von Manfred Tomuschat erweitert werden und Sektoren für Modellbau, Segelflug, Wassersport, Motorsport, Fechten und Reiten sowie Wandern und Touristik einschließen. Auf die vorgesehene Auflösung der Sparte Rudern des DS und ihre Eingliederung in den FDJ-Sektor Wassersport wird nach Einspruch des DS-Vorsitzenden Ernst Horn verzichtet. Alle durch SMAD-Befehle gebundenen Immobilien des Rudersports sollen der Jugendheim GmbH übergeben werden.

29. - 30. Juli: In Berlin-Grünau werden die I. DDR-Meisterschaften im Rudern ausgetragen. Die Titel erringen bei den Männern H. Stanjek (Einer), ZSG Einheit Potsdam (Doppelzweier), SG Sparta Siemens Berlin (Vierer o. Stm.), BSG Konsum Wurzen (Vierer m. Stm.), ZSG KWU Halle (Achter) sowie bei den Frauen M.-S. Heckmann (Einer) und SV Motor Berlin (Doppelvierer).

30. Juli: In Jena werden die I. DDR-Faustball-Meisterschaften ausgetragen. Bei den Männern gewinnt die BSG Einheit Erfurt, bei den Frauen die BSG RFT Gera.

30. Juli: Bei den ersten DDR-Meeresmeisterschaften im Schwimmen in Stralsund gewinnen H. Henschel (Männer) und G. Hildebrand (Frauen), beide BSG Börde Magdeburg.

2. - 13. August: Bernhard Trefflich (Weimar) gewinnt die 1. DDR-Rundfahrt im Straßenradsport.

4. - 7. August: In Pirna finden die I. DDR-Meisterschaften im Schwimmen und Wasserspringen statt. Titel erringen bei den Männern K. Gerhardt (100 m, 200 m, 400 m, 1500 m Freistil), G. Giera (100 m und 200 m Brust), G. Pirl (100 m Rücken), K. Föckel (Turmspringen), H.-J. Scheffel (Kunstspringen), BSG KWU Leipzig (4x200-m-Freistilstaffel) und BSG Börde Magdeburg (4x200-m-Bruststaffel) sowie bei den Frauen E.-M. Schmidt (100 m Freistil), J. Großmann (400 m Freistil), J. Schmidt (100 m und 200 m Brust), H. Teuschner (100 m Rücken), BSG Industrie Leipzig (4x100-m-Freistil- und 4x100-m-Rückenstaffel), BSG Börde Magdeburg (4x200-m-Bruststaffel), I. Strümpel (Kunstspringen) und Dr. E. Wettengel (Turmspringen).

5. - 6. August: In Jena werden die I. DDR-Hochschulmeisterschaften im Fußball, Handball und in der Leichtathletik ausgetragen.

11. - 13. August: Die BSG Börde Magdeburg gewinnt die 1. DDR-Meisterschaft im Wasserball in Magdeburg.

11. - 13. August: In Halle finden die I. DDR-Meisterschaften im Kegeln für Männer, Frauen und Jugendliche im Einzel- und Mannschaftskampf in allen Bahnarten statt. Sieger sind im Asphaltkegeln bei den Männern C. Bleiß (Einzel) und die BSG Melsa Halle (Mannschaft) sowie bei den Frauen I. Happel (Einzel) und die SG Grün-Rot Magdeburg (Mannschaft), im Bohlekegeln bei den Männern K. Buckow (Einzel) und die SG Berliner Sportkegler (Mannschaft) sowie bei den Frauen E. Müller (Einzel) und die SG Berliner Sportkegler (Mannschaft), im Bowling bei den Männern K. Voigt (Einzel) und die BSG Melsa Halle (Mannschaft).

18. - 20. August: Die HSG Wissenschaft Halle (Männer) und die BSG Börde Magdeburg (Frauen) gewinnen die I. DDR-Mannschaftsmeisterschaften im Tennis in Erfurt.

19. - 20. August: Naumburg ist Schauplatz der Meisterschaften im Rollschuhkunstlauf und Rollhockey. Titelträger werden W. Hartung bei den Männern und H. Rothe bei den Frauen sowie Lampe/Kuhrüber im Paarlauf. DDR-Meister im Rollhockey wird die BSG Empor Gera.

27. August: Dresden erlebt die ersten DDR-Strommeisterschaften im Schwimmen. Bei den Männern siegt Thurm, bei den Frauen Hildebrandt. Die Mannschaftstitel bei Männern und Frauen erringt die SG Leipzig-Mitte.

30. August - 2. September: In Leipzig werden die I. DDR-Meisterschaften im Tennis ausgetragen. Sieger sind bei den Männern G. Strache (Einzel) und Sturm/Schulze (Doppel) sowie bei den Frauen I. Hallbauer (Einzel) und Hallbauer/Hallbauer (Doppel); das Mixed gewinnen Hallbauer/Jacke.

1. - 2. September: In Demmin werden die I. DDR-Leichtathletik-Jugendmeisterschaften veranstaltet.

3. September: Zehntausende Sportler legen mit einem „Friedensmarsch“ die erste Disziplin des neugestifteten Sportleistungsabzeichens ab.

9. - 10. September: Die BSG Vorwärts Greiz gewinnt die I. DDR-Mannschaftsmeisterschaft im Ringen in Leuna.

10. September: Bei der I. DDR-Meisterschaft im Straßenradsport in Greiz siegt E. Schatz (Halle). In Nürnberg werden die Endläufe der 1. Gesamtdeutschen Motorradmeisterschaften ausgetragen.

19. - 23. September: In Berlin finden die I. DDR-Meisterschaften im Segeln statt. Sieger sind H. Krüger (Wanderjolle), W. Pohl (Olympiajolle) und Vogler/Schröter (Piratenklasse).

20. - 21. September: Die BSG Konsum Leipzig (Männer) und die BSG Einheit Mitte Halle (Frauen) gewinnen die I. DDR-Mannschaftsmeisterschaften der Leichtathletik in Chemnitz.

23. - 24. September: Bei den ersten Leichtathletik-Mehrkampfmeisterschaften der DDR in Berlin siegen Ernst Schmidt (Zehnkampf) und I. Römer-Praetz (Fünfkampf).

24. September: Die BSG Rotation Berlin erringt den ersten Meistertitel im 100-km-Straßen-Mannschaftsfahren in Berlin.

22. Oktober: In Leipzig wird in einem feierlichen Akt die Deutsche Hochschule für Körperkultur (DHfK) gegründet. 96 Studenten nehmen im Gebäude der Deutschen Sportschule unter dem Rektorat von Dr. Joachim Lohmann mit 10 Lehrkräften die Ausbildung auf.

29. Oktober: In Erfurt werden die I. DDR-Meisterschaften im Billard ausgetragen. Titelträger wird W. Krüger.

31. Oktober - 14. Dezember: Eine Delegation des DS unter Führung des neuberufenen Leiters Fred Müller unternimmt auf Einladung eine ausführliche Studienreise durch die UdSSR. Ihr gehören an: Rudi Reichert, Erich Riedeberger, Alfred Hunold, Fritz Gödicke, Werner Pollandt, Dr. Joachim Lohmann, Kurt Edel, Otto Seidel, Irmgard Boywitt, Annemarie Rex.

4. November: Vertreter der Zentralen Sektion Schach im DS und des Deutschen Schachbundes vereinbaren in Berlin die Bildung eines gemeinsamen Arbeitsausschusses.

19. November: In der neuerbauten Werner-Seelenbinder-Halle in Berlin - Tausende Sportler beteiligten sich mit freiwilligen Arbeitsleistungen bei der Errichtung - wird die erste Winterbahnsaison im Radsport eröffnet. Es ist die erste Winterbahn für Amateure im deutschen Radsport.

25. - 26. November: In Dresden werden die I. DDR-Hallenmeisterschaften im Schwimmen durchgeführt.

29. Dezember: DDR-Skisportler starten zum ersten Mal in Zakopane.

1951

11. - 14. Januar: In Oberhof finden die 1. DDR-Meisterschaften im Wintersport für Junge Pioniere statt.
15. - 16. Januar: Während seiner 7. Tagung wertet der DS die Studienreise in die UdSSR aus. Walter Ulbricht fordert in einer Rede den DS auf, stärker den Volkssport zu entwickeln, und der Leiter des DS, Fred Müller, erläutert die Aufgaben in Vorbereitung der III. Weltfestspiele der Jugend und Studenten in Berlin. Die ersten Sportabzeichen „Bereit zur Arbeit und zur Verteidigung des Friedens“ werden überreicht.
16. - 21. Januar: Die Deutsche Volkspolizei führt in Oberwiesenthal ihre I. Wintersportmeisterschaften durch.
19. - 21. Januar: Auf der 1. Plenartagung der Zentralen Sektion Leichtathletik im DS in Halle wird das Präsidium der Sektion gewählt, zum Präsidenten Kurt Edel.
20. - 21. Januar: Die Leitung der Zentralen Sektion Tischtennis im DS organisiert nach Vereinbarung mit dem Deutschen Tischtennis-Verband des DSB (Deutscher Sportbund, am 10.12.1950 in Hannover gegründet) gesamtdeutsche Tischtennis-Meisterschaften in Berlin.
23. - 28. Januar: In Altenberg-Geising werden die 1. DDR-Jugendmeisterschaften im Wintersport durchgeführt.
28. Januar - 4. Februar: Eine Mannschaft des DS startet bei den IX. Akademischen Weltwinterspielen in Poiana Stalin (Rumänien). Die besten Ergebnisse erzielen Franz Knappe (2. im Skispringen), Heinz Holland (2. in der Nordischen Kombination) und Lampe/Kuhrüber (3. im Eiskunstlaufen).
3. - 4. Februar: Die 1. DDR-Meisterschaften im Eisschnellauf werden in Frankenhausen ausgetragen.
13. Februar: Die 1. Oberhofer Sportlergespräche finden in Anwesenheit von über 500 westdeutschen und westberliner Sportlern statt.
22. Februar: Eine Verordnung des DDR-Ministerrates zur Neuorganisation des Hochschulwesens legt obligatorischen Sportunterricht - zunächst für das 1. Studienjahr - für alle Studenten ab September 1951 fest.
23. Februar: Das Sekretariat des DS beauftragt die Sportvereinigungen, Spartakiaden als Sport- und Kulturfeste in Anknüpfung einer Tradition des Arbeitersports zu organisieren.
23. - 25. Februar: In mehreren Orten Thüringens werden die I. DDR-Studentenmeisterschaften im Wintersport ausgetragen.
23. - 25. Februar: Die BSG Einheit Leipzig-Ost gewinnt bei den Männern und Frauen die I. DDR-Meisterschaften im Hallenhockey in Brotterode.
3. - 11. März: Die beiden DDR-Meister Heinz Schneider und Astrid Horn nehmen im Rahmen einer gesamtdeutschen Vertretung an den Weltmeisterschaften im Tischtennis in Österreich teil.

8. März: Der Internationale Tischtennis-Verband (ITTF) nimmt in Wien die Zentrale Sektion Tischtennis im DS als Mitgliedsverband auf. Damit ist der zweite Sportverband der DDR international anerkannt.

15. - 17. März: Das ZK der SED stimmt während seiner 5. Tagung in Berlin einem vom DS vorgelegten Dokument „Die Aufgaben auf dem Gebiet der Körperkultur und des Sports“ zu. Darin wird die Entwicklung der Demokratischen Sportbewegung positiv eingeschätzt: „Somit ist jener Zustand erreicht, daß die demokratische Sportbewegung als selbständige Organisation an die Erfüllung der großen Aufgaben... herangehen kann“, was die Beendigung der Trägerschaft durch FDGB und FDJ (vgl. 1.10.1948) bedeutet. Anschließend werden die neue Rolle des DS, die aktuellen Aufgaben des Sports in Vorbereitung auf die der DDR übertragenen III. Weltfestspiele der Jugend und Studenten und die perspektivischen Aufgaben dargelegt. Dieses Dokument stärkt die Autorität des DS, ist Richtschnur für Sportfunktionäre und Sportler, die der SED angehören oder nahestehen, und bestimmt die Entwicklung des DDR-Sports im folgenden Zeitabschnitt nachhaltig.

18. März: In der Berliner Werner-Seelenbinder-Halle findet das 1. Nationale Leichtathletik-Hallensportfest des DS statt. Athleten aus beiden deutschen Staaten starten. Karl-Heinz Balzer (Leipzig) siegt im Stabhochsprung mit 3,60 m, Karl-Heinz Langhoff (Rostock) im Hochsprung mit 1,85 m und Ernst Schmidt (Berlin) im Kugelstoßen mit 15,05 m. Herbert Schade (Barmen) gewinnt den 3000-m-Lauf in 8:38,0 min.

23. - 25. März: In Leipzig findet das erste Nachkriegstreffen der gehörlosen Sportler Deutschlands statt.

25. März: In Magdeburg wird das erste Straßenradrennen für Frauen in der DDR (über 22 km) ausgetragen, das Erika Fuchs in 1:13,0 h gewinnt.

27. März: In „Deutsches Sport-Echo“ wird die Rede des DS-Leiters Fred Müller vor dem ZK der SED (vgl. 15.-17.3.1951) veröffentlicht, in der u. a. sporthistorische Publikationen des Aspirantenkollektivs der DHfK gerügt werden. „Solche Fälle, daß sogar unsere Parteipresse, wie beispielsweise die ‘Leipziger Volkszeitung’, Arbeiten abdruckt, die vom Deutschen Sportausschuß auf ihre Wissenschaftlichkeit noch überprüft und deren Veröffentlichung deshalb zurückgestellt wurde, sollten in Zukunft nicht mehr vorkommen“. Gleichzeitig werden die Aspiranten vom DS aufgefordert, ihre Manuskripte vor der Veröffentlichung dem Sekretariat vorzulegen, was sie aber ablehnen.

März: Im Verlag Volk und Wissen (Berlin) erscheint das 1. Heft der Zeitschrift „Körpererziehung in der Schule“ als Beiheft der „Neuen Schule“, ab 1952 als selbständige Monatszeitschrift „Körpererziehung“.

7. - 8. April: In Kassel werden die ersten gesamtdeutschen Jugendmeisterschaften im Schwimmen und Wasserspringen durchgeführt, bei denen DDR-Sportler 15 Titel erringen, davon Jutta Großmann drei.

7. - 8. April: Die BSG Konsum Leipzig gewinnt das 1. Jugendwasserball-Turnier der DDR in Brandenburg.

10. April: Die Internationale Ski-Föderation (FIS) nimmt die Zentrale Sektion Ski im DS in Venedig nach einer Intervention des sowjetischen Delegierten Sobolew als Mitgliedsverband auf.

21. April: In Berlin endet vor 40.000 Zuschauern ein inoffizielles Fußball-Länderspiel Polen - DDR 3:0.

22. April: In der Berliner Werner-Seelenbinder-Halle feiert die UdSSR-Eishockeyauswahl nach einem gemeinsamen vierwöchigen Trainingslager mit der DDR-Auswahl im ersten Länderspiel einen 21:2-Erfolg.

22. April: Im Berliner Roten Rathaus wird in einem feierlichen Akt in Anwesenheit des DDR-Volkskammerpräsidenten Dr. Johannes Dieckmann, des Berliner Oberbürgermeisters Friedrich Ebert und weiterer Repräsentanten das Nationale Olympische Komitee (NOK) der DDR gegründet, nachdem es zuvor nicht gelungen war, ein paritätisch zusammengesetztes gesamtdeutsches NOK zu bilden. Als Präsident des NOK wird der Leichtathlet Kurt Edel, als Generalsekretär der ehemalige Arbeitersportfunktionär Heinz Dose gewählt. In einem Schreiben an den Präsidenten des NOK der BRD, Ritter von Halt, schlägt das NOK der DDR sofortige Verhandlungen zur Bildung eines gemeinsamen deutschen NOK vor.

22. April: Auf der Halle-Saale-Schleife werden die I. DDR-Meisterschaften im Motor-Straßensport gestartet.

26. April: Mit Sondergenehmigung des Internationalen Amateurringer-Verbandes (FILA) starten DDR-Sportler bei den Weltmeisterschaften in Helsinki in einer gesamtdeutschen Mannschaft.

27. April: „Deutsches Sport-Echo" veröffentlicht die Ergebnisse einer im März durchgeführten Umfrage nach dem „populärsten Sportler 1950": Fritz Gödicke, Werner Oberländer (beide Fußball), Heinz Holland (Skisport), Lothar Meister (Radsport), Kurt Edel (Leichtathletik), Bernhard Trefflich (Radsport), Ernst Schmidt (Leichtathletik), Günter Czerwinski (Boxen), Hilde Schreyer (Leichtathletik), Gerhard Giera (Schwimmen).

28. - 29. April: In Halle findet die gesamtdeutsche Mannschafts-Meisterschaft der Männer im Tischtennis statt, die der MTV (München) gewinnt.

29. April: In Mecklenburg wird die erste DDR-offene Spartakiade der Landjugend vom DS durchgeführt.

April: Vertreter der Zentralen Sektion Radsport im DS und des Bundes Deutscher Radfahrer gründen einen gemeinsamen Arbeitsausschuß Deutscher Radsport. Sie beschließen gesamtdeutsche Meisterschaften und eine Fünf-Etappenfahrt Köln-Berlin vom 17.- 21. Juli 1951 durchzuführen.

5. Mai: Auf Initiative des DS und der DHfK findet in Leipzig die erste Sportärzte-Tagung der DDR mit 120 Teilnehmern statt.

8. Mai: Das IOC erkennt auf seiner 45. Tagung in Wien das NOK für Deutschland (BRD) für dessen Staatsgebiet der drei Westzonen mit der

Maßgabe an, daß ein „Olympisches Komitee für Gesamtdeutschland" zu bilden sei. Der Antrag auf Anerkennung des NOK der DDR wird abgelehnt.

17. und 21. Mai: Die Verhandlungen der Vertreter des NOK der DDR, Kurt Edel und Werner Scharch, mit dem NOK-Präsidenten der BRD, Ritter von Halt, in Hannover und Lausanne über die Auflage des IOC vom 8. Mai enden ohne Ergebnis. In einem Brief vom 25. Mai 1951 meldet von Halt an Bundeskanzler Adenauer: „Auch diese Besprechung leitete ich so, daß sie ergebnislos verlaufen mußte. Die Beratungen selbst waren außerordent-lich schwierig, weil die Vertreter der Ostzone sich zu jedem Entgegen-kommen bereit erklärten und weil sie ihre Wünsche auf eine zahlenmäßige Vertretung in dem gesamtdeutschen Komitee auf ein Minimum herabzusetzen gewillt waren."

20. Mai: In Halle wird ein gesamtdeutsches Leichtathletik-Treffen veranstaltet.

22. Mai: Als Folge des Scheiterns der Verhandlungen zwischen beiden deutschen NOK (vgl. 8., 17. und 21.5.1951) arrangiert das IOC neue Beratungen in Lausanne, die zu einer gemeinsamen Erklärung führen, in der der Start einer gemeinsamen Olympia-Mannschaft bei den Olympischen Spielen 1952 in Aussicht gestellt wird, in der Hoffnung, daß nunmehr „vollständige Übereinstimmung in naher Zukunft erreicht werden kann", um „ein Deutsches Olympisches Komitee für ganz Deutschland zu bilden".

26. - 27. Mai: Die BSG Einheit Erfurt gewinnt den Titel der ersten gesamtdeutschen Mannschafts-Meisterschaften der Frauen im Tischtennis in Eisenach.

27. Mai: Eine außerordentliche Tagung des NOK der DDR in Leipzig befaßt sich mit den Verhandlungen zwischen Vertretern des IOC und NOK der BRD (vgl. 8., 17. und 21.5.1951) sowie mit der gemeinsamen Erklärung vom 22. Mai 1951 in Lausanne.

27. Mai: In vielen Dörfern organisiert die FDJ Landjugendsportfeste.

3. Juni: Erstmalig starten DDR-Sportler beim Internationalen Eifelrennen auf dem Nürburgring.

12. Juni: Edith Keller erringt den Titel bei den gesamtdeutschen Schachmeisterschaften der Frauen in Bad Klosterlausnitz.

16. - 17. Juni: In Berlin finden gesamtdeutsche Mannschaftsmeisterschaften der Männer in der Leichtathletik statt. Die BSG Konsum Leipzig belegt den 3. Platz.

17. Juni: Der DS organisiert an vielen Orten einen „Tag des Volleyballs" zur Popularisierung dieser noch weitgehend unbekannten Sportart.

24. Juni: In Augsburg werden die gesamtdeutschen Meisterschaften im Straßen-Mannschaftsrennen durchgeführt.

30. Juni: In Berlin wird erstmalig ein Republiksentscheid der Sportwerbegruppen veranstaltet.

1. Juli: DDR-Sportler starten beim internationalen Avusrennen in Berlin/West.

4. - 12. Juli: In Freyburg/Unstrut findet die 1. Sportlehrerkonferenz der DDR statt, auf der neue Lehrpläne für alle Ausbildungszweige des Schul- und Hochschulwesens erarbeitet werden.

7. Juli: In Berlin wird im Plenarsaal der Volkskammer in Vorbereitung der Weltfestspiele der Jugend und Studenten die 1. Zentrale Sportkonferenz des DS durchgeführt..

7. - 8. Juli: In Leuna wird die 1. Zentrale Spartakiade der Sportvereinigung Chemie ausgetragen.

8. - 24. Juli: Zur Unterstützung für den DDR-Sport ist eine 16köpfige Trainer-Delegation aus der UdSSR unter Leitung von Prof. Markow in Sportgemeinschaften und Trainingslagern tätig.

15. Juli: DDR-Radsportlern wird die Aufenthaltsgenehmigung in der BRD verweigert. Sie können infolgedessen nicht an den gesamtdeutschen Einzelmeisterschaften im Straßenradsport in Bielefeld teilnehmen.

15. Juli: In Leipzig wird die Sportvereinigung Wissenschaft gegründet, der alle 25.000 registrierten Studentensportler der HSG und FSG zugeordnet sind.

20. - 22. Juli: In Rheinhausen werden die gesamtdeutschen Einzelmeisterschaften im Freistilringen ausgetragen; Herbert Albrecht erringt den Titel im Halbschwergewicht.

5. - 19. August: Während der III. Weltfestspiele der Jugend und Studenten in Berlin finden viele Sportveranstaltungen - nationale und internationale Wettkämpfe und eine Sportschau mit Massenübungen - statt.

6. - 15. August: Gleichzeitig mit den III. Weltfestspielen werden in Berlin die XI. Akademischen Sommerspiele ausgetragen, an denen 2052 Studentensportler aus 42 Ländern teilnehmen. Die DDR-Sportler können erste Erfolge erringen (9 Gold-, 16 Silber- und 30 Bronzemedaillen). Allerdings bringt der DS auch Sportler an den Start, die keine Studenten sind. Die 4x200-m-Staffel der DDR (Preibisch, Köckritz, Anders, Piep) läuft Weltbestzeit in 1:41,5 min. Weitere Bestleistungen erzielen: Elfriede Preibisch (1. Platz im 100-m-Lauf in 12,0 s), Heinz Kitzig (1. Platz im Turmspringen), Hans-Georg Frister (2. Platz im Dreisprung mit 14,73 m) und Ernst Schmidt (3. Platz im Zehnkampf mit 6722 Punkten).

24. August: Der Staatssekretär für Hochschulwesen ordnet entsprechend dem Ministerratsbeschluß vom 22. Februar 1951 die Einführung des obligatorischen Studentensports an allen Universitäten und Hochschulen der DDR mit Beginn des neuen Zehn-Monate-Studienjahres 1951/52 zunächst für die beiden ersten Semester an. Wegen mangelnder Bereitschaft und personeller und materieller Bedingungen können im ersten Studienjahr nur 50 Prozent der Studierenden erfaßt werden.

1. September: An der DHfK Leipzig wird eine Arbeiter- und Bauern-Fakultät (ABF) gebildet. Sie soll, wie die bisherigen Vorsemester (vgl. Juni 1950), Interessenten zur Hochschulreife führen und ein Studium an der DHfK ermöglichen.

1. - 2. September: In Sprendlingen finden die gesamtdeutschen Meisterschaften im Gewichtheben und Rasenkraftsport statt. Dr. Markus siegt im Dreikampf.

2. September: Im Tischtennis beginnt der Wettspielbetrieb um den Deutschlandpokal auf gesamtdeutscher Grundlage.

2. September: Der Präsident des NOK der DDR, Kurt Edel, teilt dem IOC in einem Brief mit, daß er sich nicht mehr an die Lausanner Erklärung vom 22. Mai 1951 gebunden fühle, da die westdeutsche Seite nicht kooperationsbereit sei und stattdessen die olympische Alleinvertretung für alle deutschen Sportler anstrebe.

4. September: Der Internationale Volleyball-Verband (FIVB) nimmt in Paris die Zentrale Sektion Volleyball im DS als Mitgliedsverband auf.

4. September: Die 9. Tagung des DS würdigt die Leistungen bei den Weltfestspielen und den Akademischen Sommerspielen. Den Wettbewerb der SV und der LSA gewinnt die SV Aufbau vor der SV Wissenschaft und der LSA Thüringen vor dem LSA Mecklenburg. Der Organisationswettbewerb wird unter der Losung „Vorwärts im Kampf um Einheit und Freiheit im gesamtdeutschen Sport - Verbreitert und festigt die Volkssportbewegung" fortgesetzt. Das Sportleistungsabzeichen wird entscheidender Faktor in der Wettbewerbsabrechnung.

15. September: In Nordhausen findet die I. DDR-Meisterschaft der Radsportler im Dauerfahren statt. Sieger wird Ronny Maraun (Berlin).

15. - 16. September: In Zwickau wird ein gesamtdeutsches Sportfest für Gehörlose veranstaltet.

16. September: In Teterow finden die Endläufe der I. DDR-Meisterschaften im Sand- und Grasbahnrennen statt.

18. September: In Dresden wird das erste Rudolf-Harbig-Gedenksportfest veranstaltet. Der Sieger des Harbig-Gedenklaufes über 800 m, Rolf Lamers (BRD), wird vom DLV wegen seiner Teilnahme vorübergehend gesperrt.

19. September: In Berlin findet der erste Länderkampf England - DDR im Tischtennis statt, den die Gäste überlegen gewinnen.

26. - 27. September: Dank der provisorischen Anerkennung der Schwimmsektion der DDR durch den internationalen Verband (FINA) bestreitet die DDR-Nationalmannschaft in Warschau ihren ersten Länderkampf gegen Polen und gewinnt ihn mit 117:101 Punkten.

September: Studenten aus der DDR nehmen am Moskauer Institut für Körperkultur ihr Studium auf.

Anfang Oktober: Der Internationale Fußballverband (FIFA) nimmt während einer Vorstandstagung in London die Zentrale Sektion Fußball im DS als provisorisches Mitglied auf.

3. - 14. Oktober: Die DDR-Rundfahrt, ein 10-Etappenrennen, wird als internationale „Friedensfahrt der Nationen" ausgetragen. Wille (Eisleben), der nach fünf Etappen das Gelbe Trikot erkämpft, wird Einzelsieger, in der Mannschaftswertung siegt Ungarn vor der DDR.

6. - 7. Oktober: Die DDR-Leichtathleten (Männer und Frauen) bestreiten in Warschau ihren ersten Länderkampf gegen Polen, den die Gastgeber mit 162:144 Punkten gewinnen.

3. November: In Dresden findet der erste Vergleichskampf im Ringen zwischen dem SC München 06 (BRD) und der BSG Einheit Dresden (DDR) statt. Ergebnis: 5:3 für München.

12. November: Eröffnung der Trainerfakultät an der Deutschen Hochschule für Körperkultur (DHfK) in Leipzig.

15. und 20. November: Verhandlungen zwischen beiden deutschen NOK in Kassel und Hamburg über die Bildung einer gesamtdeutschen Olympia-Mannschaft für die Spiele 1952 enden wegen des Alleinvertretungsanspruchs des NOK der BRD wiederum ergebnislos. Daraufhin stellt das NOK der DDR erneut einen Antrag auf Anerkennung beim IOC.

23. November: In Mannheim entsteht unter Führung Manfred von Brauchitschs ein Komitee für Einheit und Freiheit im deutschen Sport, das sich für gesamtdeutsche Sportvertretungen und einen freien Sportverkehr zwischen beiden deutschen Staaten einsetzt.

24. - 25. November: Die Mannschaften der HSG Geschwister Scholl Halle (Männer und Frauen) gewinnen die Titel bei den I. DDR-Meisterschaften im Volleyball in Leipzig.

November: An der DHfK Leipzig wird eine Abteilung für Trainerausbildung geschaffen. 48 Trainer beginnen einen Fünf-Monate-Lehrgang.

4. Dezember: Das Ministerium für Volksbildung erläßt eine Anweisung zur Entfaltung des außerunterrichtlichen Sport an den Schulen, in denen die Schuldirektoren mitverantwortlich gemacht werden für diesen Teil der Freizeitbetätigung der Schüler.

7. - 8. Dezember: In Berlin findet auf Initiative des DS die 1. Gesamtdeutsche Sportkonferenz mit 700 Teilnehmern statt, auf der ein Arbeitsausschuß zur Förderung des Sportverkehrs zwischen beiden deutschen Staaten gebildet wird.

26. Dezember: Das erste Eishockeyländerspiel DDR-Polen endet in Berlin 3:8.

Dezember: In den Sportgemeinschaften sind Ende 1951 insgesamt 1,2 Millionen Mitglieder registriert (ohne Kinder und Schüler bis 14 Jahre). Es bestehen innerhalb des DS 19 Sportvereinigungen, in denen rund 80 Prozent aller Mitglieder organisiert sind.

Dezember: Vom sporthistorischen Manuskript Lothar Skornings „Die gesellschaftlichen Beziehungen der Körperkultur in Deutschland seit 1800“ werden vom Sportverlag nach Einspruch des DS (vgl. auch 27. März 1951) nur 75 Belegexemplare für den internen Gebrauch gedruckt.

1952

10. Januar: In Chemnitz findet die erste Plenartagung der Zentralen Sektion Fußball statt, auf der ein Sieben-Punkteprogramm zur Entwicklung des DDR-Fußballsports beschlossen und Fritz Gödicke zum Präsidenten gewählt wird.
13. Januar: Nordrhein-Westfalen gewinnt mit 3:2 gegen Thüringen das Endspiel um den Deutschland-Pokal im Tischtennis der Frauen in Erfurt.
12. Februar: Das auf Drängen des NOK der DDR in Kopenhagen vereinbarte Gespräch mit IOC-Vertretern über die deutsche Olympiateilnahme 1952 kommt nicht zustande, da die DDR-Delegation (Kurt Edel, Roland Weißig und Manfred Ewald) im Flugzeug aus Prag verspätet eintrifft. Die telefonisch erbetene Verlegung des Gesprächs wird abgelehnt und stattdessen erklärt, die DDR-Vertreter hätten das IOC brüskiert. Die in Kopenhagen anwesenden Vertreter des BRD-NOK verweigern jeden Kontakt mit den DDR-Funktionären.
7. - 14. März: In Moskau wird ein Sieben-Länderturnier im Boxen ausgetragen, an dem auch eine Staffel der DDR teilnimmt. Der Länderkampf gegen Ungarn kann mit 14:6 gewonnen werden, alle anderen Vergleiche werden verloren.
9. März: In Leipzig findet die I. DDR-Meisterschaft im Rugby statt, die die BSG Stahl Hennigsdorf gewinnt.
15. - 16. März: In Berlin werden gesamtdeutsche Tischtennis-Meisterschaften ausgetragen. Heinz Schneider (Mühlhausen) kann drei Titel erringen (Einzel, Doppel mit dem Stuttgarter Pfiffl, gemischtes Doppel mit Horn, Magdeburg).
19. - 20. März: In Leipzig findet nach halbjähriger Verzögerung durch den DS die 1. Sportwissenschaftliche Konferenz der DDR statt, auf der nach Analyse der Anfänge der Sportwissenschaft und ihrer verschiedenen Gebiete und nach Erörterung der nächsten Aufgaben ein Wissenschaftlicher Rat für Körperkultur und Sport (WR) beim DS sowie drei Fachkommissionen (Geschichte der Körperkultur, Theorie der Körpererziehung und Sportmedizin) gebildet werden. Präsident des WR wird der DS-Sekretär Roland Weißig.
16. April: Die 1. Tagung der Fachkommission Geschichte der Körperkultur im WR findet in Leipzig statt. Zum Leiter der Fachkommission wird Prof. Dr. Gerhard Lukas gewählt. Es werden Forschungsschwerpunkte beraten und dem Sekretariat des DS empfohlen, zum 100. Todestag von Friedrich Ludwig Jahn im Oktober 1952 eine Feier in Freyburg/Unstrut zu veranstalten.
24. - 25. April: Die 10. Tagung des DS in Berlin analysiert die bisherige Entwicklung der Demokratischen Sportbewegung, konstatiert Erfolge, kritisiert Mängel und legt erstmalig einen Perspektivplan für Körperkultur und Sport für die Zeit bis 1955 vor.

26. April: Die 1. Tagung der Fachkommission Theorie der Körpererziehung im WR findet in Leipzig statt. Leiter wird Dr. Kurt Meinel.
1. - 13. Mai: Erstmalig wird die Friedensfahrt durch die DDR geführt. Auf der Strecke Warschau-Berlin-Prag siegen Ian Steel (England) und die englische Mannschaft. Das DDR-Sextett belegt den dritten Platz in der Mannschaftswertung. Bernhard Trefflich wird 9. und Gustav-Adolf (Täve) Schur 10. in der Einzelwertung.
3. Mai: Die 1. Tagung der Fachkommission Sportmedizin im WR wird in Leipzig durchgeführt und Dr. Kurt Tittel zum Leiter gewählt.
4. Mai: Auf der Bernauer Schleife bei Berlin findet das 1. Auto- und Motorradrennen statt. Arthur Rosenhammer gewinnt bei den 1,5-l-Sportwagen, Rudi Krause bei den Formel-II-Rennwagen.
17. Mai: In Leipzig wird in Anwesenheit Walter Ulbrichts der Grundstein für den Neubau der DHfK an der Friedrich-Ludwig-Jahn-Allee gelegt.
18. - 25. Mai: Eine Basketballmannschaft der Frauen nimmt an den III. Europameisterschaften in Moskau teil und belegt den 12. Platz
Mai: Im Sportverlag Berlin erscheint die wissenschaftliche Monatszeitschrift „Theorie und Praxis der Körperkultur“ mit Texten von der I. Sportwissenschaftlichen Konferenz der DDR (19.-20.3.1952) und dem ZK-Beschluß über die Aufgaben auf dem Gebiet der Körperkultur und des Sports (15.-17.3.1951).
1. - 2. Juni: In Leipzig findet im Anschluß an das IV. Parlament der FDJ (27.-30.05.) ein Sport- und Kulturfest der Jugend statt.
13. - 15. Juni: In Altenburg werden die I. DDR-Meisterschaften im Fechten ausgetragen. Die Titel bei den Männern erringen G. Keßler (Degen) und G. Neuber (Florett und Säbel). Bei den Frauen gewinnt L. Herold (Florett).
24. - 25. Juni: In Sofia finden Leichtathletik-Länderkämpfe der Frauen und Männer DDR-Bulgarien statt. Die DDR-Frauen gewinnen mit 49:35 Punkten, die Männer mit 99,5:79,5 Punkten
8. Juli: Die ersten 70 Absolventen der DHfK werden nach zweijährigem Studium feierlich verabschiedet.
9. - 12. Juli: Die 2. Parteikonferenz der SED tagt in Berlin und beschließt, in der DDR planmäßig die Grundlagen des Sozialismus zu schaffen. Als Konsequenz für den Sport schlägt Walter Ulbricht vor, Staatliche Komitees für Körperkultur und Sport zu bilden. Aspirant Günter Erbach übergibt dem Präsidium der Konferenz einen bei sporthistorischen Forschungsarbeiten des wissenschaftlichen Nachwuchses der DHfK gefundenen Originalbrief von Karl Marx aus dem Jahre 1871 und einen Reisepaß von Wilhelm Liebknecht.
19. Juli - 3. August: An den XV. Olympischen Sommerspielen in Helsinki können DDR-Sportler nicht teilnehmen, weil das NOK der BRD eine von beiden deutschen NOK gebildete Olympiavertretung abgelehnt hat. Keiner der Olympiakandidaten aus der DDR folgt trotz offener Grenze der Aufforderung des NOK der BRD, in der westdeutschen Olympiamannschaft zu

starten. Während der Olympischen Spiele nehmen weitere Internationale Föderationen DS-Sektionen als Mitgliedsverbände auf: Ringen (17.7.), Basketball (23.7.), Fußball (24.7.), Kanu (29.7.) und Schwimmen (2.8.). Damit sind neun DDR-Sportsektionen international anerkannt.

23. Juli: Mit dem auf der 24. außerordentlichen Tagung der Volkskammer beschlossenen neuen Staatsaufbau der DDR werden die bisherigen Landes- und Kreisverbände des DS aufgelöst und dafür neue Bezirks- und Kreisorganisationen geschaffen.

24. Juli: Verordnung des Ministerrates zur Bildung eines Staatlichen Komitees für Körperkultur und Sport und entsprechender Organe bei den Räten der Bezirke und Kreise. Damit sind wesentliche Teile des ZK-Beschlusses vom März 1951 (vgl. 15.-17.3.1951) aufgehoben. Zum Vorsitzenden des Staatlichen Komitees wird am 2. August der bisherige DS-Sekretär Manfred Ewald berufen. Der DS bleibt mit eingeschränktem Aufgabenbereich, insbesondere als Verhandlungsorgan gegenüber dem DSB der BRD, bestehen.

27. Juli - 13. August: Edith Keller-Herrmann erringt in Schwerin den Deutschen Meistertitel im Schach.

Juli: Erstmalig werden in den 8. Klassen der allgemeinbildenden Schulen Abschlußprüfungen im Fach Sport durchgeführt.

Juli: Aspirant Willi Schröder erläutert in Heft 4 der „Theorie und Praxis der Körperkultur" in seinem Beitrag „Warum beschäftigen wir uns mit Jahn?" den Standpunkt der Fachkommission Geschichte der Körperkultur für eine Jahn-Ehrung anläßlich seines 100. Todestages und wendet sich gegen den Mißbrauch des Jahnschen Erbes sowie die Verdrängung des Andenkens an Jahn im Osten Deutschlands nach 1945. Im gleichen Heft beginnt mit dem Artikel von Günter Erbach über „Die Entstehung der proletarischen Turn- und Sportbewegung in Deutschland..." der Vorabdruck des sporthistorischen Buches „Kurzer Abriß...". (vgl. Mitte Oktober 1952)

2. - 3. August: In der Berliner Wuhlheide findet die erste Landesspartakiade des Verbandes der Jungen Pioniere statt.

7. August: In Berlin wird die Gesellschaft für Sport und Technik (GST) als Massenorganisation für vormilitärische Ausbildung und zur Förderung von Wehrsportarten (Sportschießen, Flugsport, Motorsport, Seesport und Nachrichtensport) gegründet. Zum Leiter der GST wird Arno Berthold berufen; Sitz der Leitung ist Halle.

14. August: In einer Vereinbarung zwischen dem Staatlichen Komitee für Körperkultur und Sport und dem Bundesvorstand des FDGB werden Maßnahmen zur Verbesserung der Sportarbeit in den Gewerkschaften und ihren Sportvereinigungen festgelegt.

19. - 24. August: In Dresden findet die 1. Zentrale Spartakiade des Verbandes der Jungen Pioniere im Rahmen des I. Pioniertreffens statt.

22. August: In Berlin wird eine große Sportfunktionärskonferenz des Staatlichen Komitees für Körperkultur und Sport durchgeführt, während der die Aufgaben und die Arbeitsweise der verschiedenen Sportorgane nach Schaffung des Staatlichen Komitees beraten werden.

23. - 24. und 30. - 31. August: In Bingen und Berlin werden in jeweils vier Gewichtsklassen gesamtdeutsche Meisterschaften im Ringen (klassischer Stil) ausgetragen. Albrecht (Suhl) gewinnt im Halbschwergewicht.

30. August: In Zürich nimmt die Europäische Judo-Union (EJU) die Zentrale Sektion Judo im DS als Mitgliedsverband provisorisch auf.

30. - 31. August: In Lippstadt werden vor 8000 Zuschauern die gesamtdeutschen Meisterschaften im Canadier-Slalom ausgetragen. Gerhard Cramer und Ursula Strüwing holen die Einer-Titel für die DDR.

1. September: In Berlin, Leipzig, Brandenburg und Halberstadt werden die ersten Kinder- und Jugend-Sportschulen (KJS) entsprechend einer Anordnung des Ministerrats vom 29.8.1952 eröffnet und durch erweiterten Sportunterricht mit der Förderung sportlich talentierter Schüler begonnen.

6. - 7. September: In Cottbus werden die 1. DDR-Meisterschaften für Junioren in der Leichtathletik ausgetragen.

21. September: Der Deutsche Basketballbund wird in die FIBA für das Territorium der Bundesrepublik aufgenommen. Der Basketballverband der DDR wird in die FIBA unter der Bezeichnung „Sektion Basketball des Deutschen Sportausschusses“ für das Territorium der Bundesrepublik aufgenommen.

21. September: In Warschau unterliegt die DDR-Mannschaft der Auswahl Polens in einem Fußball-Länderspiel mit 0:3.

21. - 22. September: Das Präsidium des DSB beschließt während einer Tagung in Oberwesel den sofortigen Abbruch der Sportbeziehungen zur DDR mit der **Begründung**, westberliner Turnern seien bei Besuchen im Osten Fragebogen politischen Inhalts vorgelegt worden. Der Beschluß stößt auf heftigen Protest bei Sportlern beider deutscher Staaten.

September: Am Institut für Körpererziehung der Universität Halle-Wittenberg wird der erste Lehrstuhl für Körpererziehung in Deutschland errichtet und Dr. phil. habil. Gerhard Lukas als Ordinarius berufen.

14. - 15. Oktober: Anläßlich des 100. Todestages von Friedrich Ludwig Jahn findet in Freyburg/Unstrut ein Festakt der Regierung der DDR mit einer Festansprache von Prof. Dr. Robert Schulz, eine Feierstunde am Grabe von Jahn sowie die III. Plenartagung des Wissenschaftlichen Rates statt. Im ehemaligen Wohnhaus von Jahn wird mit einer sporthistorischen Ausstellung das Jahn-Museum eröffnet.

Mitte Oktober: Im Sportverlag Berlin erscheint das Buch "Kurzer Abriß der Geschichte der Körperkultur in Deutschland seit 1800", verfaßt Günter Erbach, Paul Marschner, Hans Schuster, Hans Simon, Lothar Skorning, Georg Wieczisk und Günther Wonneberger, Gesamtleitung: Lothar Skorning.

24. - 26. Oktober: In Chemnitz finden die 1. DDR-Meisterschaften im Modellflug statt.

In Erfurt werden die 1. DDR-Meisterschaften im Volleyball für die Jugend ausgetragen. Sowohl bei den Mädchen als bei den Jungen setzt sich die BSG Einheit Gardelegen durch.

26. Oktober: Die DDR-Auswahl verliert in Bukarest ein Fußball-Länderspiel gegen Rumänien mit 1:3.

3. November: In London nimmt der Internationale Segler-Verband (IYRU) die Zentrale Sektion Segeln der DDR als Mitgliedsverband auf.

6. November: Während der 1. erweiterten Sitzung des Wissenschaftlichen Beirates der DHfK Leipzig wird die Diskussion über theoretische Probleme der Körperkultur und Körpererziehung mit einem einleitenden Referat von Prof. Dr. Kurt Meinel eröffnet.

30. November: In Prag siegt die DDR-Frauenauswahl im Ländervergleichskampf im Fechten gegen die CSR mit 9:7. Die DDR-Auswahl der Männer unterliegt mit 2:14.

3. Dezember: In London nimmt der Internationale Amateur-Boxverband (AIBA) die Zentrale Sektion Boxen der DDR als Mitgliedsverband auf.

12. Dezember: In Berlin (West) finden auf Initiative des DS Verhandlungen zwischen Delegationen des DS und des DSB statt, in deren Ergebnis die DSB-Führung ihre Oberweseler Beschlüsse aufhebt. Es werden die Bildung von gesamtdeutschen Arbeitsausschüssen in den einzelnen Sportarten und die Durchführung von gesamtdeutschen Meisterschaften vereinbart. Der DSB verpflichtet sich, seinen Fachverbänden zu empfehlen, die Aufnahme der DDR-Sportsektionen in die Internationalen Sportföderationen zu unterstützen.

13. - 14. Dezember: Die Vertreter der Zentralen Sektion Rugby der DDR und des Deutschen Rugby-Verbandes bilden einen gesamtdeutschen Arbeitsausschuß Rugby.

13. - 15. Dezember: Auf dem 2. Sportärztekongreß der DDR wird eine Arbeitsgemeinschaft für Sportmedizin unter Leitung von Dr. Kurt Tittel gebildet.

19. Dezember: Der Ministerrat beschließt die Einführung des obligatorischen Sportunterrichts in allen Berufsschulen der DDR

1953

1. Januar: Das Staatliche Komitee für Körperkultur und Sport setzt erstmalig Normen für eine einheitliche Sportklassifizierung zur Förderung der sportlichen Leistungen und die Bestimmungen zur Verleihung der Ehrentitel „Meister des Sports“ und „Verdienter Meister des Sports“ in Kraft.
3. Januar: Zum ersten Mal werden die Titel „Meister des Sports“ verliehen. Im Namen der Ausgezeichneten dankt der Dreispringer Georg Frister.
12. Januar: Eine Beratung Dresdener Bergsteiger offenbart beträchtliche Widerstände gegen die Einbeziehung des Bergsteigens in die „Einheitliche Sportklassifizierung“.
18. Januar: Während einer gemeinsamen Beratung des Vorstandes des Deutschen Keglerbundes des DSB und des Präsidiums der Zentralen Sektion Kegeln der DDR in Essen wird die Wiederaufnahme der sportlichen Beziehungen und die Durchführung gesamtdeutscher Meisterschaften beschlossen. (vgl. 12.12.1952)
25. Januar: Die ersten gesamtdeutschen Mannschaftsmeisterschaften im Ringen beginnen in Hamburg.
1. - 2. Februar: In Herford werden gesamtdeutsche Tischtennis-Meisterschaften ausgetragen. Herber/Hanft aus der DDR erringen im Frauen-Doppel den Titel.
4. Februar: In einer weiteren außerordentlichen und erweiterten Sitzung des Wissenschaftlichen Beirates der DHfK Leipzig wird die Diskussion über theoretische Probleme der Körperkultur und Körpererziehung (vgl. 6.11.1952) nach einem Referat eines Autorenkollektivs, vorgetragen von Günter Erbach, fortgesetzt.
14. - 15. Februar: Die BSG Motor Erfurt-West gewinnt in Leipzig die I. DDR-Hallenmeisterschaft der Männer im Faustball.
21. - 22. Februar: Bei den I. DDR-Hallenmeisterschaften im Tennis in Leipzig gewinnen bei den Männern K.-H. Sturm (Einzel) und Sturm/Randel (Doppel), bei den Frauen G. Hesse (Einzel) und Hesse/Gärtner (Doppel) sowie im Mixed Hesse/Sturm die Titel.
23. Februar - 2. März: Bei den X. Akademischen Winterspielen in Wien und am Semmering gewinnt Gretel Grune den Abfahrtslauf der Frauen.
28. Februar - 1. März: In Zella-Mehlis werden die I. DDR-Meisterschaften im touristischen Skilanglauf ausgetragen. Kreuzau/Kämmerzahl (SG Zella-Mehlis) bei den Männern und Diener/Gube (SG Oybin) bei den Frauen erringen die Titel.
8. März: In Halle werden die I. DDR-Meisterschaften im Querfeldein-Radfahren ausgetragen. Sieger: Täve Schur (BSG Börde Magdeburg).
14. - 15. März: Die BSG Rotation Dresden-Mitte gewinnt in Leipzig die I. DDR-Hallenmeisterschaft der Frauen im Faustball.

20. März: Bei den Tischtennis-WM in Bukarest geht eine gesamtdeutsche Mannschaft an den Start. Heinz Schneider (DDR) und Conny Freundorfer (BRD) können sich allerdings nicht plazieren.

27. März: In Berlin wird die Sportvereinigung Dynamo gegründet. Sie vereint alle Sportgemeinschaften der Schutz- und Sicherheitsorgane und löst die am 20.6.1950 geschaffenen SV Deutsche Volkspolizei ab. Vorsitzender der SV Dynamo wird Erich Mielke.

März: Die Redaktion der Zeitschrift „Theorie und Praxis der Körperkultur" veröffentlicht das 1. Sonderheft mit Referaten und Diskussionsbeiträgen der 1. und 2. außerordentlichen und erweiterten Beratung des Wissenschaftlichen Beirats der DHfK vom 6.11.1953 und 4.2.1954 „Über theoretische Probleme der Körperkultur und Körpererziehung".

17. - 20. April: Die 48. Tagung des IOC in Mexiko-City behandelt - dank der Intervention des sowjetischen IOC-Mitglieds Adrianow - den Antrag des NOK der DDR auf Anerkennung und verlegt die endgültige Beratung mit Stimmenmehrheit auf die nächste IOC-Tagung. Die Visa für die DDR-Vertreter Rudi Reichert und Kurt Edel waren von der Alliierten-Paßbehörde in Berlin-West nicht rechtzeitig, sondern erst nach Ende des Kongresses erteilt worden.

19. April: Die BSG Empor Leipzig wird Mannschaftsmeister bei den gesamtdeutschen Waldlaufmeisterschaften in Solingen.

30. April: Der Ministerrat erläßt die „Verordnung über die körperliche Erziehung der Schüler an den allgemeinbildenden Schulen"; die Körpererziehung wird zum Hauptfach erklärt, es werden Fachberater in den Kreisen eingesetzt und obligatorische Leistungsprüfungen festgelegt.

1. - 3. Mai: Die erste Meisterschaft im Basketball der Männer findet in Berlin in der Deutschen Sporthalle statt. Meister wird die HSG Wissenschaft Humboldt-Universität Berlin.

1. - 14. Mai: Die DDR-Vertretung (Schur, Trefflich, Meister I, Dinter) erringt bei der Friedensfahrt Prag-Berlin-Warschau den ersten Etappensieg (Bernhard Trefflich) und zum ersten Mal den Sieg in der Mannschaftswertung. Gustav-Adolf Schur belegt in der Einzelwertung den 3. Platz.

9. Mai: In Leipzig konstituiert sich auf Initiative von Aspiranten der DHfK ein Arbeitskreis mit Veteranen zur Erforschung der Geschichte der revolutionären deutschen Arbeitersportbewegung und führt seine 1. Arbeitstagung durch. Es werden die Befragungen von über 100 Zeitzeugen ausgewertet und Thesen diskutiert.

17. - 24. Mai: Bei den EM im Boxen in Warschau erkämpft Ulrich Nitzschke den Titel im Halbschwergewicht.

24. Mai: In Apolda finden die I. DDR-Mannschaftsmeisterschaften der Jugend im Gewichtheben statt.

25. Mai - 4. Juni: Eine gesamtdeutsche Mannschaft nimmt an den Basketball-EM in Moskau teil und belegt den 14. Rang.

29. - 31. Mai: In Leipzig findet das 1. Zentrale Fachschulsportfest der DDR statt. An ihm nehmen 1300 Studenten aus 112 Fachschulen aktiv teil.

9. Juni: Der Internationale Eislauf-Verband (ISU) nimmt in Stresa die Zentrale Sektion Eislauf der DDR als Mitgliedsverband auf.

Juni: Nach den Unruhen vom 17. Juni wird vom Staatlichen Komitee für Körperkultur und Sport durch Instrukteure die Lage im Sport überprüft. Aus den Berichten ergibt sich, daß mit Ausnahme einer Judotrainingsgruppe Sportgruppen an den Demonstrationen nicht beteiligt waren. Es herrscht aber große Unzufriedenheit über Mängel in der Versorgung mit Sportmaterial und Sportbekleidung und über den schlechten Zustand von Sportstätten sowie über unqualifizierte Leitungstätigkeit und fehlende Demokratie. Einige Großsportstätten und die DHfK waren von Sportlern gegen Demonstranten gesichert worden. In Auswertung kritischer Äußerungen von Sportlern werden die 1952 eingeführten wehrsportlichen Übungen aus den Sportabzeichenbedingungen gestrichen.

13. - 19. Juli: In Leipzig werden in Vorbereitung auf die IV. Weltfestspiele der Jugend und Studenten Sommersportspiele in den Sportarten Leichtathletik, Schwimmen, Fußball, Handball, Volleyball und Wasserball durchgeführt; dabei werden 15 DDR-Rekorde erzielt.

2. - 16. August: Bei den Sportwettkämpfen anläßlich der IV. Weltfestspiele der Jugend und Studenten in Bukarest erringen die DDR-Sportler insgesamt 9 Gold-, 9 Silber- und 19 Bronzemedaillen, davon drei Goldmedaillen allein die Leichtathletin Christa Seeliger (100 m - 11,7 s; 200 m - 23,9 s; 4x100-m-Staffel - 46,5 s).

8. - 9. August: Bei den gesamtdeutschen Meisterschaften im Kanuslalom in München erkämpfen Eva und Helmut Setzkorn 1. Plätze.

11. August: Mit der Anweisung Nr. 36 regelt das Staatssekretariat für Hochschulwesen die studentische Körpererziehung neu, da die Festlegungen von 1951 nur teilweise realisiert worden waren. Körpererziehung wird Pflichtfach über vier Semester mit je zwei Wochenstunden. Am Studienjahresende sollen Leistungsüberprüfungen stattfinden. Die Abteilungen Studentische Körpererziehung werden den Rektoren direkt unterstellt. Ein Tag der Körpererziehung soll jährlich veranstaltet werden.

14. - 19. August: Eine gesamtdeutsche Mannschaft startet in Brüssel bei den Weltspielen der Gehörlosen und Taubstummen und erringt den 1. Platz.

19. August: Ursula Jurewitz erzielt in Budapest mit 2:12,6 min über 880 Yards den ersten offiziell von der IAAF anerkannten Weltrekord für die DDR-Leichtathletik.

21. August: Das Staatliche Komitee für Körperkultur und Sport und das Deutsche Rote Kreuz (DRK) der DDR schließen eine Vereinbarung „zur Regelung der Unkostensätze für die Betreuung durch das DRK bei Sportveranstaltungen“ ab.

21. - 23. August: Die SV Dynamo führt in Berlin ihre 1. Zentrale Spartakiade mit 3000 DDR-Sportlern und ausländischen Aktiven durch.

21. - 30. August: Gustav-Adolf Schur gewinnt die 5. DDR-Radrundfahrt und hat großen Anteil am Mannschaftssieg der DDR-Auswahl I.

22. - 23. August: In Nürnberg werden gesamtdeutsche Meisterschaften im Gehen ausgetragen. Rudi Korb gewinnt über 50 km.

25. August: Mit ersten Plätzen können die DDR-Segler Jürgen Vogler (O-Jollen-Klasse) und Rosemarie Cossak (H-Jollen-Klasse) bei der Regatta auf dem Krzywe-See (Polen) erste internationale Erfolge erringen.

4. - 6. September: Die I. DDR-Jugendmeisterschaften im Billard finden in Waltershausen statt.

6. September: In der Entschließung des III. Parteitages der Demokratischen Bauernpartei Deutschlands (DBD) wird die „Förderung des Landsports" als eine der „wichtigsten Aufgaben in unserer kulturpolitischen Arbeit" bezeichnet".

11. - 13. September: Das I. DDR-offene Reit- und Springturnier der GST wird in Halle organisiert.

12. - 13. September: In Schwerin werden gesamtdeutsche Meisterschaften in der Leichtathletik für Gehörlose veranstaltet.

27. September: In Koblenz finden gesamtdeutsche Mannschaftsmeisterschaften in der Leichtathletik statt. Bei den Männern belegt die BSG Einheit Nordost Berlin den 3. Platz und bei den Frauen die BSG Motor Jena den 2. Platz.

September: Mit zwei Stunden pro Woche wird der obligatorische Sportunterricht an allen Berufsschulen und Lehrwerkstätten eingeführt.

September: An der DHfK Leipzig und an der PH Potsdam werden in neu eingerichteten Fernstudienabteilungen die ersten Fernstudenten für das Sportlehrerstudium immatrikuliert.

24. Oktober: Der Verband der Internationalen Sportkegler (FIQ) nimmt in Zürich die Zentrale Sektion Kegeln der DDR als Mitgliedsverband auf.

7. - 8. November: In Leipzig finden DDR-offene Vergleichskämpfe für Versehrte im Schwimmen statt.

19. November: Der Wissenschaftliche Beirat der DHfK Leipzig diskutiert mit Gästen von den Instituten für Körpererziehung Halle und Leipzig das Buch „Kurzer Abriß der Geschichte der Körperkultur in Deutschland seit 1800".

20. November: Der Ministerrat erläßt die „Anordnung über die Organisation und Durchführung der sportmedizinischen Betreuung", die die Aufgaben für die 14 Bezirks- und 218 Kreissportärzte in den zu schaffenden sportärztlichen Beratungsstellen festlegt, darunter jährliche obligatorische sportmedizinische Untersuchungen aller Sporttreibenden.

22. November: In Schkopau findet das 1. DDR-Jugendturnier im Radball und Radpolo statt. Im Radball siegt die BSG Lokomotive Gardelegen, im Radpolo die BSG Post Erfurt.

25. November: Das Präsidium der Zentralen Sektion Leichtathletik der DDR veröffentlicht einen Offenen Brief an den DLV der BRD, in dem dieser aufgefordert wird, seine Obstruktion gegen die Mitgliedschaft der DDR-Sektion in der IAAF aufzugeben und die Teilnahme der DDR-Athleten an den bevorstehenden EM 1954 in Bern zu ermöglichen.

5. - 6. Dezember: In Bremerhaven werden gesamtdeutsche Meisterschaften im Judo ausgetragen. Zwei der sechs Titel erringen die DDR-Sportler: Bosdorf (Halbschwergewicht) und Schnappup (Schwergewicht).

6. Dezember: Das NOK der DDR tagt in Berlin und nimmt den Rechenschaftsbericht seines Präsidenten Kurt Edel entgegen, der die schwierigen Verhandlungen mit dem IOC und dem NOK der BRD sowie die Vertagung des DDR-Antrages auf der letzten IOC-Sitzung in Mexiko-City (vgl. 17.-20.4.1953) analysiert. In der Diskussion und Beschlußfassung wird der Antrag auf Anerkennung des NOK der DDR durch das IOC bekräftigt. Anschließend werden ehemalige Olympiakämpfer, die sich um den Aufbau der Demokratischen Sportbewegung verdient gemacht haben, ausgezeichnet: Olga Jensch-Jordan, Karl Lorenz, Kurt Helbig, Willi Horn, Erich Hanisch, Kurt Malisch und Alfred Müller.

6. - 14. Dezember: Bei gesamtdeutschen Meisterschaften im Schach in Waldkirch wird Edith Keller-Herrmann erneut Deutsche Meisterin.

12. Dezember: Auf Beschluß des Staatlichen Komitees für Körperkultur und Sport wird ein VEB Sport-Toto gegründet, der am 3.1.1954 den Wettspielbetrieb aufnimmt.

Dezember: Die Zentrale Sektion Bob- und Schlittensport der DDR und der Bob- und Schlittensportverband der BRD bilden einen gemeinsamen Arbeitsausschuß.

Dezember: Die Redaktion der FDJ-Zeitung „Junge Welt“ veranstaltet erstmalig eine Umfrage nach dem populärsten DDR-Sportler des Jahres. Die Mehrheit der 11.733 abgegebenen Stimmen entscheidet für Gustav-Adolf Schur.

1954

27. - 31. Januar: Die I. DDR-Meisterschaften im Bobsport werden in Oberhof veranstaltet. Im Zweier- und Viererbob siegen die Vertretungen der SV Motor.
29. - 31. Januar: Zum ersten Mal nehmen DDR-Eiskunstläufer als Mitglieder der Internationalen Föderation (ISU) an den Eiskunstlauf-EM teil, die in Bozen stattfinden. Die zweimaligen DDR-Paarlaufmeister Vera und Horst Kuhrüber belegen den 6. Platz.
Januar: Vertreter des Rollsports der DDR und der BRD bilden einen gesamtdeutschen Arbeitsausschuß.
4. - 7. Februar: Die I. DDR-Meisterschaften im Rodeln werden in Oberhof ausgetragen. Die Titel erringen bei den Männern W. Feist (Einsitzer) und Tiedge/Schneider (Doppelsitzer) sowie bei den Frauen L. Vater (Einsitzer).
5. - 6. Februar: Auf dem Bundestag des DSB in Düsseldorf erteilt NOK-Präsident Ritter von Halt einer gemeinsamen deutschen Olympiamannschaft eine klare Absage. Er erklärt: „Wir werden diesen Antrag auf Anerkennung des ostzonalen Komitees nicht unterstützen, wir werden uns diesem Antrag widersetzen. Wir sagen, es besteht bereits ein Olympisches Komitee für Deutschland, denn wir wollen mit einer Mannschaft bei den Olympischen Spielen in Melbourne erscheinen". DSB-Präsident Willi Daume weist mit Nachdruck auf die für alle BRD-Sportverbände geltende politische Richtlinie hin, nach der „keine neuen gesamtdeutschen Arbeitsausschüsse oder sonstige permanente Gremien" gebildet werden dürfen.
5. - 7. Februar: Die I. DDR-Meisterschaften im Eissegeln finden auf dem Rangsdorfer See bei Berlin statt. U. Paschen (Schwerin) gewinnt in der Klasse 12 qm und Schröder (BSG Motor Lichtenberg) in der Klasse 15 qm sowie G. Paschen (Schwerin) bei den Eispiraten.
13. - 14. Februar: In Oberhof wird eine gesamtdeutsche Meisterschaft im Viererbob ausgetragen. DDR-Bobs können sich nicht plazieren.
13. - 21. Februar: An den Ski-WM in Falun (Schweden) nehmen erstmals DDR-Sportler teil, ohne sich plazieren zu können.
20. März: In Suhl beginnen gesamtdeutsche Meisterschaften im Ringen, die teils in der DDR, teils in der BRD ausgetragen werden.
23. März: Zum ersten Mal beteiligen sich Läufer aus der DDR am Cross der l'Humanité in Paris. Aufgrund einer westdeutschen Intervention legt der französische Leichtathletikverband sein Veto gegen ihre Teilnahme ein. Die Humanité organisiert daraufhin zwei getrennte Läufe. Den B-Lauf gewinnt Günter Havenstein.
25. März: Manfred von Brauchitsch wird in der BRD aus der Untersuchungshaft entlassen. Er war im Januar wegen angeblichen Hochverrats

wegen seiner Tätigkeit im „Komitee für Einheit und Freiheit im deutschen Sport" in Haft genommen worden.

März: Sowjetische Wasserballspieler bestreiten in Karl-Marx-Stadt (Chemnitz) und in Berlin erstmals offizielle Länderspiele gegen die DDR-Auswahl. (8:2 / 10:2 / 8:1 / 9:3 für UdSSR-Auswahl).

2. - 3. April: Das Staatliche Komitee für Körperkultur und Sport veröffentlicht anläßlich des IV. Parteitages der SED eine Entschließung über die „Aufgaben zur raschen Aufwärtsentwicklung von Körperkultur und Sport", die am 19. März während der Beratung des Staatlichen Komitees für Körperkultur und Sport verabschiedet worden war.

6. - 14. April: An den WM im Tischtennis in London nimmt eine gesamtdeutsche Mannschaft teil. Die Männer belegen Rang 4 und die Frauen Rang 5.

10. - 11. April: Die IV. Plenartagung des Wissenschaftlichen Rates in Leipzig befaßt sich neben dem Forschungsplan für 1954 mit der wissenschaftlich begründeten Vorbereitung der Radsportler auf die Friedensfahrt.

13. April: Zur Vorbereitung auf die XII. Akademischen Sommerspiele in Budapest ruft ein Komitee, dem der Rektor der TH Dresden, Prof. Dr. Peschel, und der Hallenser Sportwissenschaftler, Prof. Dr. Lukas, angehören, alle deutschen Studentensportler auf: „Reicht Euch über Zonengrenzen hinweg die Hände. Vereint Euch! Kämpft gemeinsam in Budapest als Vertreter ganz Deutschlands um den Titel eines Studentenweltmeisters 1954!"

22. April: Alfred Spengler schwimmt in Dresden über 400 Lagen in 5:18,3 min den ersten Weltrekord für den Schwimmsport der DDR.

29. - 30. April: Bei den DDR-Kunstlauf-Meisterschaften wird erstmalig der Titel im Eistanzen vergeben: Gotsch/Kuhrüber (BSG Motor Fermesleben).

1. - 3. Mai: Die BSG Rotation Leipzig-Mitte gewinnt die I. DDR-Meisterschaft im Basketball für Frauen.

9. Mai: An den WM im Tischtennis in London nimmt auch eine gesamtdeutsche Mannschaft teil.

Den Titel eines gesamtdeutschen Mannschaftsmeisters im Judo erringt in Berlin die BSG Wismut Freital.

14. Mai: Während der 49. Beratung des IOC in Athen wird der erneute Antrag des NOK der DDR auf Anerkennung mit 31 Nein-Stimmen gegen 14 Ja-Stimmen abgelehnt.

15. - 16. Mai: Der II.Nationalkongreß der Nationalen Front tagt unter der Losung „Deutsche an einen Tisch" und behandelt auch den Sportverkehr zwischen DDR und BRD.

22. und 26. Mai: Die Auswahl der Sektion Judo der DDR führt ihre ersten internationalen Vergleichskämpfe, und zwar gegen die CSR in Hradec Kralove (2:10) und in Plzen (6:6) durch.

5. - 7. Juni: Anläßlich des II. Deutschlandtreffens der Jugend in Berlin finden Sportveranstaltungen und Massenübungen statt.

3. - 4. Juli: Das Staatliche Komitee für Körperkultur und Sport führt erstmals eine Landsportberatung durch.

3. - 4. Juli: In Bad Kreuznach werden gesamtdeutsche Meisterschaften im Gewichtheben ausgetragen, bei denen die DDR-Sportler drei zweite und zwei dritte Plätze durch Miske (Leipzig), Siebert (Leipzig), Ludwig (Berlin) sowie Müller (Meißen) und Zinnt (Stralsund) erkämpfen.

11. Juli: In Kirchberg findet erstmals eine DDR-Bestenermittlung im Gewichtheben der Altersklassen statt.

13. Juli: Das Politbüro des ZK der SED verabschiedet eine Direktive „Zur weiteren raschen Aufwärtsentwicklung von Körperkultur und Sport in der DDR". Das ist faktisch der erste Leistungssportbeschluß der SED-Führung.

24. - 25. Juli: In Magdeburg werden die I. DDR-Meisterschaften im Kunstreigenschwimmen veranstaltet. Die BSG Post Berlin siegt im Zwölfer-Kunstreigen.

26. - 28. Juli: Auf dem Berliner Müggelsee findet die erste gesamtdeutsche Meisterschaft der Piratensegler statt, die J. Stallbom (BSG Aufbau Schwerin-Ost) gewinnt.

31. Juli - 8. August: Bei den XII. Akademischen Sommerspielen in Budapest erringen DDR-Sportler 14 Gold-, 7 Silber- und 6 Bronzemedaillen. Ursula Jurewitz erzielt im 400-m-Lauf einen Weltrekord in 55,0 s. Im Basketball und Tennis starten gesamtdeutsche Mannschaften.

Juli: Eine Leichtathletikauswahl der DDR bestreitet erstmalig einen Fernwettkampf und gewinnt gegen die CSR mit 173:122.

8. August: Bei den Gesamtdeutschen Rudermeisterschaften der Frauen in Duisburg erringen die DDR-Ruderinnen zwei Titel. Die BSG Einheit Halle Mitte gewinnt den Stil-Doppelvierer m.Stfr. und die SG Dynamo Berlin den Doppelvierer m.Stfr.

15. August: Gesamtdeutsche Rudermeisterschaften der Männer werden in Hannover durchgeführt. DDR-Ruderer können zwei 2. Plätze und einen 3. Platz belegen.

18. - 22. August: Das I. Deutsche Turn- und Sportfest mit 35.000 Teilnehmern, darunter 5000 aus der BRD und Westberlin, wird in Leipzig von der Demokratischen Sportbewegung der DDR ausgerichtet. Höhepunkte sind das Lichterfest auf dem Marktplatz, die Massenübungen im Bruno-Plache-Stadion und auf der Festwiese, internationale Wettkämpfe im Turnen, Schwimmen, Fußball und in der Leichtathletik, nationale Wettkämpfe in fast allen Sportarten sowie der große Festumzug.

19. - 20. August: Im Rahmen des I. Deutschen Turn- und Sportfestes in Leipzig findet die II. Gesamtdeutsche Sportkonferenz unter großer Anteilnahme westdeutscher und westberliner Sportler statt. Es wird ein „Nationales Sportprogramm" beschlossen.

21. - 29. August: Bei den WM im Radsport in Köln und Solingen belegen die Radballer Schulze/Hansen den 4. Platz. Gustav-Adolf Schur belegt im

Straßenrennen Rang 6 und erhält nach längerem Streit den Pokal für den besten deutschen Teilnehmer.

25. - 29. August: Auf Betreiben westdeutscher Sportfunktionäre bleiben die DDR-Sportler von der EM der Leichtathleten in Bern ausgeschlossen. Auf dem anschließenden IAAF-Kongreß wird die Anerkennung und Aufnahme der Zentralen Sektion Leichtathletik der DDR abgelehnt.

28. August - 9. September: Die DDR-Radrundfahrt gewinnt Gustav-Adolf Schur.

29. August: Erstmals nach Kriegsende wird wieder der traditionelle Brokkenlauf veranstaltet.

30. August: Das Staatliche Komitee für Körperkultur und Sport beschließt Richtlinien für ein einheitliches Wettkampfsystem des Kindersports.

31. August - 3. September: Erstmalig können DDR-Schwimmer an einer Europameisterschaft teilnehmen, nachdem - dank einer britischen Intervention - die Verweigerung der Einreisevisa durch die italienische Regierung aufgehoben wird. In Turin erringt Jutta Langenau trotz verspäteter Anreise über 100-m-Schmetterlingsschwimmen in der Weltrekordzeit von 1:16,6 min den ersten EM-Titel für die DDR.

31. August - 3. September: Bei den EM der Segler auf dem westberliner Wannsee kann Jürgen Vogler bei den Olympia-Jollen den 5. Platz belegen.

11. September: IOC-Präsident Avery Brundage signalisiert dem NOK der DDR in einem Brief, daß er sich auf der 50. Sitzung des IOC in Paris für die Anerkennung eines zweiten deutschen NOK einsetzen wolle, also den Antrag des NOK der DDR befürworten werde, wenn es zur Bildung einer gemeinsamen Mannschaft von Ost- und Westdeutschland kommt.

16. September: Als erster Sportclub neuer Art wird der SC Motor Jena gegründet. Damit realisiert die SV Motor als erste die Konzeption des Staatlichen Komitees für Körperkultur und Sport. Die Gründung des SC Wissenschaft DHfK Leipzig folgt am 20.9. und des SC Dynamo Berlin am 1.10.1954. In den folgenden Monaten werden weitere 17 SC von den jeweiligen Sportvereinigungen gegründet. Die SV Dynamo und die SV Vorwärts bilden später zusätzlich jeweils mehrere Spezialclubs bzw. Leistungsschwerpunkte.

20. September: Während der Immatrikulationsfeier für das neue Studienjahr 1954/55 an der DHfK Leipzig wird das neue Statut der Hochschule, das sie als „zentrale Lehr- und Forschungsstätte auf dem Gebiet der Körperkultur und des Sports in der DDR" bestätigt, und die Amtskette für den Rektor mit den Bildnissen von GutsMuths, Jahn, Schärttner und Grube überreicht. An der DHfK sind 1800 Studenten im Direktstudium, an der ABF, in den Trainerlehrgängen und im Fernstudium immatrikuliert. Der erste Bauabschnitt des Neubaus der DHfK ist vollendet.

3. Oktober - 3. November: Sowjetische Sportwissenschaftler - Samoukow, Krestownikow, Wassiljewa, Koslow und Orlow - halten an der DHfK, an Instituten für Körpererziehung und in anderen Einrichtungen Gastvorträge und führen einen breiten Erfahrungsaustausch durch.

10. Oktober - 13. November: Eine Studiendelegation unter Leitung des Stellvertretenden Vorsitzenden des Staatlichen Komitees für Körperkultur und Sport, Günther Heinze, und mit den Mitgliedern Günther Stiehler, Heinz Bäskau, Günter Erbach, Rudolf Frenzel, Paul Marschner, Hans-Joachim Otto, Bruno Pohlmann, Manfred Reichenbach und Kurt Tittel besucht die UdSSR und studiert in Moskau, Leningrad und Kiew sportwissenschaftliche Einrichtungen und den Schulsport.

14. Oktober: Verordnung des Ministerrates zur Förderung des Angelsports in der DDR.

22. - 23. Oktober: Das Ministerium für Volksbildung führt in Güstrow das I. Zentrale Hallensportfest für Schüler durch.

30. Oktober - 1. November: In Ahlen findet ein gesamtdeutsches Bergarbeitersportfest statt.

21. November: Auf der Jugendschanze in Oberhof wird der erste Sprunglauf auf Kunststoffmatten durchgeführt, die Trainer Hans Renner entwickelt hat.

25. November: Das Staatliche Komitee für Körperkultur und Sport organisiert in Berlin eine weitere Sportfunktionärkonferenz, die vor allem den Sportverkehr zwischen beiden deutschen Staaten und Maßnahmen zur Leistungssteigerung des DDR-Sports berät.

8. Dezember: Die Fachkommission Geschichte der Körperkultur wertet den Besuch des sowjetischen Sporthistorikers Samoukow aus und zieht Schlußfolgerungen insbesondere für die Erforschung der neuesten Sportgeschichte.

10. Dezember: Die Europäische Judo-Union (EJU) nimmt in Brüssel die Zentrale Sektion Judo der DDR einstimmig als vollberechtigtes Mitglied auf.

30. Dezember: Edith Keller-Herrmann startet in Hastings beim Großen Internationalen Schachturnier, das sie mit sieben Punkten aus acht Partien gewinnt.

1955

9. Januar: Die Eisschnelläufer Margit Grobe und Helmut Kuhnert reisen zu einem mehrwöchigen Trainingsaufenthalt in die UdSSR und nehmen an einem Internationalen Wettkampf in Alma Ata teil.

23. Januar: In der Leipziger Kongreßhalle findet eine Kundgebung mit Sportdelegationen der CSR, Polens, der DDR und der BRD statt. Dem Präsidium gehören die Leiter der Staatlichen Komitees für Körperkultur und Sport, Vaclav Pleskot (CSR), Michael Jekiel (Polen) und Manfred Ewald (DDR) an, die Vorsitzenden der Präsidien zur Förderung des gesamtdeutschen Sports, Adolf Kornemann (Karlsruhe), und des gesamtberliner Sports, Heinz Müller (Berlin-West), und Benno Lass, Jean Földeak und Jakob Scheuring (alle BRD) und Heinz Kitzig (DDR). In den Reden und im Aufruf wird der gemeinsame Kampf um die Erhaltung des Friedens und um die Vertiefung der Freundschaft der Sportler aller Länder bekräftigt und die Wiederaufrüstung in Westdeutschland sowie der Abschluß der Pariser Verträge mit der BRD verurteilt.

29. - 30. Januar: Bei den gesamtdeutschen Meisterschaften auf der Wadeberg-Bobbahn erringen die Rennrodler der DDR alle Titel.

Januar: Die Leichtathletiktrainer Karl-Heinz Balzer und Heinz Witthauer weilen zu einem längeren Studienaufenthalt in der UdSSR.

5. - 7. Februar: Am Institut für Körpererziehung der Martin-Luther-Universität Halle-Wittenberg findet unter Vorsitz von Prof. Dr. Gerhard Lukas die erste gesamtdeutsche Tagung der Sportpädagogen statt.

6. Februar: Beim VII. Crosslauf in Genf belegen Heiner Braun und die DDR-Mannschaft den 1. Platz.

26. Februar: Im Verlauf einer Mitgliederversammlung des NOK der DDR wird über die Gespräche mit dem IOC-Präsidenten Avery Brundage und seinen Brief vom 11.9.1954 berichtet und die neue Situation beraten. Das NOK beschließt, einen weiteren Antrag auf Anerkennung beim IOC zu stellen. Auf Forderung von Brundage tritt Kurt Edel „im Interesse der olympischen Anerkennung der DDR“ als NOK-Präsident zurück. An seiner Stelle wird der Leipziger Verlagsleiter Heinz Schöbel gewählt.

4. März: In Leipzig diskutiert der Wissenschaftliche Rat für Körperkultur und Sport Fragen der patriotischen Erziehung im Sport.

5. März: Die Internationale Radsport-Union (UCI) nimmt in Saarbrücken die Zentrale Sektion Radsport der DDR als Mitgliedsverband auf.

6. März: Zum ersten Mal wird in Leipzig das Messefechten mit internationaler Beteiligung veranstaltet.

26. März: Die I. DDR-Meisterschaften im Kunstkraftsport für Frauen und Jugendliche werden in Eilenburg ausgetragen. Bei den Frauen gewinnt die BSG Motor Sangerhausen (Solo) sowie die BSG Traktor Laage (Sechser-

gruppe) und bei der Jugend die BSG Aufbau Brandenburg (Solo) sowie die BSG Motor Suhl-West (Vierergruppe).
März: Der Sportplan der SV Wissenschaft orientiert auf die Entwicklung des Massen- und Jugendsports, verzichtet aber auf die SV-Meisterschaften, wodurch die seit 1951 mit wachsender Resonanz durchgeführten Veranstaltungen wegfallen.
2. April: Aufruf des Organisationskomitees des II. Deutschen Turn- und Sportfestes und der Künstlerverbände zu einem künstlerischen Wettbewerb zum Thema Sport.
5. - 6. April: In Forst findet die erste DDR-Bestenermittlung der Kinder- und Jugendsportschulen im Turnen statt.
9. - 11. April: Die DDR kann am FIFA-Jugendturnier in Italien nicht teilnehmen, weil der Mannschaft die Visa verweigert werden.
16. - 24. April: Bei der Tischtennis-WM in Utrecht startet eine gesamtdeutsche Mannschaft, ohne sich plazieren zu können.
21. - 24. April: Erstmalig nehmen DDR-Athleten an den WM im Ringen (klassischer Stil) in Karlsruhe teil. Der Vorschlag, als gesamtdeutsche Mannschaft zu starten, wird vom DAB der BRD abgelehnt.
2. - 3. Mai: In Berlin-Grünau wird die erste zentrale Trainerkonferenz in der DDR durchgeführt.
2. - 17. Mai: Gustav-Adolf Schur gewinnt die VII. Internationale Friedensfahrt Prag-Berlin-Warschau (erster DDR-Einzelsieg). Die DDR-Mannschaft (Schur, Zabel, Meister II, Reinecke, Grupe, Funda) belegt Rang zwei.
6. Mai: Der Staatssekretär für Hochschulwesen erteilt der DHfK Leipzig das „Recht auf die Verleihung des akademischen Grades Dr. paed. für die Gebiete Theorie der Körpererziehung, Theorie und Methodik der Sportarten und Geschichte der Körperkultur“ (Promotionsrecht).
7. - 8. Mai: Eine DDR-Studentenauswahl bestreitet ihren 1. Länderkampf in der Leichtathletik gegen Bulgarien in Sofia (111:106).
27. Mai: Bei einem internationalen Sportfest in Erfurt anläßlich des V. Parlaments der FDJ läuft Christa Seeliger-Stubnick über 220 y in 23,8 s ihren ersten Weltrekord.
27. Mai - 5. Juni: DDR-Boxer nehmen an der EM in Berlin-West teil, ohne eine Medaille zu erringen.
28. - 29. Mai: Beim 18. ADAC-Rennen auf dem Nürburgring erringen Horst Fügner (Motorrad bis 125 ccm/Ifa) vor Erhart Krumpholz (Ifa) und Edgar Barth (Rennsportwagen bis 1500 ccm/EMW) vor Paul Thiel (EMW) jeweils den 1. Platz.
3. Juni: In einer Deklaration fordern 24 Leistungssportler der DDR von der bevorstehenden IOC-Sitzung die Anerkennung ihres NOK.
12. Juni: In einer Vorbesprechung zur 50. IOC-Sitzung in Paris zwischen dem IOC-Präsidenten Avery Brundage (USA) und den Vertretern des

NOK der DDR (Heinz Schöbel, Günther Heinze, Erich Riedeberger und Prof. Dr. Kurt Meinel) sowie des NOK der BRD (Ritter von Halt) unterstützt der IOC-Repräsentant trotz seines Briefs vom 11.9.1954 zunächst die Position Ritter von Halts, wonach erst eine gesamtdeutsche Olympiamannschaft gebildet werden müsse, ehe die Anerkennung des NOK der DDR erfolgen könne. Die BRD-Vertreter erklären außerdem, daß dies erst für die Sommerspiele 1956 gelten könne, da es für die Aufstellung einer gesamtdeutschen Olympiamannschaft für die Winterspiele zu spät sei. Da die DDR-Delegation diese Version konsequent ablehnt und auf die Anerkennung ihres NOK durch das IOC drängt, unterbreitet Brundage den Vorschlag, das NOK der DDR provisorisch anzuerkennen, diese Anerkennung aber wieder zurückzuziehen, wenn keine gemeinsame Olympiamannschaft zustandekommt. Ritter von Halt lehnt diesen Vorschlag ab und setzt den ergebnislosen Abbruch des Treffens durch.
13. Juni: IOC-Präsident Avery Brundage teilt den Vertretern des NOK der DDR mit, daß er bereit ist, dem IOC die Anerkennung des NOK der DDR zu empfehlen, wenn er zuvor eine verbindliche Erklärung zur Teilnahme an einer gemeinsamen deutschen Olympiamannschaft erhält. Diese Zusicherung wird ihm sofort gegeben.
18. Juni: Während der 50. IOC-Sitzung in Paris wird der Antrag des NOK der DDR auf Anerkennung behandelt, den NOK-Präsident Heinz Schöbel im Plenum begründet. Mit 27 Ja-Stimmen gegen 7 Nein-Stimmen - darunter die der beiden Mitglieder für die BRD - und 4 Stimmenthaltungen wird das NOK der DDR für das Territorium Ostdeutschland als zuständiges Olympisches Komitee provisorisch anerkannt. Im IOC-Beschluß wird ferner festgelegt, daß nur eine gemeinsame deutsche Olympiavertretung beider NOK an den Spielen 1956 teilnahmeberechtigt ist. Das NOK der DDR akzeptiert diesen Beschluß als Kompromiß.
22. Juni: Der Präsident der DDR, Wilhelm Pieck, gibt für verdiente Sportler einen Empfang in seinem Amtssitz. Anwesend sind Gisela Köhler, Ulla Donath, Ingrid Föst, Erika Quarg, Christa Stubnick, Gustav-Adolf Schur, Heinz Birkemeyer, Ewald Mertens, Walter Meier, Hans-Joachim Scheffel, Randolf Beukert, Johannes Horlbeck, Willi Horlemann, Kurt Vorkauf, Günter Schröter, Manfred Preußger, Harry Glaß, Herbert Schiffner, Siegfried Herrmann, Günter Wirth, Hans-Jürgen Wende.
25. Juni - 3. Juli: Das Tennisturnier in Zinnowitz wird erstmals mit internationaler Beteiligung ausgetragen.
29. Juni - 10. Juli: An der WM im Feldhandball kann die DDR-Auswahl nicht teilnehmen, weil die Sektion Handball auf Betreiben des DHB der BRD nicht als Mitglied in die Internationale Föderation (IHF) aufgenommen wurde.
Juni: E. Recknagel, R. Leonhardt, R. Müller, E. Schneider, F. Lausmann, P. Rockstroh und P. Häckel werden von der FIS als Internationale Kampfrichter für den Skisport anerkannt.

8. Juli: Walter Ulbricht, stellvertretender Ministerpräsident der DDR, regt in einer Besprechung mit Sportfunktionären an, in Vorbereitung der III. Sportkonferenz des Staatlichen Komitees für Körperkultur und Sport eine Arbeitskommission aus Vertretern verschiedenster Bereiche zu bilden, um Entwicklungsfragen des Sports zu beraten.

9. - 10. Juli: Beim 1. Zentralen Sportfest der Lehrlinge und Berufsschüler in Dessau wird in Leichtathletik-Disziplinen um den Pokal des FDGB gekämpft. Sieger bei der männlichen Jugend ist der Bezirk Schwerin (vertreten durch BBS RAW Wittenberge) und bei der weiblichen Jugend der Bezirk Leipzig (vertreten durch BBS Deutsche Reichsbahn).

9. - 10. Juli: In Greiz kämpfen erstmals die besten Jugendmannschaften im Ringen um den FDJ-Pokal.

23. - 24. Juli: Bei den gesamtdeutschen Rudermeisterschaften der Frauen in Berlin-Grünau erkämpfen die DDR-Sportlerinnen drei von vier Titeln.

29. - 31. Juli: Bei der WM im Kanu-Slalom in Ljubljana erringt die DDR-Frauenmannschaft im K 1 mit 574,0 Punkten den ersten Weltmeistertitel für die DDR.

31. Juli - 14. August: An den Internationalen Freundschaftswettkämpfen im Rahmen der V. Weltfestpiele der Jugend und Studenten in Warschau nimmt die bis dahin größte Sportdelegation der DDR in 22 Sportarten teil. Goldmedaillen erringen Gustav-Adolf Schur, die DDR-Handballauswahl, der Ruder-Achter des ZSK Vorwärts und der Ruder-Vierer der BSG Motor Berlin, der Brustschwimmer Horst Fritsche sowie die Leichtathletin Ulla Donath und die Frauenstaffel über 4x100 m.

12. - 18. August: Die Mannschaft der Comenius-Schule aus Burg gewinnt die 1. DDR-Fußballmeisterschaft für Schüler, die in Dresden anläßlich des II. Pioniertreffens stattfindet.

13. - 14. August: Bei den gesamtdeutschen Rudermeisterschaften der Männer in Berlin-Grünau ist die DDR nur durch Klaus Filter im Leichtgewichts-Einer erfolgreich.

16. - 19. August: Bei gesamtdeutschen Meisterschaften im Segeln siegen in München Jürgen Vogler (SC Einheit Berlin) bei den O-Jollen und Heinz Müller (SC Empor Schwerin) auf dem Berliner Müggelsee in der Piratenklasse.

23. August: Der Internationale Ruderverband (FISA) nimmt auf seiner Tagung in Genf die Zentrale Sektion Rudern der DDR mit der Auflage als Mitgliedsverband auf, gemeinsame Vertretungen mit dem BRD-Verband zu internationalen Meisterschaften zu entsenden. Das führt auf Grund der Leistungsstärke der westdeutschen Ruderer dazu, daß sich zunächst kaum DDR-Ruderer an den EM und WM beteiligen können.

24. August - Oktober: Die erste Sport- und Studiendelegation der DDR weilt, geleitet von Manfred Ewald, in der Volksrepublik China. Die aus 12 Turnerinnen und Turnern und 10 Funktionären und Sportwissenschaftlern bestehende Delegation absolviert ein umfangreiches Programm.

27. - 28. August: Die erste Beratung der Vertreter beider deutscher NOK zur Bildung der gemeinsamen Olympiamannschaft für die Spiele des Jahres 1956 findet in Hinterzarten bei Freiburg statt. Die Verhandlungen führen seitens der DDR: Heinz Schöbel, Günther Heinze und Rudi Reichert, seitens der BRD: Ritter von Halt, Pecco Bauwens und Willi Daume. Es kommt trotz großer Meinungsverschiedenheiten zu ersten Vereinbarungen: Die Aufstellung der Mannschaft erfolgt nach dem Leistungsprinzip, beide Mannschaftsteile tragen einheitliche Kleidung, die Fahne zeigt die Farben schwarz-rot-gold, im Falle eines Sieges wird die Hymne des Staates gespielt, aus dem der Sportler stammt. Die Sektionen der DDR und die Verbände der BRD werden aufgefordert, Nominierungsvorschläge zu unterbreiten. Über andere Fragen, wie Hymne bei Mannschaftssiegen, Emblem und die Besetzung des Postens eines Chef de Mission wird keine Einigung erzielt.

29. August - 5. September: Bei den WM im Kegeln in Essen erkämpfen DDR-Sportler drei Titel. Eberhard Luther erringt im Asphaltkegeln mit 886 Punkten den ersten WM-Einzeltitel für die DDR.

1. - 4. September: Bei den WM der Bahnradsportler in Mailand belegen Schulze/Hansen im Radball den 4. Platz.

11. September: Mit dem Ländervergleich gegen Dänemark in Schwerin (41:15 Punkte) bestreiten die DDR-Geher ihren 1. Länderkampf.

16. September: Die Internationale Gewichtheber-Föderation (IWF) nimmt in Stockholm die Zentrale Sektion Gewichtheben der DDR als Mitgliedsverband auf.

18. September: Die Vertreter der Zentralen Sektion Ski der DDR und der Deutsche Skiverband der BRD beschließen die Entsendung einer gemeinsamen Olympiamannschaft zu den Winterspielen 1956.

21. September: Bei Internationalen Leichtathletikwettbewerben in London gewinnen Siegfried Herrmann über eine Meile (4:03,4 min) und Gisela Köhler über 80 m Hürden (11,4 s) und über 220 Yards (24,4 s).

24. - 25. September: Die DDR-Vertretung erkämpft beim 1. Internationalen Fernwettkampf der Landsportler der sozialistischen Länder einen 3. Platz.

7. Oktober: Im Fernsehfunk der DDR wird die Sportberichterstattung mit ersten Originalübertragungen bereichert.

10. - 13. Oktober: In der Sportschule Werdau wird eine Vollversammlung aller Handballtrainer der Oberliga- und Ligamannschaften unter Leitung von Heinz Seiler durchgeführt.

10. - 12. November: Die 2. Sportärztetagung der DDR findet zum Thema „Sport als Mittel der Gesunderhaltung" unter Leitung von Prof. Dr. Dr. Grimm in Weimar statt.

12. November: Bei der zweiten Beratung der Vertreter beider deutscher NOK in Berlin/Ost zur Bildung der gemeinsamen Olympiavertretungen für

1956 wird in weiteren Fragen Einigung erzielt, so über das Emblem: ein Wappen in den Farben schwarz-rot-gold verbunden mit weißen olympischen Ringen. Damit ist im wesentlichen der Start einer gemeinsamen deutschen Olympiavertretung entsprechend dem IOC-Beschluß gesichert und der erstmalige Start von DDR-Sportlern bei Olympischen Spielen möglich.

14. November: Die Vertreter der Zentralen Sektion Radsport der DDR und des Bundes Deutscher Radfahrer der BRD beschließen auf einer Tagung in Berlin die Entsendung einer gemeinsamen Mannschaft zu den Olympischen Sommerspielen 1956.

25. - 27. November: Das Staatliche Komitee für Körperkultur und Sport führt eine Sportfunktionärskonferenz in Karl-Marx-Stadt (Chemnitz) durch. Vor 1200 Teilnehmern aus allen Bereichen des Sports sowie der Ministerien, des FDGB und der FDJ sprechen Walter Ulbricht und Manfred Ewald. Es wird eine positive Bilanz bei der Entwicklung des Sports in der DDR und seiner internationalen Anerkennung gezogen (IOC und 21 Internationale Föderationen). Walter Ulbricht kritisiert in scharfer Form Versäumnisse im Massensport.

2. - 4. Dezember: Die Motorsportler führen ihre erste Rallye zur Wartburg (Eisenach) durch. Den Mannschaftssieg erringt das Rennkollektiv des AWE Eisenach.

28. Dezember: In Oberhof findet die erste Olympiaausscheidung im Skispringen statt. Es siegt Max Bolkart (BRD/73,5 m und 63,5 m - Note 222,5) vor Harry Glaß (DDR/68,5 m und 64 m - Note 217,0)

Dezember: Das Staatliche Komitee für Körperkultur und Sport veröffentlicht eine neue Sportklassifizierung, die auch erstmals Jugendklassen umfaßt.

1956

12. - 26. Januar: Das DDR-Radsportteam belegt bei seiner ersten Teilnahme an der Ägypten-Rundfahrt den 3. Platz.
15. Januar: Vertreter der Zentralen Sektion Leichtathletik und des DLV beschließen in Hannover die gemeinsame Vorbereitung auf die Olympischen Spiele, den Austausch der Rekordprotokolle und die Aufstellung einer gemeinsamen deutschen Rekordliste sowie den Austausch der Terminkalender.
19. - 21. Januar: Bei den EM im Eiskunstlaufen in Paris belegen Vera und Horst Kuhrüber im Paarlauf den 13. Platz.
24. Januar: Das Politbüro des ZK der SED faßt den Beschluß „Der Jugend unser Herz und unsere Hilfe!". Darin wird gefordert, „schnell jede Einengung im Massensport zu überwinden" und Jugendlichen die Teilnahme am Sport unabhängig von einer Mitgliedschaft zu ermöglichen.
26. Januar - 5. Februar: An den VII. Olympischen Winterspielen in Cortina d'Ampezzo nimmt erstmals in der Geschichte der Olympischen Spiele eine DDR-Vertretung (mit 18 Sportlern) im Rahmen einer gemeinsamen Mannschaft beider deutscher NOK teil. Harry Glaß erkämpft im Spezialsprunglauf den 3. Platz und damit die erste Olympiamedaille für den DDR-Sport. Weitere Plazierungen erreichen: Kuno Werner 27. und Siegfried Weiß 29. beim 15-km-Langlauf und beide mit Rudi Kopp und Hermann Möchel (beide BRD) den 10. Platz in der 4x10-km-Staffel, Erich Lindenlaub 33. und Werner Moring 40. beim 30-km-Langlauf, Werner Moring 20. beim 50-km-Langlauf, Herbert Glaß 24. und Herbert Leonhardt 28. in der Nordischen Kombination, Werner Lesser II 8. beim Spezialsprunglauf, Rochus Wagner 34. im Spezialslalom und Helmut Kuhnert 34. im 500-m-, 9. im 5000-m- und 10. im 10.000-m-Eisschnellauf, Sonnhilde Hausschild 20. und Elfriede Uhlig 26. im 10-km-Langlauf und beide erringen mit Else Ammann (BRD) den 7. Platz in der 3x5-km-Staffel.
28. Januar: Eine Kindersportkonferenz beschließt auf der Grundlage eines Referats des Stellvertretenden Oberbürgermeisters von Berlin (Ost) Herbert Fechner „einheitliche Richtlinien für die Organisierung des Berliner Kindersports".
28. - 29. Januar: Die I. Turnkonferenz des Staatlichen Komitees für Körperkultur und Sport verabschiedet in Leipzig den Beschluß „Die weiteren Aufgaben zur Entwicklung der Gymnastik und des Turnens in der DDR".
4. - 5. Februar: An der DHfK Leipzig findet die 1. Trainerkonferenz für Wasserspringen statt.
9. Februar: Der Ministerrat veröffentlicht den Beschluß „Über die weitere Entwicklung der Körperkultur und des Sports in der DDR", dessen Entwurf auf der Sportfunktionärskonferenz im November 1955 beraten worden

war. Er ist nach dem Jugendgesetz vom 8. Februar 1950 das bedeutendste staatliche Dokument für den DDR-Sport in dieser Zeit. Er enthält ein umfassendes Programm und stellt Aufgaben für die Entwicklung des Kinder- und Jugendsports, des Massensports und des Leistungssports. Das Staatliche Komitee faßt nachfolgend weitere Beschlüsse, so über die Kaderausbildung, das neue Sportabzeichen, die Planung für 1956, die Vorbereitung des II. Deutschen Turn- und Sportfestes und die „Direktive“ für 1956 bis 1960.

26. Februar - 21. März: Bei einem Internationalen Schachturnier in Dresden erkämpft Wolfgang Uhlmann den 5. Platz.

3. März: Harry Glaß siegt beim I. Internationalen Inselberg-Skispringen in Brotterode.

9. - 11. März: Werner Lesser II gewinnt das Internationale Skifliegen auf der Schanze am Kulm (Österreich) mit 428,5 Punkten.

7. - 8. April: Der Wissenschaftliche Rat für Körperkultur und Sport führt an der DHfK Leipzig seine V. Plenartagung durch, an der über 100 Sportwissenschaftler, Trainer und Sportfunktionäre teilnehmen. Es werden das Hauptreferat von Prof. Dr. Gerhard Lukas „Über Probleme einer Sportwissenschaft und die Aufgaben des Wissenschaftlichen Rates“ und der Rechenschaftsbericht des Präsidiums des WR beraten, der Perspektivplan des WR bis 1960 beschlossen und Berichte über verschiedene Forschungsvorhaben entgegengenommen, z. B. über Untersuchungen an sporttreibenden Kindern (Grimm u.a.) und Schulkinderuntersuchungen in Leipzig (Stemmler).

15. April: Nach dem Besuch einer „Miniaturschau“ der Übung der Sportstudenten für das bevorstehende Turn- und Sportfest nimmt Walter Ulbricht an einer erweiterten Beratung der SED-Hochschulparteileitung der DHfK teil und kritisiert den ideologischen Zustand der Parteiorganisation. Er stützt sich dabei auf Berichte, aus denen hervorging, daß es an der DHfK kritische Fragen in Auswertung des XX. Parteitages der KPdSU (Chrustschows Enthüllungen über Stalin) gäbe. Die in den folgenden Wochen gezielt durchgeführten Auseinandersetzungen führen zu Repressionen und disziplinarischen Maßnahmen gegen eine Reihe von Lehrkräften und Studenten. Kritische Meinungen werden von Vertretern der SED-Bezirksleitung mit der Drohung unterdrückt, die Parteiorganisation an der DHfK aufzulösen.

27. April: Während einer Versammlung der SED-Mitglieder des DHfK-Lehrkörpers wird eine Entschließung der Hochschulparteileitung verlesen, in der Forderungen, in Auswertung des XX. Parteitages der KPdSU Fragen der eigenen Parteiarbeit kritisch zu diskutieren, als parteifeindlich zurückgewiesen werden. Die von Walter Ulbricht persönlich inspirierte und kontrollierte Aktion wird zur Disziplinierung der Parteimitglieder in anderen Bereichen des Sports und der Sportwissenschaft genutzt.

12. Mai: Die Internationale Fecht-Föderation (FIE) nimmt in Mailand die Zentrale Sektion Fechten der DDR als Mitgliedsverband auf.

2. Juni: Der Deutsche Sportausschuß (DS) unterbreitet anläßlich seiner Tagung in Berlin Vorschläge zur Verbesserung der Zusammenarbeit der Sportorganisationen der DDR und der BRD mit einem Acht-Punkte-Programm, das unter anderem den ungehinderten Spiel- und Sportverkehr zwischen beiden deutschen Staaten auf der Grundlage der Vereinbarungen vom 12.12.1952, einen breiten Studien- und Erfahrungsaustausch auf allen Sportgebieten und ein gemeinsames Turn- und Sportfest vorsieht.

7. Juni: An der DHfK Leipzig wird mit der Verteidigung der Dissertation von Günter Borrmann über das Thema „Die Entwicklung der Bewegungsfertigkeiten im Geräteturnen" das erste Promotionsverfahren durchgeführt.

23. Juni: Das Internationale Gehörlosen-Sportkomitee (CISS) nimmt anläßlich seiner Tagung in Mühlheim das zuständige DDR-Gremium - die Zentrale Sektion Versehrtensport - als Mitglied auf.

23. - 24. Juni: Bei den EM im Wasserspringen in Wien können Rudi Oertel im Kunstspringen und Jochen Ullrich im Turmspringen den 3. Platz erkämpfen.

27. Juni - 1. Juli: Bei den EM im Gewichtheben in Helsinki erringen Günter Siebert im Leichtschwergewicht die Bronzemedaille, Georg Miske im Feder- und Roland Lortz im Leichtgewicht jeweils den 4. Platz.

30. Juni: Gisela Köhler egalisiert in Berlin im 100-m-Lauf der Frauen mit 11.5 s den Europarekord.

Juni: Das Staatliche Komitee für Körperkultur und Sport gibt das Buch „Bilder und Dokumente aus der deutschen Turn- und Sportgeschichte" heraus, das von einem Redaktionskollegium (Wilhelm Beier, Günter Erbach, Willi Schröder, Hans Schuster, Lothar Skorning, Georg Wieczisk und Bernhard Wilk) erarbeitet worden war.

14. - 15. Juli: Die Nationalmannschaften Kegeln der Männer und Frauen gewinnen in Erfurt die erstmalig ausgeschriebenen Europa-Pokale für Asphaltbahnen.

29. Juli: Im Verlauf eines Internationalen Sportfests in Rostock stellt die DDR-Frauen-Staffel (Henning, Stubnick, Köhler, Mayer) zwei neue Weltrekorde auf: 4x110 y in 45,8 s und 4x220 y in 1:36,4 min, womit zugleich die Weltrekordzeit über 4x200 m eingestellt worden ist.

2. - 5. August: Das II. Deutsche Turn- und Sportfest mit 100.000 Festteilnehmern findet in Leipzig statt. Aus der BRD nehmen 32.000 Gäste teil. Höhepunkte des Festes sind die Eröffnungskundgebung am Völkerschlachtdenkmal, die neuartige Sportschau - ein 19teiliges Programm von Massen- und Leistungsübungen, Musik- und Tanzvorführungen, ausgeführt von 39.000 Sportlern - im neuerbauten Zentralstadion und die vielfältigen internationalen und nationalen Wettkämpfe. In einer Kunstausstellung (30.7.-9.9.1956) wird in der DDR erstmals eine Auswahl von Werken der bildenden Kunst (Malerei, Grafik, Plastik) zum Thema Sport gezeigt.

4. August: Nach 300 Tagen Bauzeit wird das 100.000 Zuschauer fassende Stadion im Sportforum Leipzig mit dem II. Deutschen Turn- und Sportfest eingeweiht. Mehr als 180.000 Leipziger begannen 1955 mit dem Bau. Insgesamt 1,5 Millionen Kubikmeter Trümmer und Schutt aus dem Zweiten Weltkrieg wurden für die Stadiondämme aufgeschüttet.

11. - 12. August: Bei den gesamtdeutschen Rudermeisterschaften in Heilbronn erringen die Männer drei und die Frauen zwei Titel: der SC Motor Berlin im Leichtgewichts-Vierer m.Stm., der ZSK Vorwärts Berlin im Vierer m.Stm. und im Achter bei den Männern und Manger/Pünner (SC Wissenschaft DHfK Leipzig) im Doppelzweier sowie der SC Motor Berlin im Doppelvierer m.Stfr. bei den Frauen.

18. - 19. August: Walter Meier (SC Wissenschaft Halle) bricht im Zehnkampf den zu dieser Zeit ältesten deutschen Leichtathletik-Rekord (seit 1934 von Hans-Heinrich Sievert gehalten) mit 7173 Punkten.

20. - 25. August: Die Segel-EM der Finn-Dinghi auf dem Loosdrecht-See (Niederlande) beendet Jürgen Vogler (SC Einheit Berlin) nach 10 Wettfahrten als Europameister.

31. August: Die Internationale Handball-Föderation (FIHB) nimmt in Kopenhagen die Zentrale Sektion Handball der DDR mit der Auflage als Mitgliedsverband auf, zu internationalen Meisterschaften mit dem BRD-Verband eine gemeinsame Mannschaft zu bilden.

31. August - 12. September: Bei den WM im Volleyball in Paris erreicht die Frauenauswahl den 7. Platz, während die Männerauswahl den 12. Platz belegt.

1. September: An der DHfK in Leipzig nimmt eine Forschungsstelle ihre Tätigkeit auf.

8. - 9. September: Die Nationalmannschaft Turnen bestreitet in Greiz ihren ersten Länderkampf gegen eine chinesische Vertretung und gewinnt mit 184,75:180,90 Punkten.

9. September: Christa Stubnick stellt in Riesa im 200-m-Lauf der Frauen mit 23,5 s den Europarekord ein.

12. September: Bei einem Internationalen Abendsportfest im Londoner White-City-Stadion erreichen Klaus Richtzenhain über 1500 m in 3:43,0 min und Ursula Donath über 800 m in 2:07,5 min erste Plätze.

14. - 16. September: Die Gesellschaft für Sport und Technik führt in Karl-Marx-Stadt (Chemnitz) ihren I. Kongreß durch. Neuer Vorsitzender des Zentralvorstands wird Richard Staimer.

15. - 16. September: Bei den II. Internationalen Sportfestspielen der Landjugend in Schwerin erreicht die DDR-Vertretung hinter Polen den 2. Platz.

23. September: Die Internationale Amateur-Rugby-Föderation (FIRA) nimmt in Paris die Sektion Rugby der DDR als Mitgliedsverband auf.

23. September - 7. Oktober: Im I. Internationalen Fernwettkampf der Jungen Pioniere und Schüler aus sozialistischen Ländern erringen die Mädchen und Jungen der „Liselotte-Hermann-Schule“ Eisenach den 1. Platz.

29. - 30. September: Beim Internationalen Harbig-Sportfest in Dresden gewinnt Klaus Richtzenhain den 800-m-Gedenklauf, Christa Stubnick stellt über 100 m in 11,5 s den Europarekord ein und die 4x100-m-Staffel (Fisch/BRD, Stubnick, Köhler, Mayer/alle DDR) läuft in 45,1 s Weltrekord.

1. Oktober: In Berlin wird die Armee-Sportvereinigung „Vorwärts“ (ASV) gegründet in Fortführung der Sportvereinigung Vorwärts in der Hauptverwaltung Ausbildung beim Ministerium des Innern, die seit November 1950 besteht. Vorsitzender wird Friedrich Dickel.

10. - 11. November: Die Fachkommission Geschichte der Körperkultur im WR verabschiedet in Halle die gemeinsame kritische Besprechung des Buches „Kurzer Abriß der Geschichte der Körperkultur in Deutschland seit 1800“, die im Juni 1957 in der Theorie und Praxis der Körperkultur veröffentlicht wird, und einen Plan zur Vorbereitung für das „Lehrbuch Geschichte der Körperkultur in Deutschland“, das Anfang der 60er Jahre erscheinen soll. Ferner wird gefordert, die Lehrbriefe über die Geschichte der Körperkultur abzuschließen, eine Publikationsreihe „Beiträge zur Geschichte der Körperkultur“ zu eröffnen, die Errichtung eines Sportmuseums zu beraten und das GutsMuths-Gedenkjahr (1959) vorzubereiten.

22. November: In Berlin wird entsprechend dem Ministerratsbeschluß vom 9. Februar 1956 ein Komitee für Touristik und Wandern gebildet. FDJ, FDGB und Demokratische Sportbewegung sind seine Hauptträger.

22. November: Die Internationale Amateur-Leichtathletik-Föderation (IAAF) behandelt in Melbourne den erneut gestellten Antrag der Zentralen Sektion Leichtathletik der DDR um Anerkennung und Aufnahme als Mitgliedsverband der IAAF. Sie stimmt dem Antrag mit der Auflage zu, ein gemeinsames Komitee mit dem DLV der BRD zu bilden und zu den internationalen Meisterschaften eine gemeinsame Mannschaft mit dem DLV zu entsenden.

22. November - 8. Dezember: An den XVI. Olympischen Sommerspielen in Melbourne (Australien) nimmt eine DDR-Vertretung mit 37 Sportlern im Rahmen einer gemeinsamen Mannschaft beider deutscher NOK teil; damit hat der DDR-Sport auch den Start bei den Olympischen Sommerspielen erreicht. Die Bilanz: eine Goldmedaille, vier Silber- und zwei Bronzemedaillen. Die erste Goldmedaille bei Olympischen Spielen für den DDR-Sport überhaupt gewinnt Wolfgang Behrendt im Boxen (Bantamgewicht), Silbermedaillen erringen Christa Stubnick (im 100-m-Lauf in 11,7 s und im 200-m-Lauf in 23,7 s), Gisela Köhler (im 80-m-Hürdenlauf in 10,9 s) und Klaus Richtzenhain (im 1500-m-Lauf in 3:42,0 min), Bronzemedaillen Eva Maria ten Elsen (im Schwimmen über 200 m

Brust) und die Radsportler Gustav-Adolf Schur und Horst Tüller gemeinsam mit Reinhold Pommer (BRD) in der Mannschaftswertung des Straßeneinzelrennens. Weitere Plazierungen erreichen: in der Leichtathletik Klaus Porbadnik 17. im 10.000-m-Lauf, Lothar Beckert 19. und Kurt Hartung 28. im Marathonlauf, Manfred Preußger 8. im Stabhochsprung, Walter Meier 6. im Zehnkampf, Gisela Köhler 6. im 200-m-Lauf und nochmals 6. mit Christa Stubnick, Barbara Mayer sowie Maria Sander (BRD) in der 4x100-m-Staffel, Johanna Lüttge 11. im Kugelstoßen, Erika Raue 10. im Speerwerfen; im Gewichtheben Georg Miske 6. (Federgewicht); im Ringen Alfred Kämmerer (Bantamgewicht) 5. im klassischen Stil und 6. im Freistil, Siegfried Schäfer 5. (Weltergewicht - klassisch); im Schwimmen Hans Zierold über 400 m Freistil und mit Hans-Joachim Reich sowie mit Hans Köhler und Horst Bleeker (beide BRD) 5. in der 4x200-m-Freistilstaffel, Jutta Langenau 6. über 100 m Schmetterling; im Segeln Jürgen Vogler 4. in der Finn-Dinghi-Klasse; im Radsport Horst Tüller 4., Gustav-Adolf Schur 5. und Erich Hagen 22. im Einzel-Straßenrennen und Werner Malitz, Rolf Nitzsche und Siegfried Köhler mit Manfred Gieseler (BRD) 9. im 4000-m-Mannschaftsverfolgungsfahren.

1. Dezember: Die Internationale Hockey-Föderation (FIH) nimmt in Melbourne die Zentrale Sektion Hockey der DDR als Mitgliedsverband auf.

18. Dezember: Anordnung des Ministers für Gesundheitswesen über die staatliche Anerkennung als Sportarzt, wonach der Sportarzt als Facharzt anerkannt wird.

1957

6. Januar: Bei der Internationalen Vierschanzentournee in der BRD und Österreich belegen Werner Lesser den 4., Harry Glaß den 5. Helmut Recknagel den 8. und Horst Lesser den 11. Platz.
12. - 13. Januar: Erstmals nehmen DDR-Vertreter am Kalenderkongreß des Europakomitees der IAAF teil. Sie vereinbaren für 1957 neun Leichtathletik-Länderkämpfe.
12. - 27. Januar: Bei der Ägypten-Rundfahrt belegen die Radsportler Werner Malitz und Horst Tüller den 1. und 2. Platz in der Einzelwertung und die DDR-Auswahl den 2. Platz in der Gesamtwertung.
13. Januar: Der DS veröffentlicht eine Erklärung, in der auf eine Maßnahme des DSB aufmerksam gemacht wird, die den Spiel- und Sportverkehr zwischen beiden deutschen Staaten gefährdet. Es handelt sich um das Sonder-Rundschreiben des DSB vom 19. Dezember 1956, in dem finanzielle Beihilfen von BRD-Ministerien bei Wettkämpfen mit DDR-Sportlern zugesagt werden, wenn die betreffenden Verbände bzw. Vereine zusagen, einen Bericht der Abrechnung beizufügen und sich dabei „nicht auf die Angabe der äußeren Umstände wie Wettspielbericht oder Angabe der Resultate zu beschränken, sondern auch auf die sich bei dem Besuch ergebenden menschlichen Beziehungen einzugehen".
21. Januar: Die Internationale Schlittensport-Föderation (FIL) nimmt in Davos die Zentrale Sektion Bob- und Schlittensport der DDR als Mitgliedsverband auf.
26. - 27. Januar: Erstmals starten DDR-Rennschlittensportler bei einer WM (in Davos). Sie belegen keinen der vorderen Plätze.
26. - 27. Januar: Zum ersten Mal werden die in die DDR vergebenen Wettkämpfe des Internationalen Skicups in Klingenthal ausgetragen.
31. Januar - 3. Februar: Nach mehrjähriger Pause führen die Studentensportler wieder ihre Wintersportmeisterschaften durch.
3. Februar: Helmut Recknagel erringt in Garmisch-Partenkirchen anläßlich der XI. Internationalen Wintersportwoche den 2. Platz im Skispringen.
7. Februar: Das Staatliche Komitee für Körperkultur und Sport veröffentlicht „Vorschläge zur Verbesserung der Tätigkeit und der Struktur der Demokratischen Sportbewegung" und stellt sie zur öffentlichen Diskussion. Die Vorschläge münden in die Empfehlung, einen Deutschen Turn- und Sportbund als einheitliche sozialistische Massenorganisation aller Turner und Sportler in der DDR zu gründen. Damit wird in Abkehr vom sowjetischen Modell, alles staatlich zu organisieren, basierend auf Traditionen der deutschen Turn- und Sportbewegung, auf die gesellschaftliche Organisierung des Sports orientiert.

8. Februar: Die Internationale Bob-Föderation (FIBT) nimmt in St. Moritz die Zentrale Sektion Bob- und Schlittensport der DDR als Mitglied auf.

15. Februar: Bei einem internationalen Wettbewerb in der Hohen Tatra erkämpfen Winkler/Geinitz im Zweierbob den 1. Platz.

23. Februar: In Dortmund verhandeln auf Initiative des DS Sportfunktionäre des DS und des DSB über den Sportverkehr zwischen beiden deutschen Staaten. Der Leiter des DS, Rudi Reichert, schlägt den Entwurf einer Vereinbarung zur besseren Zusammenarbeit vor und fordert den DSB auf, die Berichterstattung über den Sportverkehr an BRD-Ministerien aufzugeben. DSB-Präsident Willi Daume und NOK-Präsident Ritter von Halt lehnen die Vorschläge ab (vgl. auch 13.1.1957).

24. Februar - 5. März: Beim ersten Start einer DDR-Auswahl bei einer Eishockey-WM in Moskau wird der 5. Platz erkämpft. Die Mannschaften aus den USA und Kanada nehmen aus politischen Gründen nicht teil.

3. März: Helmut Recknagel gewinnt - noch im Juniorenalter - den Spezialsprunglauf am Holmenkollen und schlägt damit als erster die bis dahin auf dieser Sprungschanze unbezwungenen Skandinavier. Sein Start als Junior ist erst auf Grund einer Sondergenehmigung der FIS möglich. Harry Glaß belegt den 4. Platz.

7. - 10. März: Bei der Internationalen Ski-Flugwoche in Planica siegt Helmut Recknagel mit der Rekordweite von 124 m. Harry Glaß wird Fünfter und Werner Lesser II Sechster.

7. - 15. März: Bei den Tischtennis-WM in Stockholm gewinnt Heinz Schneider eine Bronzemedaille.

6. - 7. April: Der Deutsche Anglerverband (DAV) führt in Leuna seinen II. Verbandstag durch und zieht Bilanz seit der Gründung am 23./24. Oktober 1954. Noch im Jahr 1957 erkennt die Internationale Konföderation für Sportangeln (CIPS) während ihrer Belgrader Konferenz den DAV als vollberechtigtes Mitglied an.

11. - 13. April: In Leipzig findet die VI. Plenartagung des Wissenschaftlichen Rates für Körperkultur und Sport statt. Nach einer Mitgliederversammlung (Rechenschaftsbericht Günther Heinze - Ansprache Dr. Hans Schuster) wird eine wissenschaftliche Tagung zum Thema „Jugend und Sport“ unter Leitung von Prof. Dr. Gerhard Lukas durchgeführt. Nach vielfältigen Referaten und Diskussionsbeiträgen gibt das Präsidium des WR „Empfehlungen für die weitere Jugendsportarbeit in der DDR“ heraus.

14. April: In Berlin konstituiert sich das Organisationskomitee für die Gründung des Deutschen Turn- und Sportbundes (DTSB) unter dem Vorsitz von Rudi Reichert. Die Gründungskonferenz für den DTSB wird für den 27./28. April 1957 nach Berlin einberufen.

27. - 28. April: In Berlin vollziehen 304 Delegierte aus allen Bereichen und Organisationsteilen der Demokratischen Sportbewegung als Vertreter von 1,2 Millionen Sportlern im Haus der Ministerien die Gründung des Deutschen Turn- und Sportbundes (DTSB) entsprechend den Vorschlägen vom 7. Feburar 1957. Nach Referaten von Rudi Reichert (bisheriger Leiter des DS), Erich Honecker (im Auftrag des ZK der SED) und Karl Namokel (Erster Sekretär des ZR der FDJ) und einer ausführlichen Diskussion wird das Statut des DTSB beschlossen und die Gründungsurkunde verabschiedet und unterzeichnet. Anschließend wird der Bundesvorstand, bestehend aus 109 Mitgliedern, gewählt. Zum Präsidenten wird Rudi Reichert, zu Vizepräsidenten werden Erich Riedeberger, Hanns Mickinn, Günther Heinze, Roland Weißig und Paul Becker gewählt. Mit Riedeberger, Mickinn und Becker sind drei ehemalige Arbeitersportfunktionäre an der Spitze des DTSB vertreten. Sie bilden zusammen mit Helmut Behrendt, Heinz Busch, Dr. Günter Erbach, Adolf Gesell, Heinz Schöbel, Rudolf Reimann, Erich Rochler, Helmut Welz und Heinz Wolf das Präsidium des DTSB-Bundesvorstandes.

Der DTSB-Bundesvorstand übernimmt die Aufgaben des DS, der seine Tätigkeit einstellt, und einige Funktionen des Staatlichen Komitees für Körperkultur und Sport, das durch eine Verordnung des Ministerrates der DDR vom 6. Juni 1957 eine veränderte Aufgabenstellung erhält. Es entstehen Bezirks- und Kreisorganisationen des DTSB mit entsprechenden Vorständen. Alle Sportgemeinschaften und Sportclubs der Demokratischen Sportbewegung gehen in den DTSB über. Alle Sportvereinigungen werden aufgelöst, bis auf die SV Dynamo, die ASV Vorwärts und die gewerkschaftlichen SV Wismut und Lokomotive, die das statuarische Recht als Bezirksorganisation des DTSB erhalten. Alle Zentralen Sektionen des DS entwickeln sich zu Sportfachverbänden. Mit der Gründung des DTSB ist der organisatorische Neuaufbau des Sports im Osten Deutschlands, der 1945 mit dem kommunalen Sport begann, im wesentlichen beendet.

28. April: Die DDR-Handball-Auswahl gewinnt in Hannover ein Länderspiel gegen den amtierenden Weltmeister im Feldhandball - die BRD-Auswahl - mit 16:13 Toren.

2. - 15. Mai: Bei der X. Internationalen Friedensfahrt Prag-Berlin-Warschau erringt das DDR-Sextett (Grünwald, Stolper, Schur, Braune, Henning, Meister II) zum zweiten Mal den Sieg in der Gesamtmannschaftswertung.

3. - 5. Mai: Die 3. Tagung der Medizinisch-wissenschaftlichen Gesellschaft für Sportmedizin der DDR findet in Wernigerode unter Leitung von Prof. Dr. Arno Arnold zum Thema „Sportmedizin und Schwimmen“ statt. Zum ersten Mal in der Geschichte sportärztlicher Kongresse wird von der Sportmedizin als „Präventivmedizin im besten Sinne“ (Arnold) eine Sportart zur Diskussion gestellt und von Medizinern mit Wissenschaftlern aus unterschiedlichen Wissenschaftsdisziplinen, insbesondere Pädagogen, diskutiert.

10. Mai: Der FDGB-Bundesvorstand faßt einen Beschluß über die Aufgaben der Gewerkschaften zur weiteren Entwicklung des Sports in der DDR, in dem konkrete Ziele für die einzelnen Gewerkschaften und die Betriebsgewerkschaftsleitungen zur Unterstützung des Sports gestellt werden. Die gewerkschaftlichen Sportvereinigungen - bis auf die SV Wismut und Lokomotive - waren mit Gründung des DTSB aufgelöst worden.

16. Mai - 5. Juni: Eine Studiendelegation der DHfK unter Leitung ihres Rektors Dr. Günter Erbach weilt in China und studiert vor allem die Erfahrungen der Sporthochschule Peking.

19. Mai: Die DDR-Fußball-Auswahl besiegt in Leipzig in einem Qualifikationsspiel zur WM die Mannschaft von Wales mit 2:1 Toren.

In Potsdam erzielt Manfred Preußger im Stabhochsprung mit 4,52 m einen neuen Europarekord.

25. Mai - 1. Juni: Bei den Box-EM in Prag können Rolf Caroli (Halbmittelgewicht) und Paul Nickel (Mittelgewicht) je eine Bronzemedaille erkämpfen.

26. Mai: An den Turn-EM der Frauen kann die DDR nicht teilnehmen, da die DDR-Sektion trotz mehrmaliger Anträge auf Betreiben von DTB-Funktionären noch nicht als Mitgliedsverband von der Internationalen Turn-Föderation (FIG) anerkannt ist.

1. Juni: Die Internationale Rollsport-Föderation (FIRS) nimmt die Zentrale Sektion Rollsport der DDR in Barcelona als Mitglied auf.

2. Juni: Der Allgemeine Deutsche Motorsport-Verband (ADMV) der DDR wird in Berlin als Anschlußverband des DTSB gegründet, der alle territorialen und betrieblichen Motorsportclubs (MC) vereinigt. Präsident des ADMV wird Egbert von Frankenberg. Noch im selben Jahr nehmen die Internationale Automobil-Föderation (FIA) und die Internationale Motorradsport-Föderation (FIM) während ihrer Tagungen in Paris sowie die Internationale Motorwassersport-Union (UIM) während ihrer Beratung in Brüssel den ADMV als Mitglied auf.

28. Juni: Die Fachkommission Leistungssport des WR beim Staatlichen Komitee für Körperkultur und Sport diskutiert mit Trainern Erfahrungen mit dem Intervalltraining und beschließt, ständige Arbeitskreise zu bilden für Ausdauersportarten, technische Disziplinen und Sportarten, Zweikampfsportarten und Sportspiele, denen jeweils Wissenschaftler und Trainer angehören.

28. - 30. Juni: Beim II. Internationalen Reit- und Springturnier in Leipzig wird die DDR-Vertretung Mannschaftssieger.

30. Juni: Beim 20. Internationalen Eifelrennen auf dem Nürburgring gewinnt Ernst Degner in der 125-ccm-Klasse der Lizenz-Fahrer.

5. Juli: Im Walter-Ulbricht-Stadion wird das 1. Berliner Schülersportfest veranstaltet.

6. - 7. Juli: Den ersten Zehnkampf-Länderkampf in der Geschichte der Leichtathletik tragen die Zehnkämpfer Finnlands und der DDR in Joensuu (Finnland) aus, den die DDR-Athleten gewinnen.

9. Juli: Nach sechs abgelehnten Anträgen wird die Zentrale Sektion Turnen der DDR in die Internationale Turn-Föderation (FIG) als Mitgliedsverband aufgenommen.

12. Juli: Bernhard Eckstein und die DDR-Radsportmannschaft gewinnen den Großen Preis von Aachen. Gustav-Adolf Schur wird Dritter.

12. - 14. Juli: Bei den Kegel-WM auf Asphaltbahnen in Wien erringen die DDR-Frauen den 2. und die Männer den 3. Platz.

15. Juli: Die DDR-Fußballauswahl wird von Walter Ulbricht empfangen, dabei werden ihr mangelnder Leistungsstand kritisiert und weitreichende Vorstellungen zur Förderung des Spitzen- und Nachwuchsfußballsports diskutiert.

19. - 21. Juli: Der DTSB veranstaltet in Leipzig ein Turn- und Sporttreffen der Jugend mit 12.000 Teilnehmern, die Bestenermittlungen und Meisterschaften in acht Sportarten austragen.

27. - 28. Juli: Kanuslalom-WM in Augsburg. Die DDR-Sportler erringen sechs von neun WM-Titeln, bei den Männern Manfred Schubert (CI), Kleinert/Friedrich (CII) und die FI-Mannschaft, bei den Frauen Brigitte Magnus (FI) und die FI-Mannschaft sowie der Mixed-CII Schmidt/Glöckner.

29. Juli - 10. August: Bei den III. Internationalen Sportspielen der Freundschaft, die im Rahmen der VI. Weltfestspiele der Jugend und Studenten in Moskau veranstaltet werden, erringt die DDR-Vertretung insgesamt 41 Medaillen und damit den 2. Platz in der Länderwertung.

Juli: Im Sportverlag Berlin wird als erster Band der „Quellenbücher der deutschen Körperkultur“ das Werk von GutsMuths „Gymnastik für die Jugend“ von 1793 im Auftrag der DHfK Leipzig und bearbeitet von Willi Beier, mit einer Einleitung von Paul Marschner, neu herausgegeben.

10. - 11. August: Letzte gesamtdeutsche Meisterschaften im Rudern in Berlin-Grünau. Die DDR-Sportler erkämpfen sechs von 12 Titeln.

10. - 18. August: Bei den Radsport-WM in Belgien belegen Gustav-Adolf Schur im Straßenrennen den 4. Platz, Werner Vogt im Kunstradfahren den 2., Poldi Thum den 3. und Martin/Degenkolb im Radball den 3. Platz.

23. - 25. August: Bei den Ruder-EM der Frauen in Duisburg erringen die DDR-Sportlerinnen drei Bronzemedaillen: SC Dynamo Berlin im Vierer m.Stfr., SC Wissenschaft DHfK Leipzig im Doppelvierer und TSC Oberschöneweide (Berlin) im Achter.

25. August - 3. September: Bei den Segel-EM der Finn-Dinghi im Golf von Neapel (12 Wettfahrten) erringt Jürgen Vogler die Bronzemedaille.

30. August - 1. September: Europameister im Rudern der Männer wird in Duisburg der Vierer m.Stm. vom ASK Vorwärts Berlin. Der Achter vom SC DHfK Leipzig belegt den 4. Platz.

1. September: Im Motorwasserrennsport erringt Raymond Kappner (Motor Grünau) in Berlin-Grünau den Europameistertitel in der Klasse J

(Außenbord-Rennboote bis 175 ccm). Günther Seidel (Motor Grünau) belegt den 3. Platz.

2. - 21. September: Bei der Schach-WM der Frauen in Utrecht erreicht die DDR-Vertretung den 3. Platz.

14. September: Die Berliner Zeitung am Abend (BZA) veranstaltet den ersten Schüler-Großstaffellauf vom Strausberger Platz bis zum Pionierpark „Ernst Thälmann“ in der Wuhlheide.

14. September: Hans Zierold schwimmt in Leipzig über 200 m Schmetterling in 2:21,4 min Europarekord.

15. September: Aus dem 1. Gedächtnislauf für die Opfer des faschistischen Terrors im KZ Buchenwald geht Kurt Hartung als Sieger hervor.

19. - 22. September: Bei den Gewichtheber-EM in Katowice erringt Georg Miske im Federgewicht den 3. Platz und Dieter Göhring im Mittelschwergewicht den 2. Platz.

9. November: Die erweiterte Präsidiumstagung der Zentralen Sektion Leichtathletik der DDR beschließt, die entsprechend dem Statut des DTSB notwendig gewordene Umbildung zum Sportverband Leichtathletik durch Wahlen der Kreis- und Bezirksfachausschüsse im Zeitraum bis April 1958 vorzubereiten und den Verbandstag für den 17. Mai 1958 einzuberufen. Ähnliche Beschlüsse werden im gleichen Zeitraum von den anderen 32 Zentralen Sportsektionen gefaßt.

15. - 17. November: Die 2. Tagung des DTSB-Bundesvorstandes in Berlin behandelt den Tätigkeitsbericht des Präsidiums und die Aufgabenstellung für 1958 (Rudi Reichert) und den Vorschlag für das III. Deutsche Turn- und Sportfest im Jahr 1959 (Erich Riedeberger) und 18 Beschlußvorlagen. Der Bundesvorstand beschließt nach ausführlicher Diskussion: Das DTSB-Abzeichen, die Bundesfahne, den Perspektivplan des DTSB 1958, den Wettbewerb, die Durchführung des III. Deutschen Turn- und Sportfestes im August 1959 in Leipzig, die Richtlinien für den Massensport, die Prinzipien für den internationalen Sportverkehr, die Mustersatzungen für Sportvereinigungen und Sportverbände, die Neuregelung des Beitragswesens, die Richtlinien für die Revisionskommissionen und die Bildung von Kommissionen beim Bundesvorstand.

28. November: Das Sekretariat des DTSB-Bundesvorstandes stimmt auf Drängen von Studentensportlern Arbeitsrichtlinien für die Arbeitsgemeinschaft Deutscher Studentensport (ADS) zu, die neue Aktivitäten im Studentensport ermöglichen, darunter Studentensportspiele der DDR. Zum Vorsitzenden der ADS wird Prof. Dr. Gerhard Lukas berufen.

Januar bis Dezember:

Die Internationale Eisenbahner-Sport-Union (USIC) erkennt während einer Beratung in Prag die Sportvereinigung Lokomotive der DDR als vollberechtigtes Mitglied an.

1958

1. Januar: Auf Beschluß des Staatlichen Komitees für Körperkultur und Sport wird die militärische Ausbildung Bestandteil des Sportlehrerstudiums an der DHfK Leipzig.

6. Januar: Helmut Recknagel gewinnt die Internationale Vierschanzentournee im Spezialspringen nach Siegen in Innsbruck und Bischofshofen sowie einem 2. Platz in Oberstdorf.

11. Januar: Die bisherige Zentrale Sektion Federball konstituiert sich in Berlin auf seinem I. Verbandstag als erster Sportverband des DTSB zum Deutschen Federball-Verband der DDR (DFV). Präsident des DFV wird Dr. Günther Röblitz. In der Folgezeit bilden sich weitere 32 Sportverbände des DTSB.

18. Januar: In einer Lehrkräftevollversammlung an der DHfK Leipzig, die sich mit der weiteren sozialistischen Gestaltung der Hochschule beschäftigt, wird die „Republikflucht von Karl Koch verurteilt", und es werden Stemmler und Kirsten (DHfK) wegen „revisionistischer" und Gehrisch und Lukas (IfK Halle) wegen „liberalistischer" Anschauungen kritisiert.

1. - 2. Februar: Bei der WM im Rennschlittensport in Krynica (Polen) erringen die Rennrodler im Wettbewerb um den Pokal der Nationen Rang 2.

8. - 9. Februar: Bei den Eisschnellauf-WM der Frauen in Kristinehamn (Schweden) belegt Helga Haase im Mehrkampf den 6. Platz.

15. - 16. Februar: Bei den Eisschnellauf-WM der Männer in Helsinki erreicht Helmut Kuhnert im Mehrkampf den 4. Platz.

18. - 23. Februar: In Oberhof finden die I. Zentralen Wintersportspiele der Pionierorganisation „Ernst Thälmann" statt.

27. Februar - 8. März: Bei der WM im Hallenhandball in der Berliner Werner-Seelenbinder-Halle erreicht die gesamtdeutsche Auswahl den 3. Platz.

2. - 9. März: Bei den Ski-WM in den Nordischen Disziplinen in Lahti erkämpfen Helmut Recknagel und Harry Glaß beim Skispringen den 3. und 4. Platz und die 3x5-km-Frauenstaffel den 6. Platz.

4. - 5. März: Die 3. Tagung des DTSB-Bundesvorstandes beschließt nach ausführlicher Diskussion Ziele und Maßnahmen zur schnelleren Steigerung der sportlichen Leistungen bis 1960. Ferner wird ein Beschluß über die Aufgaben, die Rolle und Stellung der Sportclubs angenommen.

14. - 15. März: Helmut Recknagel belegt den 2. Platz beim Internationalen Holmenkollen-Spezialsprunglauf.

21. - 23. März: In Leipzig findet die VII. Plenartagung des Wissenschaftlichen Rates für Körperkultur und Sport zum Thema „Zu Fragen des Leistungssports in der DDR" statt. Das Hauptreferat und das Schlußwort hält der amtierende Vorsitzende des WR, Dr. Hans Schuster. In 35 Diskussionsbeiträgen nehmen Sportwissenschaftler, Trainer und Sportfunktionäre zu seiner Forderung, den Leistungssport in der DDR als eine Form des Klassenkampfes zu bewerten, unterschiedlich Stellung.

6. April: Beim traditionellen Straßenrennen Berlin-Leipzig siegt Gustav-Adolf Schur.

12. April: Anordnung des Ministerrates über das Trainerwesen.

20. April: Die I. DDR-Meisterschaften in der Gruppengymnastik finden statt. Es siegen der SC DHfK Leipzig in der Leistungsklasse I und die SG Dynamo Dresden in der Leistungsklasse II.

28. April - 20. Mai: Eine Delegation chinesischer Sportwissenschaftler unter Leitung des Rektors der Sporthochschule Peking, Chung She-tung, weilt an der DHfK Leipzig zu einem Studien- und Erfahrungsaustausch.

April: Die Bundesvorstände des DTSB und des FDGB schließen eine Vereinbarung mit konkreten Festlegungen für die Verantwortung der Sportarbeit in den volkseigenen Betrieben ab.

2. - 15. Mai: Bei der Internationalen Friedensfahrt Warschau-Berlin-Prag erringt das DDR-Sextett den 2. Platz in der Gesamtmannschaftswertung, Egon Adler und Gustav-Adolf Schur belegen die Plätze 5 und 8 in der Gesamteinzelwertung.

9. - 11. Mai: Zum ersten Mal können DDR-Judoka bei den EM in Barcelona starten; sie können sich jedoch nicht plazieren.

17. - 24. Mai: Bei der Gehörlosen-Schachweltmeisterschaft der Männer in London erringt die gesamtdeutsche Mannschaft - Walter (BRD), Geyer, Müller, Pötzsch (alle DDR) - den Weltmeistertitel.

31. Mai: In Leipzig konstituiert sich das Festkomitee für das III. Deutsche Turn- und Sportfest unter der Schirmherrschaft des Staatspräsidenten Wilhelm Pieck.

1. Juni: Im Motorwasserrennsport gewinnt in Dresden auf der Elbe Herbert Leide (MC Grünau) den Europameistertitel in der Klasse E 01 bis 900 ccm vor Werner Rex (MC Grünau).

5. Juni: Das Ministerium für Land- und Forstwirtschaft faßt einen Beschluß über die Förderung und Unterstützung der gesellschaftlichen, kulturellen und beruflichen Entwicklung der Landjugend, der die Förderung des Kinder- und Jugendsports in den ländlichen Gebieten einschließt.

20. - 21. Juni: Die I. Sportkonferenz der ASV Vorwärts wählt Armeegenereal Heinz Hoffmann zum neuen Vorsitzenden.

Juni: In der Sportschule Kienbaum findet eine Beratung von Lehrkräften der Institute für Körpererziehung in der DDR statt, auf der organisatorische und personelle Konsequenzen einer politischen Überprüfung des IfK Halle erläutert und „Maßnahmen zur Umgestaltung der Institute für Körpererziehung in sozialistische Erziehungsstätten" beraten werden.

2. Juli: Die Internationale Federball-Föderation (IBF) nimmt in London den Deutschen Federball-Verband der DDR als Mitglied auf.

6. - 10. Juli: Bei den Turn-WM in Moskau erringen die Männer- und Frauenmannschaften der DDR jeweils einen 9. Platz. In der Einzelwertung kann keine Plazierung in den Finals erreicht werden.

20. Juli: Im Berliner Karl-Friedrich-Friesen-Stadion schwimmt Karin Beyer über 100 m Brust neuen Weltrekord in 1:20,3 min.

24. - 27. Juli: Bei den Ringer-WM im klassischen Stil in Budapest erkämpfen Lothar Fischer (Bantamgewicht) und Lothar Metz (Mittelgewicht) jeweils einen 3. Platz.

26. Juli: Die 4x200-m-Staffel der Frauen (Sadau, Stubnick, Köhler, Mayer) läuft in Leipzig mit 1:36,0 min Weltrekord.

Juli: Das erste Heft der Wissenschaftlichen Zeitschrift der DHfK Leipzig erscheint. Außerdem wird ein Herausgeberkollektiv zur Erarbeitung der Kleinen Enzyklopädie Körperkultur und Sport unter Leitung des Rektors der DHfK, Dr. Günter Erbach, gebildet.

1. - 2. August: Bei den WM im Hallenradsport in Karl-Marx-Stadt (Chemnitz) gewinnen Martin/Degenkolb den WM-Titel im Radball und Wolfgang Hebert die Bronzemedaille im Einerkunstfahren.

5. -10. August: WM der Amateur-Steher in Leipzig. Im Endlauf über eine Stunde siegt Lothar Meister I (hinter Aurich) mit 68,060 km vor Dieter Wahl (hinter Schondorf), der 80 m hinter dem Sieger zurückliegt.

6. August: Anordnung des Ministerrates über die Arbeitsfreistellungen von Sportlern und Funktionären zur Teilnahme an Sportlehrgängen und Sportveranstaltungen, die auch die Fortzahlung des Lohnes für die Zeit der Freistellungen regelt.

9. August: Die 4x1500-m-Staffel der Männer (Herrmann, Richtzenhain, Reinnagel, Valentin) läuft in Poznan mit 15:11,4 min Weltrekord.

15. - 17. August: Bei den WM im Kanurennsport in Prag erreicht Dieter Krause im Einerkajak über 500 m den 3. Platz und mit Günter Perleberg im Zweierkajak über 1000 m den 6. Platz.

19. - 24. August: Die Leichtathleten der DDR können nach Überwindung vieler Schwierigkeiten erstmals an EM in Stockholm teilnehmen. Sie starten gemäß einer Festlegung der IAAF im Rahmen einer gemeinsamen Vertretung beider deutscher Leichtathletikverbände, die durch Qualifikationswettbewerbe am 2.-3. August in Kassel und Leipzig ermittelt wurde. Die DDR-Athleten erringen in Stockholm zwei Silbermedaillen - Manfred Preußger im Stabhochsprung mit 4,50 m und Hannelore Sadau im 200-m-Lauf in 24,3 s - und vier Bronzemedaillen - Christa Stubnick über 100 m in 11,8 s, Gisela Birkemeyer über 80 m Hürden in 11,0 s, Max Weber im 50-km-Gehen in 4:19:58,6 h und Walter Meier im Zehnkampf mit 7249 Punkten.

22. - 24. August: Bei den Ruder-EM der Frauen in Poznan können die DDR-Boote im Doppelvierer und Achter je eine Silbermedaille erringen.

25. August: In der Zeitung Junge Welt wird ein gemeinsamer Aufruf des Zentralrats der FDJ, des Bundesvorstandes des DTSB, des Zentralvorstandes der GST, des Staatlichen Komitees für Körperkultur und Sport und des Komitees für Touristik und Wandern veröffentlicht, in dem alle Jugendlichen aufgefordert werden, sich am 13. und 14. September an den Treffpunkten Olympia in allen Städten und Dörfern zu beteiligen.

25. - 31. August: In Grimma und Halle finden die I. DDR-Meisterschaften im Modernen Fünfkampf statt, die Peter Stanitzki (ASK Vorwärts Berlin) und die Mannschaft der GST gewinnen.

30. August: Bei den Radsport-WM im Straßenrennen der Amateure in Reims erkämpft Gustav-Adolf Schur seinen ersten WM-Titel.

30. August - 11. September: Bei den Volleyball-EM in Prag belegen die Männermannschaft den 9. Platz und die Frauenmannschaft den 8. Platz.

31. August: Im Motorwasserrennsport wird Raymond Kappner (MC Grünau) auf der Regattastrecke in Berlin-Grünau zum zweiten Mal Europameister in der Klasse J (Außenbordrennboote bis 175 ccm) vor Hans Schulz (MC Neuruppin) und Erich Kube (MC Post Berlin).

31. August - 6. September: Bei den EM im Schwimmen, Springen und Wasserball in Budapest erringen Wolfgang Wagner im 100-m-Rückenschwimmen der Männer die Bronzemedaille, Wolfgang Sieber (200 m Schmetterling) und die Staffeln (4x200-m-Freistil, 4x100-m-Lagenschwimmen) jeweils den 4. Platz. Bei den Frauen erreichen Bärbel Walter (200 m Brust) und die 4x100-m-Lagenstaffel ebenfalls den 4. sowie Jutta Langenau über 100 m Schmetterling den 5. Platz. Im Kunstspringen belegen Ingrid Krämer und Hans-Dieter Pophal den 4. und im Turmspringen Gabriele Schöpe den 4. und Rolf Sperling den 5. Platz.

1. September: An der DHfK Leipzig beginnt ein dreijähriges Fachschul-Fernstudium zur Trainerausbildung (vgl. 12.4.1958).

2. - 7. September: Bei den Segel-EM in Lissabon belegt Jürgen Vogler in der Finn-Dinghi-Klasse den 5. Platz.

5. - 7. September: Die DDR-Vertretungen der Männer und Frauen verteidigen in München die Europapokale im Asphaltkegeln mit Weltrekordleistungen.

12. September: Karin Beyer schwimmt in Leipzig über 100 m Brust in 1:19,6 min Weltrekord.

16. - 21. September: Bei den WM im Gewichtheben in Stockholm belegen Georg Miske (Federgewicht) den 5. und Günter Siebert (Leichtschwergewicht) den 4. Platz sowie in der EM-Wertung jeweils den 3. Platz.

20. - 28. September: Die ASV Vorwärts führt im Auftrag des Sportkomitees der befreundeten Armeen des Warschauer Vertrages (SKDA) die I. Sommerspartakiade des SKDA in Leipzig durch. Goldmedaillen können Kurt Millek (Fliegengewicht) und Detlev Büchsenschuß (Halbmittelgewicht) im Boxen, Siegfried Valentin (1500-m-Lauf) und Hans Dittner (400-m-Hürdenlauf), Herrmann Buhl (3000-m-Hindernislauf) in der Leichtathletik, Wolfgang Gipser im Turnen (Pferdsprung) und die Mannschaften im

Handball und im militärischen Mehrkampf erzielen. Ein Höhepunkt der Spartakiade sind die sportlichen und wehrsportlichen Massenübungen im Zentralstadion.

4. Oktober: Die 4. Tagung des DTSB-Bundesvorstandes findet anläßlich des 10. Jahrestages der Gründung der Demokratischen Sportbewegung als Festsitzung mit internationaler Beteiligung in Berlin statt. Erstmals wird an 27 Persönlichkeiten die Ernst-Grube-Medaille als höchste Auszeichnung des DTSB verliehen.

9. Oktober: Die Fachkommission Geschichte der Körperkultur im WR beschließt in Leipzig Maßnahmen zur Vorbereitung einer Sonderausstellung „Aus der Geschichte der deutschen Turnfeste" zum III. Deutschen Turn- und Sportfest sowie der Plenartagung des WR und des Festaktes anläßlich des 200. Geburtstages von GutsMuths 1959.

16. Oktober: Die Internationale Union für Modernen Fünfkampf (UIPM) nimmt in Aldershot (England) den Deutschen Sportverband Moderner Fünfkampf der DDR als Mitglied auf.

Oktober: Ein Mitarbeiter der DHfK Leipzig wird vom Bezirksgericht zu zwei Jahren Zuchthaus verurteilt; ihm wird vorgeworfen, vertraulich eingestufte Ergebnisse wissenschaftlicher Untersuchungen nach Berlin/West gebracht zu haben.

30. November: In Berlin findet zum Andenken an den von den Nazis ermordeten Vorsitzenden des Arbeitersportvereins Fichte Berlin der 1. Willi-Sänger-Gedenklauf mit über 700 Teilnehmern statt. Die Hauptläufe über 7500 m gewinnen Hermann Buhl und über 2400 m Hans Grodotzki.

6. - 7. Dezember: Die 5. Tagung des DTSB-Bundesvorstandes behandelt Maßnahmen zur Entfaltung des Massensports durch den DTSB, insbesondere durch Bildung von Volkssportgruppen und die Einbeziehung anderer Massenorganisationen.

13. - 14. Dezember: Das Institut für Geschichte und Organisation der Körperkultur an der DHfK Leipzig führt eine Konferenz zur Erforschung der Geschichte der deutschen Arbeitersportbewegung durch, an der neben Sporthistorikern 42 ehemalige Sportfunktionäre der Kampfgemeinschaft für Rote Sporteinheit (KG) und der Zentralkommission für Arbeitersport und Körperpflege (ZK) teilnehmen. Das Hauptreferat hält Prof. Dr. Wolfgang Eichel. Es werden Maßnahmen und Empfehlungen zur weiteren Forschungsarbeit und zur Traditionspflege beschlossen.

Dezember: Gustav-Adolf Schur wird zum sechsten Mal in Folge zum DDR-Sportler des Jahres im Rahmen der Junge-Welt-Umfrage gewählt. Bei der ersten Umfrage nach der DDR-Sportlerin des Jahres erhält die Schwimmsportlerin Karin Beyer die meisten Stimmen.

1959

6. Januar: Helmut Recknagel und die DDR-Auswahl gewinnen die Internationale Vierschanzentournee (BRD/Österreich) in der Einzel- und Mannschaftswertung beim abschließenden Skispringen in Bischofshofen.

10. - 11. Januar: In der Werner-Seelenbinder-Halle Berlin wird die 10. Winterbahnsaison im Bahnradsport der Amateure gestartet.

11. Januar: In Lauscha wird eine neue Jugendschanze für den Springernachwuchs eingeweiht.

17. - 18. Januar: Horst Queck gewinnt in Oberhof den „Kleinen Preis des Deutschen Sport-Echos“ der 14-16jährigen um die Skier von Helmut Recknagel.

19. Januar: Das Deutsche Sport-Echo veröffentlicht einen Aufruf des DTSB-Bundesvorstands zur Solidarität mit Vietnam, in dem dazu aufgefordert wird, jede Sektion der Sportgemeinschaften des DTSB möge ein Sportgerät für Vietnam spenden.

19. - 24. Januar: Den ersten Modernen Winter-Fünfkampf in Oberwiesenthal und Halle gewinnt Jochen Hederich (GST Halle).

20. Januar: Das Politbüro des ZK der SED beschließt, daß „eine ehrenamtliche Kommission für Leistungssport aus erfahrenen Funktionären und Trainern“ beim DTSB-Präsidium zu bilden sei. Sie ist der Vorläufer der Leistungssportkommission (LSK).

1. Februar: Bei der Weihe der Großen Aschberg-Schanze in Klingenthal siegt Helmut Recknagel.

19. Februar: Zum 50jährigen Bestehen der Hochwald-Rodelbahn in Oybin finden DDR-Meisterschaften im Rennschlittensport statt. Titelträger werden: Jochen Asche (Männer-Einsitzer), Lore Rosenkranz (Frauen-Einsitzer), Vollprecht/Schwandt (Doppelsitzer), Thomas Köhler (Einsitzer männl. Junioren) und Baldrun Mille (Einsitzer weibl. Junioren).

21. Februar: Anläßlich des 100. Todestages von August Schärttner, des Vorsitzenden des Deutschen und des Demokratischen Turnerbundes im Revolutionsjahr 1848 aus Hanau, findet eine Feierstunde an der DHfK Leipzig statt, bei der die große Turnhalle der Hochschule den Namen August-Schärttner-Halle erhält.

4. März: In Berlin findet eine Arbeitstagung „Sport und Jugend“ statt. Jugendärzte und Sportlehrer sowie Sportfunktionäre und Trainer analysieren die Entwicklung des Berliner Kinder- und Jugendsports und geben Empfehlungen für seine weitere Entfaltung.

7. - 8. März: Bei den Skisport-WM am Holmenkollen erreichen bei den Männern Günter Flauger in der Nordischen Kombination den 6. und Werner Haase über 50 km den 11. Platz und bei den Frauen Sonnhilde Kallus über 10 km den 4. Platz.

7. - 8. März: Der Kongreß der Internationalen Radsport-Union (UCI) beschließt in Paris, die Rad-WM 1960 an die DDR zu vergeben.
14. März: Eberhard Riedel gewinnt beim Czech-Memorial in Zakopane die Alpine Kombination. Hannelore Schmiedel belegt im Spezialtorlauf Rang 2.
26. März: Der Ministerrat beschließt, jährlich im Sommer in der gesamten Republik eine „Woche der Jugend und Sportler“ zu veranstalten.
2. Mai: Zum ersten Mal erfolgt der Start der Internationalen Friedensfahrt in der Hauptstadt der DDR, Berlin.
2. - 18. Mai: Gustav-Adolf Schur gewinnt die XII. Internationale Friedensfahrt Berlin-Prag-Warschau. Die DDR-Mannschaft belegt den 2. Platz.
14. Mai: Beim Internationalen Faustballturnier in Hirschfelde siegt der Gastgeber, die ISG Hirschfelde, vor Schwaben Augsburg.
23. - 30. Mai: Bei den Box-EM in Luzern erkämpfen Bruno Guse (Welter-) und Rolf Caroli (Halbmittelgewicht) je eine Bronzemedaille.
25. - 28. Mai: Die 55. IOC-Tagung in München beschäftigt sich auf Initiative des NOK der DDR mit dem Verhältnis zwischen den beiden deutschen NOK, da die Entsendung der gemeinsamen Olympiamannschaft zu den Winter- und Sommerspielen 1960 auf Grund des Alleinvertretungsanspruchs des NOK der BRD gefährdet ist. Das IOC bekräftigt in einer Erklärung seines Präsidenten Avery Brundage die völlige Gleichberechtigung beider deutscher NOK. In einem Schreiben, das der IOC-Präsident anschließend an beide NOK richtet, betont er, daß die gemeinsame Olympia-Vertretung „auf der Grundlage der Gleichberechtigung beider NOK und nach dem sportlichen Leistungsprinzip ermittelt“ werden müsse.
Mai: Dr. Willi Schröder veröffentlicht in der Zeitschrift Theorie und Praxis der Körperkultur (Heft 5/59) seinen ersten Beitrag zum „Jahnbild in der deutschen Turnbewegung“.
1. Juni: Anläßlich des Internationalen Kindertages findet in Eilenburg ein DDR-offenes Mattenskispringen für Schüler statt.
3. Juni: Einer Initiative der FDJ-Zeitung „Junge Welt“ vom Oktober 1958 folgend, findet im Friedrich-Ludwig-Jahn-Sportpark Berlins an der Cantianstraße ein „Treffpunkt Olympia“ statt. Die Mitglieder des Politbüros des ZK der SED Walter Ulbricht, Erich Honecker, Paul Verner und Alfred Neumann treiben gemeinsam mit führenden DTSB-Funktionären, Olympiakandidaten und Berlinern Sport. Sie fordern alle Jugendlichen zum regelmäßigen Üben auf. Bei dieser Gelegenheit wird die Losung verkündet: „Jedermann an jedem Ort, jede Woche einmal Sport“. Ulbricht fordert, die Sportstätten auch für nichtorganisierte Sportanhänger zu öffnen.
11. Juni: Die 6. Tagung des DTSB-Bundesvorstandes in Berlin beschließt Aufgaben und Maßnahmen zur weiteren Entwicklung einer breiten Volkssportbewegung.
13. - 14. Juni: Die I. DDR-Meisterschaften im Wildwasserfahren werden auf der Weißeritz bei Dresden (Rabenauer Grund) veranstaltet. Die Titel

erringen bei den Männern: Heinz Bauer (FI), Seifert/Glöckner (CII), Karl-Heinz Wozniak (CI), und bei den Frauen: Eva Setzkorn (FI) sowie im MixII Tröger/Merkel.
13. - 21. Juni: Bei der WM im Feldhandball der Männer in Salzburg erringt die gemeinsame deutsche Mannschaft den Titel. Die DDR-Aktiven erzielen 10 der 14 Tore.
13. - 21. Juni: Bei den 1. Arbeiterfestspielen der DDR, im Bezirk Halle durchgeführt, werden auch Ergebnisse der Kulturarbeit von Sportgruppen des DTSB vorgestellt.
22. - 28. Juni: Erstmals findet auf Beschluß des Ministerrates (vgl. 26.3.1959) eine „Woche der Jugend und Sportler" in allen Bezirken und Kreisen der DDR, aber auch in vielen Städten, Gemeinden und Betrieben, mit vielfältigen Veranstaltungen statt.
27. Juni: In Bonn verhandeln die Vertreter beider deutscher NOK auf der Grundlage der Erklärung der 55. IOC-Tagung über die Entsendung gemeinsamer Olympiamannschaften für die Olympischen Winter- und Sommerspiele 1960.
27. Juni: Bei der Eröffnung der Ostseewoche in Rostock fordert DTSB-Präsident Rudi Reichert: „Rostock muß Sportmetropole werden!"
Juni: Der DTSB-Bundesvorstand führt eine Landsportkonferenz durch, die unter der Losung steht: Das ganze Dorf treibt Sport!
5. Juli: Im Motorwasserrennsport erringt Wolfgang Elsner (MC Post Berlin) in Dessau den Europameistertitel in der Klassse E 01 bis 900 ccm.
8. Juli: Auf Vorschlag des DTSB-Bundesvorstandes findet am Möhnesee eine Verhandlung zwischen Vertretern des DTSB und des DSB statt, um Behinderungen des Sportverkehrs zwischen beiden deutschen Staaten zu beseitigen, nachdem zuvor ein Versuch des DSB-Präsidiums gescheitert war, ausgehend von einem Beschluß des V. Bundestages des DSB (15. - 17. Oktober 1958 in Hamburg) die Mitgliedschaft der Sportverbände des DTSB in den Internationalen Föderationen „überprüfen" zu lassen, d. h., ihren Ausschluß zu erreichen. Angesichts des umfangreichen Beweismaterials über grobe Behinderungen des Sportverkehrs zwischen der DDR und der BRD und seine offensichtliche Ausnutzung durch bestimmte BRD-Organe, das von den DTSB-Vertretern vorgelegt wird, sagt die DSB-Führung eine Überprüfung zu. Eine Einigung über einen geregelten Sportverkehr zwischen beiden Staaten, über gemeinsame Aktivitäten und über die Bezeichnung der Verbände und Meisterschaften kann nicht erzielt werden. Die DSB-Vertreter lehnen die Einladung zur Teilnahme am III. Deutschen Turn- und Sportfest ab.
12. Juli: Bernhard Eckstein und die DDR-Radsportauswahl gewinnen den Großen Preis von Aachen, Gustav-Adolf Schur wird Dritter, Egon Adler 7.
17. - 19. Juli: Bei den DDR-Jugendmeisterschaften in der Leichtathletik in Bad Blankenburg, an denen 800 junge Athleten teilnehmen, erringen Ath-

leten Titel, die später Sportgeschichte schreiben sollten. Im Kugelstoßen siegt in der Kategorie weibliche Jugend A Margitta Helmbold (später: Gummel) mit 14,02 m und im Stabhochsprung in der Kategorie männliche Jugend B gewinnt Wolfgang Nordwig mit 3,30 m.

24. - 26. Juli: Bei den Kanu-Slalom-WM der Männer und Frauen in Genf erringen die DDR-Aktiven fünf Gold-, fünf Silber- und vier Bronzemedaillen und den 1. Rang in der Länderwertung.

25. - 26. Juli: Bei den EM im Turnierangeln in Dübendorf bei Zürich erkämpfen die DDR-Sportler neun Titel, sieben Silber- und fünf Bronzemedaillen sowie den Pokal der Nationen.

26. Juli - 4. August: An den VII. Weltfestspielen der Jugend und Studenten in Wien nimmt auch eine DTSB-Delegation teil.

30. Juli - 8. August: Gustav-Adolf Schur und die DDR-Auswahl I siegen bei der XI. Internationalen DDR-Rundfahrt.

1. - 2. August: Bei den I. WM im Wildwassersport in Traignac (Frankreich) siegt Manfred Schubert im CI, Eva Setzkorn (FI) und Karl-Heinz Wozniak (CI) gewinnen je eine Bronzemedaille.

.**8. - 9. August:** In Schnepfenthal (Waltershausen) findet anläßlich des 200. Geburtstages von Johann Christoph Friedrich GutsMuths ein Festakt des Staatlichen Komitees für Körperkultur und Sport (Festrede: Dr. Günter Erbach) und eine Plenartagung des Wissenschaftlichen Rates für Körperkultur und Sport (Hauptreferat: Prof. Dr. Wolfgang Eichel) mit internationaler Beteiligung statt. Es werden eine GutsMuths-Festschrift herausgegeben und eine GutsMuths-Gedenkstätte in der Salzmann-Oberschule eingeweiht. Im Sportverlag Berlin erscheint in der Reihe „Quellenbücher der deutschen Körperkultur“ das Werk von GutsMuths „Spiele zur Übung und Erholung des Körpers und Geistes“ (Spielbuch), bearbeitet von Willi Beier, mit einer Einleitung von Dr. Paul Marschner.

8. - 13. August: Bei der WM im Bahnradsport in Amsterdam erringt Lothar Meister I im Amateur-Steherrennen (hinter Erdenberger) die Bronzemedaille

11. August: Konrad Enke schwimmt in Leipzig über 200 m Brust mit 2:38,6 min neuen Europarekord.

13. - 16. August: In Leipzig findet das III. Deutsche Turn- und Sportfest statt, das dem bevorstehenden 10. Jahrestag der Gründung der DDR gewidmet ist. 117.000 Sportler und Sportinteressenten, davon 20.000 aus der BRD und Westberlin sowie 300 internationale Ehrengäste, nehmen an diesem Fest teil. Die feierliche Eröffnung am Völkerschlachtdenkmal, die Fahnenweihe auf dem Markt, der Festzug durch die Stadt, viele internationale und nationale Sportveranstaltungen und als Krönung die große Sportschau im Zentralstadion mit 36.000 Aktiven der Massen- und Leistungsübungen und 24.000 Aktiven der Festübungen sind die Höhepunkte.

15. August: Bei den Radsport-WM im Straßenrennen der Amateure in Zandvoort gewinnt Gustav-Adolf Schur seinen zweiten Weltmeistertitel.

28. - 30. August: Bei den IV. Internationalen Sportspielen der Landjugend in Bulgarien erreicht die DDR-Auswahl mit zwölf Gold-, zehn Silber- und acht Bronzemedaillen den 3. Platz in der Länderwertung.

29. - 30. August: Bei den EM im Kanurennsport in Duisburg gewinnt der Vierer-Kajak (KIV) der Männer über 1000 m den Europameistertitel und der Vierer-Kajak der Männer über 10.000 m die Bronzemedaille.

31. August: Die Internationale Schützen-Union (UIT) nimmt in Mailand den Deutschen Schützenverband der DDR als Mitglied auf.

August: Prof. Dr. Josef Nöcker, der 1956 als Sportarzt in der gemeinsamen deutschen Olympiamannschaft fungierte und 1958 mit dem Carl-Diem-Preis der BRD ausgezeichnet worden war, verläßt die DDR.

1. September: Für die zehnklassigen allgemeinbildenden polytechnischen Oberschulen (POS) werden neue Lehrpläne, auch für das Fach Körpererziehung, eingeführt.

4. - 5. September: In Eisenach verhandeln Vertreter beider deutscher NOK in Fortführung der Beratungen vom 27. Juni 1959 über die Entsendung gemeinsamer Olympiamannschaften für die Winter- und Sommerspiele 1960.

6. September: Über 200 m Rücken schwimmt Wolfgang Wagner in Leipzig in 2:19,8 min neuen Europarekord.

22. - 27. September: Bei den WM im Asphaltkegeln der Männer und Frauen in Bautzen erringen die DDR-Sportler und -Sportlerinnen drei von vier möglichen Titeln. Eberhard Luther gewinnt erneut den WM-Titel mit Weltrekordleistungen über 2x200 Wurf und über 200 Wurf, Hilde Beljan wird Weltmeister mit Weltrekord über 2x100 Wurf und die Nationalmannschaft der Frauen zum zweiten Mal Weltmeister mit Mannschafts-Weltrekord.

23. September: Die Internationale Schach-Föderation (FIDE) verleiht Wolfgang Uhlmann als erstem Schachsportler aus der DDR den Ehrentitel „Internationaler Großmeister".

27. September: Hans-Dieter Pophal siegt beim Internationalen Wasserspringwettbewerb in Moskau im Kunstspringen. Ingrid Krämer belegt den 4. Platz im Turmspringen.

September: Das USA-Ministerial-Department verweigert - trotz Zusage an die Internationale Union für Modernen Fünfkampf (UIPM) - den Mitgliedern der DDR-Nationalmannschaft die Einreise in die USA zu den WM im Modernen Fünfkampf in Hershey.

1. Oktober: Die Volkskammer der DDR beschließt das Gesetz über den Siebenjahresplan zur Entwicklung der Volkswirtschaft (1959-1965), das im Abschnitt D/6 die Hauptaufgaben für den weiteren Aufbau der sozialistischen Körperkultur enthält. Alle staatlichen Organe werden damit gesetzlich verpflichtet, „Körperkultur und Sport ... aufs stärkste zu fördern". Es wird das Ziel gestellt, „die Mehrzahl der Kinder, Jugendlichen und Erwachsenen für eine sportliche Tätigkeit zu gewinnen und sie zur Erfüllung der Bedingungen für das Sportabzeichen zu befähigen". Auch die Voraussetzungen für den Leistungssport sollen verbessert werden.

1. Oktober: Die Volkskammer der DDR erklärt das seit 1949 geltende Staatsemblem (Hammer und Zirkel im Ährenkranz) zum Bestandteil der Staatsflagge. Im nationalen und internationalen Sportverkehr entstehen Probleme, da das Adenauer-Kabinett sich scharf gegen die sogenannte „Spalterflagge" wendet und ein striktes Verbot gegen die DDR-Staatsflagge erläßt.

4. Oktober: 13.200 Schüler starten beim ersten Großstaffellauf der Leipziger Volkszeitung (LVZ) vom Völkerschlachtdenkmal bis zum Zentralstadion.

6. - 10. Oktober: An der DHfK Leipzig findet anläßlich des 10. Jahrestages der Gründung der DDR eine Festwoche mit vielen sportlichen und sportwissenschaftlichen Veranstaltungen statt. Es wird ein Kolloquium über die Entwicklung der Körperkultur in der DDR durchgeführt. Der erste Teil des Neubaus der DHfK wird eingeweiht.

8. - 11. Oktober: Bei der WM im Hallenradsport in Stuttgart erringen Schneider/Landmann im Radball der Männer die Silbermedaille und Wolfgang Hebert im Einerkunstfahren den 4. Platz. Das Europakriterium der Männer im Zweierkunstfahren beenden Pittermann/Schroedter mit Platz 2.

20. Oktober: In einer Aussprache über die Arbeitsweise der Leistungssportkommission, an der führende Sportfunktionäre des DTSB, des Staatlichen Komitees für Körperkultur und Sport und der DHfK-Forschungsstelle teilnehmen, wird festgelegt, die sogenannte „Kleine Leistungssportkommission" sofort aufzulösen und ihre Aufgaben dem DTSB bzw. dem Staatlichen Komitee direkt zu übertragen. Die „Große Leistungssportkommission" soll weiter bestehen bleiben, und ihre Empfehlungen sollen jeweils dem Präsidium des DTSB zur Entscheidung vorgelegt werden. Dieser Versuch, vorhandene Kompetenzprobleme in der Leitung des Leistungssports zu klären, bringt zeitweilig Entspannung in die latenten Widersprüche zwischen der DTSB-Führung und den zuständigen staatlichen Stellen.

23. Oktober: Gisela Birkemeyer wird „weltbeste Hürdenläuferin 1959".

24. Oktober: Anläßlich des 15. Jahrestages der Ermordung von Werner Seelenbinder durch die Faschisten erhält der Glockenturm des Sportforums Leipzig den Namen „Werner-Seelenbinder-Turm".

31. Oktober: In Senftenberg wird durch Umbau einer ehemaligen Brikett-halle die „Aktivist-Sporthalle" als bis dahin größte Sporthalle in der DDR mit einem Hallensportfest eingeweiht.

5. November: Im Ergebnis einer Beratung bei dem Sekretär des ZK der SED Erich Honecker mit dem Sekretariat des DTSB wird der IOC-

Vorschlag einer neutralen Flagge für die gesamtdeutsche Olympiamannschaft akzeptiert.

20. November: In einem offiziellen Kabinettsbeschluß der Bundesregierung der BRD wird erklärt, daß es mit der „nationalen" Würde unvereinbar sei, wenn bei Olympischen Spielen für die deutsche Mannschaft eine andere als die Bundesflagge gezeigt werde. Damit wird der IOC-Beschluß über eine neutrale Flagge für die gesamtdeutsche Olympiamannschaft zurückgewiesen.

2. Dezember: Die Volkskammer der DDR beschließt das Gesetz über die schrittweise Einführung der zehnklassigen allgemeinbildenden polytechnischen Oberschule für alle Kinder bis 1964, das auch den Ausbau der Körpererziehung innerhalb und außerhalb des Unterrichts festlegt. Die neue Stundentafel sieht drei Wochenstunden Sport für die Klassen 3 bis 6 und zwei Wochenstunden Sport für alle übrigen Klassen vor.

12. Dezember: Die fünfte Beratung der NOK der BRD und der DDR in Hannover bestätigt - trotz der ablehnenden Haltung der Regierung Adenauer - die vom IOC empfohlene Flagge für die gemeinsame deutsche Olympiamannschaft. In der Frage des Chef de Mission kann keine Übereinstimmung erzielt werden. Diesbezüglich wird eine Entscheidung durch das IOC angestrebt.

27. Dezember: Der Deutsche Skiläufer-Verband (DSLV) der DDR sagt die Teilnahme an den Sprungläufen der Internationalen Vierschanzentournee in Oberstdorf und Garmisch-Partenkirchen ab, weil sich die Veranstalter von vornherein und kategorisch weigern, die Skispringer aus der DDR entsprechend dem Reglement der Internationalen Ski-Föderation (FIS) gleichberechtigt zu behandeln. Die Skispringer aus der UdSSR und der CSR solidarisieren sich mit den DDR-Sportlern und nehmen ebenfalls nicht teil.

Dezember: Bei der Junge-Welt-Umfrage nach dem populärsten Sportler der DDR erhält wiederum Gustav-Adolf Schur, und damit zum 7. Mal die meisten Stimmen, während bei den Frauen die erfolgreiche Leichtathletin Gisela Birkemeyer gekürt wird. Bei der ersten Umfrage nach der populärsten Mannschaft liegt die Handball-Auswahl der Männer vorn.

1960

19. - 20. Januar: Bei internationalen Eisschnellauf-Wettkämpfen in Davos erzielt Helga Haase mit 202,834 Pkt. einen Weltrekord im Mehrkampf (500 m, 1500 m, 1000 m, 3000 m).
26. Januar - 7. Februar: Die DDR-Auswahl gewinnt die Ägypten-Radrundfahrt; in der Einzelwertung siegt Kurt Müller.
31. Januar: Der Internationale Faustball-Verband (IFV) nimmt während seiner Tagung in Frankfurt/Main den Deutschen Faustball-Verband der DDR als Mitglied auf.
Januar: Dr. Günther Wonneberger versucht, in einem Diskussionsbeitrag in der Zeitschrift „Theorie und Praxis der Körperkultur" (Heft 1/60) Antwort auf die Frage zu geben, „Auf welche Traditionen aus der Geschichte der einzelnen Sportarten stützt sich die sozialistische Sportbewegung?" Er behandelt diese Frage thesenartig am Beispiel des Fußballsports in Deutschland.
1. Februar: Eine „Direktive des Staatlichen Komitees für Körperkultur und Sport zur Entwicklung der sozialistischen Körperkultur bis zum Jahre 1965" wird herausgegeben, die eine Konkretisierung des Gesetzes über den Siebenjahrplan vom 1.10.1959 für den gesamten Sport darstellt. In zehn Abschnitten werden die Hauptlinien des weiteren Aufbaus der Körperkultur vorgezeichnet.
1. Februar: In Berlin wird die „Gesellschaft zur Förderung des olympischen Gedankens in der DDR" gegründet. Sie soll diejenigen Bürger vereinigen, die zur Pflege, Erläuterung und Vertiefung der olympischen Idee beitragen wollen. Sie soll die olympischen Traditionen lebendig erhalten und ihren Mißbrauch bekämpfen, Kenntnisse über den DDR-Sport im In- und Ausland verbreiten und durch Spenden und Einnahmen die Finanzierung der Olympia-Vertretungen unterstützen. Präsident der Gesellschaft wird der aus der BRD übergesiedelte ehemalige Autorennfahrer Manfred von Brauchitsch, Generalsekretär der ehemalige NOK-Präsident Kurt Edel.
5. Februar: In Leipzig konstituiert sich das Herausgeberkollegium für das „Lehrbuch Geschichte der Körperkultur in Deutschland" unter Leitung von Prof. Dr. Wolfgang Eichel.
5. - 6. Februar: Der Deutsche Verband für Leichtathletik (DVfL) der DDR führt in Berlin seine erste zentrale Trainerkonferenz durch. Das Hauptreferat hält der DVfL-Präsident Dr. Georg Wieczisk.
7. - 8. Februar: Bei den WM der Männer im Eisschnellauf in Davos belegt Helmut Kuhnert im 10.000-m-Lauf den 3. Platz und erringt die Bronzemedaille im Mehrkampf (500 m, 5000 m, 1500 m, 10.000 m).
11. - 14. Februar: Der Deutsche Kegler-Verband (DKV) der DDR führt an der Sportschule „Kurt Schlosser" in Werdau seine erste Konferenz für

Trainer und Übungsleiter durch. Das Hauptreferat hält der Verbandstrainer Kurt Scheermesser.

14. Februar: Erstmalig wird republikweit ein Volkssporttag durchgeführt.

18. - 28. Februar: An den VIII. Olympischen Winterspielen in Squaw Valley nehmen 35 DDR-Sportler im Rahmen einer gemeinsamen Mannschaft beider deutscher NOK gemäß der IOC-Festlegung teil. Das Zustandekommen und die Teilnahme dieser Mannschaft gestalten sich äußerst schwierig. Neben den NOK-Verhandlungen und den Ausscheidungskämpfen bereitet der Bundeskanzler der BRD, Dr. Konrad Adenauer, persönlich besondere Schwierigkeiten, als er im Vorfeld der Spiele die Vereinbarung beider NOK über eine neutrale Fahne (schwarz-rot-gold mit weißen olympischen Ringen) mit scharfen Worten angreift (sie sei „mit unserer nationalen Würde unvereinbar") und Konsequenzen gegen die Sportler und Sportführer seines Landes androht, falls sie mit dieser „Fantasieflagge" ins olympische Stadion zur Eröffnungsfeier einmarschieren würden. Doch angesichts des Druckes der Weltöffentlichkeit und der Rechtslage müssen Adenauer und die hinter ihm stehenden Kräfte einen Rückzug antreten, und die gemeinsame Olympiamannschaft nimmt wie vereinbart an den Winterspielen teil. Die DDR-Aktiven, die durch die vorherigen harten Ausscheidungskämpfe und durch Schikanen der USA-Behörden (Einreiseverweigerung für DDR-Trainer) gehandicapt sind, erzielen trotzdem Erfolge. Helmut Recknagel gewinnt die Goldmedaille im Skispringen und Helga Haase eine Gold- und eine Silbermedaille im Eisschnellauf (über 500 und 1000 m). Renate Borges und Sonnhilde Kallus belegen gemeinsam mit Rita Czech-Blasl (BRD) den 5. Platz in der 3x5-km-Ski-Frauenstaffel.

23. - 25. Februar: Die Armeesportvereinigung Vorwärts (ASV) führt in Schmiedefeld und Brotterode eine Internationale Skiwoche durch.

7. - 11. März: An der DHfK Leipzig findet die erste Internationale Tagung über Grundfragen der Biomechanik sportlicher Bewegungen unter Leitung von Dozent Dr.-Ing. Gerhard Hochmuth statt.

17. März: Die 7. Tagung des DTSB-Bundesvorstandes in Berlin berät über die Aufgaben der Sportorganisation zur Realisierung der Direktive des Staatlichen Komitees für Körperkultur und Sport (vgl. 1.2.1960). Es wird ein Beschluß unter dem Titel „Den Sozialismus mitgestalten" gefaßt, der die Grundaufgaben des DTSB in acht Punkten zusammenfaßt, u. a. ist vorgesehen, über 500.000 Kinder im DTSB zu erfassen.

20. März: Helmut Recknagel gewinnt zum zweiten Mal den internationalen Spezialsprunglauf am Holmenkollen. Werner Lesser belegt den 4. Platz.

16. April: Die BSG Lokomotive Oebisfelde führt zwei Hockey-Vergleichskämpfe gegen den MTV Braunschweig durch; die Frauen gewinnen mit 4:1 und die Männer spielen 0:0.

16.- 17. April: In Dresden findet die I. DDR-Mannschaftsmeisterschaft im Federball statt; den Titel gewinnt die BSG Aktivist Tröbitz.

30. April: Am Vorabend des Internationalen Kampftages der Werktätigen wird ein weiterer Volkssporttag mit vielfältigen Veranstaltungen in zahlreichen Orten der Republik durchgeführt.

2. - 16. Mai: Bei der XIII. Internationalen Friedensfahrt Prag-Warschau-Berlin siegen Erich Hagen in der Einzel- und das DDR-Sextett mit Gustav-Adolf Schur als Kapitän in der Mannschaftswertung.

7. Mai: Anläßlich des 15. Todestages des Leiters der Kampfgemeinschaft für Rote Sporteinheit (KG), Ernst Grube, wird seiner in einer Feierstunde an der DHfK Leipzig gedacht und die große Sporthalle der Hochschule erhält den Namen Ernst-Grube-Halle.

14. Mai: Der VI. Parteitag der Demokratischen Bauern-Partei Deutschlands (DBD) fordert von seinen Vorständen und Mitgliedern, die Bestrebungen zur Bildung „eigener Kultur- und Sportorganisationen in den Landwirtschaftlichen Produktgenossenschaften“ tatkräftig zu unterstützen.

15. Mai: Der Zentralrat der FDJ teilt in einem Brief an das ZK der SED mit, daß im Rahmen des „Kompaßwettbewerbs der Jugend“ in Vorbereitung des 15. Jahrestages der Befreiung vom Faschismus 8400 Treffpunkte Olympia durchgeführt worden sind.

30. Mai: Beim DTSB-Bezirksvorstand Berlin wird eine Sportakademie zur Aus- und Weiterbildung von Sportfunktionären, Übungsleitern sowie Schieds- und Kampfrichtern gebildet.

15.- 16. Juni: Die 6. Tagung des Zentralrates der FDJ behandelt auch die Aufgaben der Jugendorganisation bei der Entwicklung der Massensportarbeit unter der gesamten Jugend und faßt diese Aufgaben in einer Entschließung zusammen.

16. - 17. Juni: Die 9. Tagung des DTSB-Bundesvorstandes in Güstrow behandelt die Aufgaben der Sportorganisation in den Dörfern und faßt dazu einen Beschluß. Ziel ist, in jedem Dorf Sportmöglichkeiten und eine Sportgruppe zu schaffen.

19. Juni: Beim Länderkampf DDR-Ungarn in Berlin schwimmt Egon Henninger über 200 m Brust in 2:37,4 min neuen Europarekord.

23. - 25. Juni: In Magdeburg findet der II. Kongreß der GST in Anwesenheit von 1200 Delegierten und Gästen statt. Neben den allgemeinen Aufgaben der GST werden auch die konkreten Aufgaben für die einzelnen in der Gesellschaft für Sport und Technik betriebenen Sportarten diskutiert und festgelegt. Zum GST-Vorsitzenden wird wiederum Richard Staimer gewählt.

Juni: Die DHfK Leipzig verleiht dem sowjetischen Leichtathletiktrainer und Sportwissenschaftler Nikolai I. Osolin die Ehrendoktorwürde (Dr. paed. h.c.).

Juni: Ein Sonderheft der Zeitschrift Theorie und Praxis der Körperkultur erscheint mit dem „Verzeichnis der wichtigsten gültigen Bestimmungen und Beschlüsse auf dem Gebiet der Körperkultur und des Sports in der Deutschen Demokratischen Republik“, zusammengestellt von Kurt Kalähne.

10. Juli: Der Internationale Eisschießverband (IEV, seit 1966 Internationale Föderation für Eisstockschießen / IFE) nimmt den Deutschen Eislauf-Verband der DDR (DELV) als Mitglied auf.

14. - 15. Juli: Bei Ausscheidungswettkämpfen für die gemeinsame deutsche Olympiamannschaft in Leipzig schwimmt Ursula Küper über 100 m Brust in 1:19,0 min Weltrekord (14.7.) und Wolfgang Wagner über 200 m Rücken in 2:18,0 min Europarekord (15.7).

16. Juli: Gisela Birkemeyer stellt in Berlin über 80 m Hürden mit 10,6 s den Weltrekord ein.

16. - 17. Juli: Bei den 1. WM im Turnierangeln in Krakow (Polen) erringen die DDR-Sportler 18 von 23 vergebenen Weltmeistertiteln und den Pokal der Nationen. Helga Wischer erkämpft allein sieben WM-Titel, Siegfried Fischer, Günter Queitzsch und Volkwart Anton gewinnen jeweils zwei, Lissy Händschke, Christl Walther, Siegfried Händschke, Gerhard Hering und Egon Krüger jeweils einen Titel.

19. Juli: In Potsdam läuft Siegfried Valentin die 1000 m in neuer Weltrekordzeit von 2:16,7 min. Er erzielt damit den ersten Weltrekord eines DDR-Leichtathleten in einer Einzeldisziplin bei den Männern.

22. Juli: Das Herausgeberkolloquium für das Lehrbuch „Geschichte der Körperkultur in Deutschland“ führt seine erste Dispositionskonferenz (zum Zeitabschnitt 1871 - 1890) durch.

22. - 24. Juli: Bei den XI. DDR-Meisterschaften in der Leichtathletik in Leipzig, die im Zeichen der Vorbereitung auf die Olympischen Sommerspiele in Rom stehen, erreichen 40 Athleten die Olympia-Norm. Gisela Birkemeyer erzielt über 80 m Hürden Weltrekord in 10,5 s.

3. - 13. August: In Leipzig und auf dem Sachsenring finden die WM im Radsport statt. Gleichzeitig wird in Leipzig der Jahreskongreß der UCI durchgeführt. Damit finden erstmalig Weltmeisterschaften und Kongreß einer bedeutenden internationalen Sportföderation in der DDR statt. Bei den WM im Bahnfahren in Leipzig gewinnt im Amateur-Steherrennen Georg Stoltze (hinter Erdenberger) den Weltmeistertitel vor Siegfried Wustrow (hinter Rommel). Im Verfolgungsfahren belegt Siegfried Köhler den 3. Platz. Im Straßenrennen der Amateure auf dem Sachsenring erringen Bernhard Eckstein und Gustav-Adolf Schur einen Doppelsieg und das Straßenrennen der Frauen beendet Elisabeth Kleinhans als Gewinner der Bronzemedaille.

5. August: In einem Gespräch mit führenden Sportfunktionären der BRD erklärt Bundeskanzler Dr. Konrad Adenauer, daß er die vom IOC festgelegte Flagge für die gemeinsame deutsche Olympiamannschaft „als Tatsache“ zwar zur Kenntnis nehme, aber nicht toleriere. Sportkontakte zur DDR hält er grundsätzlich für „verdächtig“.

6. - 7. August: Bei den Olympia-Ausscheidungskämpfen in der Leichtathletik in Hannover und Erfurt erzielt Hildrun Claus Weltrekord im Weitsprung mit 6,40 m und Gisela Birkemeyer egalisiert den Europarekord über 200 m in 23,4 s. Anschließend nominieren die Vertreter der beiden Verbände 46 DDR-Sportler und 47 BRD-Sportler für die gemeinsame Olympiamannschaft.

10. August: In Magdeburg stellt Manfred Preußger den Europarekord im Stabhochsprung mit 4,65 m ein.

11. - 14. August: Bei den EM der Frauen im Rudern in Willesden bei London gewinnt der Doppelvierer den EM-Titel. Der Achter belegt den 2. und der Vierer m.Stfr. den 3. Platz.

25. August - 11. September: An den XVII. Olympischen Sommerspielen in Rom nehmen 144 DDR-Sportler im Rahmen einer gemeinsamen Mannschaft beider deutscher NOK gemäß der IOC-Festlegung teil. Das Zustandekommen und die Teilnahme dieser Mannschaft gestalten sich ähnlich wie bei den Winterspielen sehr schwierig. Die DDR-Sportler erringen drei Gold-, neun Silber- und sieben Bronzemedaillen sowie viele 4. bis 6. Plätze und mit 114 Punkten den 10. Platz in der inoffiziellen Länderwertung. Die Medaillengewinner sind: Gold - Ingrid Krämer (Turm- und Kunstspringen) und Dieter Krause (Kajak-Einer-Staffel 4 x 500 m); Silber - Hans Grodotzki (5000- und 10.000-m-Lauf), Walter Krüger (Speerwerfen), Johanna Lüttge (Kugelstoßen), Lothar Metz (Ringen, klassischer Stil, Mittelgewicht), Egon Adler, Erich Hagen, Günter Lörke und Gustav-Adolf Schur (Radsport, 100-km-Mannschaft), Jürgen Simon/Lothar Stäber (Tandem-Radfahren), Siegfried Köhler, Peter Gröning, Manfred Klieme und Bernd Barleben (4000-m-Mannschaftsverfolgungsfahren), Achim Hill (Rudern, Einer); Bronze - Ursula Donath (800-m-Lauf), Gisela Birkemeyer (80-m-Hürdenlauf), Hildrun Claus (Weitsprung), Günter Siegmund (Boxen, Schwergewicht), Barbara Göbel (Schwimmen, 200 m Brust), Christel Steffin, Heidi Pechstein, Gisela Weiß (in der 4x100-m-Freistilstaffel), Ingrid Schmidt, Ursula Küper, Bärbel Fuhrmann (in der 4x100-m-Lagenstaffel) jeweils gemeinsam mit Ursel Brunner (BRD).

27. - 30. August: Bei den EM der Finn-Dinghi auf dem Silser See bei St. Moritz erringt Jürgen Vogler nach sechs Wettfahrten unter den schwierigen Windbedingungen eines Bergsees erneut die Bronzemedaille.

14. - 18. September: Bei den I. EM im Schiffsmodellsport in Wien gewinnen die DDR-Sportler acht Europameistertitel, zwei Silber- und drei Bronzemedaillen.

22. September: Der Regierende Bürgermeister von Berlin/West, Willy Brandt, verbietet den Start von DDR-Leichtathleten beim ISTAF.

27. September: Der Außenminister der BRD, Heinrich von Brentano, fordert vor der CDU-Bundestagsfraktion „endlich... mit dem gesamtdeutschen Sportverkehr Schluß zu machen".

1. Oktober: Die Vorsitzenden des Staatlichen Komitees für Körperkultur und Sport, A. B. Neumann, und des Zentralvorstandes der Gewerkschaft

Unterricht und Erziehung im FDGB, A. Wilke, schließen eine „Vereinbarung über die Vergütung der Tätigkeit der Trainer und Sportlehrer der sozialistischen Sportbewegung“ ab.
1. - 2. Oktober: In Karl-Marx-Stadt findet der I. Verbandstag des Allgemeinen Deutschen Motorsport-Verbandes der DDR (ADMV) statt.
4. Oktober: Die beiden Weltmeister im Straßenrennsport, Gustav-Adolf Schur und Bernhard Eckstein, werden in Gütersloh von BRD-Polizei gehindert, an den Start zu gehen, weil sie das DDR-Emblem auf ihrer Sportkleidung tragen.
10. Oktober: Die Internationale Schach-Föderation (FIDE) führt ihren 31. Kongreß in Leipzig durch.
10. Oktober: In Rostock findet erstmals eine Konferenz aller Sportlehrer, Trainer und Übungsleiter des Bezirks statt, um „die gegenwärtige Lage im Kinder- und Jugendsport und die nächsten Aufgaben“ zu beraten.
10. Oktober: Werner Scharch, ehemaliger Präsident des Radsportverbandes der DDR, lehnt eine ärztlich verordnete Alkoholentziehungskur ab, verläßt die DDR, bittet in Österreich um politisches Asyl und siedelt dann in die BRD über.
15. - 30. Oktober: Anläßlich des 10. Jahrestages des Bestehens der DHfK Leipzig finden vielfältige Veranstaltungen statt. Im Mittelpunkt steht am 18. und 19. Oktober eine wissenschaftliche Konferenz zum Themenkomplex „Körperkultur - Arbeit - Gesundheit - Lebensfreude“. Auf einem Festakt am 22. Oktober würdigt Walter Ulbricht die Leistungen der Hochschule, die bis dahin 1150 Diplomsportlehrer, 202 Schulsportlehrer und 200 Trainer ausgebildet hat. An ihrer Arbeiter- und Bauern-Fakultät (ABF) hatten 1110 Personen die Hochschulreife erlangt.
16. Oktober - 9. November: Im Leipziger Ringmessehaus wird im Auftrag der Internationalen Schach-Föderation die XIV. Schacholympiade durchgeführt, die die UdSSR-Mannschaft gewinnt. Die Nationalmannschaft der DDR belegt Platz 9. Während der WM wird eine Kunstausstellung „Schach im Wandel der Zeiten“ gezeigt, in der Exponate von mehr als 150 Museen, Kunstsammlungen, Institutionen und Privatpersonen in bis dahin nicht erreichter Vollständigkeit präsentiert werden.
22. Oktober: Der DTSB schlägt dem DSB Gespräche über die gegenseitigen Sportbeziehungen vor, wobei er anbietet, im gesamtdeutschen Sportverkehr auf den Gebrauch von Staatssymbolen zu verzichten und stattdessen Organisationsabzeichen der Verbände und Vereine bzw. Gemeinschaften zu verwenden.
Oktober: Die Generalversammlung der Internationalen Flugsport-Föderation (FAI) in Barcelona nimmt den Aeroklub der DDR als Mitglied auf.
18. November: Im Rahmen der 150-Jahrfeier der Humboldt-Universität Berlin wird eine Berliner Turnlehrerkonferenz unter Leitung des Direktors des Instituts für Körpererziehung, Dozent Dr. Alfred Hunold, veranstaltet.

19. - 22. November: In Senftenberg finden die I. SKDA-Meisterschaften im Turnen statt.

November: Im Verlag Enzyklopädie Leipzig erscheint die 1. Auflage „Kleine Enzyklopädie - Körperkultur und Sport“, herausgegeben von der DHfK Leipzig (Herausgeberkollegium: Dr. Günter Erbach - Gesamtleitung, Dr. Günter Borrmann, Dr. Hugo Döbler, Dr. Günther Wonneberger).

10. Dezember: Auf dem DSB-Bundestag findet die von Delegierten geforderte „Grundsatzdebatte zum deutsch-deutschen Sportverkehr“ nicht statt. Bundesinnenminister Gerhard Schröder (CDU) fordert die Delegierten auf, Sportfunktionäre der DDR nicht als gleichberechtigte Partner anzuerkennen.

Dezember: Im Sportverlag Berlin erscheint in der Reihe „Quellenbücher der deutschen Körperkultur“ das Werk von Friedrich Ludwig Jahn und Ernst Eiselen „Die Deutsche Turnkunst“, bearbeitet von Willi Beier und mit einem Vorwort von Dr. Willi Schröder.

Dezember: Bei der 8. Leserumfrage der Jungen Welt nach den populärsten DDR-Sportlern des Jahres werden als Sieger Gustav-Adolf Schur (zum 8. Mal), Ingrid Krämer und die Friedensfahrtmannschaft ermittelt.

1961

1. Januar: Im brasilianischen Sao Paulo kommt Hans Grodotzki beim traditionellen Silvesterlauf auf den zweiten Platz.

8. Januar: Helmut Recknagel gewinnt zum dritten Mal die internationale Vierschanzentournee BRD/Österreich.

26. - 29. Januar: Bei der Eiskunstlauf-EM in Westberlin erreichen Margit Senf/Peter Göbel im Paarlauf Platz drei.

Januar: Die Redaktion der Zeitschrift „Sozialistische Sportbewegung" beginnt eine Umfrage: Wird Deine Tätigkeit als Sportfunktionär von Deinen Kollegen im Betrieb als gesellschaftliche Tätigkeit anerkannt ?

9. Februar: Der GutsMuths-Preis für besondere sportwissenschaftliche Leistungen wird vom Ministerrat gestiftet; alljährlich wird er in drei Klassen an Einzelpersönlichkeiten und Kollektive verliehen. (vgl. auch 5.8.1961)

10. - 12. Februar: Bei der Frauen-WM im Eisschnellauf in Tönsberg (Norwegen) belegt Helga Haase im Mehrkampf den sechsten Platz.

11. Februar: Das Politbüro schlägt im Kommunique über die Jugend vor, ab 1962 wieder Studentenmeisterschaften auszuschreiben und an Schulen Wettkämpfe um eine Urkunde des Staatsratsvorsitzenden auszutragen.

23. - 26. Februar: Helmut Recknagel siegt bei der internationalen Skiflugwoche in Oberstdorf.

27. Februar: Das Sekretariat des DTSB-Bundesvorstandes beschließt, mit den Ministerien für Kultur, Gesundheitswesen und Volksbildung, der FDJ, dem Verband der Jungen Pioniere und dem FDGB Dokumente mit dem Ziel einer engeren Zusammenarbeit zu vereinbaren.

2. März: In Leipzig wird die Internationale Sozialistische Forschungsgemeinschaft „Aktive Erholung" gegründet. Ihr Leiter ist Dr. Edelfrid Buggel.

3. März: In einem Brief des amtierenden DTSB-Präsidenten Manfred Ewald an den DSB-Präsidenten Willi Daume wird betont, daß der DTSB nicht das Ziel verfolgt, mit Hilfe des Sportverkehrs zwischen den beiden deutschen Staaten die bestehende Ordnung der Bundesrepublik zu verändern.

11. März: Bei der Weltmeisterschaft im Hallenhandball endet das Spiel der paritätisch aus der BRD und der DDR zusammengesetzten deutschen Mannschaft gegen Schweden um Platz drei mit 14:17 (9:8).

12. März: Bei der Eishockey-WM in der Schweiz erreicht die DDR-Mannschaft den fünften Platz. Sie gewinnt kampflos gegen die BRD-Mannschaft, da diese nach massiven Interventionen aus Bonn wegen des üblichen Zeremoniells für den Sieger die Flagge zu hissen und die Hymne zu spielen, gegen die DDR-Mannschaft nicht antritt.

14. März: Der dritte Senat des Bundesgerichtshofes in Karlsruhe erklärt faktisch den gesamtdeutschen Sportverkehr für strafbar und den DTSB zur verfassungsfeindlichen Organisation.

27. März - 3. April: Während der I. Schacholympiade der Internationalen Blindenschach-Assoziation (IBCA) in Meschede belegt die DDR-Mannschaft punktgleich mit Österreich den dritten Platz.
1. April: Die Friedrich-Ludwig-Jahn-Medaille wird als höchste Auszeichnung des DTSB gestiftet.
16. April: Das Ministerium für Volksbildung erläßt eine Instruktion zur Entwicklung des freiwilligen Sports der Schüler bis zum Jahre 1965.
25. April: Der Verband der Sportjournalisten wird in den Internationalen Sportpresse-Verband (AIPS) aufgenommen.
2. - 16. Mai: Bei der XIV. Internationalen Friedensfahrt Warschau-Berlin-Prag belegt Bernhard Eckstein Platz drei in der Einzelwertung und die DDR-Mannschaft mit Schur, Adler, Eckstein, Hagen, Höhne und Weißleder Platz zwei.
22. Mai: Auf der Gründungsversammlung der Internationalen Orientierungslauf-Föderation (IOF) wird der Deutsche Wanderer- und Bergsteiger-Verband Mitglied der Organisation. Seine Umbenennung in Deutscher Verband für Wandern, Bergsteigen und Orientierungslauf (DWBO) erfolgt am 15. April 1970.
27. - 28. Mai: Der II. DeutscheTurn-und Sporttag in Berlin beschließt die Orientierung und die Aufgaben des DTSB für die nächsten Jahre; er wählt 150 Delegierte zu Mitgliedern des Bundesvorstandes. Der Bundesvorstand bestimmt Manfred Ewald zum Präsidenten, Rudi Reichert zum Vizepräsidenten, sechs Sekretäre und weitere 17 Delegierte zu Mitgliedern des Präsidiums des Bundesvorstandes. Die Entschließung orientiert auf drei Schwerpunkte: den Kinder- und Jugendsport, den allgemeinen Volkssport und den Leistungssport.
23. Juni: In Berlin erzielt Hildrun Claus mit 6,42 m einen Weltrekord im Weitsprung.
28. Juni: Erstmals wird der Olympische Tag der Leichtathleten in Leipzig durchgeführt, danach alljährlich in Berlin.
1. Juli: Barbara Göbel schwimmt in Rostock über 100 m Brust in 1:18,2 min Weltrekord.
5. Juli: Günter Tittes schwimmt in Berlin über 100 m Brust Weltrekord in 1:10,8 min.
14. Juli: Die Staffel der Frauen schwimmt in Blackpool über 4 x 100 m Lagen in der Besetzung Schmidt, Göbel, Fuhrmann, Pechstein in 4:50,1 min Weltrekord.
22. - 23. Juli: Bei der WM imTurnier-Angeln in Dresden sichern sich Aktive aus der DDR 16 Titel.
22. - 23. Juli: Bei der WM im Kanuslalom und Wildwasserrennen auf der Weißeritz bei Dresden werden im Slalom Eberhard Gläser im FI, Manfred Schubert im CI und die Gebrüder Merkel im CII Titelträger in den Einzeldisziplinen. Auch die Männermannschaften im FI und CII kommen auf

Platz eins. In den Wildwasserdisziplinen siegen im CI Manfred Schubert, im CII Noack/Lück, im CII-Mix Schneider/Zimmermann. Weltmeisterin im FI wird Annelies Bauer.

3. - 5. August: Ein Seminar des Weltrates für Sport und Körpererziehung (CIEPS/ICSPE) berät in Leipzig soziologisch-pädagogische Probleme der Körpererziehung, der Bewegungslehre und medizinische Fragen des Sports von Kindern und Jugendlichen.

5. August: Die ersten GutsMuths-Preise werden verliehen an Prof. Dr. Arno Arnold (1. Klasse) für sein Schaffen auf sportmedizinischem Gebiet, an Prof. Dr. Kurt Meinel (2. Klasse) für seine Bewegungslehre, an Dr. Gerhard Hochmuth (3. Klasse) für grundlegende Arbeiten auf dem Gebiet der Biomechanik der sportlichen Bewegung.

6. - 10. August: An den Gehörlosen-Weltspielen in Helsinki nimmt entsprechend einer Entscheidung der Internationalen Gehörlosen-Sport-Föderation (CISS) eine gemeinsame deutsche Mannschaft teil. Die Fahne und das Emblem sind schwarz-rot-gold mit sechs weißen Olympiaringen auf rotem Grund. Von den 21 Aktiven aus der DDR können 15 Medaillen erringen. Goldmedaillen gewinnen Sonja Jünger (80 m Hürden, Weitsprung, Hochsprung), Christian Hille (110 m und 400 m Hürden), Gerhard Sperling (5000 m und 10.000 m Gehen), Bernd Dette (100 m Rückenschwimmen, 3x100-m-Lagenstaffel) und Heinz Smolinski (3x100-m-Lagenstaffel). In fünf Disziplinen siegten sie mit Weltrekord der Gehörlosen: 80 m Hürden, Weit- und Hochsprung der Frauen (S. Jünger), 5000 m Gehen (G. Sperling) und über 100 m Rücken (B. Dette). Außerdem erringen die DDR-Athleten acht Silber- und zehn Bronzemedaillen.

9. August: Die Internationale Föderation für Bogenschießen (FITA) nimmt in Oslo den Bogenschützen-Verband (DBSV) der DDR als Mitglied auf.

13. August: Die offene Staatsgrenze der DDR zu Westberlin wird militärisch geschlossen; in Ostberlin und in den Randgebieten wohnende Sportler können nicht mehr Westberliner Sportvereinen angehören und Westberliner Sportler nicht mehr den Sportgemeinschaften in Ostberlin, sie können auch nicht mehr die Ostberliner Gewässer und Sporteinrichtungen benutzen. In den Ostberliner Sportgemeinschaften werden scharfe politische Diskussionen zu dieser Problematik geführt.

16. August: Die Präsidien von DSB und NOK der BRD beschließen den Abbruch der Sportbeziehungen zur DDR wegen der Maßnahmen am 13. August.

26. - 27. August: Zur Erinnerung an den 150. Jahrestag des ersten Turnens auf der Hasenheide in Berlin treffen sich in Freyburg/Unstrut, dem letzten Wohnsitz Friedrich Ludwig Jahns, Turner und Sportler aller Altersklassen zu einem volkstümlichen Traditionswettkampf.

23. - 24. September: Bei den WM im sportlichen Angeln bei Merseburg am Saale-Elster-Kanal gewinnt die DDR-Mannschaft den Titel und Helmut Schmidt wird Zweiter in der Einzelwertung.

2. Oktober: In der Presse erscheint eine Mitteilung über die Eröffnung eines Ermittlungsverfahrens gegen den Motorsportler Ernst Degner wegen Wirtschaftsspionage. Er hatte bei einem Motorrad-Weltmeisterschaftslauf in Schweden aufgegeben und war mit der Maschine in die BRD gewechselt.

14. Oktober: Der Bericht des DTSB-Sekretärs Günter Heinze über die Konferenz der Sportvertreter sozialistischer Länder vom 24.-30. September in Zakopane wird an den ZK-Sekretär Erich Honecker geleitet. Wegen zahlreicher nicht geklärter Probleme wird darin vorgeschlagen, im Januar 1962, „nach Abschluß eines Friedensvertrages", in Berlin eine nächste Konferenz einzuberufen.

14. Oktober: In Magdeburg stellt Manfred Preußger im Stabhochsprung mit 4,70 m einen Europarekord auf .

17.- 18. Oktober: In Leipzig findet ein internationales Ringer-Turnier zu Ehren Werner Seelenbinders im klassischen und freien Stil statt.

1. November: Im Wissenschaftlich-Methodischen Rat wird eine Sektion für Sportmedizin gebildet. An der DHfK entsteht das Institut für Sportmedizin das sich mit der Ausbildung der Sportstudenten, der Weiterbildung der Sportmediziner sowie mit der sportmedizinisch-biowissenschaftlichen Forschung in Kooperation mit der Forschungsstelle befaßt. Das sportmedizinische Rehabilitationszentrum Kreischa ist dem Institut angeschlossen.

14. November: CSTV-Vizepräsident Vilem Mucha und DTSB-Präsident Manfred Ewald unterzeichnen in Dresden eine Vereinbarung "über die sportliche Zusammenarbeit und gemeinsame Maßnahmen zur Vorbereitung auf den deutschen Friedensvertrag".

16. - 17. November: Die erste zentrale Kinder- und Jugendsportkonferenz des Staatlichen Komitees für Körperkultur und Sport mit 500 Teilnehmern verabschiedet an der DHfK ein Programm zur Zusammenarbeit von Schule, Sport-, Jugend- und Pionier-Organisation unter Mitwirkung aller für den Sport zuständigen staatlichen und gesellschaftlichen Organe und Organisationen. Zu diesem Zeitpunkt beteiligen sich 30 Prozent der Kinder und Jugendlichen außerhalb des Sportunterrichts am freiwilligen Sportbetrieb. Dresden wird als eine der ersten Großstädte genannt, in der an allen Polytechnischen Oberschulen (POS) Schulsportgemeinschaften (SSG) bestehen.

23. - 26. November: Das ZK der SED erklärt auf der 14. Tagung, daß unabhängig von der internationalen Lage, in engster Zusammenarbeit mit der Sowjetunion und den befreundeten Ländern, in der DDR weiter die sozialistische Gesellschaft aufgebaut werden soll.

30. November: Ministerpräsident Otto Grotewohl wendet sich in einem Brief an Bundeskanzler Dr. Konrad Adenauer mit dem Vorschlag, über einen modus vivendi zu verhandeln, um ein Minimum an Maßnahmen zur Sicherung des Friedens und der Entwicklung normaler Beziehungen zwischen beiden deutschen Staaten zu erreichen.

14. Dezember: Zwischen dem DTSB und dem CSTV wird eine Vereinbarung über Freundschaft und Zusammenarbeit unterzeichnet.

14. - 15. Dezember: Die 4. DTSB-Bundesvorstandssitzung stellt fest, daß der Bund in den Hauptpositionen seinen Plan nicht erfüllt hat; in einigen Kreisen und Sportvereinigungen sind die Mitgliederzahlen rückläufig. Es wird gefordert, mit der Unterschätzung der Sportwissenschaft Schluß zu machen, die Qualifizierung der Kader zu erhöhen, die Basis im Nachwuchsleistungssport zu verbreitern und die Sichtung junger Talente in den Sportverbänden und Sportklubs zu verstärken.

Dezember: Im Berliner Sportverlag erscheint der Werner-Seelenbinder-Roman „Der Stärkere" von Walter Radetz.

Dezember: Skispringer der DDR erhalten vom BRD-Veranstalter der Vierschanzentournee keine Einladung, werden jedoch vom österreichischen Veranstalter für die Springen in Österreich eingeladen.

Dezember bis Januar:

Der DTSB-Kreisvorstand Dresden hatte sich für das Jahr 1961 drei Aufgaben gestellt: 1. den Massensport durch eine gute Zusammenarbeit mit allen Massenorganisationen zu fördern, 2. durch eine ständige Qualifizierung der Funktionäre in den Grundeinheiten das Ansehen der Kreisorganisation zu erhöhen, 3. den Vereinsegoismus zu überwinden und ein richtiges Verhältnis aller BSG und SG zum Leistungssportzentrum des Bezirks, dem SC Einheit, zu schaffen.

Der DTSB-Kreisvorstand Herzberg hat erstmalig einen gemeinsamen Maßnahmeplan zwischen DTSB, FDJ und GST auf gemeinsamen Sekretariats- und Kreisvorstandssitzungen vereinbart.

1962

7. Januar: In Tröbitz organisiert der Deutsche Federballverband der DDR sein erstes internationales Turnier.
13. - 14. Januar: Am Oberhofer Sportlergespräch nehmen etwa tausend Gäste aus der BRD teil und diskutieren über die Weiterführung des Sportverkehrs zwischen beiden deutschen Staaten.
28. Januar: Beim internationalen Toni-Mark-Gedenklauf in Zell am See plazieren sich unter 150 alpinen Rennläufern aus 15 Ländern Eberhard Riedel auf Platz acht, Ernst Scherzer auf Platz elf und Karl Süß auf Platz zwölf.
3. - 4. Februar: Nach mehrjähriger Unterbrechung finden in Breitenbrunn wieder Studentenmeisterschaften in den Skidisziplinen statt. 400 Studentinnen und Studenten sind am Start.
10. - 11. Februar: Bei der Rennschlitten-WM im in Krynica (Polen) erringen Ilse Geisler und Thomas Köhler die Welttitel im Einsitzer.
24. - 25. Februar: Helmut Recknagel wird Weltmeister im Skispringen auf der Großen Schanze in Zakopane.
14. - 18. März: Bei der WM im Eiskunstlauf in Prag kommen im Paarlaufen Müller/Dallmer auf Platz neun, Bodo Bockenauer bei den Herren auf Platz elf und Gabriele Seyfert bei den Damen auf Platz 21.
5. April: Die 6. Bundesvorstandssitzung des DTSB ruft zur Aussprache über die geschichtliche Aufgabe der DDR und die Zukunft Deutschlands auf. „Die Sportler beider deutscher Staaten haben ein großes Interesse daran, daß die Entscheidung zugunsten des Friedens und der Verständigung getroffen wird, daß sich die Sportler beider deutscher Staaten zum friedlichen Wettkampf und zur sportlichen Begegnung treffen." Wegen der Stagnation im Jugendsport in fast allen Sportverbänden beschließt der Bundesvorstand Maßnahmen zur Entwicklung des Kinder- und Jugendsports sowie zur Verbesserung des Studentensports unter Bezug auf das Kommunique des Politbüros vom 11. Februar 1961.
13. - 14. April: Die X. Plenartagung des Wissenschaftlich-Methodischen Rates beim Staatlichen Komitee für Körperkultur und Sport berät in Dresden über „Wege zur schnellen Entfaltung des Volkssports". Der Rat orientiert auf eine enge Zusammenarbeit aller gesellschaftlichen Kräfte im Wohngebiet und die Hilfe der Betriebe und Sportgemeinschaften, nachdem seit 1959 die Zahl der Sportausschüsse und Sportgruppen in den Wohngebieten - die ohne direkte Bindung an die DTSB-Mitgliedschaft entstanden - immer mehr zurückgegangen ist. Ständige Kommissionen der Abgeordneten und die Nationale Front sollen diese Aktivitäten koordinieren. Der jährlichen Fluktuation der Übungsleiter von ca. 40 Prozent werden positive Beispiele gegenübergestellt.

28. April: Zur Bilanz des DTSB fünf Jahre nach seiner Gründung gehören unter anderem 6500 Sportgemeinschaften mit 1,543 Mio Mitgliedern in 35 Sportverbänden und drei Anschlußverbänden. Aus dem Staatshaushalt flossen ihm von 1957 bis 1961 etwa 312 Mio Mark zu, vom VEB Sporttoto standen weitere 50 Mio Mark für Sportbauten zur Verfügung.

28. - 29. April: Die Elbe-Schwimmhalle in Magdeburg wird eingeweiht.

30. April: Am Vorabend des 1. Mai finden in vielen Städten und Gemeinden Frühjahrswaldläufe statt.

11. - 13. Mai: Bei der Judo-Europameisterschaft in Essen können DDR-Sportler trotz des Beschlusses der BDR-Sportführung vom 16. August 1961 starten. Herbert Niemann wird Europameister im Schwergewicht.

14. Mai: Im Stadtbezirk Dresden-West findet die erste Kinder-Olympiade statt.

22. Mai: In Berlin findet anläßlich des 71. Geburtstages von Johannes R. Becher das erste Gespräch über Kunst und Sport statt; es ermutigt Künstler zur Gestaltung sportlicher Themen in allen Genres.

1. Juni: Gründung der ersten Schulsportgemeinschaft (SSG) für körperbehinderte Kinder und Jugendliche an der Sonderschule für Körperbehinderte „Friedrich Wolf" in Magdeburg, um möglichst alle für eine sportliche Tätigkeit zu gewinnen.

3. Juni: In Berlin findet der 6. Lauf der „BZ am Abend" statt. Es gehen 16.500 Mädchen und Jungen an den Start.

10. Juni: Der Deutsche Verband für Versehrtensport (DVFV) schließt mit dem Allgemeinen Deutschen Blinden-Verband (ADBV) und dem Allgemeinen Deutschen Gehörlosen-Verband (ADGV) Vereinbarungen über die künftige Zusammenarbeit ab.

24. Juni: Walter Ulbricht fordert in Berlin-Grünau während der Meisterschaft der Ruderinnen von den leitenden Sportfunktionären eine Verbesserung der Kaderauswahl im Leistungssport, die Geheimhaltung von Trainingserkenntnissen und -methoden sowie eine Überarbeitung der Geschichte der Körperkultur nach dem nächsten ZK-Plenum.

26. Juni - 1. Juli: In Jena finden in zehn Sportarten Studentenmeisterschaften statt. Seit der Auflösung der SV Wissenschaft wurden faktisch keine Studentenmeisterschaften mehr durchgeführt. (vgl. März 1955)

1. Juli: Hermann Buhl gewinnt beim Snamenski-Memorial in Moskau die 3000 m Hindernis in der Jahresweltbestzeit von 8:35,4 min.

9. Juli: Das DTSB-Präsidium berät Probleme des Leistungssports.

9. - 10. Juli: An der der Universität Greifswald findet die erste Konferenz zu Problemen der Körpererziehung in der Unterstufe statt

11. - 12. August: Beim IV. Bezirks-Turn- und Sportfest in Cottbus werden Gäste aus Polen und der BRD begrüßt.

11., 12., 13. August: In Prag finden am 11., in Malmö am 12. und 13. August die Ausscheidungswettkämpfe zwischen DDR- und BRD-Athleten für

die „gemeinsame“ deutsche Mannschaft zu den Leichtathletik-Europameisterschaften in Belgrad statt, weil nach den Beschlüssen des 16. August 1961 Sportler der BRD nicht in der DDR und DDR-Sportler nicht in der BRD starten dürfen.
17. - 19. August: Bei der EM der Ruderinnen in Berlin-Grünau erreichen der Doppelzweier, der Doppelvierer und der Achter jeweils den zweiten Platz hinter der UdSSR, der Vierer m.Stfr. belegt Platz drei.
18. - 25. August: An den X. Europameisterschaften im Schwimmen, Springen und Wasserball in Leipzig nehmen 23 Ländervertretungen teil. Die BRD lehnt eine Teilnahme ab. DDR-Sportler gewinnen fünf EM-Titel: Heidi Pechstein über 100 m Freistil, Ingrid Krämer im Kunst- und im Turmspringen, die 4x100-m-Lagenstaffeln der Männer und der Frauen.
6. - 9. September: Bei der ersten WM der Männer im Rudern auf dem Rotsee (Schweiz) belegt Achim Hill im Einer den neunten Platz. In den Ausscheidungsrennen zwischen beiden deutschen Verbänden hatten in allen anderen Bootsklassen die Männer aus der BRD gesiegt.
12. - 16. September: Bei der Leichtathletik-EM in Belgrad gewinnt mit Manfred Matuschewski über 800 m erstmalig ein Sportler aus der DDR einen EM-Titel in dieser Sportart.
21. - 23. September: Die I. Gehörlosen-Spartakiade des Deutschen Verbandes für Versehrtensport (DVFV) findet in Leipzig statt. Es nehmen mehr als 300 gehörlose Sportler und Sportlerinnen unterschiedlicher Altersklassen an Wettkämpfen in 6 Sportarten teil.
23. September: Die DDR-Meisterschaften im Wasserski für Männer und Frauen werden in Berlin durchgeführt.
September: An der DHfK wird an der Fachrichtung Diplomsportlehrer eine Studienrichtung Leistungssport für künftige Trainer gebildet.
2. Oktober: Das Sekretariat des FDGB-Bundesvorstandes beschließt eine „Richtlinie zur Verleihung von Ehrenpreisen durch den Bundesvorstand des FDGB zur Entwicklung des Volkssports“.
8. - 13. Oktober: An der DHfK in Leipzig findet eine internationale Arbeitstagung für Bibliographie und Dokumentation der Sportwissenschaft im Auftrag von CIEPS/ICSPE statt.
11. - 20. Oktober: In Kairo nehmen DDR-Sportschützen erstmalig an der WM im Sportschießen teil. Die Mannschaft im Wurftaubenschießen erreicht Platz zwei. In der Einzeldisziplin wird Joachim Marscheider dritter, ebenso Renate Wischnewski mit der Freien KK-Büchse (3x30 Schuß). In zwei weiteren Disziplinen belegen DDR-Mannschaften dritte Plätze.
12. - 21. Oktober: An der Weltmannschaftsmeisterschaft der Gehörlosen im Schach in Warna (Bulgarien) nimmt erstmalig eine selbständige DDR-Mannschaft teil. Sie erreicht im Gesamtklassement den vierten Rang.
5. Dezember: Das Sekretariat des ZK beschließt, einen Lehrgang mit allen Sportinstrukteuren der SED-Bezirksleitungen, den Parteisekretären

und Klubvorsitzenden, den Generalsekretären der Verbände der olympischen Sportarten sowie den Vorsitzenden der Bezirksleistungssportkommissionen durchzuführen. Es schlägt außerdem vor, die drei Berliner Sportclubs (Einheit, Rotation und TSC) zu einem zivilen Sportclub zu vereinigen. (vgl. 18.2.1963)

13. Dezember: Die Arbeitsgruppe Sport im ZK reicht an Erich Honecker das Material des Staatlichen Komitees „Grundsätze der weiteren Entwicklung der Körperkultur und des Sports in der neuen Etappe des umfassenden Aufbaus des Sozialismus" ein, das zur Vorbereitung des VI. Parteitages der SED erarbeitet wurde.

Dezember: In der Zeitschrift „Körpererziehung" fordert Dr. Günter Thieß, den Turnunterricht nach Inhalt und Methoden zu ändern und orientiert auf eine allseitige körperliche Grundausbildung.

Ende Dezember: Die Sportvereinigungen Wismut und Lokomotive stellen ihre Tätigkeit ein, ihre Betriebssportgemeinschaften werden in die territorialen Organisationen des DTSB eingegliedert. Die zentrale Leitung der SV Lokomotive bleibt zur Fortführung der internationalen Beziehungen in Funktion.

Januar bis Dezember:

Das Allied Travel Office in Westberlin verweigert DDR-Sportlern oftmals die Visa für Reisen zu internationalen Meisterschaften und Wettkämpfen in den NATO-Staaten.

1963

4. Januar: In Leipzig findet aus Anlaß des 100. Geburtstages von Pierre de Coubertin ein Festakt des NOK statt.
6. - 13. Januar: Während der Oberhofer Sportwoche beraten Sportler und Sportfunktionäre aus beiden deutschen Staaten über die Weiterführung der Sportbeziehungen.
8. Januar: Im Gemäldesaal von Schloß Mosigkau bei Dessau findet ein Festakt und die Einweihung einer Gedenkstätte anläßlich des 200. Geburtstages von Gerhard Ulrich Anton Vieth in Anwesenheit von Nachfahren Vieths und internationalen Gästen aus zehn Ländern statt. Die Gedenkrede hält Prof. Dr. Gerhard Lukas.
14. Januar: Eine Aktivtagung des DTSB mit allen im Leistungssport verantwortlichen Trainern und Funktionären berät den Stand der Vorbereitungen auf die Olympischen Spiele 1964.
15. - 21. Januar: Auf dem VI. Parteitag der SED fordert Walter Ulbricht eine dem Alter angemessene sportliche Betätigung in den Kindergärten im Sinne der Anregung für spätere regelmäßige sportliche Betätigung. Er schlägt vor, den Turnunterricht durch eine allseitige körperliche Grundausbildung wesentlich umzustellen. Auf der Tagung werden Körperkultur und Sport als entscheidende Faktoren der Volksgesundheit, einer besseren Leistungsfähigkeit und einer höheren Lebenserwartung bezeichnet. DTSB-Präsident Manfred Ewald wird Mitglied des ZK.
20. Januar: Beim internationalen Hahnenkamm-Rennen in Kitzbühel belegt Eberhard Riedel einen zwölften Platz in der Alpinen Kombination.
26. - 27. Januar: Ilse Geisler wiederholt den Gewinn ihres Weltmeistertitels bei der WM im Rennschlittensport in Imst.
1. Februar: „Deutsches Sportecho“ erscheint fünf Mal wöchentlich.
3. Februar: Bei den Biathlon-WM in Seefeld ist Hans Dieter Riechel auf Platz zwölf bester DDR-Teilnehmer.
15. Februar: Die 9. Bundesvorstandstagung des DTSB regt an, die Effektivität der Ausgleichsgymnastik/Pausengymnastik zu überprüfen, auf ihre organisierte Förderung wird zukünftig verzichtet. Bis auf die Skiausleihstationen werden andere Ausleihstationen nicht weitergeführt.
16. Februar: In Geising werden zum zweiten Mal die DDR-Meister im Eisstockschießen ermittelt.
18. Februar: In Berlin werden die Sportclubs Rotation und Einheit dem Turn- und Sportclub (TSC) angeschlossen.
24. Februar: Beim internationalen „Steinbockrennen“ im Kleinwalsertal belegt Ernst Scherzer Platz drei im Spezialslalom.
9. März: Entsprechend der Festlegung der IOC-Exekutive vom 6. Februar 1963 die deutsche Olympiamannschaft wie 1960 zu bilden, vereinbaren

beide deutsche NOK in Berlin Grundsätze, Verfahrensweise und nächste Schritte. Praktisch wird damit partiell und temporär der Düsseldorfer NOK/DSB-Beschluß vom 16. August 1961 ausgesetzt.

14. - 15. März: Auf der Leserkonferenz der Zeitschrift „Theorie und Praxis der Körperkultur" zur Gestaltung der körperlichen Erziehung und Bildung der Jugend in Karl-Marx-Stadt/Chemnitz werden auf der Grundlage der Referate von Dr. Günter Thieß und Dr. Paul Kunath Inhalte und Formen der allseitigen körperlichen Grundausbildung beraten, die einen Grundbestand an Bewegungseigenschaften und Fertigkeiten, Fähigkeiten, Kenntnissen und Gewohnheiten umfaßt.

20. - 24. März: Bei der Internationalen Skiflugwoche in Planica belegen Dieter Bokeloh, Dietmar Klemm, Veit Kührt und Helmut Recknagel die ersten vier Plätze.

27. März: Zum 10. Jahrestag ihrer Gründung gehören der SV Dynamo 160.000 Mitglieder an.

30. März: Beim VII. Internationalen Frühjahrscross in Leipzig sind 1100 Teilnehmer aus fünf Nationen am Start; über 7500 m siegt Friedrich Janke, über 2500 m Edward Szklarczik (Polen) und Annemarie Höhne über 1500 m.

30. - 31. März: In Senftenberg finden die ersten Leichtathletik-Hallenmeisterschaften der Studenten statt. Fünf DDR-Hallenrekorde werden aufgestellt, darunter im Kugelstoßen der Frauen von Margitta Helmboldt mit 16,44 m.

17. April: Die Bundesvorstände des FDGB und des DTSB schließen eine Vereinbarung über die Förderung des Sports ab; darin sichert der FDGB eine finanzielle Unterstützung der Betriebssportgemeinschaften, des Urlaubersports und der Naherholung zu. Der DTSB erklärt seine Verantwortung für den Freizeit- und Erholungssport auch außerhalb der Sportgemeinschaften in der Naherholung.

19. April: Der Sportclub Cottbus (SCC) wird mit vier Sektionen gegründet.

9. - 25. Mai: Bei der XVI. Internationalen Friedensfahrt Prag-Warschau-Berlin gewinnt Klaus Ampler die Einzelwertung und die Mannschaft der DDR die blauen Trikots der besten Mannschaft mit Klaus Ampler, Gustav-Adolf Schur, Lothar Appler, Günter Lux, Manfred Brüning und Manfred Weißleder.

10. - 11. Mai: Bei der Judo-EM in Genf wird Karl Nitz Titelträger in der Klasse „Alle Kategorien".

12. - 13. Mai: Australien gewinnt den ersten Schwimm-Länderkampf mit der DDR in Leipzig und Berlin mit 81:61 Punkten.

16. Mai: Die Arbeitsgruppe Sport im ZK-Apparat informiert Erich Honecker über die Aufgaben der Leistungssportkommission.

3. - 9. Juni: Bei der VI. WM im Feldhandball der Männer in der Schweiz erkämpft die DDR im Endspiel gegen die BRD den Titel mit 14:7 Toren.

6. Juni: Das Politbüro beschließt Maßnahmen zum Ausbau der KJS zu Spezialschulen des sportlichen Nachwuchses.

7. Juni: Das Sekretariat des Hauptvorstandes der CDU berät Sportfragen.

14. Juni: Der Ministerrat beschließt, mit Wirkung vom 1. September 1963 den Sportmedizinischen Dienst als zentrale Einrichtung beim Staatlichen Komitee für Körperkultur und Sport zu bilden.

8. Juli: In Berlin findet die zweite Verhandlung zwischen den beiden deutschen NOK zur Vorbereitung der gemeinsamen Mannschaft für die Olympischen Spiele 1964 statt.

14. - 18. Juli: In Gdansk bei der WM im Fechten kommt Horst Melzig im Degenfechten auf Platz sieben, die Mannschaft auf Platz fünf.

20. Juli: Stiftung des Kunstpreises des DTSB.

20. - 21. Juli: In Dresden findet der erste Länderkampf der Körperbehinderten zwischen der CSSR und der DDR in der Leichtathletik statt.

23. Juli: In Potsdam laufen Manfred Matuschewski, Jürgen May, Siegfried Herrmann und Siegfried Valentin über 4x1500 m in 14:58,0 min Weltrekord.

26. Juli: Die Arbeiter- und Bauern-Fakultät (ABF) an der DHfK, die bis dahin 1800 Arbeiter- und Bauernkinder auf das Hochschulstudium vorbereitet hat, beendet ihre Tätigkeit.

31. Juli: Der akademische Senat der DHfK verleiht an den Prager Sporthistoriker Prof. Dr. phil. Frantisek Kratky die Ehrendoktorwürde.

1. - 4. August: In Leipzig findet das IV.Turn-und Sportfest zusammen mit der V. Zentralen Pionierspartakiade statt. Elf Übungsverbände mit 31.000 Sportlern gestalten die Sportschau. Turnfestsieger werden in acht Sportarten ermittelt. 22.000 Aktive in 440 Mannschaften sind Finalteilnehmer im volkstümlichen olympischen Dreikampf. Internationale Gäste aus 48 Ländern besuchen die Veranstaltungen. Die Ausstellung „Sport in der bildenden Kunst“ zeigt 361 Werke von Berufs- und Laienkünstlern.

4. August: Der DTSB-Präsident schlägt in Leipzig vor, neben den NOK der BRD und der DDR, ein Olympisches Komitee für Westberlin zu bilden.

4. - 11. August: In Schönhagen finden die ersten Meisterschaften im Fallschirmspringen statt.

10. - 11. August: Bei der WM im Kanuslalom und im Wildwasserrennen auf der Lieser bei Spittal gewinnen DDR-SportlerInnen insgesamt zwölf Titel.

15. August: Bei den WM im Flugmodellsport in Wien gewinnt Joachim Löffler in der Klasse F-1-B der freifliegenden Flugzeugmodelle den ersten WM-Titel in dieser Sportart.

15. - 22. August: Karl-Heinz Kramer wird bei der EM in Brno Titelträger in der Disziplin Wurftaubenschießen-Trap.

24. - 25. August: Die Faustballmannschaft der Herren der ISG Hirschfelde erringt in Linz (Österreich) den Europapokal der Landesmeister.

1. September: Das „Büro zur Förderung des Sports in den Betrieben“ wird dem Staatlichen Komitee für Körperkultur und Sport unterstellt. Ihm obliegt die berufliche Qualifizierung und Unterstützung der in den Kaderkreisen erfaßten Leistungssportler. Der DTSB-Präsident übt auf diese Einrichtung jedoch maßgebenden Einfluß aus.

21. September: Das Kommunique des Politbüros „Der Jugend Vertrauen und Verantwortung“ konstatiert, daß „der Sport zum Leben unserer Zeit wie die Luft zum Atmen“ gehört, eineThese, die schon F.L. Jahn geäußert hatte. Das Politbüro fordert zu altersgemäßen sportlichen Übungen auf, zu allseitiger körperlicher Grundausbildung und dazu, sich an eine regelmäßige sportliche Betätigung zu gewöhnen.

1. Oktober: An der DHfK wird eine zentrale Informations- und Dokumentationsstelle für Körperkultur und Sport gebildet.

1. Oktober: 15 Jahre nach der Gründung des Deutschen Sportausschusses (DS) informiert der DTSB-Präsident über den Mitgliederstand und internationale Erfolge. Der Bund hat 1,7 Millionen Mitglieder. Weitere 1,6 Millionen Bürger treiben unter Anleitung des DTSB Sport. Es wurden sechs Olympische Gold-, 14 Silber- und 10 Bronzemedaillen erkämpft, 109 WM-Titel und 36 EM-Titel sind errungen worden.

8. Oktober: Das DTSB-Präsidium verabschiedet den Leistungssportbeschluß für die nächsten Jahre.

26. - 27. Oktober: Werner-Seelenbinder-Gedenkturniere werden im Ringen und in anderen Sportarten organisiert. Beim Ringer-Turnier in Leipzig gehen 1000 Sportler an den Start.

12. November: Auf der XI. DTSB-Bundesvorstandssitzung regen Manfred Ewald und Rudi Hellmann an, in den nächsten Jahren Kinder- und Jugendspartakiaden als Höhepunkte im Kinder- und Jugendsport auf der Ebene der Kreise, Bezirke und im Republikmaßstab durchzuführen.

23. November: In München verhandeln beide deutsche NOK zum dritten Mal über Vorbereitungen auf die Olympischen Spiele 1964.

28. - 29. November: Der Wissenschaftlich-Methodische Rat diskutiert in Karl-Marx-Stadt mit 600 Teilnehmern grundlegende Veränderungen der Ziele, des Inhalts und der Formen des Sportunterrichts in den Schulen. Das wird als wesentliche Bedingung für eine sportliche Betätigung außerhalb des Unterrichts in Form des Erholungssports eines systematischen Trainings angesehen.

Dezember: Dem DTSB gehören ca. 650.000 Kinder und Jugendliche an. Die Schulsportgemeinschaften (SSG) zählen 700.000 Schülerinnen und Schüler als Mitglieder.

Januar bis Dezember:

Im Sportverlag erscheint von einem Autorenkollektiv (Gerhardt Schmolinsky u.a.) das Lehrbuch „Leichtathletik" für Trainer, Übungsleiter und Sportlehrer.

Im gesamten Jahr war DDR-Sportlerinnen und -Sportlern oftmals die Einreise zu Wettkämpfen in NATO-Länder verweigert worden.

Trotz ungünstiger Voraussetzungen kann in den Klassen 5 bis 12 der allgemeinbildenden polytechnischen Oberschulen der Anteil der Schwimmer auf 71 Prozent erhöht werden; an den Betriebsberufsschulen können 81 Prozent der Lehrlinge schwimmen.

Im zu Ende gehenden Jahr wurden 1250 neue Grundorganisationen der Gesellschaft für Sport und Technik (GST) gegründet. Damit wird die vormilitärische Ausbildung der Jugend verbreitert. Die Möglichkeiten im Motor-, Flug-, See- und Modellsport werden erweitert.

In Dresden wurden in fünf Stadtbezirken ehrenamtliche Stadtbezirksvorstände des DTSB gebildet. Trotz positiver Erfahrungen werden sie im folgenden Jahr wieder aufgelöst.

1964

12. Januar: Der erste Pokalwettkampf im Eisstockschießen um den goldenen Eisstock findet in Geising statt.
12. Januar: In Magdeburg werden von beiden deutschen NOK 50 SportlerInnen aus der DDR und 68 SportlerInnen aus der BRD für die gemeinsame Olympiamannschaft in Innsbruck nominiert.
27. Januar: Im Sekretariat des DTSB-Präsidiums werden Änderungsvorschläge zum Entwurf des Jugendgesetzes beraten.
29. Januar - 9. Februar: Bei den Olympischen Winterspielen in Innsbruck gewinnen Ortrun Enderlein und Thomas Köhler die Goldmedaillen im Rennschlitten-Einsitzer. Ilse Geisler und Klaus-Michael Bonsack werden mit den Sibermedaillen in dieser Disziplin geehrt. Sieben DDR-Sportler kommen auf vierte bis sechste Plätze.
15. - 16. Februar: Erstmals wird ein Volkssporttag im Winter durchgeführt; es werden 760.000 Teilnehmer im Handball, Fußball, Tischtennis, bei Betriebssportfesten und Crossläufen gezählt.
18. Februar: Auf der 2. Tagung des DTSB-Präsidiums werden die Aufgaben des Bundes bei der weiteren Entwicklung der KJS, der Koordinierung mit dem SKS und dem Volksbildungsministerium beraten.
29. Februar - 1. März: Bei internationalen Schwimmwettkämpfen in Magdeburg stellt Egon Henninger über 100 m Brust in 1:09,1 min einen Europarekord auf.
4. März: Elisabeth Eichholz fährt auf der Winterbahn in der Berliner Seelenbinder-Halle über 1 km mit stehendem Start Weltrekord in 1:20,50 min.
7. März: Karla Günther fährt an gleicher Stelle über 200 m in 13,20 s und über 500 m in 35,00 s Weltrekorde.
24. März - 3. April: Während der II. Schacholympiade der Internationalen Blindenschach-Assoziation (IBCA) in Kühlungsborn gewinnt die DDR-Mannschaft (Mickeleit, Kehl, Müller, Fikus) die Bronzemedaille.
26. März: Die XII. DTSB-Bundesvorstandssitzung analysiert kritisch die Lage im Nachwuchs für den Leistungssport und beschließt das Wettkampfsystem der Kinder- und Jugend-Spartakiaden. 1965 beginnend, werden örtliche Spartakiaden oder Vorwettkämpfe, Kreis- und Bezirks-Spartakiaden sowie zentrale Kinder- und Jugendspartakiaden durchgeführt, und zwar jeweils für die Winter- und Sommersportarten. Die Spartakiaden verfolgen das Ziel, möglichst alle Kinder und Jugendlichen an die regelmäßige sportliche Betätigung heranzuführen. Es wird vorgeschlagen, die talentiertesten Kinder und Jugendlichen drei- bis viermal in der Woche in Trainingsstützpunkten vorzubereiten.
1. - 2. April: Der VII. Kongreß des Internationalen Komitees für Gehörlosenschach (ICSC) wählt in Kühlungsborn Heinz Meurer (DDR) zum Präsi-

denten des ICSC. Damit wird zum ersten Mal ein Sportfunktionär aus der DDR mit einer solchen Aufgabe betraut.

4. April: Die Volleyballmannschaft der Männer des SC Leipzig gewinnt den Europapokal der Landesmeister.

10. - 11. April: In Frankfurt/M. beraten Vertreter beider deutscher NOK über die Vorbereitung der Mannschaft zu den Olympischen Spielen in Tokio.

17. - 18. April: In Berlin findet der vierte Ländervergleich im Sportschwimmen zwischen der DDR und der UdSSR statt. Die Gäste setzen sich mit 129:94 klar durch.

25. - 26. April: Bei der Judo-EM in Berlin erringt Herbert Niemann erneut den EM-Titel im Schwergewicht.

April: An der DHfK in Leipzig beginnt der erste internationale Trainerkurs (ITK). Die Teilnehmer kommen aus Indien, Kampuchea, Sri Lanka, Guinea und Mali. Bereits seit 1958 waren Sonnerlehrgänge von der DHfK für Sportlehrer, Trainer und Sportfunktionäre aus sogenannten Entwicklungsländern durchgeführt worden.

4. Mai: Die Volkskammer beschließt das zweite Jugendgesetz; es enthält Rechtsgrundsätze für die Jugend- und Sportpolitik, sieht den Ausbau der Sporteinrichtungen, die verstärkte Produktion von Sportartikeln und Sportgeräten sowie die Planung von Sportanlagen in den Städten und Gemeinden vor; alle Kinder sollen bis zum 14. Lebensjahr Schwimmen lernen. „Alle Staats- und Wirtschaftsorgane haben das Bestreben des DTSB zu unterstützen, alle jungen Menschen für eine regelmäßige sportliche Tätigkeit zu gewinnen." (§ 27, Abs. 2)

7. - 8. Mai: Erstes versehrtensportliches Vergleichstreffen für körperbehinderte Mädchen und Jungen in Magdeburg, an dem jeweils zehn Schüler aus Leipzig, Berlin, Rostock, Oehrenfeld (Harz) und aus der Gastgeberstadt teilnehmen.

9. - 24. Mai: Bei der XVII. Internationalen Friedensfahrt Warschau-Berlin-Prag belegt die DDR-Mannschaft den ersten Platz mit Günter Hoffmann, Dieter Wiedemann, Lothar Appler, Dieter Mickein, Klaus Ampler und Gustav-Adolf Schur. Günter Hoffmann wird Zweiter in der Einzelwertung, Dieter Wiedemann Dritter und Lothar Appler Sechster.

18. Mai: Beim Cross der Jugend in Berlin-Karlshorst starten 2000 TeilnehmerInnen. Vom DVfL ins Leben ïerufen, nahmen an den Ausscheidungswettkämpfen für die Endläufe 200.000 Jugendliche teil.

20. Mai: In Berlin wird die Dynamo-Schwimmhalle mit internationalen Wettkämpfen eingeweiht.

23. Mai: Karin Balzer stellt in Leipzig in 10,5 s den 1960 von Gisela Birkemeyer aufgestellten Weltrekord über 80 m Hürden ein.

31. Mai: Am 8. „BZA-Lauf" nehmen 20.000 Berliner SchülerInnen teil.

3. - 4. Juni: In Berlin und Altenburg führt der DTSB-Bundesvorstand Aktivtagungen mit allen Kreis- und Bezirksvorsitzenden durch. Auf der Tagesordnung steht die Arbeitsweise der Kreisvorstände.
19. Juni: In Berlin werden die Verhandlungen beider NOK zur Vorbereitung der gemeinsamen Mannschaft für die Olympischen Spiele in Tokio fortgesetzt.
20. - 24. Juni: Bei den WM im Turnier-Angeln in Wien erringen die VertreterInnen der DDR 17 Gold-, 9 Silber- und 8 Bronzemedaillen.
8. Juli: Die Internationale Lawn-Tennis-Föderation (ILTF) nimmt in Wien den Deutschen Tennis-Verband der DDR (DTV) als Mitglied auf.
10. Juli: In Leipzig verhandeln Vertreter beider NOK erneut über die Olympiamannschaft für Tokio.
31. Juli - 2. August: Bei der EM der Ruderinnen in Amsterdam gewinnen die Frauen der DDR die Titel im Doppelvierer und im Achter.
6. - 9. August: Bei der Ruder-EM der Männer in Amsterdam gewinnt der Zweier m.Stm. aus der DDR einen Titel.
12. - 16. August: Beim V. Pioniertreffen in Karl-Marx-Stadt beteiligen sich Tausende an Sportwettkämpfen in den Sommersportarten.
14. August: Der Beschluß des Kollegiums im Ministerium für Volksbildung zur Wâiterentwicklung des Sportunterrichts und des außerunterrichtlichen Sports an den Ober- und Berufsschulen zieht Folgerungen aus den wissenschaftlichen Konferenzen vom März und November 1963 in Karl-Marx-Stadt.
17. August: Zwischen dem FDGB und dem DTSB wird eine Vereinbarung zur Förderung der sportlichen Freizeitbetätigung der Werktätigen geschlosseo; im DTSB soll die einseitige Orientierung von Leitungen auf die ökonomische Unterstützung durch die Gewerkschaften überwunden werden und die Betriebs- und Abteilungsgewerkschaftsleitungen werden Sportorganisatoren einsetzen.
20. August: In Köln beraten beide NOK-Vertretungen weiter über die Olympiamannschaft für Tokio.
24. - 25. August: Zum dritten Mal nacheinander wird den Radsportlern der DDR die Reise zu den Weltmeisterschaften durch das Allied Travel Office verweigert.
3. - 6. September: Bei den europäischen Titelkämpfen im Meeresangeln vor Warnemünde werden vier Meistertitel für die DDR erreicht.
7. - 12. September: Bei der Internationalen Sechs-Tage-Fahrt für Motorräder (Six Days) in Erfurt gewinnen die DDR-Fahrer den Trophy-Wettbewerb auf MZ, den Wettbewerb um die Silbervase auf Simson GS und die Rennen in den Klassen bis 50 ccm durch Siegfried Rauhut, auf Simson GS bis 75 ccm durch Gottfried Pohlan, auf Simson GS bis 175 ccm durch Peter Uhlig, auf MZ bis 250 ccm durch Werner Salevski, auf

MZ bis 350 ccm durch Bernd Uhlmann, auf MZ und bis 500 ccm durch Fred Willamowski.

8. September: In einer Rede an der DHfK orientiert Walter Ulbricht darauf, im Jahre 1965 in den Kreisen und Bezirken Kinder- und Jugendspartakiaden zu veranstalten und ab 1966 alle zwei Jahre zentrale Spartakiaden zu organisieren.

19. September: In Baden-Baden werden nach 12 Verhandlungsrunden die Nominierungen für die gemeinsame Olympiamannschaft nach Tokio von den beiden NOK-Vertretungen unterschrieben. Erstmalig stellt die DDR die Mehrheit (194:184) der Athleten und daher auch den Chef de Mission sowie den Fahnenträger beim Eröffnungszeremoniell im Olympiastadion.

September: An den Körperbehindertenschulen wird Sportunterricht zum Pflichtfach. Es werden insgesamt vier Unterrichtsstunden pro Woche erteilt, zwei Stunden Sport und zwei Stunden Schwimmen.

10. - 24. Oktober: Bei den XVIII. Olympischen Sommerspielen in Tokio erringen Karin Balzer über 80 m Hürden, Ingrid Krämer-Engel im Kunstspringen und Jürgen Eschert im Canadier über 1000 m Goldmedaillen. Silbermedaillen gewinnen in der Leichtathletik Dieter Lindner (20 km Gehen), Ingrid Lotz (Diskuswerfen), Renate Garisch-Culmberger (Kugelstoßen), im Turmspringen Ingrid Krämer-Engel, im Schwimmen Frank Wiegand (400 m Freistil, 4x100 m Freistil, 4x200 m Freistil), Horst-Günter Gregor (4x200 m Freistil, 4x100 m Lagen), Egon Henninger (4x100 m Lagen), im Turnen Birgit Radochla (Pferdsprung), im Rudern Achim Hill (Einer), im Segeln Peter Ahrendt, Wilfried Lorenz, Ulrich Mense (Drachenklasse). Bronzemedaillen gewinnen im Ringen Lothar Metz (griechisch-römisch, Mittelgewicht), in der Military-Mannschaft Gerhard Schulz, in der Turn-Mannschaft Siegfried Fülle, Peter Weber, Klaus Köste, Erwin Koppe und die Fußball-Mannschaft: Gerd Backhaus, Wolfgang Barthels, Bernd Bauchspieß, Dieter Engelhardt, Otto Fräsdorf, Henning Frenzel, Manfred Geisler, Jürgen Heinsch, Gerhard Körner, Klaus Lisiewicz, Jürgen Nöldner, Herbert Pankau, Peter Rock, Klaus-Dieter Seehaus, Hermann Stöcker, Werner Unger, Klaus Urbanczyk, Eberhard Vogel, Manfred Walter, Horst Weigang. 18 mal werden vierte bis sechste Plätze mit olympischen Urkunden geehrt.

22. Oktober: Der Deutsche Verband für Leichtathletik (DVfL) der DDR wird in Tokio auf dem Kongress der IAAF in die Weltorganisation aufgenommen und kann fortan mit selbständigen Mannschaften - unter dem Namen East Germany - bei internationalen Leichtathletik-Meisterschaften starten.

25. Oktober: Erster DDR-Meister im K-Wagenfahren wird in Freiberg Günter Müller vom MC Apolda.

27. Oktober: Zu Ehren von Karl Friedrich Friesen, dem Mitstreiter von F.L. Jahn und Wegbereiter einer modernen Schwimmbewegung, wird im Berliner Friesen-Stadion ein Gedenkschwimmen veranstaltet.
28. Oktober: Das Sekretariat des ZK beschließt Maßnahmen zur Unterstützung der Spartakiadebewegung.
Oktober: In der Zeitschrift „Körpererziehung" erscheint der Studienplan zur systematischen Weiterbildung aller Sportlehrer an den Schulen.
29. November: Anläßlich des 20. Jahrestages der Ermordung des antifaschistischen Sportlers Willi Sänger finden in Berlin Gedenkläufe mit mehr als 1000 Teilnehmern statt; den Hauptlauf über 7,5 km gewinnt Fritz Janke.
30. November: „Deutsches Sportecho" informiert über den langfristigen Trainingsaufbau der Turnerin Erika Barth (später verehelichte Zuchold). Das Grundlagentraining dauert 3-5 Jahre, das Aufbautraining 3-6 Jahre, daran schließt sich das Hochleistungstraiîing an, in dem sich die Sportlerin befindet.
6. Dezember: Bei den internationalen österreichischen Fechtmeisterschaften in Wien belegten Karin Arnold im Florett Platz drei, Klaus Schenkel Platz vier, während im Degenfechten Harry Fiedler auf den achten Platz kommt.
29. Dezember: Die Fußball-Mannschaft der DDR startet zu einer Südamerika-Tournee, die nach Uruguay, Chile, Peru und Venezuela führt.
Januar bis Dezember:
Im Sportverlag erscheint als erster Band der vierbändigen „Geschichte der Körperkultur in Deutschland" der Band III über die Zeit 1917 bis 1945 (Hans Simon u.a.).

1965

2. Januar: Der Bundesvorstand des DTSB berät auf seiner 14. Sitzung den Entwurf des Gesetzes über das einheitliche sozialistische Bildungssystem und den Plan des Bundes für das Jahr 1965. Als unbefriedigend werden der Übungs- und Wettkampfbetrieb in den SSG und den Kinder- und Jugendabteilungen des Bundes bezeichnet.

12. Januar: In Leipzig übergibt Staatssekretär Alfred B. Neumann den Neubau des Instituts für Sportmedizin an der DHfK dem Institutsdirektor Prof. Dr. Kurt Tittel.

22. - 24. Januar: Beim 25. Hahnenkamm-Rennen belegen im Abfahrtslauf Eberhard Riedel den neunten und in der Alpinen Kombination Ernst Scherzer den zehnten Platz .

26. Januar: Beschluß des Politbüros zum weiteren Ausbau der Kinder- und Jugendsportschulen zu Spezialschulen für den sportlichen Nachwuchs.

6. - 7. Februar: Bei den WM im Rennschlittensport in Davos werden bei den Frauen Ortrun Enderlein und bei den Männern im Doppelsitzer Wolfgang Scheidel/Michael Köhler Weltmeister.

12. - 14. Februar: Während der Oberhofer Skispiele findet das 15. Oberhofer Sportlergespräch statt, bei dem Sportler und Sportfunktionäre die Sportbeziehungen zwischen beiden deutschen Staaten diskutieren.

15. Februar: In einer soziologischen Erhebung werden die subjektiven Beziehungen der Bürger zum Sport, die Wirksamkeit von Institutionen im Sport und der reale Prozess des sportlichen Übens in Gruppen untersucht und mit maschineller Datenverarbeitung ausgewertet.

20. Februar: Die Hinweise des Ministeriums für Volksbildung zur Unterstützung der Spartakiadebewegung werden den Schulverwaltungen und den Lehrern zur Umsetzung übermittelt.

25. Februar: Die Arbeitsgruppe Sport im ZK nimmt zu den Konzeptionen des DTSB-Präsidenten und des Vorsitzenden des Staatlichen Komitees für Körperkultur und Sport Stellung. Das Staatliche Komitee wünscht eine Erhöhung seiner Verantwortung, der DTSB fordert eine Einschränkung der Rolle des Komitees. Der Leiter der Arbeitsgruppe Sport schlägt vor, dem DTSB höhere Verantwortung zu übertragen, die DHfK jedoch dem Staatssekretariat für Hochschulwesen zu unterstellen, im DTSB einen Bereich Wissenschaft zu bilden und die DHfK politisch und fachlich durch den DTSB anzuleiten.

25. Februar: Im Gesetz über das einheitliche sozialistische Bildungssystem, das die Volkskammer annimmt, werden sämtliche staatlichen und gesellschaftlichen Bildungseinrichtungen und -bestrebungen in ihren inneren Zusammenhängen von der Vorschulerziehung bis zur Berufs-, Fachschul- und Hochschulbildung, einschließlich der Weiterbildung erfaßt. Das Gesetz charakterisiert die körperliche Erziehung mit ihren hauptsächlichen Zielen und Inhalten vom Kindergarten bis zur Hochschul- oder Universitätsbildung.

2. - 6. März: Bei der WM im Eiskunstlauf in Colorado Springs kommt Gabriele Seyfert, wie zuvor bei der EM, auf den fünften Platz.

4. - 14. März: Bei der WM im Eishockey in Tampere erreicht die DDR-Mannschaft Platz fünf vor der Mannschaft der USA.

13. - 14. März: Bei internationalen alpinen Skiwettkämpfen in Aare belegt Ernst Scherzer im Riesenslalom und in der Kombination Platz drei.

21. März: Beim Skifliegen am Kulm erreicht Peter Lesser mit 145 m eine Weite, die vor ihm niemand schaffte. Meldungen über einen „Weltrekord" sind irrig, da die Internationale Skiföderation prinzipiell keine Weitenrekorde führt.

16. April: In Halle werden zum zweiten Mal die Endläufe im Cross der Jugend, einem leichtathletischen Massenwettbewerb, ausgetragen.

16. - 17. April: In Berlin findet eine Beratung von Vertretern der Sportleitungen sozialistischer Länder statt. Der sowjetische Vertreter berichtet über die Ergebnisse der Tagung der IOC-Exekutive mit den Internationalen Sportföderationen; es werden die Vorbereitung der Tagung der NOK in Rom und der Antrag des NOK der DDR auf eine selbständige Mannschaft zu den Olympischen Spielen in Mexiko beraten.

25. April: Die Fußball-Junioren gewinnen in Essen das XVIII. UEFA-Turnier gegen England mit 3:2 Toren.

8. - 23. Mai: Bei der XVIII. Friedensfahrt Berlin-Prag-Warschau gewinnt die UdSSR-Mannschaft die Mannschaftswertung vor Polen und der DDR. In der Einzelwertung belegt Axel Peschel Platz sechs.

15. Mai: Das Bulletin des IOC informiert über die Ergebnisse der IOC-Exekutiv-Tagung vom 12. April mit den Vertretern der Internationalen Sportföderationen. Es kündigt für die IOC-Tagung in Madrid die Entscheidung über die „fortgesetzte Bildung einer gesamtdeutschen Mannschaft" an.

16. Mai: In Potsdam stellt Christoph Höhne im Gehen über 30 Meilen (4:02:33 h) und über 50 km (4:10:51,8 h) Weltrekorde auf.

17. Juni: Der DTSB-Bundesvorstand beschließt die Einberufung des III. Turn-und Sporttages für 1966, Wahlen und berät das Manuskript der Geschichte der Körperkultur in Deutschland von 1945 bis 1961.

19. Juni - 4. Juli: In allen Kreisen der DDR werden erste Kreis-Kinder- und Jugendspartakiaden in den Sommersportarten durchgeführt.

25. Juni: Die Internationale Gehörlosen-Sportföderation (CISS) lehnt während des Kongresses in Washington erneut den Antrag des Deutschen Verbandes für Versehrtensport (DVFV) ab, mit einer selbständigen Mannschaft an den X. Weltspielen der CISS vom 17. Juni - 3. Juli in Washington teilnehmen zu können. Diese Entscheidung wird getroffen, obwohl der DVFV selbständiges Mitglied im CISS ist.

30. Juni: Zwischen dem Staatlichen Komitee für Körperkultur und Sport und dem DTSB wird eine „Vereinbarung über die Abgrenzung der Verantwortungsbereiche und über die Zusammenarbeit" abgeschlossen.

3. Juli: Bei der internationalen Ruderregatta in Henley siegen im Zweier o.Stm. Peter Gorny und Günter Bergau.

20. Juli: In Erfurt läuft Jürgen May über 1000 m in 2:16,2 min Weltrekord.

22. - 29. Juli: Beim 10. Goldcup der Finn-Dinghi-Segler vor Gdynia belegen Jürgen Mier den ersten und Bernd Dehmel den zweiten Platz.

23. Juli - 8. August: In den 15 Bezirken, einschließlich Berlins, werden Bezirks-Kinder- und Jugendspartakiaden organisiert .

5. August: Siegfried Herrmann läuft in Erfurt über 3000 m Weltrekord in 7:46,0 min.

5. - 10. August: Bei der WM im Kanuslalom auf der Lieser bei Spittal gewinnen DDR-Sportler fünf und im Wildwasserrennen vier Titel.

10. August: Das Politbüro beschließt das Dokument über die weitere Entwicklung des Leistungssports bis 1972.

21. - 22. August: In Linz erreicht die DDR-Auswahl bei der Feld-Faustball-EM der Männer Platz drei hinter der BRD und Österreich.

24. - 25. August: Das Präsidium des Deutschen Schwimmsport-Verbandes und das Ministerium für Volksbildung führen in Zusammenarbeit mit dem Institut für Körpererziehung der Friedrich-Schiller-Universität Jena eine Arbeitstagung zum Schwimmunterricht im vrühen Schulalter durch. Es wird vorgeschlagen, den Schwimmunterricht in das dritte und zweite Schuljahr zu verlegen.

1. September: Das Staatliche Komitee für Körperkultur und Sport beschließt die Direktive zur Ausarbeitung des Perspektivplanes für die Entwicklung von Körperkultur und Sport bis 1970.

2. - 7. September: In Berlin findet die Jahrestagung der Sportleitungen sozialistischer Länder statt. Es wird vereinbart, internationale Jugendwettkämpfe „Olympische Hoffnung" durchzuführen, 1965 zunächst im Turnen und in der Leichtathletik. Sie werden ab 1966 als Jugendwettkämpfe der Freundschaft in fünf Sommersportarten weitergeführt; ab 1969 in 19 Sommersportarten und in fünf Wintersportarten.

4. September: Bei der WM im Straßenradsport bei San Sebastian (Spanien) wird Elisabeth Eichholz Weltmeisterin im Straßenfahren.

4. - 5. September: In Pirna finden die DDR-Meisterschaften im Bogenschießen statt.

6. - 12. September: Bernd Dehmel wird vor Cascais (Portugal) Europameister im Finn-Dinghi-Segeln.

6. - 12. September: Bei der Radsport-Bahn-WM im spanischen San Sebastian wird Hannelore Mattig in der 3000-m-Einzelverfolgung Zweite und Karin Stüwe im Sprint Dritte.
8. September: In Leipzig schwimmen die Männer Alfred Müller, Udo Poser, Horst-Günter Gregor, Frank Wiegand über 4x220 Yard Freistil Weltrekord in 8:07,3 min.
11. - 12. und 19. September: Bei den ersten Europa-Pokal-Kämpfen für Nationalmannschaften in der Leichtathletik in Stuttgart belegen die Männer am 11.-12. September den vierten, die Frauen in Kassel am 19.September den zweiten Rang.
18. - 23. September: WM im Modernen Fünfkampf in Leipzig. Die Senioren (Manfred Große, Wolfgang Lüderitz, Uwe Adler) erringen die Bronzemedaille. In der Einzelwertung belegt Manfred Große den 4. Platz und die Mannschaft der Junioren (Graber, Grönke, Langner) bei der ersten Junioren-WM Rang vier.
25. September: Dem DTSB-Präsidenten wird der Zugang nach Westberlin auf westalliierte Weisung ebenso verweigert wie am 29. September die Einreise nach Italien zur Generalversammlung der NOK in Rom.
30. September: Der DTSB-Bundesvorstand beschließt den Plan zur Förderung des Leistungssports bis 1968.
6. Oktober: In Karl-Marx-Stadt wird die dritte Kunsteisbahn des Landes im Küchwald eingeweiht.
8. Oktober: Das IOC billigt auf seiner 63. Session in Madrid der DDR eigene Olympiamannschaften zu. Beide deutsche Olympiamannschaften starten 1968 noch unter gemeinsamen Symbolen, der schwarz-rot-goldenen Fahne mit den weißen Olympiaringen und einem Motiv aus der 9. Symphonie Beethovens als Hymne für die olympischen Sieger.
8. - 9. Oktober: Die DDR-Geher erringen in Pescara (Italien) den Lugano-Cup, den Europapokal, vor der britischen Mannschaft.
16. - 22. Oktober: Die DHfK begeht mit wissenschaftlichen Veranstaltungen und sportlichen Wettkämpfen den 15. Jahrestag ihrer Gründung. Es findet die erste wissenschaftliche Konferenz zu Fragen der vorschulischen Körpererziehung statt, an der mehr als 200 Pädagogen, Sportwissenschaftler, Sportmediziner und vor allem Erzieherinnen aus den Vorschuleinrichtungen teilnehmen.
27. Oktober: In Dresden räumt die Konferenz für Gesundheitserziehung den Problemen des Sports einen breiten Raum ein.
30. Oktober: Das DSB-Präsidium gibt in Köln bekannt, daß die Abbruch-Beschlüsse vom 16. August 1961 aufgehoben seien.
Oktober: Die DHfK in Leipzig erhält das Habilitationsrecht.
Oktober: In Dresden findet eine Bezirksaktivtagung der SED zu Sportfragen statt. An ihr nehmen rund tausend Funktionäre der Partei, des Staatsapparates und aller Massenorganisationen des Bezirks teil.

4. - 5. November: An der DHfK findet ein internationales wissenschaftliches Seminar zur Freizeitforschung in den sozialistischen Ländern statt.

26. November: Der Leiter der Arbeitsgruppe Sport im ZK legt Walter Ulbricht einen Bericht über den Leistungssport der BRD und seine Einrichtungen vor.

9. Dezember: Die Internationale Reiterliche Vereinigung (FEI) nimmt in Brüssel die Reitsportler der DDR als Mitglied auf.

17. - 18. Dezember: „Deutsches Sportecho" informiert über ein Rundtisch-Gespräch mit den Mitgliedern des DTSB-Präsidiums Rudi Reichert und Heinz Busch, in dem die Feststellung getroffen wird, daß in vielen Grundorganisationen noch keine grundlegende Umverteilung der Mittel zugunsten des Kinder- und Jugendsports erfolgt ist.

21. Dezember: Gründung des ersten selbständigen Fußballclubs (FC) in der DDR, des FC Magdeburg.

26. Dezember: In Oberwiesenthal berät Walter Ulbricht in seiner Eigenschaft als Vorsitzender des Staatsrates mit dem DTSB-Präsidenten und dem Leiter der Arbeitsgruppe Sport im ZK Grundfragen der Sportpolitik.

Januar bis Dezember:

Seit 1964 sind in mehrmonatigen Lehrgängen 200 kubanische Sportinstrukteure an der Zentralschule des DTSB in Bad Blankenburg für ihre Aufgaben in der Heimat vorbereitet worden.

Dem DTSB gehören 1.813.000 Mitglieder an. Es sind 106.000 Übungsleiter sowie 43.000 Kampf- und Schiedsrichter registriert.

1966

2. Januar: „Deutsches Sportecho" erscheint als Tageszeitung.

6. Januar: Bei der Vierschanzen-Tournee BRD/Österreich belegt Dieter Neuendorf den zweiten Platz.

15. Januar: Der Fußballclub Karl-Marx-Stadt (FCK) wird gegründet.

Januar: Beim internationalen Schach-Turnier in Hastings belegt Wolfgang Uhlmann punktgleich mit Tigran Petrosjan und Boris Spasski (beide UdSSR) den ersten Platz.

2. - 6. Februar: Vor dem Auftakt zur Biathlon-WM in Garmisch-Partenkirchen (BRD) wird beim Training Polizei gegen die DDR-Athleten eingesetzt. Es wird verlangt, daß die Aktiven das DDR-Staatswappen von ihrer Wettkampfkleidung entfernen. Für den Fall, daß diesem Befehl nicht nachgekommen werden sollte, wird polizeiliche Gewalt angedroht. Vermittlungsversuche der Internationalen Föderation scheitern, die DDR-Mannschaft verzichtet auf den Start und reist ab.

17. - 27. Februar: Bei der Ski-WM in den nordischen Disziplinen in Oslo wird Dieter Neuendorf Vize-Weltmeister auf der kleinen Schanze. Die 3x5-km-Staffel der Frauen belegt den vierten und Gerhard Grimmer über 50 km den 9. Platz. Die norwegische Regierung hatte sich geweigert, der NATO-Vereinbarung zu folgen und DDR-Athleten die Visa zu verweigern.

22. - 27. Februar: Die 1. Zentrale Kinder -und Jugendspartakiade in den Skidisziplinen in Oberhof und Goldlauter fällt den Wetterunbilden zum Opfer. Die Eisdisziplinen werden in Berlin ausgetragen; hier machen spätere Weltmeister wie Christine Errath und Jan Hoffmann auf sich aufmerksam.

22. - 27. Februar: Bei der Eiskunstlauf-WM in Davos wird Gabriele Seyfert Vizeweltmeisterin.

3. - 13. März: Bei der Eishockey-WM in Jugoslawien erkämpft die DDR-Vertretung wiederum den fünften Platz vor der USA-Auswahl.

9. März: Eine Aktivtagung des FDGB, des Ministeriums für Kultur, des Kulturbundes, der FDJ befaßt sich mit der Freizeitgestaltung der Bevölkerung.

23. März: „Deutsches Sportecho" teilt mit: Die neuen Fußballklubs werben fördernde Mitglieder. Dem Berliner Fußballklub Dynamo (BFC) gehören als fördernde Mitglieder an: Hermann Axen, Friedrich Dickel, Gerhard Grüneberg, Erich Honecker, Erich Mielke. Beim FC Vorwärts werden 200 Fördermitglieder gezählt, darunter die Minister Heinz Hoffmann und Erich Markowitsch.

3. - 11. April: Bei der 1. Europameisterschaft des Internationalen Blinden-Schachbundes (IBCA) in Timmendorfer Strand (BRD) belegt Klaus Mikkeleit Rang neun.

16. April: Die Frauen des SC Leipzig gewinnen den Handball-Europapokal der Landesmeister gegen HG Kopenhagen.

22. April: Die Männer des SC DHfK gewinnen den Handball-Europapokal der Landesmeister gegen Honved Budapest.

27. April: Das IOC wählt den Leipziger Verleger Dr. Heinz Schöbel zum Mitglied.

30. April: In Parchim findet das Finale des Crosslaufes der Jugend statt. An den Vorkämpfen sind 500 000 LäuferInnen beteiligt.

April: Mit der Einführung der 5-Tage-Arbeitswoche in jeder zweiten Woche eröffnen sich neue Betätigungsmöglichkeiten im Sport.

8. Mai: In Berlin unterzeichnen Juri Maschin und Manfred Ewald einen Freundschaftsvertrag zwischen den Sportleitungen der UdSSR und der DDR.

9. - 25. Mai: Bei der XIX. Internationalen Friedensfahrt Prag-Warschau-Berlin wird Axel Peschel Dritter in der Einzelwertung, ebenso die DDR-Mannschaft hinter der UdSSR und Polen.

15. Mai: Auf der Kriebstein-Talsperre bei Mittweida wird Günter Wald Europameister in der Klasse OJ bis 175 ccm der Außenbordrennboote.

28. - 30. Mai: Die DDR-Volleyballauswahl der Männer gewinnt in Belgrad ein internationales Turnier vor Jugoslawien und der UdSSR.

3. - 4. Juni: In Berlin tagt der III. Deutsche Turn- und Sporttag des DTSB. Zu den Ergebnissen der Jahre seit 1961 zählt, daß die Zahl der Übungsleiter von 42.000 auf 106.000 erhöht werden konnte, 75 Prozent davon sind eingesetzt. Die Zahl der Kampf- und Schiedsrichter wuchs von 30.000 auf 42.000; 1415 neue Sportgemeinschaften sind entstanden, Ende 1965 waren es 7164 mit mehr als 1,8 Mio Mitgliedern; der im Bund vereinigte Bevölkerungsanteil schwankt zwischen 7,6 Prozent im Bezirk Rostock und 12 Prozent im Bezirk Suhl. Den größten Anteil an den steigenden Mitgliederzahlen haben die Turner, Angler, Fußballspieler und Motorsportler. Rückgänge verzeichnen die Verbände Federball, Rudern, Fechten, Faustball und Radsport. Ein neues Statut des Bundes wird beschlossen. Präsident des DTSB wird wieder Manfred Ewald, Vizepräsidenten werden Edelfrid Buggel, Alfred Heil, Günter Heinze, Bernhard Orzechowski, Erich Riedeberger, Franz Rydz und Roland Weißig .

12. Juni: Die Gesellschaft für Sportmedizin der DDR wird von der Internationalen Föderation für Sportmedizin (FIMS) als Mitglied aufgenommen.

17. - 19. Juni: In Halberstadt finden die ersten zentralen Sportspiele für sehgeschädigte Kinder, Jugendliche und Erwachsene in der Leichtathletik, im Schwimmen, im Schach und im Rollball statt.

19 - 25. Juni: Bei den WM im Asphaltkegeln in Bukarest gewinnen Astrid Schmidt und Horst Bräutigam die Titel. Die Sechsermannschaft der Frauen wird Zweite. Über 200 Wurf stellt Horst Bräutigam mit 989 Punkten einen neuen Weltrekord auf.

22. Juni - 2. Juli: Bei der V. Schach-WM der Gehörlosen in Leksand (Schweden) erreicht die DDR-Mannschaft (Pötzsch, Weidemann, Krabbe, Arnold) den 4. Platz.

1. Juli: Das Präsidium des FDGB-Bundesvorstandes beschließt Maßnahmen zur weiteren Umsetzung der Vereinbarung mit dem DTSB im Zusammenhang mit dem III. Deutschen Turn- und Sporttag.

2. Juli: In Leipzig gewinnt die DDR-Fußballnationalmannschaft gegen Chile mit 5:2 (2:0).

5. Juli: Durch eine Anordnung des Vorsitzenden des Staatlichen Komitees für Körperkultur und Sport wird den Leitungen und Gemeinschaften des DTSB offiziell die Rechtsfähigkeit verliehen.

6. - 16. Juli: Bei der Fecht-WM in Moskau belegt die Männer-Mannschaft der DDR im Säbelfechten den sechsten Platz.

14. - 23. Juli: Bei den WM im Sportschießen in Wiesbaden erringen in der Disziplin Freie KK-Büchse (40 Schuß stehend, 50 m) Werner Lippoldt, Hartmut Sommer, Dieter Munzert, Günter Lange mit Weltrekord (1467 Ringe) die erste Goldmedaille für die DDR in dieser Sportart. In der Einzelwertung belegen Werner Lippoldt und Hartmut Sommer die Ränge zwei und drei.

24. - 31. Juli: In Berlin findet die 1. Zentrale Kinder- und Jugendspartakiade in den Sommersportarten statt; die Reiterwettkämpfe werden in Leipzig durchgeführt. Es gehen mehr als 12.000 Kinder und Jugendliche an den Start. 23 Sportarten stehen auf dem Programm. Diese Spartakiade wird als „grundlegende Wende in der Orientierung auf den Kinder- und Jugendsport“ vom DTSB-Präsidenten bezeichnet. In Berlin starten später international so bekannt gewordene SportlerInnen wie der Fechter Klaus Haertter, die LeichtathletInnen Ellen Strophal, Doris Maletzki, Max Klauß, Hans-Peter Gies, Joachim Kirst, Waldemar Cierpinski, Stefan Junge, die Schützen Harald Vollmar und Bernd Wunderlich, im Schwimmen Roland Matthes und Gabriele Wetzko.

24. Juli - 6. August: In Leipzig versammelt sich die Weltelite der Fallschirmspringer zu ihrer WM. Günter Gerhardt landet als erster Fallschirmspringer der Welt drei „Null“-Sprünge und gewinnt das kombinierte Einzelspringen, in der Gesamtmannschaftswertung belegt die DDR-Mannschaft den vierten Platz.

5. - 14. August: Bei der Ski-WM in den alpinen Disziplinen in Portillo (Chile) wird Ernst Scherzer im Slalom 21. und Eberhard Riedel 22. in der Abfahrt.

14. August: In Warschau erzielt Wolfgang Nordwig einen Europarekord im Stabhochsprung mit 5,235 m.

17. August: Die Magdeburger Bezirkskommission Jugend und Sport der SED informiert die Abteilung Jugend im ZK, daß nach ihrer Ansicht „der politische Kern“ des gesamtdeutschen Sportverkehrs von vielen BSG nicht verstanden wird; es mehren sich Anträge von BSG auf Sportreisen nach Westdeutschland; in den Tagen der Fußballweltmeisterschaft betrachten Fußball-Anhänger vielfach die westdeutsche Vertretung als „ihre“ Mannschaft.

18. - 21. August: Bei der WM im Kanurennsport in Berlin gewinnen Kobuß/Ulze im Zweierkajak der Frauen über 500 m die erste Goldmedaille. für die DDR. Drei Bronzemedaillen im KIV der Männer über 10.000 m, im KI und KIV der Frauen über 500 m kommen ebenfalls auf das Konto der DDR-Kanuten.

21. August: Nach 14 WM-Läufen im Moto-Cross wird Paul Friedrichs Weltmeister in der Klasse bis 500 ccm, obwohl ihm die Oberste Motorradsportkommission (OMK) der BRD den Start beim letzten Lauf verweigert.

21. - 22. August: Bei der Faustball-EM in Linz (Österreich) belegt die DDR-Mannschaft Platz drei.

22. - 27. August: Bei der EM im Schwimmen, Springen und Wasserball in Utrecht (Niederlande) werden von den DDR-Aktiven vier Gold-, sechs Silber- und fünf Bronzemedaillen erkämpft. Frank Wiegand gewinnt die 400 m Freistil in Weltrekordzeit (4:11,1 min), das 400-m-Lagen-Finale und gemeinsam mit Udo Poser, Horst-Günter Gregor und Peter Sommer die 4x100-m-Freistilstaffel. Martina Grunert siegt über 100 m Freistil.

27. - 28. August: Bei der Ruder-EM der Frauen in Amsterdam gewinnt die DDR drei Titel: Doppelvierer, Doppelzweier und Achter.

27. - 28. August: In Werdau führt der Deutsche Verband für Versehrtensport die 1. Zentralen Sportspiele der Körperbehinderten durch. (Leichtathletik, Faustball, Sitzball, Tischtennis, Kegeln)

30. August - 4. September: Die Leichtathletik-EM in Budapest beginnt mit der Aufforderung der Bonner Regierung an die BRD-Mannschaft abzureisen, weil bei Siegerehrungen auch die DDR-Hymne gespielt würde. Mannschaftsleiter Danz lehnt ab, der Aufforderung nachzukommen. Die DDR-SportlerInnen erringen acht EM-Titel, drei zweite und sechs dritte Plätze. Europameister werden Detlef Thorith und Christine Spielberg im Diskuswerfen, Manfred Matuschewski über 800 m, Jürgen Haase über 10.000 m, Wolfgang Nordwig im Stabhochsprung, Karin Balzer über 80 m Hürden, Dieter Lindner im 20 km Gehen und Marion Lüttge-Graefe im Speerwerfen.

30. August - 4. September: In Villingsberg (Schweden) gewinnt die DDR-Mannschaft zum vierten Mal hintereinander die Internationalen Six Days im Motorradgeländesport.

30. August - 11. September: Den vierten Platz erkämpft die DDR-Volleyballmannschaft der Männer bei der WM in der CSSR.

August: Die DDR-Expedition des Deutschen Wanderer- und Bergsteiger-Verbandes (DWBV) erreicht im Ektag-Altai-Massiv (Mongolische Volksrepublik) zwei Erstbesteigungen in Höhen zwischen 3000 m und 4000 m.

1. September: Nach mehrjährigen Bemühungen von Neuerern führt das Staatssekretariat für Hoch- und Fachschulwesen ein neues Ausbildungsprogramm für den obligatorischen Studentensport ein, das Interessengruppen und sportartspezifisches Training wahlweise vorsieht.

3. - 4. September: Bei den Weltmeisterschaften im Turnierangeln in Svit (CSSR) erringt die DDR mit sechs Titeln den Pokal der Nationen.

8. - 11. September: Bei der Ruder-WM der Männer in Bled (SFRJ) gewinnen die DDR-Boote drei WM-Titel: im Zweier o.Stm., im Vierer m.Stm. und im Vierer o.Stm.; dritte Plätze erreichen der Doppelzweier und der Achter.

19. - 25. September: Bei der Turn-WM in Dortmund gewinnt die Männermannschaft den dritten Platz, die der Frauen den vierten.

23. - 25. September: Bei der WM im Hallenradsport in Köln gewinnen Gerth Martin/Erich Dusin den Titel im Radball.

24. - 25. September: Bei den I. Europäischen Juniorenspielen in der Leichtathletik in Odessa werden von DDR-Athleten sechs Gold-, vier Silber- und vier Bronzeplätze gewonnen.

2.- 9. Oktober: Bei der Basketball-EM der Frauen in Cluj (Rumänien) erreicht die DDR-Mannschaft Platz drei.

3. - 15. Oktober: Bei der Frauen-Schacholympiade in Oberhausen (BRD) erringt die DDR die Bronzemedaille (Dr. Just, Keller-Herrmann, Nowarra).

7. - 9. Oktober: Zentrale Sportspiele der Hörgeschädigten (Kinder, Jugendliche und Erwachsene) in der Leichtathletik, im Schwimmen, Wasserball, Schach, Tischtennis, Faustball, Fußball und Volleyball finden in Dresden statt.

15. - 23. Oktober: Die EM und die WM im Gewichtheben werden in Berlin ausgetragen. DDR-Athleten belegen Medaillenplätze und erreichen mit 10 Punkten bei der WM den sechsten Platz und mit 14 Punkten bei der EM den vierten Platz in der Länderwertung.

6. - 11. November: Bei den WM im Modernen Fünfkampf in Melbourne belegt die DDR-Mannschaft Platz drei (Große, Adler, Lüderitz).

26. - 27. November: In Eisenach werden die I. Judo-Meisterschaften der Frauen durchgeführt, nachdem in Bestenermittlungen Einwände gegen den Judo-Wettkampfsport für Frauen entkräftet wurden.

3. - 4. Dezember: Bei den internationalen Meisterschaften Österreichs im Federball erreichen DDR-SportlerInnen einen Sieg, zwei zweite und drei dritte Plätze.

4. Dezember: Die DDR-Nationalriegen laden zu einem Schauturnen nach Berlin, dessen Erlös (7339 M) für Vietnam gespendet wird.

Januar bis Dezember:

Das Staatliche Komitee für Körperkultur und Sport schließt mit Syrien, Guinea und Ägypten Ressortvereinbarungen ab.

Im Verlag Volk und Wissen erscheint das Hochschullehrbuch „Methodik des Sportunterrichts“ (Günther Stiehler u.a.).

Der FDGB bildet Kreis- und Bezirkssportkommissionen zur Koordinierung volkssportlicher Aktivitäten.

1967

3. - 8. Januar: Beim internationalen Schach-Turnier in Hastings belegt Wolfgang Uhlmann hinter Ex-Weltmeister Michael Botwinnik (UdSSR) Platz zwei.
19. Januar: Auf der 3. Bundesvorstandssitzung des DTSB werden Beschlüsse über die weitere Verbesserung der wissenschaftlichen Führungstätigkeit verabschiedet, die als „sportartspezifische Leitung" auf die Erweiterung der Massenbasis für den Nachwuchs in den olympischen Sportarten zielt. Zugleich werden Gedanken und Konzeptionen für solche Verbände wie Tischtennis und Kegeln entwickelt, um sie, ähnlich wie den ADMV, auf eine selbständige Finanzierung zu orientieren. Das Experiment wurde jedoch später abgebrochen.
20. - 22. Januar: Günter Münzner belegt bei den Schwedischen Skispielen in Falun einen dritten Platz in der Nordischen Kombination.
21. - 22. Januar: In Berlin beginnt das 7. Tischtennis-Turnier der Tausende (TTT), das bis zum 16. April in acht Altersklassen durchgeführt wird. 7063 Aktive nehmen daran teil.
24. Januar: Im ND erscheint ein Offener Brief des Chemie-Arbeiters Horst Seifert. Darin wird ein breiter Erfahrungsaustausch zu Sportfragen gefordert und vorgeschlagen, in die Betriebskollektivverträge und Brigadeverträge Festlegungen zum Sport aufzunehmen. Mitarbeiter der Arbeitsgruppe Sport im ZK haben diesen Brief als Mittel zur sportlichen Werbung und Mobilisierung initiiert. Hier ist auch die Losung „Jederman an jedem Ort mehrmals in der Woche Sport" - von vielen für unrealistisch gehalten - erstmals publiziert.
1. - 5. Februar: Bei der EM im Eiskunstlauf in Ljubljana (SFRJ) wird Gabriele Seyfert Europameisterin, Heidi Steiner und Hans-Georg Walther gewinnen Bronze im Paarlauf.
3. Februar: Erstmalige Verleihung des Kunstpreises des DTSB.
4. Februar: Die FDGB-Zeitung Tribüne beginnt eine Leserdiskussion zum Thema „Übungsleiter - Außenseiter?"
8. - 12. Februar: Bei internationalen Skiwettkämpfen in Grenoble belegen Ralph Pöhland Platz eins in der Nordischen Kombination, Dieter Neuendorf Platz zwei im Spezialsprunglauf und Dieter Speer im Biathlon Platz drei.
11. Februar: Erstmalig wird in Schmiedefeld ein 10-km-Massenskilauf organisiert, an dem 650 Sportlerinnen und Sportler teilnehmen.
12. Februar: Jürgen Haase gewinnt in Genf den Crosslauf des Schweizer Arbeitersportverbandes SATUS.
15. - 19. Februar: Bei den erstmalig in der DDR ausgetragenen Biathlon-WM in Altenberg erreicht Horst Koschka über 20 km Platz acht und die

4x7,5-km-Staffel Rang fünf. Bei den zuvor ausgetragenen Junioren-Wettkämpfen erringt die Staffel (Bock, Höhn, Meischner) mit dem dritten Platz die erste Biathlon-Medaille für die DDR.

17. Februar: In Berlin konstituiert sich das Präsidium des Schiffsmodellklubs.

18. - 19. Februar: Bei den WM im Rennschlittensport in Hammarstrand (Schweden) gewinnen Ortrun Enderlein, Thomas Köhler und das Doppel Thomas Köhler/Klaus Bonsack sämtliche Titel. Petra Tierlich und Klaus Bonsack holen sich die Silber-Plätze in den Einzeldisziplinen.

28. Februar - 5. März: In Wien wird Gabriele Seyfert Vizeweltmeisterin im Eiskunstlauf.

1. März: Das Präsidium des DTSB-Bundesvorstandes verabschiedet das Programm des Leistungssports für die nächsten Jahre.

11. - 12. März: Bei den II. Europäischen Hallenspielen der Leichtathletik in Prag gewinnt Karin Balzer die 50 m Hürden in 6,9 s.

20. März: Beim traditionellen Frühjahrswaldlauf der Berliner Ruderer starten 700 Aktive .

23. März: In Berlin findet eine Bezirksparteiaktivtagung der SED zu Fragen der Körperkultur und des Sports statt. Analoge Tagungen werden im Frühjahr 1967 in Halle, Erfurt, Frankfurt (Oder) und Cottbus durchgeführt. An ihnen nehmen jeweils mehrere hundert Leiter aus Industrie und Landwirtschaft, aus staatlichen und wirtschaftsleitenden Organen teil. Sie beraten mit Sportlern, Trainern, Sportfunktionären und Sportwissenschaftlern Probleme des Sports.

25. - 26. März: Bei den Turn-EM in Tampere (Finnland) belegt Gerhard Dietrich am Seitpferd und im Pferdsprung den dritten Platz .

1. - 2. April: Bei den Junioren-EM im Judo in Lissabon siegt Karl-Heinz Werner im Halbmittelgewicht, Wolfgang Zuckschwerdt und Heinz Schulze erreichen Platz zwei und drei im Schwergewicht.

17. - 22. April: Auf dem VII. Parteitag der SED wird eine zunehmende Einsicht konstatiert, daß Körperkultur und Sport zur sozialistischen Lebensweise gehören. Im Zuge des Parteitages wird die Arbeitsgruppe Sport des ZK in den Rang einer Abteilung erhoben.

2. Mai: In Berlin tagt der 31. Kongreß der Internationalen Sportjournalisten-Vereinigung (AIPS).

10. - 25. Mai: Bei der XX. Friedensfahrt Warschau-Berlin-Prag belegt Günter Hoffmann Platz fünf, die Mannschaft wird Zweiter hinter Polen vor der CSSR.

13. - 15 Mai: Beim Pfingsttreffen der Jugend in Karl-Marx-Stadt findet der Cross der Jugend statt, an dessen Vorwettkämpfen 767.000 Aktive teilnahmen.

14. Mai: In Rom nimmt die Weltföderation des Tauchsports (CMAS) den Tauchsportklub der DDR einstimmig als Mitglied auf.

27. - 28. Mai: Bei den Turn-Europameisterschaften der Frauen in Amsterdam erreicht Karin Janz am Stufenbarren Platz zwei, im Kür-Vierkampf Platz vier, Erika Zuchold im Pferdsprung Platz zwei.

1. - 2. Juni: Während der zentralen Studentensportkonferenz in Weimar beraten Sportlehrer und Sportmediziner erstmalig mit dem Minister für Hoch- und Fachschulwesen, mit Staatssekretären, dem Vertreter des Zentralrates der FDJ, dem DTSB-Präsidenten und leitenden Hochschullehrern wie der obligatorische und fakultative Studentensport erfolgreicher und effektiver gestaltet werden kann. 600 wissenschaftlich ausgebildete hauptamtliche Hoch- und Fachschulsportlehrer äußern Vorschläge, wie die körperliche Erziehung der rund 100.000 StudentInnen auf ein höheres Niveau zu heben ist.

8. Juni: Die 4. DTSB-Bundesvorstandssitzung verweist im Kommuniqué auf zwei Hauptbereiche, die besonders zu entwickeln sind. Der eine gilt der Entwicklung der „allgemeinen sportlichen und touristischen Freizeitgestaltung in den Familien, Betrieben, Wohngebieten, Naherholungs- und Urlaubszentren". In diesem Bereich zeichnet sich zunehmend wachsende Verantwortung der örtlichen Organe, der Betriebsleitungen und der gesellschaftlichen Organisationen ab. Der zweite Bereich, der vordringlich vom DTSB entwickelt werden soll, ist der Übungs-, Trainings- und Wettkampfbetrieb, zielstrebige Nachwuchsarbeit und Leistungsentwicklung auf der Grundlage der Sportarten, als dem „eigentlichen Kernstück der sozialistischen Volkskörperkultur".

10. Juni: Zu den 1500 Teilnehmern des Leipziger Gesundheitslaufes gehört auch Ex-Radweltmeister Gustav-Adolf Schur.

10. - 11. Juni: Den ersten offiziellen Leichtathletik-Ländervergleich DDR-UdSSR gewinnen die sowjetischen Männer mit 118:105 Punkten, während bei den Frauen die DDR-Auswahl mit 61:56 Punkten erfolgreich ist.

Juni: Im Leipziger Sportforum wird - wie in anderen Städten des Landes - ein Zentrum für aktive Erholung vom Rat der Stadt gegründet.

7.- 8. Juli: Beim Europapokal der Landesmeister im Faustball der Männer in Zeitz belegt die Mannschaft von Chemie Zeitz den ersten Platz.

8. - 9. Juli: Bei den WM im Kanuslalom in Lipno (CSSR) gewinnen die Männer im KI, in der Mannschaft (KI und CII) und die Frauenmannschaft im KI.

10. - 13. Juli: Das internationale Turnier der „olympischen Hoffnung" im Volleyball wird in Greifswald, Zinnowitz, Binz und Stralsund ausgetragen.

15. - 16. Juli: Bei den Wildwasser-WM in Spindleruv Mlyn (CSSR) gewinnen die Kanuten drei Welttitel und zwar im KI, im 3xKI und die Frauen im CII. Außerdem werden vier zweite und vier dritte Plätze erreicht.

21. Juli: Die Alpinisten Fritz Eske, Günter Kalkbrenner, Günter Warmuth und Kurt Richter verunglücken, nachdem sie das Matterhorn erstiegen hatten, bei dem Versuch, die Eigernordwand zu durchsteigen, tödlich

30. Juli: Paul Friedrichs wird Weltmeister im Motorrad-Cross in der Klasse bis 500 ccm.

Juli: Die Frauen-Zeitschrift „Für Dich“ startet einen massensportlichen Familien-Fernwettkampf, an dessen Premiere 361 Familien teilnehmen.

Juli: Eine Erhebung des DTSB ergibt, daß in den Sektionen Leichtathletik 86 Prozent, im Boxen 79 Prozent und im Skilauf 69 Prozent der Mitglieder regelmäßig am Übungs-, Trainings- und Wettkampfbetrieb teilnehmen.

13. August: Die Alpinisten Werner Böhm, Heinz Heine, Wolfgang Preuß, Dieter Rülker und Werner Rump bezwingen mit dem Pik Lenin (7134 m) im Pamir als erste DDR-Seilschaft einen Siebentausender.

14. - 17. August: Bei der Junioren-WM im Modernen Fünfkampf in Aldershot (England) gewinnt Hans-Jörg Tscherner den Titel. Die Mannschaft (Tscherner, Warnatzsch, Langer) wird Zweiter.

18. - 20. August: In Helsinki siegt Ingrid Krämer-Gulbin beim III. Europapokal im Kunstspringen.

August: Der DDR-Ministerrat beschließt die Einführung der Fünf-Tage-Arbeitswoche. Die Wochenarbeitszeit wird verkürzt. Der Mindesturlaub wird auf 15 Werktage erhöht und die Mindestlöhne werden angehoben.

1. - 3. September: Bei der Frauen-EM im Rudern in Vichy (Frankreich) siegen Anita Kuhlke im Einer und der Vierer m.Stfr.

1. - 3. September: Bei den WM im Ringen in Bukarest wird Rudolf Vesper im Klassischen Stil (Weltergewicht) Vize-Weltmeister.

5. September: Der Weltruderverband (FISA) nimmt den DDR-Verband als ordentliches Mitglied auf.

5. - 9. September: Bei der Ruder-EM der Männer in Vichy gewinnen Achim Hill den Einer und der Dresdner Vierer o.Stm. Drei weitere Boote erreichen zweite Plätze.

14. - 15. September: Beim Leichtathletik-Europapokal-Finale in Kiew erreichen die DDR-Mannschaften bei den Männern und Frauen jeweils Platz zwei hinter der UdSSR.

21. September: In Leipzig schwimmt Roland Matthes über 100 m Rücken in 58,4 s Weltrekord.

21. - 24. September: Bei der Hallenradsport-WM in Baden (Schweiz) wird Gerhard Blotny Sieger im Einer-Kunstfahren. Im Radball belegen Dusin/Emde Platz drei.

24. September: Am Fritz-Weineck-Gedenklauf in Wittenberg beteiligen sich über 5.000 LäuferInnen.

September: Das Programm für die Weiterbildung der im Fach Sport an den Schulen unterrichtenden Lehrer wird veröffentlicht.

8. Oktober: In Zwickau findet die erste „Lauf-Dich-gesund-Veranstaltung“ statt. Ihr Initiator ist Dr. Edelfrid Buggel.

15. Oktober: Die Geher gewinnen in Bad Saarow (DDR) den Lugano-Cup.

15. - 30. Oktober: Ein Jahr vor den Olympischen Spielen nimmt eine Sportler- und Wissenschaftlerdelegation an den Internationalen Sportwochen in Mexiko-Stadt teil.

20. Oktober: Der Ministerrat beschließt über die Verwendung des Kultur- und Sozialfonds. 1,5 Prozent der Lohnsumme des jeweiligen Betriebes müssen für Kultur und Sport verwendet werden.

Oktober: Aus Anlaß des 50. Jahrestages der Oktoberrevolution weilt eine sowjetische Delegation in der DDR; ihr gehören Iwan A. Sholdak, ehemaliger Sekretär der Roten Sportinternationale, und Prof. Dimitri M. Markow an.

7. November: In Leipzig schwimmt die 4x100-m-Lagenstaffel mit Roland Matthes, Horst-Günter Gregor, Egon Henninger, Frank Wiegand mit 3:56,5 min Weltrekord.

8. November: Roland Matthes schwimmt in Leipzig über 200 m Rücken in 2:07,9 min Weltrekord.

18. - 19. November: Bei der WM in der künstlerischen Gymnastik in Kopenhagen wird Ute Lehmann Vizeweltmeisterin im Vierkampf und erreicht mit dem Seil den dritten Platz.

23. - 25. November: Auf einem Sportwissenschaftlichen Kongreß in Leipzig mit mehr als 1000 Teilnehmern aus dem In- und Ausland werden von den stellvertretenden Ministern für Gesundheitswesen, Volksbildung und Verteidigung, dem Präsidenten der Akademie der Wissenschaften, dem Staatssekretär für Körperkultur und Sport, zwei Sekretären des FDGB-Bundesvorstandes und dem DTSB-Präsidenten die jeweiligen Positionen zum Sport dargelegt. In vier Sektionen werden die Körpererziehung im Bildungssystem, sportliche Leistung und Persönlichkeit, körperlich-aktive Erholung in der Freizeitgestaltung und Fragen der Sportwissenschaft behandelt.

30. November: Die 5. DTSB-Bundesvorstandssitzung berät erneut über Formen und Methoden der sportartspezifischen Leitung in den Sportverbänden.

12. Dezember: Das Sekretariat der SED-Stadtleitung in Leipzig beschließt den Bau von 10 Volksschwimmhallen im Stadtgebiet.

27. Dezember: Während einer Beratung mit leitenden Sportfunktionären in Oberhof regt Walter Ulbricht an, sich im Leistungssport auf die "medaillenintensiven" Sportarten zu konzentrieren.

Januar bis Dezember:

Im Sportverlag erscheint Band IV der „Geschichte der Körperkultur in Deutschland von 1945 bis 1961“ (Günter Wonneberger u.a.), „Biomechanik sportlicher Bewegungen“ (Gerhard Hochmuth) und in der Lehrbuchreihe der Sportarten „Gewichtheben“ (Gerhard Carl) und „Rudern“ (Ernst Herberger u.a.).

Mehr als 50 Prozent aller Urlauber in den gewerkschaftlichen Erholungsheimen beteiligen sich an Massensportveranstaltungen.

1968

5. - 7. Januar: Beim X. Internationalen Damen-Skirennen in Klingenthal-Mühlleithen gewinnt Christine Nestler den Lauf über 5 km und gemeinsam mit Renate Köhler und Gudrun Schmidt die 3x5-km-Staffel.
7. Januar: Bei der internationalen Vierschanzentournee belegt Dieter Neuendorf Platz drei hinter Björn Wirkola (Norwegen) und Jiri Raska (CSSR).
11. Januar: Die Abteilung Sport beim ZK unterbreitet unter Berufung auf das Gespräch Walter Ulbrichts mit den DTSB-Funktionären am 27. Dezember 1967 den Vorschlag, Staatssekretär Alfred B. Neumann abzuberufen und Roland Weißig als Staatssekretär sowie Richard Gunne als seinen Stellvertreter einzusetzen.
2. - 4. Februar: Bei der ersten EM der Junioren in den nordischen Skidisziplinen in Morez Les Rousses (Frankreich) gewinnen die Frauen die 3x5-km-Staffel, in der Nordischen Kombination erreichen Ingo Scheibenhof den zweiten und Witlof Hoffmann den dritten Platz.
6. - 18. Februar: Bei den X. Olympischen Winterspielen tritt die DDR erstmalig mit einer eigenen Mannschaft an. In Grenoble gewinnen Thomas Köhler/Klaus Bonsack die Goldmedaille im Rennschlitten-Doppelsitzer. Silbermedaillen erringen im Eiskunstlauf Gabriele Seyfert und im Rennschlittensport Thomas Köhler. Bronzemedaillen gehen an Klaus Bonsack im Rennschlitten-Einsitzer und Andreas Kunz in der Nordischen Kombination. Die Rennschlittenfahrerinnen Ortrun Enderlein, Anna-Maria Müller und Angela Knösel werden nach einer inszenierten Disqualifikation vom IOC-Präsidenten Avery Brundage demonstrativ empfangen. Ein Versuch des BRD-Rennschlittenverbandspräsidenten, die anderen Teilnehmerländer zu einem Beschluß zu bewegen, die DDR-Männer nach der Disqualifikation der Frauen auszuschließen, scheitert.
10. Februar: Als zuständiger ZK-Sekretär bestätigt Erich Honecker die Bildung eines „Instituts für Leistungssport" und damit die Verselbständigung des Forschungsinstituts für Körperkultur und Sport (FKS) in Leipzig.
21. - 25. Februar: Bei der II. Kinder- und Jugendspartakiade in den Wintersportdisziplinen in Oberhof, Goldlauter und Berlin finden sich in den Ergebnislisten der 1967 Startenden zahlreiche Aktive, die später internationale Erfolge erringen: Hans-Ulrich Wehling, Bernd Eckstein, Petra Hinze, Sigrun Krause, Barbara Petzold und Henry Glaß. Das Spartakiadefeuer wird erstmalig in der Mahn- und Gedenkstätte Buchenwald entzündet.
27. Februar - 2. März: Bei der WM im Eiskunstlauf in Genf wird Gabriele Seyfert wiederum Vize-Weltmeisterin.
30. Februar - 1. März: Bei der Junioren-WM im Biathlon in Lulea (Schweden) belegt die 3x5-km-Staffel Platz drei, Günter Bartnick über 15 km Platz neun.

1. März: Das erste Hallensportfest in der Leichtathletik für Hörgeschädigte findet in der Berliner Dynamo-Sporthalle statt.

7. - 8. März: Auf einer wissenschaftlichen Arbeitstagung in Greifswald werden in Fortsetzung des sportwissenschaftlichen Kongresses vom November 1967 Fragen der militärischen Körperertüchtigung und des Freizeitsports in der NVA beraten.

9. - 10. März: Bei den III. Europäischen Hallenspielen der Leichtathleten gewinnen 15 DDR-Starter elf Medaillen. Inoffizielle Hallen-Europameister werden: Karin Balzer, Rita Schmidt, Karin Burneleit und Wolfgang Nordwig.

14. März: Eine Vereinbarung über die ärztliche Betreuung im Kinder- und Jugendsport wird zwischen Gesundheitsministerium, Volksbildungsministerium und dem Sport-Staatssekretariat abgeschlossen.

28. März - 11. April: Bei der III. Blinden-Schach-Mannschafts-WM in Weymouth (England) belegt die DDR-Mannschaft den vierten Platz.

29. März: Die Abteilung Sport im ZK leitet an Erich Honecker eine erste Einschätzung und Schlußfolgerungen zu den X. Olympischen Winterspielen in Grenoble weiter.

30. März: Auf der ersten Sportkonferenz der SDAG Wismut wird vorgeschlagen, bei den Direktoren der Betriebe Komitees für Körperkultur und aktive Erholung zu bilden.

6. April: In einem Volksentscheid wird die neue Verfassung der DDR angenommen. Körperkultur und Sport werden in den Artikeln 18 Absatz 3; 25 Absatz 3; 35 Absatz 2 besonders charakterisiert und ihre Förderung als gesellschaftliche und staatliche Aufgabe fixiert.

29. April: Der bisherige DTSB-Vizepräsident Roland Weißig wird als Staatssekretär und Vorsitzender des Staatlichen Komitees berufen.

4. Mai: In Wittenberg-Piesteritz werden die Endläufe im Cross der Jugend ausgetragen; 900.000 Kinder und Jugendliche nahmen an den Vorwettkämpfen teil.

9. - 24. Mai: Bei der XXI. Friedensfahrt Berlin-Prag-Warschau siegt Axel Peschel in der Einzelwertung, in der Mannschaftswertung gewinnt Polen vor der DDR und der CSSR.

10. Mai: Politbüro-Mitglied Erich Honecker kritisiert die Abteilung Sport beim ZK, weil sie in den Bezirken Halle und Cottbus die Bildung von Sportklassen an den allgemeinbildenden Oberschulen durchzusetzen versuchte.

17. Mai: In Berlin gewinnt die Mannschaft von Außenhandel Berlin (Doris Hovestädt, Gabriele Geißler, Marina Nylhof) den Europapokal der Landesmeister im Tischtennis der Frauen.

26. Mai: In Regis-Breitingen wirft Christine Spielberg Diskus-Weltrekord mit 61,64 m.

6. - 9. Juni: Bei der ersten WM im Faustball in Linz erreicht die DDR-Mannschaft Platz drei.

9. - 15. Juni: Bei den VII. WM im Asphaltkegeln in Linz (Österreich) siegen bei den Frauen (2x100 Wurf) Sigrid Lindner und im Paarkampf (100 Wurf) Schmidt/Engelmann. Die Sechser-Mannschaft der Männer (200 Wurf) ist ebenfalls siegreich.

23. Juni - 3. Juli: Beim internationalen Blindensportfest der Jugend in Moskau belegen Dieter Wuthenow im Weitsprung und Dieter Melisch im Speerwurf dritte Plätze. Die DDR-Mannschaft wird Sechster.

5. Juli: Im Jugendausschuß der Volkskammer werden Probleme der Spartakiadebewegung und staatliche Maßnahmen zu ihrer Unterstützung erörtert.

6. - 11. Juli: In der Klinik für Rehabilitation des Klinikums Berlin-Buch wird der erste Trainingslehrgang für Querschnittsgelähmte durchgeführt.

20. - 21. Juli: Beim Snamenski-Memorial in Leningrad gewinnt Jürgen Haase den 10.000-m-Lauf.

22. - 28. Juli: An der II. Zentralen Kinder- und Jugendspartakiade in den Sommersportarten in Berlin nehmen 13.000 Aktive teil. An den Vorwettkämpfen sind 2,4 Mio StarterInnen, an den Kreisspartakiaden 461.000 Kinder und Jugendliche aktiv beteiligt.

Juli: Nach vier Läufen im Motorrad-Geländesport sind Peter Uhlig (bis 175 ccm) und Werner Salevsky (bis 250 ccm) Europameister.

11. - 25. August: Bei den WM im Fallschirmsport in Graz gewinnen DDR-Springer den Titel im Gruppenzielsprung.

14. August: Roland Matthes schwimmt in Leipzig über 200 m Rücken in 2:07,5 min Weltrekord.

16. - 18. August: Bei den XV. EM im Frauenrudern in Berlin-Grünau siegen Anita Kuhlke im Einer, der Doppelzweier mit Jaeger/Schmidt und der Achter.

17. - 31. August: Bei den V. WM im Motorkunstflug in Magdeburg siegt Erwin Bläske vor Peter Kahle in der Einzelwertung und die Mannschaft mit Bläske, Kahle und Kapphahn.

18. August: Paul Friedrichs wird zum dritten Mal in Folge Weltmeister im Moto-Cross der Motorräder bis 500 ccm.

23.- 25. August: Bei den II. Europäischen Juniorenspielen der Leichtathletik in Leipzig gehören zu den Siegern und Plazierten aus der DDR Hartmut Briesenick, Stefan Junge, Frank Siebeck, Annelie Jahns, Renate Meißner, Burglinde Pollak.

24. - 25. August: An den Jahn-Gedenkwettkämpfen in Freyburg/Unstrut nehmen 1500 Aktive im Turnen, in der Leichtathletik und im Prellball teil.

1. September: Einführung des Forschungsstudiums an der DHfK.

3. September: Das Angebot des DTSB-Vizepräsidenten Günter Heinze, den Tschechoslowakischen Sportbund nach der Intervention der Warschauer-Pakt-Armeen bei der Vorbereitung seiner Olympiamannschaft auf die Olympischen Spiele zu unterstützen, wird von Dr. Kroutil abgelehnt.

4. September: Die Abteilung Sport beim ZK der SED übermittelt zuständigkeitshalber Erich Honecker die Vorlage für die weitere Entwicklung des Leistungssports bis 1980. Es wird vorgeschlagen, statt Eishockey den Eisschnellauf besonders zu fördern. Die Abteilung wendet sich gegen uneffektive hohe Trainingsbelastungen, sie hält 20-25 Stunden in der Woche für effektiver.

7. - 8. September: In Wernigerode, Quedlinburg und Halberstadt findet das erste Harzer Volkssportfest im Turnen, der Leichtathletik und im Prellball statt.

14. September: Die 7. DTSB-Bundesvorstandssitzung beschließt die Weiterentwicklung der Wettkampfsysteme. Angestrebt wird mehr Regelmäßigkeit und höhere Beteiligung. Von 1,2 Mio Sportlern in Betrieben und Wohngebieten sind nur 27 Prozent am Wettkampfbetrieb beteiligt.

14. September: An einer Beratung mit Walter Ulbricht nehmen Erich Honecker, Manfred Ewald, Edelfrid Buggel, Roland Weißig, Rudi Hellmann, Günter Erbach und Rudi Kühnel teil; sie dient der unmittelbaren Vorbereitung der Sitzung des Staatsrates am 20. September. Es wird beraten, den Studentensport auf alle Semester auszudehnen, in Berlin ein Haus des Sports zu errichten, die Leistungssportförderung für Modernen Fünfkampf, Basketball, Reiten, Eishockey und die alpinen Skidisziplinen einzustellen, den Schulsport besonders in den Klassen 9-12 zu verbessern sowie die Ausbildung der Sportlehrer an den Instituten für Körpererziehung und der DHfK neu zu gestalten. Dazu gehört auch der Bereich Wehrerziehung.

20. September: Der Beschluß des Staatsrates „Die Aufgaben der Körperkultur und des Sportes..." verleiht der Förderung des Sports auf allen Ebenen und in allen Einrichtungen neue Impulse. Es werden bleibende Fortschritte erreicht. Allerdings liegen ihm Zielvorstellungen zu Grunde, die die personellen, materiellen und finanziellen Möglichkeiten des Landes übersteigen. Die Rektorin der Technischen Hochschule Dresden, Prof. Dr. Lieselotte Herfurth, bezweifelt in ihrer Rede, daß die Forderung des Beschlusses im Hinblick auf den obligatorischen Studentensport in den nächsten Jahren erfüllt werden kann. Dieser Staatsratsbeschluß wurde durch das Jugendgesetz 1974 außer Kraft gesetzt.

22. September: Bei einem Sportfest in Frankfurt (Oder) erzielt Margitta Gummel Weltrekord im Kugelstoßen mit 18,87 m.

24. September: An der Humboldt-Universität Berlin wird aus dem Institut für Körpererziehung (IfK) und der Abteilung Studentensport die Sektion Sportwissenschaft (SSW) gebildet. An den übrigen Universitäten und Pädagogischen Hochschulen wird diese Umstrukturierung ebenfalls vollzogen.

29. September: In der Klasse OA der Außenbord-Rennboote bis 250 ccm wird Peter Rosenow in Idrosoala (Italien) Europameister.

30. September: In Anklam wird die erste Volksschwimmhalle übergeben.

1. Oktober: Die 8. Tagung des DTSB-Bundesvorstandes berät, wie der Mitgliederrückgang überwunden und Sportstätten besser genutzt werden können.

12. Oktober: Das IOC beschließt in Mexiko-City die völlige Gleichberechtigung für die Olympiamannschaft der DDR ab 1. November. Damit kann sie mit eigener Flagge, Symbolik, Hymne und unter ihrem Namen an den Olympischen Spielen 1972 teilnehmen.

12. - 27. Oktober: Die noch ohne eigene Symbole an den XIX. Olympischen Sommerspielen in Mexiko-Stadt teilnehmende Olympiamannschaft der DDR gewinnt neun Gold-, neun Silber- und sieben Bronzemedaillen sowie zahlreiche Urkunden-Plätze 4 - 6. Die Olympiasieger: Roland Matthes über 100-m- und 200-m-Rückenschwimmen, Christoph Höhne im 50-km-Gehen, Margitta Gummel im Kugelstoßen, Rudolf Vesper.(Weltergewicht) und Lothar Metz (Mittelgewicht) im Ringkampf, Klassischer Stil, Manfred Wolke (Weltergewicht) im Boxen und im Rudern Jörg Lucke und Heinz Bothe (Zweier o.Stm.) und Dieter Grahn, Dieter Schubert, Frank Rühle, Frank Forberger (Vierer o.Stm.).

20. Oktober: Margitta Gummel stößt bei den Olympischen Spielen mit 19,61 m neuen Weltrekord.

26. Oktober: Roland Matthes schwimmt in Mexiko-Stadt Weltrekord über 100 m Rücken in 58,0 s.

6. - 10. November: Bei der WM im Hallenradsport in Kassel werden die Gebrüder Stoltze Vize-Weltmeister im Radball, Gerhard Blotny wird Dritter im Einer-Kunstfahren.

27. November: Der Ministerrat beschließt einen Maßnahmeplan zum Staatsratsbeschluß vom 20. September, in dem u.a. festgelegt ist, in Betrieben und Kombinaten Sportkommissionen zu bilden, die die Leiter unterstützen und die sportlichen Aktivitäten koordinieren.

2. Dezember: Das Sekretariat des FDGB-Bundesvorstandes berät die Aufgaben der Gewerkschaften zur Unterstützung des Staatsratsbeschlusses vom 20. September.

17. Dezember: Das Sekretariat des Zentralvorstandes der LDPD beschließt die Auswertung der Beschlüsse des Staatsrates auf dem Gebiet der Kultur, der Körperkultur und des Sports und der Hochschulreform.

21. Dezember: In Halle wird die Eissporthalle (eine Sport- und eine Trainingshalle) eingeweiht, die vom Freizeit- und Leistungssport genutzt wird.

Januar bis Dezember:

In den Klassen 9 und 10 der Allgemeinbildenden Polytechnischen Oberschulen können 88 Prozent der Schüler schwimmen, bei den Studenten 83 Prozent und bei den Wehrpflichtigen 90 Prozent.

Bei den Gewerkschaftswahlen sind 11.000 gewerkschaftliche Sportorganisatoren gewählt worden.

1969

7. - 9. Januar: DTSB-Präsident Manfred Ewald weilt auf Einladung des Tschechoslowakischen Sportbundes CSTV zur Beratung gemeinsamer Maßnahmen in der CSSR.

9. Januar: Der DTSB-Bundesvorstand bewertet die sportliche und politisch-moralische Situation im Fußballverband, unterbreitet Vorschläge für Weiterbildungsmaßnahmen der Trainer, für Änderungen in der Struktur des Generalsekretariats des DFV, fordert die Einstellung aller unzulässigen Zuwendungen an Spieler und die Anwendung strafrechtlicher Gesetze zur Durchsetzung dieser Maßnahmen und Vorschläge zur Disziplinarordnung der Ministerien und des Sportrechts. Eine strikt einzuhaltende Prämienordnung wird vorgeschlagen.

15. Januar: Die Redaktion des LDPD-Zentralorgans „Der Morgen" führt ein Gespräch mit Sportlern und Sportfunktionären der LDPD über den Staatsratsbeschluß vom 20. September 1968.

31. Januar - 2. Februar: Bei der Rennschlitten-WM in Königsee gewinnt Petra Tierlich den WM-Titel im Einsitzer. Zweite wird Anna-Maria Müller. Im Doppelsitzer erreichen Horst Hörnlein/Rainer Bredow Platz zwei. Platz drei belegen Klaus Bonsack/Michael Köhler. Im Einsitzer wird Wolfgang Scheidel Dritter.

1. - 2. Februar: Bei den WM im Eisschnellauf in Grenoble erreicht Ruth Schleiermacher im Mehrkampf Platz vier; danach erzielt sie am 4. Februar in Davos Weltrekord über 500 m in 44,6 s.

4. - 9. Februar: Bei den EM im Eiskunstlauf in Garmisch-Partenkirchen wird Gabriele Seyfert Europameisterin.

15. - 16. Februar: Bei den Junioren-EM im Rennschlittensport siegt Wolfram Fiedler (Einsitzer), Roswitha Streit kommt auf den dritten Platz bei den Juniorinnen ebenso Müller/Neumann im Doppelsitzer der Junioren.

26. Februar - 2. März: Bei den WM im Eiskunstlauf in Colorado Springs wird Gabriele Seyfert Weltmeisterin, im Paarlauf kommen Steiner/Walther auf Platz fünf, im Eistanz erreichen Baier/Rüger Platz sechs.

26. Februar - 2. März: Bei der Biathlon-WM in Zakopane belegt Horst Koschka über 20 km Platz sechs und die 4x7,5-km-Staffel Platz fünf.

28. Februar - 9. März: Bei den Weltmeisterschaften der B-Gruppe im Eishockey in Ljubljana (SFRJ) belegt die DDR-Mannschaft den ersten Platz.

8. - 9. März: Bei den IV. Europäischen Hallenspielen der Leichtathletik in Belgrad gewinnen 14 DDR-Starter 11 Medaillen, in sieben Wettbewerben stellen sie die inoffiziellen Halleneuropameister: Barbara Wieck (800 m) mit Hallenweltrekord (2:05,3 min), Karin Balzer (50 m Hürden), Rita Schmidt (Hochsprung), Marita Lange (Kugelstoßen), Dieter Fromm (800 m), Klaus Beer (Weitsprung), Wolfgang Nordwig (Stabhochsprung).

21. - 23. März: Bei der Skiflugwoche in Planica kommt Manfred Wolf auf Platz drei. Mit 165 m erzielt er eine bis dahin in der Welt noch nicht erreichte Weite.

24. - 25. März: Bei den EM der Männer im Turnen in Warschau erreicht Gerhard Dietrich am Seitpferd den vierten, Klaus Köste an den Ringen den fünften und am Reck den sechsten Platz.

25. März: Das Sekretariat des Zentralvorstandes der LDPD beschließt Aufgaben der Partei bei der Durchführung des Staatsratsbeschlusses vom 20. September 1968. Dazu gehört, daß dieser Beschluß in den Mitgliederversammlungen im November 1969 zu behandeln ist.

28. März: Bei einer Sportveranstaltung der TSG Mainz-Bretzenheim, zu der die Turn-Olympiariege der Frauen aus der DDR eingeladen worden war, wird von Polizeikräften die DDR-Staatsflagge entfernt und der Abbruch der Veranstaltung erzwungen.

29. März: In der Qualifikation zur Fußball-WM 1970 spielt die DDR in Berlin gegen Italien 2:2.

3. April: Im Beschluß des Staatsrates zur Weiterführung der Hochschulreform wird festgelegt, den obligatorischen Studentensport schrittweise auf das 3. und 4. Studienjahr auszudehnen.

8. April: An der DHfK in Leipzig wird der 6. Internationale Trainerkurs (ITK) eröffnet. In acht Monaten werden 80 Teilnehmer aus 13 Staaten Afrikas, Asiens und Arabiens in jeweils einer Sportart qualifiziert.

8. April: Das Politbüro verabschiedet einen Leistungssportbeschluß. Danach wird die besondere Förderung der Sportarten Tennis, Basketball, Hockey, Eishockey, Reiten, Moderner Fünfkampf und die Alpinen Skidisziplinen in den Sportclubs und im Nachwuchsbereich eingestellt.

18. April: Ein Vertrag über die Zusammenarbeit zwischen dem Staatlichen Zentralinstitut für Körperkultur und Sport in Moskau und der DHfK in Leipzig wird unterzeichnet.

21. - 25. April: Bei der Tischtennis-WM in München erringt Gabriele Geißler den Titel einer Vizeweltmeisterin.

22. April: Das DTSB-Präsidium verabschiedet den Beschluß über die Entwicklung des Leistungssports bis 1972; danach soll 1970/71 eine stärkere Konzentration der Förderung auf entscheidende olympische Sportarten vorgenommen werden. Die Förderung der Sportarten Basketball, Hockey, Moderner Fünfkampf, Wasserball, Alpiner Rennsport soll schrittweise eingeschränkt werden. Vorrangig zu fördern sind Boxen, Fechten, Fußball, Gewichtheben, Hallenhandball der Männer, Judo, Kanu-Rennsport, Pferdesport (Dressur und Military), Radsport, Ringen, Schießen, Eissportdisziplinen, Schlittensport, Skisport der nordischen Disziplinen einschließlich Biathlon.

24. April: Die Forschungsstelle der DHfK wird in ein selbständiges Forschungsinstitut (FKS) umgewandelt. Direktor wird Prof. Dr.Hans Schuster.

1. und 8. Mai: Im Frauen-Finale des Basketball-Europapokals der Landesmeister unterliegt SC Chemie Halle Daugawa Riga mit 48:62 und mit 54:82.
12. - 25. Mai: Bei der XXII. Friedensfahrt Warschau - Berlin wird die DDR Mannschaftssieger. Die Einzelwertung gewinnt Jean-Pierre Danguillaume (Frankreich) vor Ryszard Szurkowski (Polen).
16. - 29. Mai: Beim UEFA-Fußball-Junioren-Turnier erreicht der Gastgeber DDR Platz zwei hinter Bulgarien.
17. - 18. Mai: Bei den Turn-EM der Frauen in Landskrona (Schweden) wird Karin Janz Europameisterin an drei Geräten und im Kür-Vierkampf. Erika Zuchold wird Zweite im Pferdsprung und Dritte im Kür-Vierkampf.
31. Mai: In Dresden wird die erste selbständige Sportgemeinschaft für Behinderte mit den Sektionen Gymnastik, Leichtathletik und Schwimmen gegründet.
14. Juni: Einen Drei-Länder-Wettkampf der körperbehinderten Tischtennis-Spieler in Bernburg gewinnt die DDR vor Jugoslawien und Ungarn.
19. - 21. Juni: Beim Kusocinski-Memorial in Warschau gewinnen Karin Balzer über 100 m Hürden und Manfred Matuschewski über 800 m.
21. Juni: Der DTSB und das Polnische Hauptkomitee für Körperkultur und Touristik regeln in acht Artikeln eines Vertrages die sportlichen Beziehungen zwischen beiden Ländern, einschließlich der Koordinierung der wissenschaftlichen Forschung, der Beziehungen der Sporthochschulen und der Zusammenarbeit von Presse, Rundfunk und Fernsehen.
21.- 22. Juni: Die Mannschaft der BSG Chemie Zeitz gewinnt den Europapokal der Landesmeister im Faustball der Männer.
28. Juni: In Städten und Gemeinden werden Volkssporttage veranstaltet, die der Vorbereitung des V. Deutschen Turn- und Sportfestes dienen.
29. Juni: Bei den WM der Außenbordrennboote in Roudnice (CSSR) gewinnt Bernd Beckhusen den Titel in der Klasse OA bis 250 ccm.
29. Juni - 6. Juli: In Zinnowitz wird das XV. Tennisturnier der IG Wismut ausgetragen und im Herreneinzel von Wjatscheslaw Jegorow (UdSSR) gewonnen. Spätere Weltklassestars wie Ion Tiriac (Rumänien/1961 und 1963) und Peter Korda (CSSR/1959) gehörten zu den Siegern dieses populären Nachwuchsturniers.
Juni: An der DHfK befaßt sich ein internationales Seminar mit dem Thema: Die olympische Idee und das Wirken für Frieden und Völkerverständigung - der Mißbrauch der olympischen Idee durch den deutschen Imperialismus. Vertreter aus elf Ländern nehmen daran teil.
1. Juli: Das Staatliche Komitee für Körperkultur und Sport und das Ministerium für Elektrotechnik und Elektronik führen eine Konferenz zu Sportfragen im Rahmen eines Industriebereiches durch.
4. - 5. Juli: In Berlin-Buch wird der erste Länderkampf der Rollstuhlfahrer aus der DDR und Polen im Kugelstoßen, Keulen- und Speerwerfen, im Gewichtheben und Schwimmen veranstaltet.

12. Juli: In Santa Clara (USA) schwimmt Roland Matthes Weltrekord über 200 m Rücken in 2:07,4 min.

16. Juli: Der Nationalrat der Nationalen Front berät Sportfragen, insbesondere Aufgaben der Wohnbezirksausschüsse (WBA) bei der Sportentwicklung.

18. - 20. Juli: Mit dem ersten Verbandstreffen des Rudersportverbandes (DRSV) auf dem Beetzsee bei Brandenburg wird die neue Regattastrecke eingeweiht. 4000 RuderInnen aller Alters- und Bootsklassen nehmen teil.

24. - 27. Juli: 100.000 Sportlerinnen und Sportler treffen sich zum V. Turn- und Sportfest in Leipzig. Höhepunkte sind die Eröffnung am Völkerschlachtdenkmal, die volkssportlichen Wettkämpfe, der Festzug, die Festübungen und die Sportschau mit acht Übungsverbänden und der „lebenden" Osttribüne im Zentralstadion sowie die Ausstellung „Kunst und Sport" (10.-31.7.1969). IOC-Präsident Avery Brundage ist unter den Gästen.

27. Juli: Beim Ausklang des V. Turn- und Sportfestes läuft Karin Balzer im Zentralstadion über 100 m Hürden Weltrekord in 13,0 s.

31. Juli - 3. August: Die XX. Leichtathletikmeisterschaften der DDR werden in Berlin erstmalig auf einer Kunststoffbahn ausgetragen.

Juli: Die Regierung der BRD beschließt, das gesetzliche Verbot des Hissens der Staatsflagge der DDR bei internationalen Sportveranstaltungen im Lande, des Zeigens der Staatssymbole und des Abspielens der Staatshymne der DDR aufzuheben.

1. - 17. August: Die Mannschaftsweltmeisterschaft der Studenten im Schach findet in Dresden statt. Die DDR-Vertretung erreicht Rang fünf.

9. - 16. August: Bei den XI. Weltspielen der Gehörlosen in Belgrad gewinnt die DDR drei Gold-, zwei Silber- und drei Bronzemedaillen. Die Sieger: Gerhard Sperling (20 km Gehen), Peter Hoffmann (Speerwerfen) und Frank Kegler (Hochsprung).

14. - 17. August: Bei den II. Jugend-EM im Schwimmen in Wien erreichen Gabriele Wetzko über 400 m Freistil in 4:36,1 min und Karin Neugebauer über 800 m Freistil in 9:36,9 min Europarekorde.

15. - 24. August: Das Tandem Werner Otto/Jürgen Geschke wird bei den Bahnradsport-WM in Brno (CSSR) Weltmeister.

16. - 24. August: Bei den EM im Gewehr- und Pistolenschießen der Männer in Plzen (CSSR) gewinnt Peter Gorewski den Titel in der Disziplin Freie KK-Büchse 60 Schuß liegend und stellt mit 598 Ringen den Weltrekord ein.

23. - 24. August: In Budapest gewinnt die Frauenmannschaft den Europapokal im Schwimmen. In Würzburg ist die Männermannschaft erfolgreich. Roland Matthes schwimmt über 100 m Rücken Weltrekord in 57,8 s.

27. August: In Madrid wird das Präsidium für Hoch- und Fachschulsport in die Internationale Studentensportföderation (FISU) aufgenommen.

29. - 31. August: Bei den EM im Dressurreiten in Wolfsburg belegt die DDR-Mannschaft mit Köhler (auf Neuschnee), Müller (auf Marios) und Brockmüller (auf Tristan) den zweiten Platz.

3. September: Der Rat für Landwirtschaftliche Produktion und Nahrungsgüterwirtschaft verabschiedet gemeinsam mit dem Sekretariat des DTSB Empfehlungen zur weiteren Entwicklung des Landsports.

3. - 6. September: Bei der WM im Turnierangeln in Kiel gewinnen die DDR-Frauen (drei Titel) und die Männer (vier Titel) die Pokale der Nationen.

5. - 7. September: Bei den Ruder-EM der Frauen in Klagenfurt sind Jaeger/Schmidt im Doppelzweiter und der Achter erfolgreich. Der Vierer m.Stfr. erreicht Platz zwei, der Doppelvierer Platz drei.

10. - 14. September: Bei den Ruder-EM der Männer in Klagenfurt (Österreich) gewinnt die DDR den Achter. Der Einer, der Zweier o.Stm. und der Vierer o.Stm. werden Zweite, der Doppelzweier und der Vierer o.Stm. Dritte.

13. - 20. September: In Berlin gewinnt die DDR-Mannschaft das Weltpokal-Turnier im Volleyball der Männer vor Japan und der UdSSR.

16. - 21. September: Bei den Leichtathletik-EM in Athen gewinnen DDR-SportlerInnen elf Goldmedaillen, sieben Silber- und sieben Bronzemedaillen und werden damit unangefochten erfolgreichstes Land Europas vor der UdSSR. Die BRD-Mannschaft boykottiert die Europameisterschaften und startet nur in den Staffelwettbewerben, weil die Internationale Föderation (IAAF) auf die Regeln verweisend, den Start des aus der DDR in die BRD gewechselten Jürgen May in der BRD-Mannschaft nicht gestattet. Die Europameister der DDR sind: Petra Vogt (100 m und 200 m), Karin Balzer (100 m Hürden), Regina Höfer, Renate Meißner (später Stecher), Bärbel Podeswa (gemeinsam mit Vogt in der 4x100-m-Staffel) Dieter Fromm (800 m), Jürgen Haase (10.000 m), Christoph Höhne (50 km Gehen), Wolfgang Nordwig (Stabhochsprung), Dieter Hoffmann (Kugelstoßen), Hartmut Losch (Diskuswerfen), Joachim Kirst (Zehnkampf).

25. September: Anordnung über die kostenlose Nutzung aller Sporteinrichtungen. Die Sportstätten sind den Grundorganisationen des DTSB, den Schulsportgemeinschaften und der GST kostenlos zur Verfügung zu stellen.

25. - 27. September: Die Sektion Sportwissenschaft der Universität Greifswald veranstaltet in Zinnowitz eine wissenschaftliche Konferenz zur Planung der körperlichen und sportlichen Erziehung der Schüler.

29. September - 2. Oktober: Auf einem internationalen Symposium der Sektion Sportwissenschaft der Universität Rostock werden die Formen und Methoden des außerunterrichtlichen Kinder- und Jugendsports in der DDR und anderen sozialistischen Ländern beraten.

September: An der DHfK beginnen Lehrgänge, bei denen Trainer und Funktionäre verschiedenster Sportarten Erfahrungen austauschen.

4. Oktober: Die 4x800-m-Staffel der Frauen (Schmidt, Hoffmeister, Pöhland, Wieck) läuft in Cottbus Weltrekord in 8:33,0 min.

9. - 12. Oktober: Im Elbsandsteingebirge (Weißig) führt der Deutsche Wanderer- und Bergsteiger-Verband das erste Treffen von Kinder- und Jugendklettergruppen durch. Aus 14 Sektionen kommen 70 Teilnehmer.
16. - 17. Oktober: In Halle findet ein wissenschaftliches Kolloquium der Bereichskommission Körpererziehung im Vorschulalter des WMR statt, dessen Ergebnisse in die Ausbildung der Kindergärtnerinnen an den Pädagogischen Schulen einfließen.
18. Oktober: In Zeitz findet der Endkampf um den FDJ-Pokal „Wen schafft ihr?" statt, an dessen Vorausscheiden 300.000 teilgenommen haben.
23. - 26. Oktober: Bei den WM im Hallenradsport in Erfurt wird Gerhard Blotny Weltmeister im Einer-Kunstfahren. Im Zweier-Kunstfahren (Europakriterium) siegen Kral/Lauterbach, zweite werden die Gebrüder Röhr. Im Radball werden Emde/Dusin Dritte.
26. Oktober: Beim 100-km-Gehen in Lugano (Italien) belegen Peter Selzer, Kurt Sakowski und Christoph Höhne die ersten drei Plätze.
20. - 30. November: Eine Delegation der UdSSR-Sportleitung unter Sergej P. Pawlow besucht die DDR. Ein Arbeitsabkommen konkretisiert den Sportvertrag DDR-UdSSR vom 8.Mai 1966.
28. November: Der FDGB-Vorsitzende Herbert Warnke referiert auf der Sportkonferenz der Gewerkschaften, bei der die Erfahrungen der Sportkommissionen und der über 25.000 Sportorganisatoren aus den Betrieben, Kombinaten und Brigaden vermittelt werden; die Konferenz wendet sich gegen kosten- und zeitaufwendige VVB- und Kombinatssportfeste oder -meisterschaften und schlägt vor, gemeinsam mit dem DTSB ein Wettkampfsystem neuer Art auf volkssportlicher Basis auszuschreiben.
3. Dezember: Eine Arbeitstagung in Karl-Marx-Stadt befaßt sich mit den Erfahrungen und Problemen des Frauensports.
Januar bis Dezember:
Der DTSB zählt 2.070.580 Mitglieder = 12,1 Prozent der Einwohner.
Im Sportverlag erscheinen die 2. völlig neu gefaßte und erweiterte Auflage von Band III der Geschichte der Körperkultur in Deutschland von 1917 bis 1945 und die „Trainingslehre" herausgegeben von Dr. Dietrich Harre.
Im Mitteldeutschen Verlag erscheint der Milieu-Roman zum DDR-Fußball von Erich Loest unter dem Titel „Der elfte Mann".
An den FDGB-Fernwettkämpfen, veranstaltet von der Sportredaktion der „Tribüne", beteiligten sich 36.000 Gewerkschaftsgruppen mit 850.000 Werktätigen.
Das einheitliche Kurssystem als Weiterbildungsrahmen für alle Schulsportlehrer wird verbindlich eingeführt. Danach absolviert jeder Sportlehrer und jede Sportlehrerin in einem vierjährigen Zyklus einen mehrwöchigen Kurs in der unterrichtsfreien Zeit.

1970

6. Januar: Horst Queck gewinnt die internationale Vierschanzentournee (BRD/Österreich).
14. - 22. Januar: Gerhard Grimmer wird bei den Ski-WM in den nordischen Disziplinen in Strbske Pleso (CSSR) Vize-Weltmeister über 30 km und Dritter über 50 km. Die Staffeln der Frauen und der Männer erreichen Platz zwei.
31. Januar - 2. Februar: Bei der Rennschlitten-WM in Königsee belegen Klaus Bonsack/Michael Köhler im Doppelsitzer Platz zwei, Horst Hörnlein/Reinhard Bredow Platz drei. Wolfgang Scheidel wird im Einsitzer Dritter.
Januar: 3900 Neubrandenburger - 10 Prozent der Einwohner der Stadt - beteiligen sich am Tischtennis-Turnier in der Ausstellungshalle des Hauses der Kultur und Bildung.
3. - 9. Februar: Gabriele Seyfert wird bei den Eiskunstlauf-EM in Leningrad Europameisterin; im Paarlauf erreichen Heidi Steiner/Hans-Georg Walther und bei den Herren Günter Zöller die Bronze-Plätze.
7. - 8. Februar: Bei der EM im Rennschlittensport in Hammarstrand (Schweden) werden Harald Ehrig im Einsitzer, Horst Hörnlein/Reinhard Bredow im Doppelsitzer und Anna-Maria Müller bei den Frauen Europameister. Im Einsitzer belegen Scheidel, Hörnlein, Bonsack die Plätze 2 bis 4. Angela Knösel wird Zweite bei den Frauen.
18. - 22. Februar: In Johanngeorgenstadt und Berlin wird die III. Zentrale Kinder- und Jugendspartakiade in den Wintersportdisziplinen durchgeführt.
19. - 22. Februar: Bei den Biathlon-WM in Oestersund (Schweden) belegt die 4x7,5-km-Staffel Platz drei, Dieter Speer wird Vierter im Einzelwettkampf.
26. Februar - 8. März: Bei den Hallenhandball-WM in Frankreich unterliegt die DDR-Mannschaft Rumänien im Finale mit 12 :13 Toren.
3. - 8. März: Bei den Eiskunstlauf-WM in Ljubljana (SFRJ) wird Gabriele Seyfert Weltmeisterin, im Paarlauf erreichen Heidemarie Steiner/Hans Georg Walther und bei den Herren Günter Zöller die Bronze-Plätze.
9. März: Das erste Gemeinsame Sportprogramm des FDGB und DTSB tritt in Kraft, es gilt bis 31. Oktober 1970.
14. - 15. März: Bei der ersten Hallen-EM der Leichtathletik in Wien gewinnen DDR-Athleten drei erste - Karin Balzer (60 m Hürden), Renate Meißner (60 m) Hartmut Briesenick (Kugelstoßen) -, sechs zweite, und drei dritte Plätze. In der Länderwertung erreicht die DDR Rang zwei.
März: Am volkssportlichen 10. Tischtennis-Turnier der Tausende (TTT) in Berlin beteiligen sich 26.898 Erwachsene und Jugendliche.

4. April: Die Handball-Frauen des SC Leipzig unterliegen im Europapokal-Finale Spartak Kiew mit 7:9 Toren.

15. April: Auf seinem Verbandstag ändert der Deutsche Wanderer- und Bergsteiger-Verband seinen Namen in Deutscher Verband für Wandern, Bergsteigen und Orientierungslauf (DWBO).

26. April: Die Handball-Männer des SC Dynamo Berlin unterliegen in Dortmund im Europapokalfinale dem VfL Gummersbach mit 11:14 Toren.

5. - 7. Mai: VIII. Pädagogischer Kongress. Für den Sport an den Polytechnischen Oberschulen ergibt sich die Aufgabe, die Effektivität des Unterrichts zu erhöhen, eine wirksamere staatsbürgerliche Erziehung im Sportunterricht und eine wesentliche Ausweitung des außerunterrichtlichen Sports zu erreichen.

6. - 7. Mai: An der DHfK findet ein Kolloquium aus Anlaß des 50. Jahrestages der Gründung der Roten Sportinternationale (RSI) statt.

12. - 26. Mai: Bei der XXIII. Internationalen Friedensfahrt Prag-Warschau-Berlin siegt Ryszard Szurkowski (Polen) vor Marcel Duchemin (Frankreich) und Janusz Hanusik (Polen). Die Mannschaftswertung gewinnt Polen vor der CSSR der UdSSR und der DDR.

13. Mai: Das Sekretariat des ZK beschließt die Direktive zur Arbeit der Kommissionen Jugend und Sport bei den Bezirks- und Kreisleitungen der SED.

16. - 26. Mai: Die DDR-Fußball-Junioren gewinnen in Schottland das UEFA-Turnier nach einem 1:1 im Finale gegen die Niederlande durch Losentscheid.

21. - 24. Mai: Bei den Judo-EM in Berlin werden Rudolf Hendel (Halbmittelgewicht) und Klaus Hennig (Alle Kategorien) Titelträger. Die Gastgeber sind mit zwei weiteren Silber-Plätzen und vier Bronze-Plätzen erfolgreich.

24. - 30. Mai: Bei der WM im Asphaltkegeln in Bolzano (Italien) werden Eberhard Luther und Horst Bräutigam im Paarkampf Titelträger, einen zweiten Platz belegen Eberhard Luther im Einzel und Sigrid Lindner/Astrid Wloka im Paarkampf, im Frauen-Einzel wird Sigrid Lindner Dritte.

30. - 31. Mai: Aus der Bilanz des IV. Turn- und Sporttages: der DTSB zählt über 2 Millionen Mitglieder in 7277 Sportgemeinschaften. Zugänge verzeichnen besonders der Deutsche Fußballverband, der Deutsche Verband für Leichtathletik, der Deutsche Angler-Verband und der Deutsche Turn-Verband. Rückgänge konstatieren neun Verbände, darunter der Deutsche Eislauf-Verband, der Deutsche Skiläufer-Verband und der Deutsche Radsport-Verband. Zwischen 1966 und 1970 entstanden 2367 Sporteinrichtungen, darunter 339 Sportplatzanlagen, 671 Sporthallen und 33 Schwimmhallen. In sechs Sportstadien sind Flutlichtanlagen installiert und in Halle ist eine Eislaufhalle eröffnet worden.

9. - 14. Juni: Bei der Ringer-EM in Berlin siegen Heinz-Helmut Wehling im Klassischen Stil (Federgewicht), Klaus-Peter Göpfert (Leichtgewicht) und Horst Stottmeister im Freistil (Mittelgewicht).
17. Juni: Durch eine Verordnung des Ministerrats wird anstelle des Staatlichen Komitees das Staatssekretariat für Körperkultur und Sport gebildet.
20. - 21. Juni: Im Europapokal-Endspiel der Landesmeister im Faustball der Männer in Bolzano (Italien) unterliegt die Mannschaft der BSG Chemie Zeitz dem TSV Pfungstadt mit 24:34 Punkten.
26. Juni: Der DTSB reicht an den zuständigen ZK-Sekretär Erich Honekker den Entwurf der Leitlinien über die Entwicklung der Körperkultur bis 1980 ein.
27. - 28. Juni: Bei den II. WM im Dressurreiten in Aachen gewinnt die DDR-Mannschaft den dritten Platz.
2. Juli: In Halle beraten nach langen Jahren wieder Vertreter des DTSB und DSB über die Sportbeziehungen zwischen beiden deutschen Staaten.
4. - 5. Juli: Erste DDR-Meisterschaft der Spielmannszüge in Apolda.
4. - 6. Juli: Peter Frenkel verbessert in Erfurt den Weltrekord im 20 km Gehen auf 1:25:50,0 h und Burglinde Pollak stellt im Fünfkampf einen Weltrekord mit 5406 Punkten auf.
5. - 18. Juli: Bei der VI. Mannschafts-WM im Schach der Gehörgeschädigten in Turku (Finnland) wird vom DDR-Aufgebot der dritte Platz belegt.
11. - 17. Juli: Bei der EM der Drachensegler vor Cork (Irland) triumphieren Paul Borowski/Karl-Heinz Thun/ Konrad Weichert.
18. - 19. Juli: Bei den WM der Außenbordrennboote in Cajarc (Frankreich) wird Peter Rosenow Titelträger in der Klasse OA bis 250 ccm vor Bernd Beckhusen.
20. - 26. Juli: In Berlin findet die III. Zentrale Kinder- und Jugendspartakiade statt, 11.000 Aktive starten in 19 Sportarten. Zur Betreuung sind 1000 Trainer, Übungsleiter und Funktionäre eingesetzt, 1200 Schieds- und Kampfrichter amtieren; 51 Ärzte und 140 DRK- und GesundheitshelferInnen stehen zur Verfügung. Die Berliner stellen rund 10.000 Privatquartiere bereit.
26. Juli: Beim festlichen Spartakiadeausklang läuft Karin Balzer in 12,7 s Weltrekord über 100 m Hürden.
31. Juli - 2. August: Bei der Kanu-WM auf dem dänischen Bagsvard-See wird der KIV der Männer mit Will, Augustin, Ebeling und Mattern Vizeweltrneister. Auch der KIV der Frauen kommt auf den zweiten Platz mit Setzkorn, Grabowski, Loesch und Kobuß. Einen dritten Platz erreichen die Männer Ebeling/Mattern im KII, bei den Frauen Eva Setzkorn im KI und im KII Setzkorn/Grabowski.
2. August: Renate Meißner (später Stecher) stellt in Berlin über 100 m den Weltrekord in 11,0 s ein.

5. - 16. August: Bei der WM im Bahnradfahren in Leicester (England) erreichen Heinz Richter, Herbert Richter, Thomas Huschke und Manfred Ulbricht im 4000-m-Mannschaftsverfolgungsfahren den zweiten Platz, ebenso Werner Otto/Jürgen Geschke im Tandem-Malfahren.

11. - 16. August: In Kalmar (Schweden) siegen die DDR-Frauen bei der WM im Turnier-Angeln im Pokal der Nationen vor der BRD.

12. August: In Berlin wird ein „Komitee für Körperkultur und Sport der DDR" gebildet, dem verantwortliche und bevollmächtigte Vertreter aller für Körperkultur und Sport zuständigen Einrichtungen und Organisationen angehören. Es soll das zielgerichtete Fördern des Sports im Lande sichern helfen.

12. August: DTSB-Präsident Manfred Ewald sendet den Bericht über die Durchführung des Beschlusses zur weiteren Leistungssteigerung im Fußballsport an Erich Honecker; darin werden grobe Verstöße gegen die Finanzrichtlinien auf allen Ebenen bestätigt.

21. - 23. August: Bei den EM im Frauen-Rudern in Tata (Ungarn) werden Anita Kuhlke im Einer, Jaeger/Schmidt im Doppelzweier und der Achter Europameister. Der Vierer m.Stfr. belegt den zweiten, der Doppelvierer den dritten Platz.

22. August: Beim Finale des Leichtathletik-Europa-Pokals der Frauen in Budapest gewinnt die DDR-Mannschaft vor den Mannschaften der BRD und der UdSSR.

29. - 30. August: Die Leichtathletik-Männermannschaft gewinnt in Stockholm den Europa-Pokal vor den Vertretungen der UdSSR und der BRD.

1. September: Mit der Einführung neuer Lehrpläne für den Sportunterricht in den Klassen 11 und 12 in den erweiterten Oberschulen liegt ein für alle Klassenstufen geschlossenes Programm vor.

2. - 6. September: Bei den Ruder-WM in St.Catharines (Kanada) gewinnen die DDR-Ruderer drei Titel: Klatt/Gorny im Zweier o.Stm., Grahn/Schubert/Rühle/Forberger im Vierer o.Stm. und der Achter. Die übrigen vier Boote erreichen jeweils den zweiten Platz.

3. September: Bei der Universiade in Turin erreicht Wolfgang Nordwig im Stabhochsprung mit 5,46 m Weltrekord.

5. - 12. September: Bei den Schwimm-EM in Barcelona erringen die DDR-SportlerInnen 16 von 34 Titeln, 9 mal Platz zwei und 9 mal Platz drei. Sie stellen vier Weltrekorde auf. Die Titel erkämpfen: Gabriele Wetzko, Elke Sehmisch, Karin Neugebauer, Helga Lindner, Martina Grunert, Evelyn Stoltze, die 4x100-m-Freistil- und die 4x100-m-Lagenstaffel der Frauen; Klaus Katzur, Udo Poser, Roland Matthes und die 4x100-m-Lagenstaffel der Männer. Bei den Wasserspringern siegen Ingrid Becker und Lothar Matthes.

11. September: Die NOK-Hauptversammlung wählt Dr. Heinz Schöbel erneut zum Präsidenten, zu Vize-Präsidenten Manfred Ewald und Günter

Heinze. Generalsekretär wird wieder Helmut Behrendt, Schatzmeister Franz Rydz, Pressechef Wolfgang Gitter und Kunstwart Erhard Höhne.

11. - 13. September: Bei den Junioren-EM der Leichtathletik in Paris werden zehn erste Plätze, vier zweite und sieben dritte Plätze erreicht.

20. September - 2. Oktober: In Sofia wird die Volleyball-Männer-Mannschaft der DDR Weltmeister vor Bulgarien und Japan. Rudi Schumann wird von der Föderation als weltbester Volleyballer 1970 geehrt.

10. - 11. Oktober: In Eschborn gewinnen die Geher zum dritten Mal den Lugano-Cup vor der UdSSR und der BRD.

16. - 22. Oktober: Aus Anlaß der 20. Wiederkehr des Gründungstages der DHfK finden in Leipzig in der Festwoche sportliche, kulturelle und sportwissenschaftliche Veranstaltungen statt. Im Direkt- und Fernstudium sind in zwei Jahrzehnten 3015 DiplomsportlehrerInnen und 1101 SportlehrerInnen im Fachschulfernstudium ausgebildet worden. Seit 1956 sind 143 Promotionen, darunter 13 von Ausländern, durchgeführt worden. In internationalen Kursen seit 1964 wurden 462 Ausländer aus- und weitergebildet.

17. - 26. Oktober: Bei den WM im Sportschießen in Phoenix (USA) gewinnt Harald Vollmar den Titel mit der Freien Pistole (564 Ringe).

22. - 27. Oktober: Bei der Turn-WM in Ljubljana (SFRJ) wird Erika Zuchold Zweite im Achtkampf, die Mannschaft gewinnt Platz zwei. An den Einzelgeräten siegt Erika Zuchold auf dem Schwebebalken und beim Pferdsprung, Karin Janz wird Erste am Stufenbarren. Beim Pferdsprung wird Karin Janz Zweite und am Schwebebalken Christine Schmitt Dritte. Klaus Köste wird am Reck Dritter, die Männerriege erringt Bronze.

24. Oktober: Beim „Tag des Läufers" der BSG Post Karl-Marx-Stadt gehen hunderte Volkssportler zusammen mit ehemaligen Spitzen-Läufern an den Start, unter ihnen Hans Grodotzki, Hermann Buhl, Gerhard Hönicke.

20. November: In München findet ein weiteres Gespräch zwischen DTSB- und DSB-Vertretern statt.

25. Dezember: In Oberhof erläutert Walter Ulbricht bei einem Gespräch mit Manfred Ewald, Günter Heinze, Rudolf Hellmann und Werner Berg seine Gedanken zur deutschen Sporttradition, zum Leistungssport und zur internationalen Sportbewegung.

Dezember: Im Bandstahlwerk Eisenhüttenstadt nehmen 52 Männer- und 12 Frauenmannschaften im Kegeln, 39 Volleyball-, 11 Handball-, 19 Fußball-, 13 Tischtennis- und 10 Schießsportmannschaften regelmäßig an Wettkämpfen teil.

Januar bis Dezember:

Im Lande arbeiten 1564 Trainingszentren (TZ), in denen 44.400 Kinder und 9700 Jugendliche trainieren.

An 129 Studieneinrichtungen des Hoch- und Fachschulwesens bestehen Hoch- bzw. Fachschulsportgemeinschaften (HSG bzw. FSG), also etwa an 50 Prozent aller bestehenden Institutionen.

1971

16. - 17. Januar: Bei den EM im Rennschlittensport in Imst (Österreich) erringen Horst Hörnlein und Wolfgang Scheidel die Gold- und Silbermedaille im Einsitzer der Männer und Angela Knösel die Silbermedaille im Einsitzer der Frauen.
5. - 7. Februar: Ulrich Wehling wird bei den Junioren-EM in den nordischen Skidisziplinen in Nesselwang (BRD) Junioren-Europameister in der nordischen Kombination.
11. - 13. Februar: Bei den Junioren-EM im Rennschlittensport in Marianske Lazne (CSSR) gewinnen Margit Schumann (Einsitzer) und Schulze/ Neumann (Doppelsitzer) die EM-Titel.
14. Februar: Jürgen Haase siegt erneut in Genf beim Crosslauf des Schweizer Arbeitersportverbandes SATUS.
20. - 21. Februar: Ruth Schleiermacher gewinnt bei den Eisschnellauf-WM in Inzell (BRD) den WM-Titel im Sprintmehrkampf (175,730 Pkt).
5. - 7. März: Dieter Speer wird in Hämeenlinna (Finnland) Weltmeister über 20 km im Biathlon.
13. - 14. März: Bei den Europa-Hallen-Meisterschaften der Leichtathleten in Sofia erringen die DDR-Athleten vier Gold- und drei Silbermedaillen sowie eine Bronzemedaille. EM-Titel gewinnen Renate Stecher (60 m), Karin Balzer (60 m Hürden), Wolfgang Nordwig (Stabhochsprung) und Hartmut Briesenick (Kugelstoßen).
15. April: Anordnung über die staatliche Anerkennung als Sportarzt. Sie ermöglicht eine funktionsbezogene Spezialisierung und Weiterbildung.
16. April: Der „Wissenschaftliche Rat für Körpererziehung" konstituiert sich beim Institut für Didaktik der Akademie der Pädagogischen Wissenschaften (APW) in Berlin als beratendes und empfehlendes Organ. Zum Vorsitzenden wird Studienrat Dr. Paul Marschner berufen.
16. - 18. April: Bei den Junioren-EM im Federball in Gottwaldov (CSSR) belegt Monika Thiere im Einzel den 3. Platz und gewinnt die Bronzemedaille.
22. April: Anläßlich des 20. Jahrestages der Gründung des NOK findet im Pergamon-Museum zu Berlin eine Festsitzung statt. Der Präsident, Dr. Heinz Schöbel, würdigt das Wirken des NOK im Interesse der olympischen Bewegung.
14. - 15. Mai: Bei den EM der Männer im Gerätturnen in Madrid wird Klaus Köste Europameister am Reck und gewinnt damit die erste Goldmedaille der Männer für die DDR. Am Barren belegt er den 2., beim Perdsprung den 3. und im Kür-Sechskampf den 4. Platz. Mathias Brehme gewinnt die Silbermedaille am Pferdseit.
19. Mai: In Suhl wird die Schießsportanlage auf dem Friedberg übergeben. Sie ist eine der modernsten Großanlagen, auf der 100 Bahnen für

das Gewehr- und Pistolenschießen (auf 50 m) zur Verfügung stehen, 66 Bahnen für das Schießen mit großkalibrigen Gewehren (auf 300 m), drei kombinierte Stände für das Wurftaubenschießen (Trap und Skeet) und ein Saal, der für das Schießen mit Luftdruckwaffen umgerüstet werden kann.

19. - 23. Mai: Bei den EM im Judo in Göteborg (Schweden) erringen Rudolf Hendel (Halbmittelgewicht) und Helmut Howiller (Halbschwergewicht) jeweils eine Goldmedaille und Karl-Heinz Werner (Leichtgewicht) eine Bronzemedaille.

20. Mai: Der wissenschaftliche Rat (WR) beim Staatssekretariat für Körperkultur und Sport wird als beratendes und unterstützendes Organ neu konstituiert. Zum Vorsitzenden wird Prof. Dr. Günter Erbach und zum Generalsekretär Dr. Heidi Bierstedt berufen, zu stellvertretenden Vorsitzenden Prof. Dr. Edelfrid Buggel, Prof. Dr. Günther Wonneberger und Prof. Dr. Alfred Hunold.

22. - 30. Mai: Beim UEFA-Fußball-Turnier der Junioren in der CSSR erringt die DDR-Auswahl den 3. Platz im Spiel gegen die Junioren aus der UdSSR (nach Elfmeterschießen 5:3).

25. - 29. Mai: Das IX. Parlament der FDJ beschließt in Berlin ein Programm, um die Jugendlichen für den weiteren Aufbau der sozialistischen Gesellschaft zu gewinnen, in dem auch die Aufgaben der FDJ für die weitere Entwicklung von Sport und Touristik enthalten sind.

6. Juni: Den Europa-Junioren-Cup im Gehen gewinnt in Husum (BRD) die Mannschaft aus der DDR vor Schweden und der BRD.

11. - 19. Juni: Ulrich Beyer (Halbweltergewicht) wird bei den EM im Boxen in Madrid Europameister. Manfred Wolke (Weltergewicht) und Ottomar Sachse (Halbschwergewicht) belegen den 2. und Hans-Joachim Brauske (Mittelgewicht) einen 3. Platz.

12. - 13. Juni: Europameister im Motorradgeländesport werden nach 5 Läufen Dieter Salevsky (bis 100 ccm/Simson) und Fred Willamowski (über 350 ccm/MZ). Vizeeuropameister sind Rudolf Jenak (bis 50 ccm/Simson), Ewald Schneidewind (bis 75 ccm/Simson), Frank Schubert (bis 250 ccm/MZ) und Peter Uhlig (bis 350 ccm/MZ). Dritte Plätze belegen Lothar Schünemann (bis 75 ccm/Simson) und Werner Salevsky (bis 250 ccm/MZ).

17. - 23. Juni: Bei den WM im Kanuslalom in Merano (Italien) gewinnen Angelika Bahmann (KI) und die KI-Frauenmannschaft, Siegbert Horn (KI), die CI-Männermannschaft, Kretschmer/Trummer (CII) und die CII-Männermannschaft Goldmedaillen.

18. - 20. Juni: Bei den EM im Dressurreiten in Wolfsburg (BRD) belegen Horst Köhler/Imanuel Rang fünf und die Mannschaft (Köhler/Imanuel, Müller/Marios, Brockmüller/Neuschnee) Rang vier.

27. Juni: Herbert Leide erringt in Antwerpen (Belgien) den WM-Titel im Motorbootrennsport der Klasse OC bis 500 ccm.

3. - 4. Juli: Die EM im Motorbootrennsport in der Klasse OA bis 250 ccm gewinnt in Villeneuve (Frankreich) Peter Rosenow.

4. - 18. Juli: Bei den Fecht-WM in Wien belegt die Mannschaft der Männer im Degenfechten (Schulze, Melzig, Uhlig, Manischeff) den 4. Platz.

7. Juli: Die 4. Tagung des Komitees für Körperkultur und Sport berät über den Schulsport, insbesondere über die Realisierung des Lehrplanes und die Gewinnung von Übungsleitern für den außerunterrichtlichen Sport in den Schulsportgemeinschaften. Als Übungsleiter wirken vor allem Sportlehrer, Lehrer und Erzieher (44 %), Schüler (34 %) und Eltern (8 %).

29. Juli - 1. August: Beim Junioren-FISA-Championat im Rudern in Bled (Jugoslawien) gewinnt die DDR-Mannschaft fünf der sieben ausgeschriebenen Bootsklassen (Einer, Zweier o.Stm., Zweier m.Stm., Vierer o.Stm., Vierer m.Stm.). In den zwei übrigen Bootsklassen erringen die DDR-Boote jeweils die Silbermedaille.

31. Juli: Karin Balzer läuft in Berlin Weltrekord über 100 m Hürden in 12,6 s.

2. - 23. August: Der I. Internationale Sommerkurs für Sportfunktionäre aus afrikanischen, arabischen und asiatischen Ländern findet in der DDR statt. Die Teilnehmer informieren sich in Berlin, Leipzig, Dresden, Suhl, Oberhof, Graditz und Weimar über den Sport in der DDR.

10. - 15. August: Bei den Leichtathletik-EM in Helsinki gewinnen DDR-Athleten 12 Gold-, 13 Silber- und 7 Bronzemedaillen. EM-Titel erringen: Renate Stecher (100 m, 200 m), Karin Balzer (100 m Hürden), Helga Seidler (400 m), Karin Burneleit (1500 m), Rita Kühne, Ingelore Lohse, Helga Seidler, Monika Zehrt (4x400-m-Staffel), Frank Siebeck (110 m Hürden), Jörg Drehmel (Dreisprung), Max Klauß (Weitsprung), Wolfgang Nordwig (Stabhochsprung), Hartmut Briesenick (Kugelstoßen) und Joachim Kirst (Zehnkampf). Karin Balzer und Wolfgang Nordwig werden zum dritten Mal Europameister. Karin Burneleit stellt über 1500 m in 4:09,6 min und die 4x400-m-Staffel in 3:29,3 jeweils einen neuen Weltrekord auf.

12. - 15. August: Bei den EM der Frauen im Rudern in Kopenhagen gewinnen Anita Kuhlke die Goldmedaille im Einer, der Doppelzweier und der Achter die Silbermedaille und der Vierer m.Stfr. die Bronzemedaille.

18. - 22. August: Die Ruderer erringen bei den EM der Männer in Kopenhagen vier Goldmedaillen (Zweier o.Stm., Vierer o.Stm., Doppelzweier, Zweier m.Stm.) und drei Silbermedaillen (Einer, Vierer m.Stm., Achter).

20. - 21. August: Die DDR-Mannschaft erkämpft in London den Europapokal im Wasserspringen.

22. - 29. August: Bei den EM im Schießsport in Suhl gewinnen Uto Wunderlich (Männer, Freies Gewehr Dreistellungskampf), Eckhardt Dallmann (Junioren, Wurftaube Trap 150 Tauben) und Klaus Reschke (Junioren, Wurftaube Skeet 150 Tauben) die EM-Titel.

25. - 31. August: Werner Otto/Jürgen Geschke werden bei den WM im Bahnradsport in Varese (Italien) Weltmeister im Tandem-Malfahren und die Mannschaft (Huschke, Unterwalder, Herbert Richter, Heinz Richter) Vizeweltmeister im 4000-m-Verfolgungsfahren.

26. - 29. August: Reiner Kurth/Alexander Slatnow erringen bei den WM im Kanurennsport in Bled (Jugoslawien) den Weltmeistertitel im KII (1000 m) und die Frauen eine Silbermedaille (KII 500 m) und zwei Bronzemedaillen (KI 500 m, KIV 500 m).

27. August - 4. September: Bei den WM im Ringen in Sofia erkämpfen sich im Freien Stil Horst Stottmeister (Mittelgewicht) und im Klassischen Stil Klaus-Peter Göpfert (Leichtgewicht) die Silbermedaille und Lothar Metz (Halbschwergewicht) die Bronzemedaille.

28. - 29. August: Die Schwimmerinnen gewinnen zum zweiten Mal den Europapokal beim Finale in Bratislava (CSSR).

31. August - 5. September: Bei den WM im Turnierangeln in Pecs (Ungarn) erringen die Frauen vier Goldmedaillen und eine Silbermedaille in den Einzeldisziplinen der Gebrauchsgeräteklasse, die Mannschaftsweltmeisterschaft und den Pokal der Nationen. Brigitte Spiller gewinnt drei Goldmedaillen und eine Silbermedaille und Cornelia Schäfer eine Goldmedaille.

2. - 5. September: Bei den WM im Judo in Ludwigshafen (BRD) erkämpfen die Judoka erstmalig WM-Medaillen. Dietmar Hötger (Halbmittelgewicht) und Helmut Howiller (Halbschwergewicht) erringen jeweils eine Bronzemedaille.

3. - 4. September: Roland Matthes schwimmt in Leipzig Weltrekord über 200 m Rücken in 2:05,6 min (3.9.) und über 100 m Rücken in 56,7 s (4.9.).

5. September: Bei den EM im Motorbootrennsport in der Klasse OJ bis 175 ccm erringt Klaus Driefert in Bad Saarow zum dritten Mal in Folge den EM -Titel.

18. - 26. September: Bei den WM im Jagdschießen in Casalecchio di Reno (Italien) gewinnen die Männer drei Silbermedaillen durch Jürgen Henke (Wurftaube Trap 200 Tauben), Klaus Reschke (Wurftaube Skeet 200 Tauben) und die Mannschaft Wurftaube Skeet (Reschke, Krumpholz, Buchheim, Schulze).

19. - 27. September: Stefan Grützner (Schwergewicht) erringt bei den WM im Gewichtheben in Lima (Peru) die Silbermedaille im Dreikampf, die Goldmedaille im Reißen und die Silbermedaille im Stoßen. Helmut Losch gewinnt die Goldmedaille im Stoßen und belegt im Dreikampf den 4. Platz.

28. September: Bei einer Brandkatastrophe in Eindhoven (Niederlande) kommt Wolfgang Hoffmann vom HFC Chemie Halle ums Leben. Andere Spieler, wie Peter Klemm, Rainer Lange, Roland Novotny und besonders Klaus Urbanczyk helfen selbstlos, Hotelgäste zu retten, und werden verletzt. Das Europapokalspiel gegen PS Eindhoven sagt der HFC Chemie ab.

September: Bei der VI. Fernschach-WM (Juli 1968 - September 1971) wird Fernschach-Großmeister Horst Rittner Fernschachweltmeister und erfüllt damit zum dritten Mal die Norm eines Internationalen Großmeisters.

2. - 3. Oktober: Am Berlin-Lauf der BZA nehmen 250 Mannschaften mit 5000 Läufern teil. Die Vorwettkämpfe in den Stadtbezirken bestritten insgesamt 1000 Mannschaften mit 20.000 Schülerinnen und Schülern.

7. Oktober: Der erste DDR-Meister im Motoball, die Mannschaft MC Betonwerke Dresden I, gewinnt auch den Pokal der Fachzeitschrift „Illustrierter Motorsport“ im Endspiel gegen die Mannschaft vom MC Apolda I (3:1).

16. - 17. Oktober: Bei den EM der Frauen im Gerätturnen in Minsk (UdSSR) belegt Erika Zuchold den 3. Platz im Kür-Vierkampf, im Pferdsprung, am Schwebebalken und am Boden und Angelika Hellmann am Stufenbarren.

20. - 22. Oktober: Jahrestagung der Gesellschaft für Sportmedizin in Leipzig zu dem Leitthema „Körperkultur und Sport als Prophylaxe, Therapie und Rehabilitation bei inneren Erkrankungen“.

Oktober: Die Hoch- und Fachschulsportgemeinschaften im Bezirk Erfurt beginnen als erste, Studentenligen in den Sportarten Basketball, Federball, Fußball, Handball, Volleyball, Leichtathletik und Tischtennis einzuführen.

Oktober: In Algier wird ein Vereinbarungsprotokoll zwischen dem Ministerium für Jugend und Sport der Demokratischen Volksrepublik Algerien und dem Bundesvorstand des DTSB unterzeichnet.

2. Dezember: Das Komitee für Körperkultur und Sport veröffentlicht „Empfehlungen für die weitere Leistungssteigerung der jungen Generation“.

11. - 19. Dezember: Die Nationalmannschaft der Frauen besiegt bei den WM im Hallenhandball im Finale in Arnheim (Niederlande) Jugoslawien (11:8) und wird Weltmeister.

18. Dezember: Der erste offizielle Start auf der neu errichteten Kunsteis-Rennschlitten-Bahn in Oberhof wird anläßlich der DDR-Meisterschaften im Rennschlittensport freigegeben.

Dezember: An der Sektion Sportwissenschaft/Geographie der Pädagogischen Hochschule Potsdam findet das III. Kolloquium zu Stand und Perspektiven der Körpererziehung an Berufsschulen und erweiterten Oberschulen zum Thema „Zur Gestaltung eines einheitlichen Wettkampfsystems für Lehrlinge und Schüler der erweiterten Oberschule“ statt.

Dezember: Die populärsten Sportler des Jahres 1971 sind im Ergebnis der Leserumfrage der Tageszeitung „Junge Welt“ Karin Balzer, Roland Matthes (zum fünften Mal in Folge) und die 4x400-m-Staffel der Frauen (Rita Kühne, Ingelore Lohse, Helga Seidler, Monika Zehrt).

Januar bis Dezember:

In den Betrieben und Wohngebieten treiben außerhalb des DTSB 2.813.000 Mio BürgerInnen in 56.464 Gruppen Sport. 1,3 Mio BürgerInnen nehmen die Angebote in diesen Sportgruppen regelmäßig wahr.

1972

1. Januar: Im Berliner Friedrichshain wird der erste Neujahrslauf gestartet. 1200 BürgerInnen nehmen teil.

16. - 17. Januar: Die Titel bei den EM im Rennschlittensport in Königsee (BRD) gewinnen Ute Rührold (Einsitzer), Wolfram Fiedler (Einsitzer) und Horst Hörnlein/Reinhard Bredow (Doppelsitzer).

22. - 23. Januar: Bei den Junioren-EM im Rennschlittensport in Kufstein (Österreich) erringen Eva-Maria Wernicke (Einsitzer), Bernd Hahn (Einsitzer) und Hans Rinn/Norbert Hahn (Doppelsitzer) die EM-Titel.

3. - 13. Februar: An den XI. Olympischen Winterspielen in Sapporo (Japan) nimmt das NOK der DDR erstmalig mit einer völlig souveränen Mannschaft teil. Sie erringt vier Gold-, drei Silber- und sieben Bronzemedaillen, einen 4., drei 5. und vier 6. Plätze. Goldmedaillen gewinnen Anna-Maria Müller (Rennschlittensport, Einsitzer), Wolfgang Scheidel (Einsitzer), Horst Hörnlein/Reinhard Bredow (Doppelsitzer) und Ulrich Wehling (Nordische Kombination), der als Neunzehnjähriger der bisher jüngste Olympiasieger in dieser Disziplin ist. Silbermedaillen erringen Ute Rührold (Rennschlitten, Einsitzer), Harald Ehrig (Einsitzer), Hansjörg Knauthe (20 km Biathlon) und Bronzemedaillen Margit Schumann (Rennschlitten, Einsitzer), Wolfram Fiedler (Einsitzer), Klaus Bonsack/ Wolfram Fiedler (Doppelsitzer), Manuela Groß/Uwe Kagelmann (Eiskunstlauf Paare), Rainer Schmidt (Skisprung), Karl-Heinz Luck (Nordische Kombination) und die 4x7,5-km-Staffel im Biathlon (Hansjörg Knauthe, Joachim Meischner, Dieter Speer, Horst Koschka).

22. - 26. Februar: In Oberhof und Berlin findet die IV. Zentrale Kinder- und Jugendspartakiade in den Wintersportarten statt.

6. - 11. März: Bei den WM im Eiskunstlauf in Calgary (Kanada) belegen Manuela Groß/Uwe Kagelmann den 4., Sonja Morgenstern den 5. und Jan Hoffmann den 6. Platz.

11. - 12. März: Europameister bei den Hallen-EM der Leichtathleten in Grenoble (Frankreich) werden Renate Stecher (50 m), Gunhild Hoffmeister (800 m), Annelie Ehrhardt (50 m Hürden), Rita Schmidt (Hochsprung), Wolfgang Nordwig (Stabhochsprung), Max Klauß (Weitsprung) und Hartmut Briesenick (Kugelstoßen).

17. März: Im Küchwald von Karl-Marx-Stadt wird die 200. Veranstaltung der Lauf-Dich-gesund-Bewegung durchgeführt.

17. - 18. März: Anläßlich des zwanzigjährigen Bestehens des Wissenschaftlichen Rates für Körperkultur und Sport findet eine Plenartagung in Dresden statt. Staatssekretär Roland Weißig referiert zu den Aufgaben der Sportwissenschaft bei der weiteren Entwicklung der sozialistischen Körperkultur.

24. - 26. März: Bei der Skiflug-WM in Planica (Jugoslawien) belegt Heinz Wosipiwo den 2. Platz.

März: Die Zeitschrift „Theorie und Praxis des Leistungssports" informiert über Forschungsergebnisse und praktische Erfahrungen der Gestaltung der unmittelbaren Wettkampfvorbereitung (UWV) und das Höhentraining in diesem Prozeß.

4. April: In Berlin beraten mehr als 300 Leiter von Schulsportgemeinschaften (SSG) über die Aufgaben zur Entwicklung des außerunterrichtlichen Sports.

6. - 18. April: Bei der Blinden-Schacholympiade in Pula (Jugoslawien) belegt die Mannschaft des Deutschen Verbandes für Versehrtensport (DVfV) den 4. Platz.

8. April: Der Bundesvorstand des DTSB und die Leitung der Sportbewegung Ungarns unterzeichnen einen Vertrag über Freundschaft und Zusammenarbeit.

10. - 15. April: Die EM im Segeln der Drachenboote in Hyères (Frankreich) gewinnen Paul Borowski/Karl-Heinz Thun/Konrad Weichert vor Dieter Below/Thomas Nelte/Michael Zachries.

16. - 19. April: Gemeinsame Jahrestagung der Gesellschaft für Orthopädie und der Gesellschaft für Sportmedizin in Leipzig zu den Leitthemen „Sportverletzungen - Behandlung und prophylaktische Gesichtspunkte" und „Fehlbelastungsfolgen am Haltungs- und Bewegungsapparat".

23. April: In Lauchhammer findet das Finale des Cross der Jugend statt. An den Ausscheidungswettkämpfen nahmen mehr als eine Million Kinder und Jugendliche teil.

24. - 30. April: Bei den EM im Ringen in Katowice (Polen) erkämpft Jürgen Hähnel (Leichtgewicht) im Klassischen Stil die Goldmedaille. Im Freistil gewinnen Jürgen Möbius (Halbfliegengewicht) die Silbermedaille und Wolfgang Nitzschke (Mittelgewicht) sowie Gerd Bachmann jeweils eine Bronzemedaille.

25. April: Der Bundesvorstand des DTSB schätzt während seiner 6. Tagung den Stand der Vorbereitung auf die Olympischen Sommerspiele ein, behandelt Probleme des Nachwuchsleistungssports und erörtert die Aufgaben zur Vorbereitung der X. Weltfestspiele der Jugend und Studenten 1973 in Berlin.

26. April: Die Fußball-Olympiaauswahl qualifiziert sich durch ein 0:0 gegen die Mannschaft Jugoslawiens in Prilep für das olympische Fußballturnier in München, nachdem sie das erste Spiel am 17. November 1971 in Rostock 2:0 gewonnen hatte.

April: Das leistungsphysiologische Labor Schwimmen wird von der Firma Flygt (Schweden) dem Forschungsinstitut für Körperkultur und Sport (FKS) in Leipzig übergeben, das sowohl ein gesteuertes Training als auch eine umfassende komplexe Leistungsdiagnostik ermöglicht.

5. - 20. Mai: Bei der XXV. Internationalen Friedensfahrt Berlin-Prag-Warschau belegen Wolfram Kühn in der Gesamt-Einzelwertung und die DDR-Mannschaft in der Gesamt-Mannschaftswertung jeweils den 3. Platz. Michael Milde kann drei Etappensiege erringen, muß aber in aussichtsreicher Position wegen einer Sturzverletzung ausscheiden.

12. - 14. Mai: Dietmar Hötger (Halbmittelgewicht) erkämpft bei den EM im Judo in Voorburg (Niederlande) den EM-Titel. Karl-Heinz Werner (Leichtgewicht) und Klaus Hennig (Alle Kategorien) gewinnen jeweils eine Bronzemedaille.

27. Mai - 3. Juni: Bei den WM im Asphaltkegeln in Split (Jugoslawien) erringt die Sechsermannschaft der Männer (Bräutigam, Wöstehoff, Wloka, Hegenbarth, Beyer, Luther) den WM-Titel mit Weltrekord (5581 Pkt). Horst Bräutigam stellt einen neuen Weltrekord über 200 Wurf mit 998 Punkten auf.

13. - 20. Juni: Christian Schröder wird bei den Finn-Dinghi-EM in Medemblik (Niederlande) Europameister.

14. Juni: Der X. Olympische Tag der Leichtathleten findet in Berlin statt. Es nehmen Athleten aus 18 Ländern teil.

15. Juni: In Potsdam läuft Annelie Ehrhardt über 100 m Hürden in 12,5 s Weltrekord.

16. Juni: In Berlin wird die Vereinbarung über Freundschaft und Vertiefung der brüderlichen Zusammenarbeit zwischen dem Bundesvorstand des DTSB und der Leitung des Arbeitersportbundes der Republik Finnland (TUL) unterzeichnet.

4. - 5. Juli: Anläßlich des Leichtathletik-Länderkampfes der Männer DDR-Frankreich in Paris-Colombes läuft Monika Zehrt im Rahmenprogramm die 400 m in 51,0 s und egalisiert den Weltrekord (4.7.). Die 4x400-m-Staffel der Frauen (Käsling, Seidler, Rhode, Zehrt) stellt mit 3:28,8 min einen neuen Weltrekord auf (5.7.).

8. - 9. Juli: Vizeeuropameister im Motorradgeländesport werden nach fünf Läufen Ewald Schneidewind (bis 75 ccm/Simson), Rudolf Jenak (bis 100 ccm/ Simson) und Frank Schubert (bis 250 ccm/MZ). Gerhard Haatz (bis 75 ccm/Simson), Klaus Halser (bis 250 ccm/MZ) und Fred Willamowski (bis 500 ccm/MZ) belegen jeweils den 3. Platz.

24. - 30. Juli: Die IV. Zentrale Kinder- und Jugendspartakiade in den Sommersportarten wird in Berlin durchgeführt. 9300 SportlerInnen im Alter von 8 - 18 Jahren gehen in 19 Sportarten an den Start. Die Mannschaftswertung gewinnt die Mannschaft aus Berlin vor Leipzig und Halle.

27. Juli: Das Präsidium des DTSB-Bundesvorstandes und der Zentralrat der FDJ beschließen gemeinsam die Pokalwettbewerbe mit massensportlichem Charakter (Basketball, Handball, Kanuwettbewerb „Jagt die Meister!“, Kegelwettbewerb der Jugendbrigaden, Cross der Jugend, Internationaler leichtathletischer Vierkampf der Freundschaft, Leichtathletischer Jugendfünfkampf „Wen schafft ihr?“, Kleine Friedensfahrt, Schach, Sportschießen der Schulen und Heime, Sportschwimmen, Tischtennisturnier der Tausende, Gerätturnen, Gymnastik, Volleyball, Touristischer Mehrkampf, Turnierangeln und K-Wagen-Rennen) und die Pokalwettbewerbe mit leistungssportlichem Charakter (Eiskunstlauf, Fußball, Judo, Ringen, Skisport, Wasserspringen), für die Wanderpokale ausgeschrieben werden.

28. Juli: Richtlinie des Ministeriums für Volksbildung für die Finanzierung des außerunterrichtlichen Sports.

30. Juli: Im Nordwestpamir erreichen Heinz Heine, Helfried Hering, Volker Krause (Trainer), Dieter Rülker, Werner Rump als erste Seilschaft des Deutschen Verbandes für Wandern, Bergsteigen und Orientierungslauf (DWBO) den Gipfel des Pik Kommunismus (7495 m, Route über den Burewestnik-Pfeiler). Der Aufstieg vollzog sich im Rahmen einer Massenbesteigung von 125 Bergsteigern, von denen 87, darunter zwei Frauen, auf dem Gipfel ankommen. Die Seilschaft aus der DDR ist eine der wenigen, die sich vollzählig ins Gipfelbuch eintragen kann.

1. - 5. August: Beim FISA-Juniorenchampionat im Rudern in Mailand gewinnen die DDR-Boote drei Gold- (Doppelzweier, Zweier o.Stm., Achter) und zwei Silbermedaillen.

5. - 20. August: Bei den WM im Fallschirmsport in Tahlequah (USA) erringen Barbara Karkoschka den WM-Titel in der Gesamteinzelwertung und die Frauenmannschaft in der Gesamtmannschaftswertung den 2. und im Gruppenzielspringen den 3. Platz.

6. - 16. August: In Leipzig findet die V. Welt-Einzelmeisterschaft des Internationalen Komitees für Gehörlosenschach (ICSC) statt, bei der Horst Weidemann das B-Finale gewinnt.

8. - 14. August: Bei der EM im Segeln in der Soling-Klasse im Oeresund vor Kopenhagen gewinnen Roland Schwarz/Lothar Koepsell/Werner Christoph den EM-Titel.

10. - 13. August: An der EM der Frauen im Rudern in Brandenburg nehmen erstmals Mannschaften aus 20 Ländern teil. Die DDR-Ruderinnen gewinnen eine Silber- (Vierer m.Stfr.) und zwei Bronzemedaillen (Einer, Achter).

11. - 13. August: Bei den Internationalen Jugendwettkämpfen der Freundschaft in der Leichtathletik in Budapest gewinnt die DDR-Mannschaft siebzehn Gold-, elf Silber- und vierzehn Bronzemedaillen.

13. August: Paul Friedrichs wird bei den WM im Motocross (nach sechs Wertungsläufen) Vizeweltmeister in der Klasse bis 500 ccm (CZ).

21. August: Die 6. Generalversammlung des Weltrates für Sport und Körpererziehung (CIEPS) nimmt in München den DTSB und das Staatssekretariat für Körperkultur und Sport als gleichberechtigte Mitglieder auf.

21. - 25. August: Wissenschaftlicher Kongreß anläßlich der Spiele der XX. Olympiade 1972 in München. Einleitende Referate halten Prof. Dr. Erbach (Thema: Körperkultur und Sport im gesellschaftlichen Planungsprozeß unter besonderer Berücksichtigung des Hochleistungssports), Prof. Dr. Pickenhain (Grundlagenerkenntnisse über das motorische System) und Prof. Dr. Strauzenberg (Hochleistungssport und angewandtes komplexes Wissen aus der Sicht der Sportmedizin).

26. August - 11. September: An den XX. Olympischen Sommerspielen in München nimmt das NOK der DDR erstmalig bei Sommerspielen mit einer völlig souveränen Mannschaft teil, die 20 Gold-, 23 Silber- und 23 Bronzemedaillen erringt. Goldmedaillen gewinnen Renate Stecher (100 m, 200 m), Annelie Ehrhardt (100 m Hürden), Monika Zehrt (400 m), Ruth Fuchs (Speerwerfen), Dagmar Käsling, Rita Kühne, Helga Seidler, Monika Zehrt (4x400-m-Staffel), Wolfgang Nordwig (Stabhochsprung), Peter Frenkel (20 km Gehen), Karin Janz (Pferdsprung, Stufenbarren), Klaus Köste (Pferdsprung), Roland Matthes (100 m und 200 m Rückenschwimmen), Siegfried Brietzke, Wolfgang Mager (Rudern, Zweier o.Stm.), Wolfgang Gunkel, Jörg Lucke, Klaus-Dieter Neubert (Zweier m. Stm.), Frank Forberger, Dieter Grahn, Frank Rühle, Dieter Schubert (Vierer o.Stm.), Angelika Bahmann (Kanuslalom, KI), Siegbert Horn (KI), Reinhard Eiben (CI), Walter Hofmann, Rolf-Dieter Amend (CII). Weltrekorde erzielen Renate Stecher (200 m), die 4x400-m-Staffel der Frauen, Roland Matthes (100 m und 200 m Rücken) und die 4x100-m-Freistilstaffel der Frauen.

11. - 16. September: Die Trophy-Mannschaft (Reinhard Fischer, Klaus Halser, Frank Schubert, Manfred Jäger, Joachim Kempter, Fred Willamowsky) erringt bei der Mannschafts-WM in Spindleruv Mlyn (CSSR) die Silbermedaille.

13. - 17. September: Bei den WM im Orientierungslauf in Stare Plavy (CSSR) belegen die Frauen- und die Männermannschaft jeweils den 6. Platz.

13. September - 10. Oktober: Die Schacholympiade in Skoplje (Jugoslawien) gewinnt die Mannschaft der UdSSR. Die DDR-Mannschaft (Uhlmann, Dr. Malich, Liebert, Schöneberg, Vogt, Knaak) belegt Rang 10.

14. - 16. September: In Dresden findet der V. Kongreß der Gesellschaft für Sport und Technik (GST) mit 1200 Delegierten statt. Zum Vorsitzenden des Zentralvorstandes wird Generalmajor Günther Teller gewählt.

1. Oktober: Der Zentralrat der FDJ und das Präsidium des Deutschen Verbandes für Leichtathletik (DVfL) rufen alle Bürgerinnen und Bürger auf, am Laufwettbewerb „Festivalmeile“ (1973 m) teilzunehmen.

8. - 15. Oktober: Bei den EM im Basketball der Frauen in Warna (Bulgarien) gewinnt die Nationalmannschaft das B-Finale und belegt Rang sieben.

16. Oktober: Das Gesetz über den Ministerrat der DDR wird verabschiedet. Es legt die staatlichen Aufgaben für die Jugendpolitik, die weitere

Entwicklung der Kultur, des geistig-kulturellen Lebens sowie von Körperkultur und Sport fest.

22. Oktober: Karl-Heinz Stadtmüller und die DDR-Mannschaft gewinnen in Lugano (Italien) den Junioren-Europapokal im Gehen.

2. November: Das Komitee für Körperkultur und Sport verabschiedet Empfehlungen für die weitere Entwicklung von Körperkultur, Sport und Touristik der Werktätigen.

7. November: Die VI. Fernschach-Olympiade (1.1.1970 - 7.11.1972) beendet die Männermannschaft (Koch, Dr. Baumbach, Kunz, Tiemann, Landgraf, Rittner) mit dem Gewinn der Bronzemedaille. Dr. Fritz Baumbach erfüllt zugleich als zweiter Schachsporter der DDR die Norm für die Ernennung zum Internationalen Fernschach-Großmeister.

28. November: Der Jugendausschuß der Volkskammer berät Fragen einer vielseitigen kulturellen und sportlichen Tätigkeit der Jugend in den Städten.

30. November: Anordnung des Ministerrates über die Wahrnehmung der Verantwortung der Betriebe und staatlichen Einrichtungen auf dem Gebiet von Körperkultur und Sport.

6. - 8. Dezember: Der „Wissenschaftliche Rat Körpererziehung“ und die Kooperation Schulsport der Akademie der Pädagogischen Wissenschaften (APW) beraten Fragen der Leistungsfähigkeit der Schuljugend. Es werden vor allem die Ergebnisse der Forschungsgruppe „Physische Entwicklung der jungen Generation“ (Leitung: Dr. Stemmler) diskutiert.

Dezember: Die besten Turnerinnen und Turner treten zu neun Schauturnveranstaltungen in Indien, Sri Lanka und Burma an und trainieren gemeinsam mit Turnerinnen und Turnern aus diesen Ländern.

Dezember: Die Leserumfrage der „Jungen Welt“ nach den populärsten Sportlern wird zum zwanzigsten Mal durchgeführt. Es senden 1.723.033 Mio Bürgerinnen und Bürger ihre Vorschläge ein. DDR-Sportler des Jahres werden Karin Janz, Wolfgang Nordwig und die 4x400-m-Staffel der Frauen (zum zweiten Mal in Folge).

Januar bis Dezember:

In 62.136 Sportgruppen außerhalb des DTSB treiben mehr als 3,5 Mio Bürgerinnen und Bürger Sport, 1,7 Mio davon regelmäßig.

Im Sportverlag erscheint in der Lehrbuchreihe der Sportarten „Gerätturnen“ (Günter Borrmann u.a.) und „Terminologie Gerätturnen“ (Klaus Arnold). Der Verlag J.A. Barth legt die Titel „Sportanthropometrie“ (Kurt Tittel/Heinz Wutscherk) und „Orthopädie im Sport: Untersuchung, Beurteilung, Behandlung“ (Helga Schmidt) vor.

1973

3. - 10. Januar: Bildung von Trainingszentren (TZ) für Flossenschwimmen, Strecken- und Orientierungstauchen in Berlin, Potsdam und Rostock zur Vorbereitung von Nachwuchs- und Spitzenathleten in diesen Disziplinen.
6. Januar: Rainer Schmidt gewinnt die Internationale Vierschanzentournee BRD/Österreich vor Hans-Georg Aschenbach.
10. Januar: Richtlinie des Staatssekretariats für Berufsbildung und des Sekretariats des Bundesvorstandes des DTSB zur weiteren Entwicklung des außerunterrichtlichen Sports der Lehrlinge.
12. Januar: In Lagos (Nigeria) wird während der II. Allafrikanischen Spiele eine langfristige Vereinbarung über die weitere Zusammenarbeit zwischen dem DTSB und dem Obersten Afrikanischen Sportrat unterzeichnet.
19. - 21. Januar: Bei den Junioren-EM im Rennschlittensport in Olang (Italien) erringen die Juniorinnen und Junioren zwei Goldmedaillen, eine Silbermedaille und drei Bronzemedaillen.
20. - 21. Januar: In Nassau findet die 1. DDR-Bestenermittlung der Körperbehinderten im Skilaufen statt, an der 35 Aktive teilnehmen.
24. Januar: Beschluß des Sekretariats des ZK der SED zur Weiterführung der Spartakiadebewegung.
5. - 11. Februar: Bei den EM im Eiskunstlaufen in Köln wird Christine Errath Europameisterin, Jan Hoffmann gewinnt die Bronzemedaille. Groß/Kagelmann belegen im Paarlauf den 4. Platz und Kermer/Österreich den 6. Platz.
10. - 11. Februar: Die EM-Titel im Rennschlittensport auf der Kunsteisbahn in Königsee (BRD) erringen Margit Schumann (Einsitzer), Hans Rinn (Einsitzer) und Hans Rinn/Norbert Hahn (Doppelsitzer).
16. - 18. Februar: Bei den WM im Rennschlittensport auf der neuen Kunsteisbahn in Oberhof gewinnen die DDR-Athleten acht von neun möglichen Medaillen. Weltmeister werden Margit Schumann (Einsitzer), Hans Rinn (Einsitzer), Horst Hörnlein/Reinhard Bredow (Doppelsitzer). Erstmalig verfolgen mehr als 80 000 Zuschauer die Wettkämpfe direkt an einer Rennschlittenbahn.
21. Februar: In Berlin wird eine Vereinbarung zwischen dem Bundesvorstand des DTSB und der Leitung des Reichssportbundes des Königreichs Schweden über die Festigung und Vertiefung der freundschaftlichen Beziehungen auf dem Gebiet des Sports unterzeichnet.
26. Februar - 5. März: Bei den WM im Eiskunstlaufen in Bratislava (CSSR) gewinnen Christine Errath, Jan Hoffmann und Groß/Kagelmann jeweils die Bronzemedaille. Kermer/Österreich belegen den 5. Platz.

1. - 4. März: Die 4x7,5-km-Biathlonstaffel erringt bei den WM in Lake Placid (USA) die Bronzemedaille und Frank Pötter über 15 km der Junioren die Silbermedaille.

4. - 31. März: Am I. Internationalen Sportärztekurs des Sportmedizinischen Dienstes (SMD) und der Gesellschaft für Sportmedizin in Rostock nehmen Ärzte aus 10 afrikanischen, asiatischen und lateinamerikanischen Ländern teil.

9. - 11. März: Hans-Georg Aschenbach wird in Oberstdorf (BRD) Skiflug-Weltmeister.

10. - 11. März: Bei den IV. Europa-Hallen-Meisterschaften der Leichtathleten gewinnt Frank Siebeck den EM-Titel über 60 m Hürden.

16. März: Während einer Plenartagung schätzt das NOK sein Wirken im Olympiazyklus 1968 bis 1972 ein, entbindet Dr. Heinz Schöbel auf persönlichen Wunsch von der Funktion des NOK-Präsidenten und Helmut Behrendt aus gesundheitlichen Gründen von der Funktion des Generalsekretärs. Zum Präsidenten des NOK wird Manfred Ewald gewählt, zum Vizepräsidenten Rudi Hellmann und zum Generalsekretär Günther Heinze. Dr. Heinz Schöbel wird Ehrenmitglied des NOK auf Lebenszeit.

22. - 31. März: Die Eishockey-Nationalmannschaft gewinnt in Graz (Österreich) das B-Gruppenturnier der WM.

26. März: Der Präsident des Forschungskomitees im Weltrat für Sport und Körpererziehung bei der UNESCO (CIEPS), Prof. Dr. Ernst Jokl, verleiht auf Beschluß der Executive der CIEPS den Philip-Noel-Baker-Forschungspreis 1973 an Prof. Dr. Günter Erbach für Leistungen auf dem Gebiet der Sportsoziologie.

27. März: Beschluß des Politbüros des ZK der SED „Die Weiterentwicklung des Leistungssports der DDR bis 1980 und die Vorbereitung der Olympischen Sommer- und Winterspiele 1976“.

28. März: Verordnung des Ministerrates über die Aufgaben, Rechte und Pflichten der volkseigenen Betriebe, Kombinate und VVB, die festlegt, daß der volkseigene Betrieb die kulturelle und sportliche Betätigung der Werktätigen, insbesondere der Jugend unterstützt.

29. März: Die 8. Tagung des Bundesvorstandes des DTSB analysiert die Entwicklung des Sports im Jahr 1972 und berät die künftigen Aufgaben im Leistungssport.

4. April: Beim Ministerium für Hoch- und Fachschulwesen wird ein Wissenschaftlicher Beirat für Studentensport gebildet. Als Leiter wird Dr. Günter Kopp berufen.

6. - 8. April: Bei der EM im Ringen in Lausanne (Schweiz) wird Horst Stottmeister (Halbschwergewicht) im Freien Stil Vizeeuropameister.

11. April: Verordnung des Ministerrates über die Erweiterung des Versicherungsschutzes bei Unfällen in Ausübung gesellschaftlicher, kultureller oder sportlicher Tätigkeiten.

12. April: Zwischen dem Bundesvorstand des DTSB und der Leitung der Sportorganisation der VR Bulgarien wird ein Vertrag über Freundschaft und Zusammenarbeit abgeschlossen.

13. - 14. April: Kornelia Ender schwimmt beim Länderkampf der Freundschaft DDR - UdSSR in Berlin Weltrekord über 200 m Lagen in 2:23,01 min (13.4.) und 100 m Schmetterling in 1:03,05 min (14.4.).

21. April: Jürgen Geschke belegt im Sprintwettbewerb um die Champion-of-Champion-Trophy in Herne Hill (England) den 2. Platz hinter Daniel Morelon (Frankreich).

24. April: Der Wissenschaftliche Rat der Deutschen Hochschule für Körperkultur (DHfK) in Leipzig verleiht entsprechend dem Habilrecht erstmals den akademischen Grad eines Dr. paed. habil.

4. - 6. Mai: In Brandenburg ermitteln 128 körperbehinderte Kinder und Jugendliche - darunter 62 Mädchen - während einer Zentralen Spartakiade ihre Besten in den Sportarten Leichtathletik, Schwimmen und Tischtennis.

12. - 13. Mai: Bei der EM der Männer im Gerätturnen in Grenoble (Frankreich) gewinnt Klaus Köste die Goldmedaille am Reck, die Bronzemedaille am Boden und im Kür-Sechskampf. Wolfgang Thüne erringt die Bronzemedaille am Reck.

12. - 16. Mai: An der I. Europäischen Sportkonferenz in Wien nehmen DTSB-Präsident Manfred Ewald, die Vizepräsidenten Prof. Dr. Edelfrid Buggel und Günther Heinze sowie der Stellvertreter des Staatssekretärs Prof. Dr. Günter Erbach teil. Prof. Dr. Buggel referiert zu dem Thema: Erkenntnisse über die Gestaltung der sportlichen Betätigung unter Berücksichtigung von geschlechts- und altersspezifischen, berufs- und leistungsspezifischen Bedingungen.

13. Mai: In Berlin wird das Finale des Cross der Jugend ausgetragen. An den vorbereitenden Wettkämpfen nahmen mehr als eine Million Jugendliche teil.

13. Mai: Den ersten Rennsteiglauf von Eisenach nach Masserberg absolvieren Hans-Georg Kremer, Hans-Joachim Römhild, Jens Wötzel und Wolf-Dieter Wolfram. Dieser Lauf wurde erst später zum ersten Rennsteiglauf erklärt. Zwei Testläufe waren ihm 1971 und 1972 vorausgegangen.

22. - 28. Mai: Den Europapokal im Wurftaubenschießen gewinnt in Brno (CSSR) Burckhardt Hoppe.

29. Mai: Der Biathlet Dieter Speer wird im UNESCO-Sitz in Paris mit dem Ehrendiplom des Fairplay-Pokals „Pierre de Coubertin“ ausgezeichnet. Er hatte im olympischen Staffelwettbewerb seinen bereits markierten Ski Alexander Tichonow (UdSSR) geliehen. Dieser war als erster ins Staffelrennen gegangen und als sein Ski zerbrach, lief sich Dieter Speer noch warm, der als Dritter starten sollte. Die UdSSR gewann und die DDR-Staffel belegte den 3. Platz.

31. Mai - 10. Juni: Beim UEFA-Turnier der Junioren in Italien unterliegt die DDR-Fußballauswahl im Finale in Florenz gegen England mit 2:3 (n. V.).

Mai: Auftakt für das Wanderprogramm des FDGB-Feriendienstes „40, 60 oder 80 Wanderkilometer im Urlaub“ in Tripstein.

1. - 9. Juni: Bei den EM im Boxen in Belgrad wird Stephan Förster (Federgewicht) Europameister.

3. - 23. Juni: Am zweiten Internationalen Sommerkurs des DTSB nehmen Führungskräfte des Sports aus 20 afrikanischen, asiatischen und lateinamerikanischen Ländern teil.

7. Juni: Renate Stecher läuft in Ostrava (CSSR) als erste Frau der Welt die 100 m unter 11,0 s und stellt mit 10,9 s einen neuen Weltrekord auf.

10. - 18. Juni: Bei den EM im Gewichtheben in Madrid gewinnen die Gewichtheber zwei Silber- und vier Bronzemedaillen.

14. Juni: Der Zentralrat der FDJ schätzt während seiner 8. Tagung den Stand der Vorbereitung auf das X. Festival der Jugend und Studenten ein und verabschiedet - nach Konsultationen mit dem Ministerrat, dem FDGB-Bundesvorstand, dem Bundesvorstand des DTSB und dem Zentralvorstand der GST - den Entwurf des neuen (3.) Jugendgesetzes für die Diskussion in der Öffentlichkeit.

21. - 24. Juni: Bei den WM im Kanuslalom in Muotathal (Schweiz) erringen die Kanusportler drei Goldmedaillen (Eiben/CI Männer, Spindler-Boedecker/KI Frauen, Mannschaft/KI Männer), drei Silber- und vier Bronzemedaillen.

28. - 29. Juni: An der Sektion Sportwissenschaft der Friedrich-Schiller-Universität Jena wird das II. Biomechanische Kolloquium zum Thema „Biomechanische Verfahren zur Analyse der sportlichen Technik und ihre Anwendungsaspekte“ durchgeführt.

12. Juli: Gesetz über die örtlichen Volksvertretungen und ihre Organe in der DDR, das auch die Verantwortung für Körperkultur und Sport und die Erholung der Bürger festlegt.

15. - 20. Juli: Den EM-Titel im Segeln (Soling-Klasse) gewinnen in Medemblik (Niederlande) Dieter Below/Michael Zachries/Olaf Engelhardt. Die Mannschaft Schwarz/Koepsell/Christoph belegt den Rang drei.

16. - 21. Juli: Die EM im Segeln (Flying Dutchman) in Thun (Schweiz) gewinnen Herbert Hüttner/Ulf Pagenkopf vor Gunter Froese/Klaus Mayer.

20. - 22. Juli: Bei den DDR-Meisterschaften der Leichtathleten laufen Weltrekord: Renate Stecher über 100 m in 10,8 s (20.7.), über 200 m in 22,1 s (21.7.) und Annelie Ehrhardt über 100 m Hürden in 12,3 s (22.7.).

21. - 28. Juli: Die Mannschaft des Deutschen Verbandes für Versehrtensport (DVfV) ist bei den XII. Weltspielen der Hörgeschädigten in Malmö (Schweden) in der Leichtathletik und im Tischtennis erfolgreich. Wilfried Zapfe gewinnt die 5000 m und die 3000 m Hindernis jeweils mit Weltrekord. Die 4x400-m-Staffel und Gert Pollakowski belegen über 200 m und 400 m den 2. Platz, Wolfgang Zybell über 100 m und Helga Möller über

200 m den 3. Platz. Im Tischtennis erreichen das Frauen-Doppel und das Mixed-Doppel jeweils Rang sechs.
28. Juli - 5. August: Zu den X. Weltfestspielen der Jugend und Studenten in Berlin zeigen die SportlerInnen eine Sport- und Musikschau. Sie organisieren internationale Sportveranstaltungen, wie das Internationale Leichtathletik-Meeting, veranstalten massensportliche Wettbewerbe und laden in den Internationalen Klub des Sports zu Begegnungen, z.B. mit Teofilo Stevenson oder Michail Tal, ein.
In Vorbereitung auf das Festival regten vielfältige breitensportliche Initiativen zum Sporttreiben an. Es nahmen z.B. 1.166.000 Mio Kinder und Jugendliche an den Vorausscheiden für den Festival-Cross teil und es wurden 5.725.496 Mio Festivalmeilen (1973 m) gelaufen. (vgl. 1.10.1972, 13.5.1973).
1. - 5. August: Beim FISA-Juniorenchampionat in Nottingham (England) gewinnen die Ruderer vier Goldmedaillen (Doppelzweier, Zweier o.Stm., Zweier m.Stm., Vierer m.Stm.) und drei Silbermedaillen.
5. August: Als erste Frau aus der DDR bezwingt die Bergsteigerin Dr. Christel Gladun einen über 7000 m hohen Gipfel, den Pik Lenin (7134 m) im Pamir Massiv. Der Seilschaft gehören die Alpinisten Franz Hasse, Helfried Hering, Christel und Alex Gladun, Lutz Schülbe und Lutz Protze an.
5. - 11. August: Bei den EM im Segeln (Finn-Dinghi) in Wladyslawowo (Polen) erringt Christian Schröder das zweite Mal den EM-Titel. Jürgen Wolff belegt den 3. und der Junior Jochen Schümann den 4. Platz.
6. August: Anordnung des Ministerrates über die Erweiterung des zusätzlichen Unfallversicherungsschutzes durch die Staatliche Versicherung bei Unfällen in Ausübung gesellschaftlicher, kultureller oder sportlicher Tätigkeiten. (vgl. 11.4.1973)
8. - 9. August: Die Hockey-Nationalmannschaft der Männer beendet die Länderspiele gegen Indien in Leipzig am 8.8. unentschieden 1:1 (0:1) und am 9.8. ebenfalls mit 1:1 (1:0).
8. - 11. August: Bei den Jugend-EM im Schwimmen und Wasserspringen in Leeds (England) gewinnen die Jugendlichen sechs Gold-, sechs Silber- und sieben Bronzemedaillen.
10. August: Zwischen dem Bundesvorstand des DTSB und der Leitung der Sportorganisation der Mongolischen VR wird ein Vertrag über Freundschaft und Zusammenarbeit abgeschlossen.
18. - 19. August: Die Europapokale im Schwimmen gewinnen die Frauen in Utrecht vor den Niederlanden und die Männer in Berlin vor der UdSSR. In Utrecht schwimmen Kornelia Ender (100 m Freistil), Ulrike Richter (100 m Rücken) und Angela Franke (400 m Lagen) Weltrekord.
23. - 26. August: Bei den EM der Frauen im Rudern in Moskau wird der Doppelvierer Europameister. Der Vierer m.Stfr. und der Achter belegen den 2. Platz.

24. - 26. August: Insgesamt 21 EM-Titel erkämpfen die Juniorinnen und Junioren bei den EM der Leichtathleten in Duisburg (BRD).

30. August - 2. September: Die Ruderer gewinnen bei den EM in Moskau drei Goldmedaillen (Doppelzweier, Vierer o.Stm., Achter), zwei Silbermedaillen (Zweier m.Stm., Vierer m.Stm.) und eine Bronzemedaille (Einer).

1. - 9. September: Bei den I. WM im Schwimmen und Wasserspringen in Belgrad erringen die SchwimmerInnen zwölf WM-Titel, sechs Silber- und sieben Bronzemedaillen, die Wasserspringer einen WM-Titel und zwei Bronzemedaillen. Zehn Weltrekorde werden geschwommen.

7. - 9. September: Die Leichtathletik-Nationalmannschaft der Frauen gewinnt beim Finale in Edinburgh (Schottland) zum zweiten Mal in Folge den Europapokal, die Nationalmannschaft der Männer belegt Rang zwei. Ruth Fuchs stellt im Speerwerfen mit 66,10 m einen neuen Weltrekord auf.

7. - 15. September: Bei den WM im Ringen in Teheran gewinnen im Freien Stil Heinz Stahr (Federgewicht) und Horst Stottmeister (Halbschwergewicht) jeweils die Silbermedaille und im Klassischen Stil Heinz-Helmut Wehling (Leichtgewicht) und Klaus-Peter Göpfert (Weltergewicht) jeweils eine Bronzemedaille.

16. - 23. September: In Havanna bei den WM im Gewichtheben werden Peter Wenzel (Mittelgewicht), Frank Zielecke (Leichtschwergewicht) und Helmut Losch (Schwergewicht) Vizeweltmeister im Zweikampf. Peter Petzold (Mittelschwergewicht) erringt eine Bronzemedaille. In den Einzeldisziplinen können eine Goldmedaille (Frank Zielecke), drei Silber- und vier Bronzemedaillen erkämpft werden.

22. - 23. September: Die Leichtathletinnen erringen in Bonn den erstmalig ausgetragenen Europapokal im Fünfkampf und Burglinde Pollak erreicht mit 4932 Pkt. einen neuen Weltrekord. Im Wettbewerb um den Europapokal der Zehnkämpfer belegen die Männer Rang drei.

29. - 30. September: Den Europapokal der Landesmeister im Asphaltkegeln der Frauen gewinnt in Ceske Budejovice (CSSR) die Mannschaft der BSG Carl Zeiss Jena.

30. September - 4. Oktober: Am X. Olympischen Kongreß in Warna (Bulgarien) nehmen teil: IOC-Mitglied Dr. Heinz Schöbel, NOK-Vizepräsident Rudi Hellmann, NOK-Generalsekretär Günther Heinze, Olympiasieger Wolfgang Nordwig und Prof. Dr. Heinz Schwidtmann. G. Heinze referiert zum Thema „Zu Problemen der Demokratisierung der olympischen Bewegung“ und R. Hellmann „Zur Gestaltung des olympischen Programms“.

6. - 7. Oktober: Den Europapokal der Landesmeister im Asphaltkegeln der Männer erringt in Karlovy Vary (CSSR) die Mannschaft der BSG Buna Halle vor Postar Split (Jugoslawien) und Motor Dresden Neustadt.

11. - 16. Oktober: Das Komitee für Sport und Freizeit beim Weltrat für Sport und Körpererziehung (CIEPS) führt sein V. Internationales Seminar zum Thema „Leitung, Planung und Programme im Freizeit- und Erholungssport“ im Schloß Reinhardsbrunn durch. Es nehmen Spezialisten aus elf Ländern teil.

12. - 13. Oktober: In Lugano und Rancate (Schweiz) erringen die Geher erneut den Europapokal (Lugano-Cup).

20. Oktober: Zwischen dem Bundesvorstand des DTSB und der Leitung der Japanischen Amateursport-Vereinigung (JASA) wird in Tokio eine langfristige Vereinbarung über die Festigung der freundschaftlichen Beziehungen auf dem Gebiet von Körperkultur und Sport unterzeichnet.

20. - 24. Oktober: Das 5. Treffen Junger Bergsteiger des Deutschen Verbandes für Wandern, Bergsteigen und Orientierungslauf (DWBO) findet in Hohnstein/Sächsische Schweiz statt.

27. - 28. Oktober: Bei den EM der Frauen im Gerätturnen in London gewinnt Angelika Hellmann die Goldmedaille im Pferdsprung und die Silbermedaille am Stufenbarren. Kerstin Gerschau erringt die Silbermedaille am Boden und die Bronzemedaille im Kür-Vierkampf.

3. November: Die Fußball-Nationalmannschaft besiegt in Tirana Albanien (4:1), wird damit Gruppensieger in der Vorrunde und qualifiziert sich zum ersten Mal für eine WM-Endrunde.

8. - 13. November: Der Weltrat für Sport und Körpererziehung (CIEPS) führt seine XXI. Executivtagung in Rostock durch. Die 33 Mitglieder der Executive aus 19 Ländern besuchen anschließend die Deutsche Hochschule für Körperkultur (DHfK) in Leipzig.

15. - 18. November: Bei den WM in der künstlerischen Gymnastik in Rotterdam (Niederlande) erringen die Gymnastinnen im Gruppenwettbewerb (Seil/Kür) die Bronzemedaille.

21. - 22. November: Anläßlich des zwanzigjährigen Bestehens der Gesellschaft für Sportmedizin und des zehnjährigen Bestehens des Sportmedizinischen Dienstes (SMD) findet in Berlin eine wissenschaftliche Konferenz statt. Der Minister für Gesundheitswesen, OMR Prof. Dr. Mecklinger, referiert über „Die Rolle der Sportmedizin in der sozialistischen Gesellschaft“, die wissenschaftlichen Vorträge erörtern die Rahmenthemen „Sportmedizinische Erkenntnisse und Erfahrungen aus dem Leistungssport zur Erhöhung der Wirksamkeit der medizinischen Betreuung der Bevölkerung“, „Der Trainingseffekt in verschiedenen Altersbereichen“ und „Sport in Prophylaxe, Therapie und Rehabilitation“.

Dezember: Im Ergebnis der Leserumfrage der Tageszeitung „Junge Welt“ sind die populärsten Sportler des Jahres Kornelia Ender, Roland Matthes (zum siebenten Mal in Folge) und die Fußballmannschaft des SC Dynamo Dresden.

Januar bis Dezember:

In Betrieben und Wohngebieten bestehen außerhalb des DTSB 70.500 Sportgruppen mit mehr als 4 Mio Sporttreibenden.

1974

5. Januar: Hans-Georg Aschenbach gewinnt die Internationale Vierschanzentournee BRD/Österreich. Bernd Eckstein belegt den 3. Platz.
19. - 20. Januar: Bei der WM der Junioren im Eisschnellauf in Cortina d'Ampezzo (Italien) erringt Manfred Winter den WM-Titel im Mehrkampf.
28. Januar: Die Volkskammer beschließt während ihrer 12. Sitzung das „Gesetz über die Teilnahme der Jugend an der Gestaltung der entwickelten sozialistischen Gesellschaft und ihre allseitige Förderung in der DDR" (3. Jugendgesetz), das im Abschnitt VI (§ 34 - 38) die staatliche Sportförderung für die Jugend gesetzlich verankert. (vgl. 14.6.1973)
30. Januar - 2. Februar: Christine Errath und Jan Hoffmann gewinnen bei den EM in Zagreb (Jugoslawien) die EM-Titel. Im Paarlauf belegen Kermer/Österreich den 2. Platz und Groß/Kagelmann den 3. Platz.
31. Januar: Verordnung des Ministerrates über die Planung, Bildung und Verwendung des Prämienfonds und des Kultur- und Sozialfonds in den staatlichen Organen und Einrichtungen. (vgl. 20.10.1967)
2. - 3. Februar: Bei den EM im Rennschlittensport in Imst (Österreich) erringen Hans Rinn und Margit Schumann die EM-Titel in den Einzeldisziplinen. Hans Rinn/Norbert Hahn (Doppelsitzer) belegen den 2. und Ute Rührold den 3. Platz.
4. - 23. Februar: Petra Feustel gewinnt die Schach-Meisterschaften der Frauen. Die 15jährige Oberschülerin ist die bisher jüngste Schachmeisterin der DDR, die im selben Jahr auch die Titelkämpfe der Jugend für sich entscheidet.
16. - 17. Februar: Weltmeister bei den WM im Rennschlittensport in Königsee (BRD) werden Margit Schumann und Bernd Hahn/Norbert Hahn.
16. - 24. Februar: Bei den WM in den Nordischen Skidisziplinen erringen WM-Titel: Hans-Georg Aschenbach (Skispringen Normal- und Großschanze), Gerhard Grimmer (Skilanglauf 50 km), Ulrich Wehling (Nordische Kombination) und die 4x10-km-Skilanglaufstaffel (Gerd Heßler, Dieter Meinel, Gerhard Grimmer, Gert-Dietmar Klause). Sechs Silbermedaillen (Skilanglauf 10 km und 4x5-km-Staffel der Frauen, 15 km der Männer), davon drei durch Doppelerfolg im Skisprung (Normal- und Großschanze) und in der Nordischen Kombination komplettieren das WM-Ergebnis.
26. Februar - 3. März: Bei den Biathlon-WM in Minsk (UdSSR) gewinnt Günter Bartnick im erstmalig ausgetragenen 10-km-Lauf die Silbermedaille, Steffen Thierfelder im 10-km-Lauf der Junioren die Goldmedaille und die 3x7,5-km-Staffel der Junioren die Silbermedaille.

28. Februar - 3. März: Den Spezialsprunglauf bei den Junioren-EM in den nordischen Skidisziplinen in Autrans (Frankreich) gewinnt Jürgen Eckstein und die Nordische Kombination Konrad Winkler.

28. Februar - 10. März: Bei der VIII. WM im Hallenhandball der Männer unterliegt die Nationalmannschaft im Finale in Berlin der Vertretung Rumäniens (12:14) und wird Vizeweltmeister.

3. März: Der Deutsche Verband für Versehrtensport (DVfV) führt in Berlin sein erstes Zentrales Leichtathletik-Hallen-Sportfest durch. Es nehmen Hörgeschädigte, Blinde und Sehschwache, Querschnittsgelähmte und Körperbehinderte an Lauf-, Sprung- und Wurfwettbewerben teil.

5. - 10. März: Weltmeister im Eiskunstlauf werden bei den WM in München Christine Errath und Jan Hoffmann. Kermer/Österreich belegen im Paarlauf den 3. und Groß/Kagelmann den 4. Platz.

9. - 10. März: Bei den V. Europa-Hallen-Meisterschaften der Leichtathleten in Göteborg (Schweden) gewinnen die Aktiven drei Gold-, fünf Silber- und sieben Bronzemedaillen. Europameister werden Renate Stecher (60 m), Annerose Fiedler (60 m Hürden) und Rosemarie Witschas (Hochsprung).

18. März: Prof. Dr. Günter Erbach wird zum Staatssekretär für Körperkultur und Sport berufen.

20. März: Im Ergebnis offizieller Verhandlungen von Bevollmächtigten des DTSB und des DSB wird vereinbart: „Die Präsidenten des DTSB und des DSB haben auf der Grundlage beiderseitiger Vorschläge ein Protokoll über die Regelung der Sportbeziehungen zwischen dem DTSB und dem DSB paraphiert. Dieses Protokoll legt fest, jährlich einen Plan über die Durchführung von Sportveranstaltungen zu vereinbaren, der von beauftragten Vertretern beider Sportorganisationen ausgearbeitet wird und der Bestätigung durch den Präsidenten des DTSB und den Präsidenten des DSB bedarf. Die sportlichen Beziehungen regeln sich entsprechend den Bestimmungen und Gepflogenheiten des Internationalen Olympischen Komitees und der internationalen Sportorganisationen und, was Berlin (West) anbetrifft, auch in Übereinstimmung mit den Bestimmungen des Vierseitigen Abkommens vom 3. September 1971.“

28. März: Der Bundesvorstand des DTSB berät während seiner 11. Tagung Ergebnisse und Aufgaben des Freizeit- und Erholungssports.

5. - 20. April: Bei der WM im Eishockey in Helsinki belegt die Nationalmannschaft den 6. Platz in der A-Gruppe.

6. April: Die Frauenmannschaft des SC Leipzig erringt in Opole (Polen) den Hallenhandball-Europapokal der Landesmeister im Finale gegen Spartak Kiew.

20. April: Auftakt in Berlin zum Wettbewerb unter dem Motto „Eile mit Meile“. Die unerwartete Resonanz des Wettbewerbs „Festivalmeile“ (vgl. 28.7. - 5.8.1973) regte an, 1974 die „Jubiläumsmeile“ unter dem o.g. Motto auszuschreiben und dazu aufzurufen, mindestens 25mal die „Meile“ zu absolvieren, entweder 1974 m zu laufen, 400 m zu schwimmen, 4 km zu Fuß, mit dem Ruder- oder mit dem Paddelboot zu wandern oder 8 km mit dem Fahrrad zurückzulegen.

2. - 5. Mai: Bei den EM im Judo in London wird Günter Krüger (Halbmittelgewicht) Europameister.

8. Mai: Das paraphierte Protokoll über die Regelung der Sportbeziehungen zwischen dem DTSB und dem DSB wird unterzeichnet und der Veranstaltungsplan für 1974 vereinbart.

24. - 26. Mai: Der V. Turn- und Sporttag bilanziert das in den vergangenen vier Jahren Erreichte. Dem DTSB gehören 2.422.581 Mio Mitglieder an, die in 7595 Sportgemeinschaften organisiert sind. Etwa 5 Mio. Bürgerinnen und Bürger aller Altersgruppen nahmen an den Veranstaltungen und Wettbewerben des gemeinsamen Sportprogramms mit dem FDGB teil. Die Spartakiadebewegung erfaßt einen großen Teil der Kinder und Jugendlichen. Der DTSB und seine Verbände sind in 70 internationalen Föderationen oder -gremien gleichberechtigtes Mitglied. Zahlreiche Verträge und Vereinbarungen wurden mit nationalen Sportorganisationen abgeschlossen. Die 1100 Delegierten des Turn- und Sporttages beraten und beschließen die Aufgaben bis 1978 und schlagen vor, das VI. Turn- und Sportfest 1977 gleichzeitig mit der Zentralen Kinder- und Jugendspartakiade in Leipzig durchzuführen. Manfred Ewald wird wieder zum Präsidenten des DTSB gewählt und zu Vizepräsidenten: Werner Berg, Günther Heinze, Bernhard Orzechowski, Johannes Rech, Prof. Dr. Horst Röder und Franz Rydz.

29. Mai - 6. Juni: Bei den EM im Gewichtheben in Verona (Italien) gewinnen Peter Wenzel (Mittelgewicht) und Gerd Bonk (Superschwergewicht) die Silbermedaille und Jürgen Ciezki (Schwergewicht) die Bronzemedaille.

7. - 9. Juni: Anläßlich der 15. Arbeiterfestspiele in Erfurt wird auf dem Gelände der Internationalen Gartenbau-Ausstellung (iga) ein Sport- und Spielzentrum eröffnet.

13. Juni - 7. Juli: Bei den WM im Fußball in der BRD wird die DDR-Mannschaft in der Finalgruppe I ungeschlagener Gruppensieger (5:1 Pkt.), nachdem sie die Mannschaft der BRD - den späteren Weltmeister - als einzige vor heimischen Publikum geschlagen hatte (1:0 durch ein Tor von Jürgen Sparwasser), und dringt damit in die Runde der letzten Acht vor. In dieser Runde belegt sie in der Spielgruppe A den dritten Rang.

21. - 27. Juni: Europameister bei den EM im Ringen in Madrid wird im Freien Stil Harald Büttner (Schwergewicht). Silbermedaillen gewinnen im Klassischen Stil Dieter Heuer (Halbschwergewicht) und im Freien Stil Dieter Brüchert (Bantamgewicht) und Benno Paulitz (Mittelgewicht), Bronzemedaillen im Klassischen Stil Heinz-Helmut Wehling (Leichtgewicht) und Fredi Albrecht (Schwergewicht), im Freien Stil Gerald Brauer (Leichtgewicht) und Horst Stottmeister (Halbschwergewicht).

21. - 30. Juni: Bei den EM im Wurftaubenschießen in Antibes (Frankreich) gewinnen die Junioren im Skeet (150 Tauben) die WM-Titel in der Einzeldisziplin durch Martin Korge und in der Mannschaftswertung (Martin Korge, Bernhard Hochwald, Armin Fehrmann).

24. - 30. Juni: Jochen Schümann erringt bei Port Camargue (Frankreich) den EM-Titel der Junioren im Segeln (Finn-Dinghi-Klasse).

29. - 30. Juni: Im Motorradgeländesport wird Ewald Schneidewind (bis 75 ccm/Simson) Europameister vor Gerhard Haatz (Simson). Frank Schubert (bis 250 ccm/MZ) wird Vizeeuropameister. Dieter Salevsky (bis 100 ccm/Simson) und Manfred Jäger (bis 350 ccm/MZ) belegen jeweils den 3. Platz.

7. - 13. Juli: Die WM im Segeln (Flying Dutchman) in Weymouth (England) gewinnen Ilja Wolf/Bernd Klenke vor Hüttner/Pagenkopf.

10. - 16. Juli: Bei den WM im Turnierangeln in Cottbus gewinnen die Frauen sechs der ausgeschriebenen Disziplinen, davon zwei mit Doppelsieg, die Mannschaftswertung und den Pokal der Nationen. Die Männer gewinnen zwei Disziplinen und belegen in der Mannschaftswertung und beim Pokal der Nationen den 2. Platz. Weltmeister in den Einzeldisziplinen werden Andrea Eichhorn (3 Disziplinen), Carmen Urban, Birgit Tischer, Abgara Pflug und Jürgen Kedeinis (2 Disziplinen).

28. Juli - 11. August: Den WM-Titel im Gruppenzielspringen der Frauen im Fallschirmsport gewinnen bei den WM in Szolnok (Ungarn) Jutta Irmscher (Kapitän), Irina Klabuhn, Karin Kunz und Sonja Schuroff.

1. - 4. August: Beim FISA-Juniorenchampionat in Ratzeburg (BRD) erringen die Ruderer fünf von acht möglichen Titeln und dreimal die Silbermedaille.

3. - 9. August: Bei den EM der Frauen und JuniorInnen in den Gewehr- und Pistolendisziplinen in Vingsted (Dänemark) gewinnen die Juniorinnen (Kanthak, Heilfort, Rechtenbach) den EM-Titel im Schießen mit dem Standardgewehr 3x20 Schuß. Norbert Klaar wird Vizeeuropameister in der Disziplin olympische Schnellfeuerpistole.

4. August: An der 1. Erfurter Burgenfahrt - eine Initiative im Wettbewerb „Eile mit Meile" - beteiligen sich 605 Radwanderer. (vgl. 20.4.1974)

4. - 24. August: Bei den WM im Radsport in Montreal (Kanada) erringen im 4000-m-Mannschaftsfahren Grünke, Huschke, Unterwalder, Richter die Silbermedaille, Thomas Huschke in der 4000-m-Einzel-Verfolgung und die Mannschaft im 100-km-Mannschaftszeitfahren (Hartnick, Diers, Tischoff, Lauke) die Bronzemedaille und damit die erste WM-Medaille für ein Straßenquartett.

12. - 21. August: Die Mannschaft des Deutschen Verbandes für Versehrtensport (DVfV) gewinnt bei der VII. Mannschaftsweltmeisterschaft der Hörgeschädigten im Schach in Fredericia (Dänemark) die Silbermedaille.

17. - 30. August: Bei den ersten WM im Boxen in Havanna erringen Ulrich Beyer (Halbweltergewicht), Bernd Wittenburg (Mittelgewicht) und Ottomar Sachse (Halbschwergewicht) jeweils eine Bronzemedaille.

18. - 25. August: In Wien gewinnt bei den EM im Schwimmen, Springen und Wasserball die DDR-Mannschaft 17 Gold-, 15 Silber- und 4 Bronzemedaillen. Weltrekorde schwimmen Kornelia Ender (100 m und 200 m Freistil), Renate Vogel (100 m Brust), Karla Linke (200 m Brust), Rosemarie Kother (100 m Schmetterling), Ulrike Richter (100 m und 200 m Rükken), Ulrike Tauber (200 m und 400 Lagen) und die 4x100-m-Lagenstaffel.

19. - 25. August: Bei den EM im Flossenschwimmen und Streckentauchen in Potsdam erringen die Sportlerinnen und Sportler sechs Gold-, zehn Silber- und sechs Bronzemedaillen. EM-Titel gewinnen Sabine Peters (400 m, 800 m, 1500 m Flossenschwimmen), die 4x100-m-Staffel der Frauen und Bernd Jaudzims (800 m, 1500 m Flossenschwimmen).

28. August - 1. September: Vier der sechs möglichen WM-Titel (Vierer m.Stfr., Einer, Doppelvierer, Achter) gewinnen die Ruderinnen bei der ersten WM der Frauen in Luzern (Schweiz). Der erste Weltmeister in der Geschichte des Frauenruderns ist der Vierer m.Stfr. vom SC DHfK Leipzig (Nitsche, Noack, Schlenzig, Dähne, Steuerfrau Karnath).

1. - 8. September: Bei den EM der Leichtathleten in Rom erringen die AthletInnen zehn Gold-, zwölf Silber- und fünf Bronzemedaillen. Europameister werden: Gunhild Hoffmeister (1500 m), Annelie Ehrhardt (100 m Hürden), Rosemarie Witschas (Hochsprung), Ruth Fuchs (Speerwerfen), die 4x100-m- und die 4x400-m-Staffel der Frauen, Klaus-Peter Justus (1500 m), Manfred Kuschmann (10.000 m), Hartmut Briesenick (Kugelstoßen), Christoph Höhne (50 km Gehen). Weltrekorde stellen Ruth Fuchs (67,22 m), Rosemarie Witschas (1,95 m) und die 4x100-m-Staffel der Frauen (42,51 s) auf.

3. - 9. September: Bei den WM der Männer im Rudern in Luzern (Schweiz) gewinnen die Ruderer sechs von acht möglichen WM-Titeln (Einer, Doppelzweier, Doppelvierer, Zweier o.Stm., Vierer m.Stm, Vierer o.Stm.).

14. September: Einen Vertrag über die Festigung der Freundschaft und die Vertiefung der Zusammenarbeit auf dem Gebiet von Körperkultur und Sport unterzeichnen in Nonzov bei Prag der Präsident des DTSB, Manfred Ewald, und der Vorsitzende des Tschechoslowakischen Bundes für Körperkultur (CSTV), Antonin Himl.

21. - 29. September: Während der WM im Gewichtheben in Manila erringen Jürgen Ciezki (Schwergewicht) eine Silbermedaille, Peter Wenzel (Mittelgewicht), Peter Petzold (Mittelschwergewicht) und Jürgen Heuser (Superschwergewicht) jeweils die Bronzemedaille im Zweikampf. In den

Einzeldisziplinen gewinnen sie eine Goldmedaille (Jürgen Ciezki), zwei Silber- und drei Bronzemedaillen.

25. September: Ein Vertrag über die Festigung und Vertiefung der brüderlichen Zusammenarbeit wird in Kuba zwischen den Sportorganisationen und -organen der DDR und der Republik Kuba abgeschlossen.

27. September: Die Sektion Sportwissenschaft an der Humboldt-Universität zu Berlin führt eine wissenschaftliche Konferenz zum Thema „Einheitlichkeit und Differenzierung im Sportunterricht" durch.

5. - 6. Oktober: Den Europapokal der Landesmeister im Asphaltkegeln erringen in Budapest bei den Männern die BSG Buna Halle und bei den Frauen die BSG Carl Zeiss Jena.

10. - 13. Oktober: Bei den WM im Ringen im Klassischen Stil in Katowice (Polen) gewinnen Heinz-Helmut Wehling (Leichtgewicht) und Klaus-Peter Göpfert (Halbmittelgewicht) jeweils die Silbermedaille.

12. - 28. Oktober: In Mexiko bei den WM im Volleyball belegen die Frauen in Guadalajara und die Männer in Mexiko-City jeweils Rang vier.

15. - 20. Oktober: Weltmeister im Kanurennsport werden in Mexiko-City der KI (500 m), der KII (500 m) und der KIV (500 m) der Frauen und bei den Männern der KIV (1 000 m).

20. - 27. Oktober: Bei den WM im Gerätturnen in Warna (Bulgarien) gewinnen die Frauen in der Mannschaftswertung die Silber- und die Männer die Bronzemedaille. Annelore Zinke wird Weltmeister am Stufenbarren. Bernd Jäger turnt als erster im Wettkampf einen Salto vorwärts gegrätscht in den Hang (Jäger-Salto) am Reck und leitet damit die Entwicklung der Salto-Flugelemente am Reck ein.

22. - 23. Oktober: Die Sektion Sportwissenschaft an der Pädagogischen Hochschule Magdeburg führt ein Kolloquium zur „Konzentration, Akzentuierung und Schwerpunktbildung des Inhalts im Sportunterricht" durch.

23. Oktober: Das Internationale Olympische Komitee (IOC) vergibt während seiner 75. Tagung in Wien die Olympischen Sommerspiele 1980 an Moskau.

25. Oktober: Im Friedrich-Ludwig-Jahn-Sportpark Berlin wird das Sporthistorische Kabinett eröffnet. Die Ausstellung informiert über die Entwicklung von der Entstehung des ersten Turnplatzes durch Jahn 1811 bis zur demokratischen Sportbewegung im Jahr 1974 in der DDR.

21. November: Das gemeinsame Sportprogramm von FDGB, FDJ und DTSB von 1975 bis 1977 und die Vereinbarung zwischen dem Bundesvorstand des FDGB und des DTSB zur Entwicklung von Körperkultur, Sport und Touristik der Werktätigen wird vom Bundesvorsitzenden des FDGB, Herbert Warnke, dem Präsident des DTSB, Manfred Ewald, und dem 1. Sekretär des Zentralrats der FDJ, Egon Krenz, unterzeichnet.

25. November - 1. Dezember: Der Weltrat für Sport und Körpererziehung (CIEPS) tritt in Moskau zu seiner VII. Generalversammlung zusammen.

Anschließend findet unter seiner Schirmherrschaft ein Weltkongreß der Sportwissenschaft zum Leitthema „Sport in der heutigen Gesellschaft" statt, an dem sich mehr als 1000 Wissenschaftler aus 43 Ländern beteiligen. Unter Leitung des Staatssekretärs für Körperkultur und Sport, Prof. Dr. Erbach, der zugleich als Vizepräsident des Internationalen Organisationskomitees fungiert, nehmen aus der DDR 38 Sportwissenschaftler und -funktionäre teil. Sie wirken durch ein Plenarreferat (Prof. Dr. med. habil. Strauzenberg) und 23 Vorträge in 19 Arbeitskreisen am Kongress mit.

5. - 6. Dezember: Eine auf sechs Jahre befristete Vereinbarung über die Entwicklung der sportlichen Beziehungen zwischen der DDR und Italien unterzeichnen in Rom der Vizepräsident des DTSB und Generalsekretär des NOK, Günther Heinze, und der Präsident des NOK Italiens, Guilio Onesti.

20. Dezember: Der Präsident des DTSB, Manfred Ewald, bestätigt mit einem Schreiben an den Präsidenten des DSB, Willi Weyer, den Plan der für 1975 vereinbarten Sportveranstaltungen. (vgl. 8.5.1974)

22. Dezember: Der Chefredakteur der Tageszeitung „Junge Welt" gibt anläßlich eines Schaulaufens der besten Eiskunstläufer in Berlin die Sieger der Umfrage nach den populärsten Sportlern bekannt. Sportler des Jahres werden Kornelia Ender, Hans-Georg Aschenbach und die Fußballmannschaft des 1. FC Magdeburg. Erstmals beteiligen sich mehr als zwei Mio (2.118.656) Einsender an der Umfrage.

Dezember: Als beste Schulsportgemeinschaften der Sonderschulen werden die SSG der Körperbehindertenschule Magdeburg, der Sehschwachenschule Halle und der Gehörlosenschule Güstrow ausgezeichnet.

Dezember: Unterstützt durch eine journalistische Gemeinschaftsaktion wurden im Wettbewerb „Eile mit Meile" im 25. Jahr des Bestehens der DDR mehr als 27 Mio (27.796.094) Meilen zurückgelegt. (vgl. 20.4.1974)

Januar bis Dezember:

Zum zehnten Mal finden Kinder- und Jugendspartakiaden der Kreise statt, an denen 535.000 Kinder und 270.000 Jugendliche teilnehmen. An den Vorausscheiden beteiligten sich 3,9 Mio Kinder und Jugendliche.

Im Verlag Volk und Gesundheit erscheint „Sportphysiologie" (Übers. und Redaktion Lothar Pickenhain) und im Sportverlag „Schülersport-Volleyball". „Schülersport-Fußball" und „Schülersport/Lauf-Sprung-Wurf" werden in Sofia verlegt.

Die Zeitschrift „Theorie und Praxis des Leistungssports" informiert über die leistungsphysiologisch begründete Belastungsgestaltung und -steigerung und über die Belastungsdynamik in unterschiedlichen Belastungszyklen.

1975

11. - 12. Januar: Bei den EM der Juniorinnen und Junioren im Rennschlittensport in Oberhof gewinnen die DDR-Athleten alle Medaillen. Europameister werden Monika Jedamski, Bernhard Glass (Einsitzer) und Dreyer/Sauer (Doppelsitzer).
18. - 19. Januar: In Olang (Italien) bei den EM im Rennschlittensport sichert sich Margit Schumann den EM-Titel vor Eva-Maria Wernicke. Detlef Günther gewinnt vor Wolfram Fiedler und Hans Rinn und im Doppelsitzer Rinn/N. Hahn vor Müller/Neumann und B. Hahn/U. Hahn.
28. Januar - 2. Februar: Christine Errath wird bei den EM im Eiskunstlauf in Kopenhagen Europameister. Kermer/Österreich belegen den 2. Platz und Anett Pötzsch und Groß/Kagelmann jeweils den 3. Platz.
30. Januar: Das Präsidium der Gesellschaft zur Förderung des olympischen Gedankens ruft unter dem Motto „Dein Herz dem Sport" dazu auf, die Entwicklung von Körperkultur und Sport zu unterstützen und zu fördern.
9. - 16. Februar: Bei den Biathlon-WM in Anterselva (Italien) erringen die Junioren die WM Titel über 15 km durch Andreas Richter und in der 3x7,5-km-Staffel (Ullrich, Richter, Roesch).
14. Februar: Im Roten Rathaus von Berlin konstituiert sich das Fest- und Spartakiadekomitee zur Vorbereitung des VI. Turn- und Sportfestes und der VI. Kinder- und Jugendspartakiade 1977 in Leipzig.
14. - 16. Februar: Weltmeister im Rennschlittensport in Hammarstrand (Schweden) werden Wolfram Fiedler vor Harald Ehrig, Margit Schumann und B. Hahn/U. Hahn vor Müller/Neumann.
15. - 16. Februar: Bei den WM im Eisschnellauf in Göteborg (Schweden) gewinnt Heike Lange im Sprintmehrkampf die Silbermedaille.
17. Februar - 3. März: Bei der III. Einzel-Weltmeisterschaft im Blindenschach in Bad Berleberg (BRD) belegt Klaus-Peter Wünsche den 6. Platz.
18. - 22. Februar: In Karl-Marx-Stadt, Johanngeorgenstadt und Oberwiesenthal wird die V. Zentrale Kinder- und Jugendspartakiade in den Wintersportdisziplinen durchgeführt. 420 Aktive nehmen an den Wettkämpfen teil.
21. - 23. Februar: Bei den EM der JuniorInnen in Lieto (Finnland) erringt Marion Büchner (Skilanglauf 5 km) die Goldmedaille. Konrad Winkler (Nordische Kombination), die 3x5-km-Staffel der Juniorinnen und die 3x10-km-Staffel der Junioren gewinnen jeweils die Silbermedaille.
22. Februar: Zum Abschluß des Fernwettkampfes um die Titel „Sportlichstes Mädchen", „Stärkster Lehrling" und „Bestes Lehrlingskollektiv" (Klassenwertung) ermitteln die Besten die Titelträger. Es siegen im erstmals ausgetragenen Wettbewerb der Mädchen Marianne Voelzke (Neubrandenburg), Detlef Heinrich (Stralsund) und die Klasse AT 71

(Cottbus). Insgesamt nahmen 359.661 Lehrlinge an den Kraftsportmehrkämpfen teil.
22. - 23. Februar: Karin Kessow wird bei den WM im Eisschnellauf in Assen (Niederlande) Weltmeister im Mehrkampf.
2. März: Gert-Dietmar Klause gewinnt als erster Mitteleuropäer den Wasalauf von Sälen nach Mora (Schweden) über 80 km. Gerhard Grimmer und Gerd Heßler belegen die Plätze zwei und drei.
4. - 8. März: Romy Kermer/Rolf Österreich werden bei den WM im Eiskunstlauf in Colorado Springs (USA) Vizeweltmeister. Christine Errath und Groß/Kagelmann belegen jeweils den 3. Platz.
8. März: Den Europapokal der Pokalsieger im Volleyball der Frauen gewinnt in Eupen (Belgien) der SC Traktor Schwerin im Endspiel gegen Orlandini la Torre Reggio Emilia (3:0).
8. - 9. März: EM-Titel gewinnen bei den Europa-Hallen-Meisterschaften der Leichtathleten Anita Barkusky (800 m), Rosemarie Ackermann (Hochsprung), Marianne Adam (Kugelstoßen) und Gerhard Stolle (800 m).
13. - 16. März: Bei den WM im Skifliegen in Mitterndorf am Kulm (BRD) belegt Rainer Schmidt den 2. Platz.
März: In Berlin findet die erste Leistungsschau der Gesellschaft für Sport und Technik (GST) im Modellsport statt. Mehr als 50 Modellklassen werden vorgestellt, für die sich über 70.000 Ausstellungsbesucher interessieren.
13. April: Die Hallenhandball-Mannschaft des ASK Vorwärts Frankfurt (Oder) der gewinnt in Dortmund den Europapokal der Landesmeister (Männer) im Finale gegen Borac Banja Luka (19:17).
15. April: Anordnung des Ministerrates über die kostenlose Nutzung der Sporteinrichtungen zur Durchführung des organisierten Sporttreibens, die für alle Sporteinrichtungen der staatlichen und wirtschaftsleitenden Organe, Kombinate und Betriebe, gesellschaftlichen Organisationen und Genossenschaften gilt. Die finanziellen Kosten sind jeweils vom Rechtsträger zu übernehmen.
18. April: In Berlin findet das 7. Gespräch „Kunst und Sport" statt. Gleichzeitig werden der Aufruf und das Statut für den „Kunstpreis des DTSB" veröffentlicht.
27. April - 3. Mai: Bei den EM im Ringen in Ludwigshafen (BRD) gewinnen die Ringer im Klassischen Stil zwei Silber- und zwei Bronzemedaillen, im Freien Stil durch Horst Stottmeister (Halbschwergewicht) den EM-Titel sowie drei Silbermedaillen und eine Bronzemedaille.
7. - 11. Mai: Europameister bei den EM im Judo in Lyon (Frankreich) werden Torsten Reißmann (Leichtgewicht) und Dietmar Lorenz (Halbschwergewicht).
8. - 22. Mai: Die Internationale Radfernfahrt für den Frieden Berlin-Prag-Warschau beenden Hans-Joachim Hartnick als Zweiter der Gesamtein-

zelwertung und die DDR-Mannschaft (Hartnick, Diers, Lauke, Schiffner, Kühn, Milde) als Zweite der Gesamtmannschaftswertung.

10. Mai: Am dritten GutsMuths-Rennsteiglauf - dem ersten Massenlauf über 80 km für Männer und 40 km für Frauen - beteiligen sich 974 LäuferInnen, von denen 813 das Ziel in Neuhaus a.R. erreichen. Unter ihnen der Olympiasieger Christoph Höhne, der Ex-Weltrekordinhaber Siegfried Herrmann und der ehemalige Europa-Rekordhalter Jürgen Haase, der 82jährige Karl-Wilhelm Weber (Gotha) und der 80jährige Eduard Malkolm (Jena). Es siegen Wolfgang Kahms (Berlin) und Rosemarie Pfeiffer (Leipzig).

18. - 21. Mai: Bei den EM der Hörgeschädigten im Tischtennis in Bukarest erringen Manfred Stahl/Engelhardt Hoffmann den EM-Titel im Herren-Doppel. Im gemischten Doppel belegen Manfred Stahl/Rottraud Roemer und im Mannschaftskampf die Männer jeweils den 2. Platz.

20. Mai: Das Sekretariat des DTSB beschließt „Maßnahmen zur weiteren Förderung des Versehrtensports der DDR“.

27. - 30. Mai: Die II. Europäische Sportkonferenz findet in Dresden unter dem Leitthema „Der Sport im Leben der Menschen und Völker“ statt. Es nehmen 129 offizielle Delegierte und Beobachter aus 27 Ländern Europas und offizielle Vertreter der UNO, der UNESCO, des IOC, der CIEPS, der ENOK, der Organisation der Panamerikanischen Spiele teil. Zum Leitthema sprechen der Schirmherr der Konferenz, der Vorsitzende des Ministerrates der DDR, Horst Sindermann, in der Eröffnungsansprache der Präsident des DTSB, Manfred Ewald, und in der Diskussion der Vizepräsident des DTSB, Günther Heinze, und der Staatssekretär für Körperkultur und Sport, Günter Erbach. Die Ergebnisse der Konferenz werden in einem gemeinsamen Kommuniqué zusammengefaßt.

5. - 8. Juni: Junge Touristen aus Polen, der CSSR und der DDR führt das IX. Internationale Touristentreffen der Freundschaft zusammen. 4000 Touristen schlagen ihre Zelte in der Pionierrepublik „Ernst Thälmann“ auf. Freundschaftstreffen, sportliche und touristische Veranstaltungen gehören zum Programm.

8. Juni: Den Friedensmarathon 1975 Moskau-Warschau-Berlin beenden nach 1750 km dreizehn sowjetische Marathonläufer. Vierzehn polnische und zehn Marathonläufer aus der DDR sind jeweils ab der Landesgrenze mitgelaufen.

14. - 15. Juni: Nach dem sechsten und letzten Lauf (vier gewertete) ist im Motorradgeländesport Ewald Schneidewind (bis 75 ccm) erneut Europameister vor Gerhard Haatz und Dieter Ruck (alle Simson). In der Klasse über 350 ccm belegt Manfred Jäger (MZ) den 3. Platz.

23. - 29. Juni: In der Rehabilitationsabteilung Halle Reideburg finden die X. Reideparkspiele statt, ein Heilsportfest für körperbehinderte Patienten und Rehabilitanten.

23. - 29. Juni: Bei den WM im Kanuslalom in Skoplje (Jugoslawien) erringen die Kanuten drei Gold-, zwei Silber- und vier Bronzemedaillen. Weltmeister werden Siegbert Horn (KI), Kretschmer/Trummer (CII) und die 3xCII-Staffel der Männer.

30. Juni - 7. Juli: Bei den 2. Weltspielen der Versehrten in Saint-Etienne (Frankreich) gewinnen die Teilnehmer aus der DDR zehn Gold- und sieben Silbermedaillen und eine Bronzemedaille. Goldmedaillengewinner sind Bernd Klamann (400 m, Weitsprung), Christian Schlicke (Speerwerfen), die 4x100-m-Staffel der Männer (Dörwald, Schlicke, Fiedler, Klamann), Burkhardt Distel (100 m Lagen, 25 m und 50 m Delphin), Horst Fiedler (50 m Freistil), Ulrich Hannusch (50 m Brust) und die 4x50-m-Lagenstaffel der Männer (Fiedler, Dörwald, Distel, Hannusch).

6. Juli: Thomas Emmrich gewinnt am letzten Tag des Internationalen Zinnowitzer Tennisturniers zum dritten Mal (nach 1972 und 1973) das Herren-Einzel gegen den dreifachen Zinnowitz-Sieger Wjatscheslaw Jegorow.

10. - 14. Juli: In der Klinik für Rehabilitation in Berlin-Buch finden die 10. Zentralen Sportspiele und DDR-Meisterschaften der querschnittsgelähmten Sportlerinnen und Sportler in den Sportarten Tischtennis, Leichtathletik, Gewichtheben, Rollstuhlbasketball und Schwimmen statt.

19. - 27. Juli: Während der II. WM im Schwimmen, Springen und Wasserball in Cali (Kolumbien) erringen die Schwimmerinnen und Schwimmer elf Gold-, sieben Silber- und fünf Bronzemedaillen. Weltmeister werden Kornelia Ender (100 m Freistil, 100 m Delphin), Hannelore Anke (100 m und 200 m Brust), Rosemarie Kother (200 m Delphin), Ulrike Richter (100 m Rücken), Birgit Treiber (200 m Rücken), Ulrike Tauber (400 m Lagen), die 4x100-m-Lagenstaffel und die 4x100-m-Freistilstaffel der Frauen, Roland Matthes (100 m Rücken). Weltrekorde schwimmen Kornelia Ender, Birgit Treiber und die 4x100-m-Freistilstaffel der Frauen.

19. Juli - 2. August: Bei den EM der JuniorInnen im Volleyball in der BRD belegen die Juniorinnen Rang drei und die Junioren Rang vier.

21. - 27. Juli: Die V. Zentrale Kinder- und Jugendspartakiade in den Sommersportarten wird in Berlin durchgeführt. In 20 Sportarten ermitteln 10.500 Aktive die Spartakiadesieger.

26. - 27. Juli: An der 5. Berliner Segel-Regatta der Bauschaffenden auf dem Langen- und dem Seddin-See in Berlin nehmen 88 Yachten mit 139 Aktiven teil.

30. Juli - 1. August: In Helsinki wird die Schlußakte der Konferenz für Sicherheit und Zusammenarbeit in Europa unterzeichnet. Damit werden zugleich günstigere Bedingungen für die Sportbeziehungen geschaffen.

31. Juli - 3. August: Bei den WM im Kanurennsport in Belgrad erringen die Kanuten vier Gold- und zwei Silbermedaillen sowie eine Bronzemedaille. Weltmeister werden bei den Frauen Anke Ohde (KI 500 m),

Köster/Zirzow (KII 500 m) und der KIV (500 m), bei den Männern Slatnow/Rummel (KII 1000 m).

15. - 17. August: Den Europapokal im Wasserspringen gewinnt in Skövde (Schweden) die DDR-Mannschaft vor der UdSSR und Schweden.

16. - 17. August: Im Finale um die Europapokale in der Leichtathletik in Nizza (Frankreich) gewinnen die Frauen mit 97 Pkt. und die Männer mit 112 Pkt.

17. - 18. August: Die Schwimmerinnen erringen im Finale in Leeds (England) den Europapokal.

18. - 23. August: Am V. Internationalen Sportfest der Querschnittsgelähmten in Wien nehmen Dr. Reiner Pilz (Versehrtenkl. 1b), Hans Wagschal (Vkl. 1b), Rudolf Schmidt (Vkl. 2), Horst Bock (Vkl. 3), Paul Laue (Vkl. 3) und Reiner Tabel (Vkl. 4) teil. Sie gewinnen sechs Gold- und drei Silbermedaillen sowie eine Bronzemedaille. Besonders erfolgreich sind Dr. Reiner Pilz mit drei Siegen im Schwimmen (25 m Brust, Rücken, Freistil) und zwei Silbermedaillen in der Leichtathletik und Hans Wagschal mit drei Siegen in der Leichtathletik (Kugelstoßen, Keulenweitwerfen, Diskus).

20. - 25. August: Bei den WM im Bahnfahren in Lüttich-Rocourt (Belgien) erringen Klaus Grünke im 1000-m-Zeitfahren und Thomas Huschke im 4000-m-Einzelverfolgungsfahren die WM-Titel. Im Sprint belegt Emanuel Raasch und im 4000-m-Mannschaftsverfolgungsfahren die Mannschaft Huschke, Grünke, Dürpisch und Unterwalder jeweils den 3. Platz.

21. - 24. August: In Magdeburg wird die II. Wehrspartakiade der Gesellschaft für Sport und Technik (GST) durchgeführt. 8000 Sportlerinnen und Sportler ermitteln in elf Wehrsportarten ihre Besten.

21. - 24. August: Bei den WM der Frauen im Rudern in Nottingham (England) gewinnt die DDR-Mannschaft fünf von sechs möglichen Goldmedaillen und eine Silbermedaille. Weltmeister werden Christine Scheiblich (Einer), der Zweier o.Stfr., der Doppelvierer, der Vierer m.Stfr. und der Achter.

26. - 30. August: Bei den EM im Flossenschwimmen und Streckentauchen in Vittel (Frankreich) gewinnt Sabine Peters die EM-Titel im Flossenschwimmen über 200 m, 400 m und 1500 m, Anke Jaudzims über 800 m. Vizeweltmeister werden die 4x100-m-Staffel der Frauen, die 4x100-m- und die 4x200-m-Staffel der Männer. Bronzemedaillen, insgesamt zwölf, werden in allen Disziplinen der Frauen und Männer beim Streckentauchen und in unterschiedlichen Disziplinen beim Flossenschwimmen gewonnen.

26. - 30. August: Weltmeister bei den WM der Männer im Rudern in Nottingham (England) werden der Zweier o.Stm., der Zweier m.Stm., der Doppelvierer, der Vierer o.Stm. und der Achter. Eine Silbermedaille erringen der Doppelzweier und der Vierer m.Stm.

2. - 7. September: Bei den EM der Frauen und Junioren in den Gewehr- und Pistolendisziplinen in Sofia gewinnen in der Disziplin Standardgewehr 60 Schuß liegend die 17jährige Marlies Kanthak und die Mannschaft

(Kanthak, Binder, Krüger) die EM-Titel. In der Disziplin Standardgewehr 3x20 Schuß belegt Marlies Kanthak den 2. Platz und die Mannschaft den 4. Platz. Bei den Junioren erringt in der Pistolendisziplin Olympisch Schnellfeuer Hans-Dieter Jarczak den EM-Titel und die Mannschaft Rang drei.

6. September: Die Leichtathletinnen gewinnen in Bydgoszcz (Polen) erneut den Europapokal im Mehrkampf. Burglinde Pollak, Christine Laser und Sigrun Thon belegen die Plätze 1 - 3.

12. - 19. September: Weltmeister im Jagdschießen wird in München-Hochbrück die Mannschaft Skeet/4x100 Tauben (Buchheim, Hochwald, Klaus, Reschke).

12. - 20. September: Bei den WM im Ringen in Minsk (UdSSR) gewinnen die DDR-Athleten vier Silbermedaillen, eine im Klassischen Stil (Albrecht) und drei im Freien Stil (Stottmeister, Büttner, Gehrke).

15. - 23. September: Weltmeister im Zweikampf wird bei den WM im Gewichtheben in Moskau Peter Wenzel (Mittelgewicht). Außerdem gewinnen die Heber noch zwei Goldmedaillen in den Einzeldisziplinen, eine Silbermedaille und acht Bronzemedaillen.

20. - 27. September: Bei der Junioren-EM im Segeln (Finn-Dinghi) in La Barcares (Frankreich) wird Jochen Schümann erneut Europameister vor Roberto Güldenpenning.

20. September - 4. Oktober: Bei der ersten EM im Fallschirmsport in Portoroz (Jugoslawien) erringt die Frauenmannschaft (Klabuhn, Schuroff, Schmidt, Irmscher, Buchholz) die Silbermedaillen im Gruppenzielspringen und in der Gesamtmannschaftswertung.

24. - 29. September: Harald Vollmar wird in Madrid Europameister im Sportschießen (Freie Pistole).

25. September: Anläßlich des 25. Gründungstages der Deutschen Hochschule für Körperkultur (DHfK) wird in Leipzig ein Frauenforum zum Thema „Frauen als aktive Gestalter von Körperkultur und Sport in der DDR" durchgeführt.

4. - 5. Oktober: Den Europapokal der Landesmeister im Asphaltkegeln der Frauen in Bratislava (CSSR) erringt die Mannschaft der BSG Buna Halle-Neustadt vor der BSG Carl Zeiss Jena. Im Pokalwettbewerb der Männer belegt die BSG Buna Halle-Neustadt den 3. Platz.

13. - 16. Oktober: Die Gesellschaft für Sportmedizin führt in Rostock die Jahrestagung zum Leitthema „Sport im Kindesalter" durch.

18. - 25. Oktober: Bei den EM im Volleyball in Jugoslawien gewinnen die Frauen die Bronzemedaille. Die Männermannschaft belegt den 7. Platz.

23. - 25. Oktober: Bei den WM im Judo in Wien erringen Torsten Reißmann (Leichtgewicht) und Dietmar Lorenz (Alle Kategorien) jeweils eine Bronzemedaille.

Oktober: Anläßlich des 25. Gründungstages der Deutschen Hochschule für Körperkultur (DHfK) in Leipzig findet eine wissenschaftliche Arbeitsta-

gung mit dem Thema „Zur weiteren Entwicklung des Freizeit- und Erholungssports in städtischen und ländlichen Territorien" statt.
8. November: Ein neues Arbeitsprotokoll über die Sportbeziehungen zwischen der DDR und der DRV Algerien wird in Algier unterzeichnet.
15. - 16. November: Bei den Jugend- und Junioren-EM im Judo in Turku (Finnland) gewinnen die Nachwuchssportler drei Gold-, zwei Silber- und drei Bronzemedaillen.
25. November: Am 20. Willi-Sänger-Gedenklauf in Berlin nehmen mehr als 1500 Läuferinnen und Läufer aller Altersklassen teil.
2. Dezember: Die Sektion Sportwissenschaft der Ernst-Moritz-Arndt-Universität Greifswald führt ein Kolloquium zur Vervollkommnung der Ausdauer im Sportunterricht durch.
2. - 13. Dezember: Bei den WM im Hallenhandball der Frauen in der UdSSR wird die DDR-Auswahl Weltmeister.
11. Dezember: Der Bundesvorstand des DTSB wählt Siegfried Geilsdorf zum Vizepräsidenten.
13. - 16. Dezember: Eine Delegation des Unionsrates der Sportvereinigungen der Gewerkschaften der UdSSR unter Leitung des stellvertretenden Vorsitzenden Sergej V. Shurawlow berät mit dem Vizepräsident des DTSB, Günther Heinze, und dem Sekretär des FDGB-Bundesvorstandes, Helmut Thiele, über den erweiterten Austausch von Sportmannschaften der Werktätigen aus der Industrie und der Landwirtschaft für das Jahr 1976. Ein entsprechender Plan wird abschließend unterzeichnet.
19. Dezember: Der Präsident der Gesellschaft zur Förderung des olympischen Gedankens, Manfred von Brauchitsch, übergibt während der Tagung des NOK einen Scheck über 2,3 Mio Mark für die Ausrüstung und Entsendung der Olympiamannschaften zu den Spielen in Innsbruck und Montreal. Damit wurden seit Gründung der Gesellschaft mehr als 10 Mio Mark übergeben.
22. Dezember: Die meisten Stimmen bei der Leserumfrage der Tageszeitung „Junge Welt" nach den populärsten Sportlern des Jahres erhielten Kornelia Ender (zum dritten Mal), Roland Matthes (zum siebenten Mal) und die Europapokal-Mannschaft der Leichtathletinnen.
Januar bis Dezember:
Im Sportverlag erscheinen die Lehrbücher „Fechten" (Berndt Barth u.a.) und „Bergsteigen" (Wolfram Kind u.a.) und im Verlag J.A. Barth „Bewegungsphysiologie" von N.A. Bernstein (hrsg. von Lothar Pickenhain).
Die Zeitschrift „Theorie und Praxis des Leistungssports" informiert über die Erhöhung der Trainingsbelastung und die Effektivität des trainingsmethodischen Vorgehens in diesem Prozeß, die Aufgaben zur trainingsmethodisch effektiven Gestaltung des Olympiajahres und die Gestaltung der Wettkampfperiode einschließlich der Organisation der Wettkampfleistung.

1976

6. Januar: Jochen Danneberg gewinnt die Internationale Vierschanzentournee BRD/Österreich.

7. Januar: Die Arbeitsvereinbarung zwischen der Zentralleitung des Komitees der Antifaschistischen Widerstandskämpfer und dem Bundesvorstand des Deutschen Turn- und Sportbundes (DTSB) wird unterzeichnet.

12. - 13. Januar: Die Arbeitsgruppe „Physische Entwicklung der jungen Generation" an der Deutschen Hochschule für Körperkultur (DHfK) führt in Leipzig ein Kolloquium „Zur körperlichen Entwicklung und Leistungsfähigkeit der Schuljugend - Gesetzmäßigkeiten und Aufgaben" durch. Mehr als 100 Sportwissenschaftler, Sportmediziner und Lehrer informieren sich über Forschungsergebnisse.

13. - 17. Januar: Bei den EM im Eiskunstlauf in Genf (Schweiz) belegen Anett Pötzsch und Christine Errath die Plätze zwei und drei, Rommy Kermer/Rolf Österreich (Paarlauf) den 2. und Jan Hoffmann den 3. Platz.

15. Januar: In Hastings (England) wird das 51. Neujahrsturnier im Schach beendet. Der Internationale Großmeister Wolfgang Uhlmann teilt sich den Turniersieg mit David Bronstein (UdSSR) und Vlastimil Hort (CSSR).

17. - 18. Januar: EM-Titel im Rennschlittensport erringen in Hammarstrand (Schweden) Wolfram Fiedler (Einsitzer) und Bernd Dreyer/Roland Herdmann (Doppelsitzer).

24. - 25. Januar: Bei den EM der Juniorinnen und Junioren im Rennschlittensport in Imst (Österreich) werden Melitta Sollmann (Einsitzer), Uwe Handrich (Einsitzer) und Michael Körner/Harald Schmidt (Doppelsitzer) Europameister.

4. - 15. Februar: Die Wintersportler gewinnen bei den XII. Olympischen Winterspielen in Innsbruck (Österreich) sieben Gold-, fünf Silber- und sieben Bronzemedaillen. Goldmedaillen erringen Margit Schumann (Rennschlitten, Einsitzer), Detlef Günther (Einsitzer), Hans Rinn/Norbert Hahn (Doppelsitzer), Ulrich Wehling (Nordische Kombination), Hans-Georg Aschenbach (Spezialsprunglauf, Normalschanze) und im Bobsport die ehemaligen Leichtathleten und Außenseiter Meinhard Nehmer/Bernhard Germeshausen (Zweierbob), Meinhard Nehmer, Jochen Babock, Bernhard Germeshausen, Bernhard Lehmann (Viererbob) mit Bahnrekord in den ersten beiden Läufen.

7. Februar: In Innsbruck eröffnet der Bürgermeister der Olympiastadt, Alois Lugger, eine Ausstellung zum Thema "Sport in der DDR", die von der Gesellschaft Österreich-DDR vorbereitet wurde.

18. - 23. Februar: Harald Vollmar (Luftpistole) und die Juniorenmannschaft Luftgewehr (Marlies Kanthak, Margitta Krüger, Eveline Schnalke) gewinnen die EM-Titel bei den EM im Schießen mit Luftdruckwaffen in Paris.

21. - 22. Februar: Rosemarie Ackermann siegt bei den VII. Leichtathletik-Hallen-EM in München (BRD) im Hochsprung.

26. - 29. Februar: Bei den Junioren-WM der Biathleten in Minsk (UdSSR) werden Klaus Siebert (10-km-Handicaprennen) und die 3x7,5-km-Staffel (Olaf Weißflog, Klaus Siebert, Jürgen Grundler) Weltmeister.

27. - 29. Februar: Bei den Junioren-EM in den nordischen Skidisziplinen in Liberec (CSSR) erringen Gunter Schmieder (nordische Kombination) und die 3x5-km-Staffel der Juniorinnen (Ute Nestler, Birgit Schreiber, Marion Büchner) jeweils die Goldmedaille und Klaus Ostwald (Spezialsprunglauf) eine Silbermedaille.

29. Februar - 18. März: Beim Turnier der Solidarität im Schach in Skopje (Jugoslawien) belegt der Internationale Großmeister (IGM) Wolfgang Uhlmann hinter Anatoli Karpow (UdSSR) den 2. Platz.

2. - 6. März: Christine Errath und Romy Kermer/Rolf Österreich (Paarlaufen) werden bei den WM im Eiskunstlaufen in Göteborg (Schweden) Vizeweltmeister. Jan Hoffmann belegt den 3. Platz.

6. März: Mehr als 1200 Frauen, Männer und Jugendliche nehmen an der III. Skiwanderung „Freundschaftsgrenze" entlang der Staatsgrenze DDR-CSSR über 50 km von Oberwiesenthal nach Johanngeorgenstadt teil.

14. März: Am IV. Erzgebirgskammlauf Mühlleithen-Johanngeorgenstadt-Mühlleithen beteiligen sich mehr als 700 Läuferinnen und Läufer aus der DDR und der CSSR.

31. März: Die Arbeitsstelle Körpererziehung an der Akademie der Pädagogischen Wissenschaften (APW) führt ein Kolloquium zum Thema „Der Beitrag des Sportunterrichts für die Befähigung der Schüler zur selbständigen sportlichen Tätigkeit in der Freizeit" durch.

3. - 11. April: Bei den XXXV. EM der Gewichtheber in Berlin erringen die Heber drei Gold-, drei Silber- und sieben Bronzemedaillen. Gerd Bonk (Superschwer) gewinnt im Zweikampf und im Stoßen mit Weltrekord (252,5 kg) die EM-Titel und Peter Wenzel (Mittelgewicht) im Reißen, der außerdem die Silbermedaille im Zweikampf und im Stoßen erringt.

5. - 10. April: Die UNESCO führt die erste Konferenz der Minister und Verantwortlichen für Körperkultur und Sport unter dem Thema „Rolle der Körpererziehung und des Sports bei der Erziehung der Jugend im Zusammenhang mit der lebenslangen Erziehung" in Paris durch. Es nehmen Delegationen aus 101 Mitgliedstaaten, einem Staat, der nicht Mitglied ist, und 16 internationalen Organisationen teil. Die Delegation aus der DDR leitet der Präsident des DTSB, Manfred Ewald. Als Mitglieder gehören ihr an, der Staatssekretär für Körperkultur und Sport, Prof. Dr. Günter Erbach, der Vizepräsident des DTSB, Günther Heinze, und das Mitglied des Kollegiums des Ministeriums für Volksbildung, Dr. Manfred Reichenbach.

12. April: An der Deutschen Hochschule für Körperkultur (DHfK) eröffnet der Rektor das zweite internationale Hochschulzusatzstudium und den 13.

internationalen Trainerkurs mit Studierenden aus Afrika, Asien, Lateinamerika und Europa. Zum ersten Mal nehmen Studierende aus Peru, Portugal und Vietnam teil.

13. - 15. April: Gemeinsame Tagung des Wissenschaftlichen Rates für Körpererziehung und der Kooperation Schulsportforschung der Akademie der Pädagogischen Wissenschaften (APW).

18. - 20. April: Bei den EM im Ringen (Freier Stil) in Leningrad (UdSSR) gewinnen die Ringer eine Silbermedaille durch Roland Gehrke (Superschwer) und fünf Bronzemedaillen.

21. April: Vereinbarung über die Zusammenarbeit zwischen dem DTSB und dem Verband Bildender Künstler (VBK).

23. April - 1. Mai: Bei den EM im Segeln (Flying Dutchman) in Hyères (Frankreich) werden Uwe Steingroß/Jörg Schramme Vizeeuropameister.

24. April: Die II. Nachwuchskonferenz des Deutschen Schachverbandes (DSV) wertet u.a. die seit 1972 gemachten Erfahrungen mit Schachunterricht - beginnend im 1. Schuljahr - an der Käthe-Kollwitz-Oberschule Wittenberg und die Einführung des fakultativen Schachunterrichts an einer Oberschule in Saßnitz aus.

25. April: Erstes offizielles Auto-Cross-Rennen des Allgemeinen Deutschen Motorsportverbandes (ADMV) in Frohburg.

30. April - 8. Mai: In Genf (Schweiz) erringen bei der EM im Segeln (Soling-Klasse) Dieter Below/Olaf Engelhardt/Michael Zachries erneut den EM-Titel.

5. - 9. Mai: Dietmar Hötger (Halbmittelgewicht) erkämpft bei den EM im Judo in Kiew (UdSSR) die Silbermedaille und Detlef Ultsch (Mittelgewicht) die Bronzemedaille.

8. - 24. Mai: Hans-Joachim Hartnick gewinnt die Internationale Friedensfahrt Prag-Warschau-Berlin, Gerhard Lauke belegt den 3. und die DDR-Mannschaft (Hartnick, Lauke, Petermann, Drogan, Schiffner, Diers) den 2. Platz.

9. Mai: Christina Brehmer läuft in Dresden über 400 m in 49,77 s Weltrekord und Angela Vogt erreicht im Weitsprung mit 6,92 m eine neue Weltrekordleistung.

14. - 16. Mai: Das 20. nationale Finale im Internationalen Vierkampf der Freundschaft in der Leichtathletik gewinnen die Mädchen der Bruno-Kühn-Oberschule Hoyerswerda und die Jungen der Anton-Saefkow-Oberschule Berlin.

2. - 5. Juni: Am X. Internationalen Touristentreffen der Freundschaft in Rynia bei Warschau nehmen mehr als 1800 junge Touristen aus Polen, der CSSR und der DDR teil. Der Delegation aus der DDR gehören 300 Mädchen und Jungen des Deutschen Wanderer- und Bergsteiger-Verbandes, des Radsport-Verbandes, des Kulturbundes und der Freien Deutschen Jugend an. (vgl. 5.- 8.6.1975)

5. Juni: Ulrike Richter schwimmt in Berlin über 100 m Rücken in 1:01,51 min Weltrekord.

24. Juni: Konstituierung und erstes Kolloquium des Forschungsverbandes „Außerunterrichtliche Tätigkeit und Freizeiterziehung", an dem auch die Leiter des Forschungsverbandes „Schulsportforschung" und des Forschungsvorhabens „Ziele, Gestaltung und Leitung des außerunterrichtlichen Sports" mitwirken.

25. - 27. Juni: Der Zentrale Mädchenspielmannszug und der Zentrale Fanfarenzug des DTSB erringen bei den 16. Arbeiterfestspielen im Bezirk Dresden jeweils eine Goldmedaille. 81 Gruppen der Spielleute verteidigen den Titel „Hervorragendes Volkskunstkollektiv" oder „Verdientes Volkskunstkollektiv".

26. - 27. Juni: Bei den Wettbewerben um den Pokal der Freundschaft der sozialistischen Länder im sportlichen Angeln in Sangerhausen gewinnen die Seniorinnen und Senioren die Einzel- und die Mannschaftswertung ebenso wie die Juniorinnen und die Junioren, die das erste Mal an diesem Wettbewerb teilnehmen.

30. Juni: Vereinbarung zwischen dem Ministerium für Gesundheitswesen und dem Sekretariat des DTSB zur Unterstützung des organisierten Versehrtensports.

Juni: Am dritten Pokalturnier des Bezirksfachausschusses Schach Gera „Die Kleinen fordern die Großen" nehmen mehr als 600 Freunde des Schachsports teil.

3. Juli: An der 3. Erfurter Burgenfahrt beteiligen sich 1700 Radwanderer aus Erfurt, Gotha und Arnstadt.

3. - 8. Juli: Bei den Junioren-WM im Bahn- und Straßenradsport in Lüttich-Rocourt (Belgien) werden Lutz Heßlich (Sprint) und die Mannschaft im 4000-m-Verfolgungsfahren (Gerald Mortag, Jürgen Lippold, Detlef Macha, Olaf Hill) Weltmeister. Silbermedaillen gewinnen Ralf Kuschy (Sprint) und Gerald Mortag (3000-m-Einzelverfolgung).

5. Juli - 27. August: Der erste Internationale Sommerkurs für Fußballtrainer im Rahmen des IOC-Programms „Olympische Solidarität" wird an der Deutschen Hochschule für Körperkultur (DHfK) in Leipzig durchgeführt. Es nehmen 25 Trainer aus 14 Ländern Afrikas, Asiens und Mittelamerikas teil.

11. - 16. Juli: Beim Weltkongreß der Sportwissenschaften in Quebec (Kanada) referieren Prof. Dr. Günther Wonneberger in einem Einführungsvortrag zur gesellschaftlichen Funktion des Leistungssports, Dr. Heidi Bierstedt und Margitta Gummel im Arbeitskreis „Sport und Emanzipation der Frau" und Prof. Dr. Kurt Tittel zur Rahmenthematik Sportmedizin.

16. - 18. Juli: Die Pokale der Freundschaft im Turnierangelsport der Jugendlichen gewinnen in Frankfurt (Oder) die Mannschaften der Mädchen und Jungen und in den Einzeldisziplinen Jana Maisel. Bei den Jungen belegt Michael Garwon den 2. Platz.

17. - 18. Juli: Im Motorradgeländesport wird Steffen Mauersberger (bis 75 ccm/Simson) Europameister vor Ewald Schneidewind (Simson). Frank Schubert (bis 250 ccm/MZ) wird Dritter.

17. Juli - 1. August: Bei den XXI. Olympischen Sommerspielen in Montreal und Kingston (Kanada) erringt die DDR-Mannschaft 40 Gold-, 25 Silber- und 25 Bronzemedaillen. Olympiasieger werden Kornelia Ender (100 m und 200 m Freistil, 100 m Schmetterling), Petra Thümer (400 m und 800 m Freistil), Ulrike Richter (100 m und 200 m Rücken), Hannelore Anke (100 m Brust), Andrea Pollack (200 m Schmetterling), Ulrike Tauber (400 m Lagen) und die 4x100-m-Lagenstaffel der Frauen (Richter, Anke, Pollack, Ender), Bärbel Eckert (Leichtathletik, 200m), Johanna Schaller (100 m Hürden), Rosemarie Ackermann (Hochsprung), Angela Voigt (Weitsprung), Evelin Schlaak (Diskuswerfen), Ruth Fuchs (Speerwurf), Sigrun Siegl (Fünfkampf), die 4x100-m-Staffel (Oelsner, Stecher, Bodendorf, Eckert) und die 4x400-m-Staffel der Frauen (Maletzki, Rohde, Streidt, Brehmer), Waldemar Cierpinski (Marathon), Udo Beyer (Kugelstoßen), Carola Zierzow (Kanu, CI 500 m), Rüdiger Helm (KI 1000 m), Bernd Olbricht/Joachim Mattern (KII 500 m), Christine Scheiblich (Rudern, Einer), der Doppelvierer, Vierer m.Stfr. und der Achter der Frauen, der Zweier o.Stm., Zweier m.Stm., Doppelvierer, Vierer o.Stm. und der Achter der Männer, Jochen Bachfeld (Boxen, Weltergewicht), Klaus Grünke (Bahnradsport, 1000-m-Zeitfahren), Jochen Schümann (Segeln/Finn-Dinghi), Uwe Potteck (Schießsport, Freie Pistole), Norbert Klaar (Olympisch Schnellfeuer) und die Fußballmannschaft der Männer. In zwei Disziplinen werden ein dreifacher und in fünf Disziplinen ein Doppelerfolg errungen und neun Weltrekorde im Schwimmen und Schießsport aufgestellt. Die erste Goldmedaille in der Geschichte des Frauenruderns gewinnt der Vierer mit Steuerfrau vom SC Einheit Dresden (Karin Metzke, Bianka Schwede, Gabriele Lohs, Andrea Kurth, Stfr. Sabine Heß). Erfolgreichste Olympiateilnehmerin wird Kornelia Ender.

30. Juli: Dr. Christel und Alexander Gladun, Wilfried Heinke, Peter Popp und Manfred Vogel erreichen nach 13 Tagen unter Leitung von Jochen Hauer den höchsten Gipfel in der UdSSR, den Pik Kommunismus (7495 m). Damit haben Christel und Alexander Gladun und Peter Popp alle drei Siebentausender im sowjetischen Pamir bezwungen.

31. Juli - 1. August: Die Jugendgruppe des MC Woltersdorf organisiert das erste Motorrad-Camping-Treffen in den Kienbergen mit Stadtbesichtigung in Berlin, Korsofahrt und Geschicklichkeitsprüfung.

Juli: Am internationalen Jugendlager der Anglerverbände der CSSR, Polens und der DDR in Stráz nad Nezárkou (CSSR) nehmen insgesamt 80 Mädchen und Jungen teil. Petra Schenker gewinnt die Mädchen-Sonderwertung im Turnierangelsport und Karl-Heinz Marz den Ländervergleich im sportlichen Angeln.

Juli: Bei der Pioniersport-Olympiade der sozialistischen Länder, die unter der Schirmherrschaft der internationalen Kinderorganisation CIMEA für Kinder bis 15 Jahre durchgeführt wird, belegt die DDR-Mannschaft im Schach den 3. Platz.

5. - 8. August: Die Europapokale im Kanuslalom gewinnen in Lofer (Österreich) Petra Krol (KI), Siegbert Horn (KI), Reinhard Eiben (CI) und Walter Hofmann/Jürgen Kalbitz (CII).

6. - 8. August: Die erste große Vielseitigkeitsprüfung (Fahren) nach dem neuen Reglement der internationalen Föderation (FEI) wird beim X. Zentralen Reit- und Fahrturnier der Landsportler und den Fahrmeisterschaften des Deutschen Pferdesport Verbandes (DPV) in Zerbst durchgeführt.

7. - 21. August: Bei der V. Blindenschacholympiade des Schach-Weltverbandes der Blinden (IBCA) in Kuortane (Finnland) erringt die DDR-Mannschaft (Kurt Breitner, Olaf Dobierzin, Klaus Mickeleit, Klaus-Peter Wünsche, Reinhard Kehl) die Bronzemedaille.

9. - 14. August: Beim FISA-Junioren-Championat im Rudern in Villach (Österreich) gewinnen die Junioren sieben von acht möglichen Goldmedaillen (Einer, Doppelzweier, Zweier o.Stm., Zweier m.Stm., Doppelvierer, Vierer o.Stm., Vierer m.Stm.).

13. - 15. August: Das III. Hockeyländerturnier der Freundschaft in Leipzig gewinnt die Nationalmannschaft der DDR. Im Spiel gegen Polen absolviert Eckhard Wallosek sein 100. Länderspiel in der Nationalmannschaft.

26. - 28. August: Den Europapokal im Wasserspringen der Männer erringt in Edinburgh (England) zum fünften Mal die DDR-Mannschaft. Die Frauenmannschaft belegt den 2. Platz.

29. August - 5. September: Thomas Arnold dringt beim internationalen Turnier für Nachwuchsspieler (bis 18 Jahre) im Tennis in Mamaia (Rumänien) bis ins Finale vor und unterliegt.

1. - 4. September: Bei den ersten WM im Flossenschwimmen und Streckentauchen in Hannover (BRD) erringen die Tauchsportler vier WM-Titel, neun Silber- und elf Bronzemedaillen. Weltmeister werden Bernd Jaudzims (800 m und 1500 m Flossenschwimmen), Ute Pelz (100 m Flossenschwimmen mit Weltrekord 46,31 s) und die 4x200-m-Staffel der Frauen (Pelz, A. Jaudzims, Müller, Peters) ebenfalls mit neuem Weltrekord (7:19,56 min).

12. - 26. September: Irina Klabuhn gewinnt bei den WM im Fallschirmspringen in Guidonia (Italien) erneut das Figurenspringen. In der Gesamtmannschaftswertung belegt die Frauenmannschaft den 3. und die Männermannschaft den 6. Platz.

17. - 20. September: Bei den EM der Frauen und Junioren in den Gewehr- und Pistolendisziplinen in Skopje (Jugoslawien) werden Europameister: Die Frauenmannschaft (Kanthak, Krüger, Petzke) in der Disziplin KK-Standardgewehr 3x20 Schuß mit Weltrekord (1722 Ringe), Andreas

Wolfram (Junioren, Standardgewehr 60 Schuß liegend), die Mannschaft der Junioren Standardgewehr 60 Schuß liegend und Standardgewehr 3x20 Schuß (Wolfram, Klausing, Eifrig).

21. September: Abschluß einer Vereinbarung zwischen der Gesellschaft für Sportmedizin und der Gesellschaft für Pädiatrie.

25. September - 3. Oktober: Bei den Junioren-EM im Boxen in Izmir (Türkei) erringen Frank Kegebein (Halbfliegengewicht), Rudi Fink (Bantamgewicht) und Werner Kohnert (Schwergewicht) die Silbermedaillen.

September: Im Kindergarten von Gatterslebenwird der erste Schachkurs für 5jährige Kinder eröffnet, nachdem bereits in Lietzow auf Rügen Erfahrungen mit der spielerischen Aneignung des Schachspiels durch Vorschulkinder gesammelt worden waren.

1. Oktober: Zum Thema „Sport in der DDR“ laden in New York die „Amerikanische Gesellschaft zum Studium der DDR“ und das „Komitee für die Freundschaft mit der DDR“ in den USA zu einer Veranstaltung ein. Ein Film zur Entwicklung des DDR-Sports und die Ausführungen des Olympiaattaches der DDR-Mannschaft in Montreal, Robert Remer, unterstützen das Anliegen der Veranstalter.

2. Oktober: Den 20. Berlin-Lauf der „BZ am Abend“ gewinnt erneut die Wilhelm-Pieck-Oberschule Pankow. Insgesamt 26.560 Schülerinnen und Schüler nahmen an den Qualifikationswettbewerben teil.

18. - 31. Oktober: In Halle/Saale findet das Internationale Schachfestival (FIDE-Kategorie 9) statt. Es nehmen fünf Internationale Großmeister (IGM) und sechs Internationale Meister (IM) teil. Das Turnier der Frauen gewinnt Walentina Koslowskaja (UdSSR) vor Brigitte Hofmann, das Turnier der Juniorinnen die 13jährige Marta Kovacs (Ungarn) und das Turnier der Männer Juri Balaschow (UdSSR). Dr. Burkhard Malich belegt den 3. Platz.

31. Oktober: Karl-Reinhart Löwel, Mitglied des Bergsteigerchores „Kurt Schlosser“, hat mit der Besteigung der Rauschenspitze als erster in einem Zeitraum von nur sechs Jahren alle anerkannten Klettergipfel des Elbsandsteingebirges bestiegen. Der 25jährige begann 1971 am Talwächter-Schusterweg.

3. November: Vereinbarung zwischen dem Präsidium des DTSB und dem Ministerium für Land-, Forst- und Nahrungsgüterwirtschaft zur Entwicklung von Körperkultur und Sport auf dem Land und zu den Aufgaben der Betriebe in diesem Prozeß.

4. - 8. November: Die DDR-Mannschaft der Körperbehinderten im Tischtennis (Karl Münster, Paul Welfle, Horst Quednow, Harry Schulze) gewinnt in Budapest den Intercup 76. In den Einzelturnieren belegen Paul Welfle den 2., Karl Münster und Horst Quednow jeweils den 3. Platz. Die Schwerstversehrten erspielen im Mannschafts- und im Einzelturnier Rang drei.

11. - 13. November: Bei der XX. Internationalen Rallye Sachsenring gehen sieben Nationalmannschaften, fünf Fabrikmannschaften und 8 Klubmannschaften an den Start.
13. November: Mehr als 400 Kinder stellen sich im Rahmen der Aktion „Goldene Fäuste" in der Sport- und Kongreßhalle in Schwerin vor. 250 von ihnen melden sich in einer Box-Trainingsgruppe an.
13. - 14. November: Jürgen Möller (Leichtgewicht) und Andre Gerdes (Halbmittelgewicht) erringen bei den Jugend- und Junioren-EM im Judo in Lodz (Polen) Goldmedaillen.
20. - 21. November: Beim Turnier der Freundschaft für Nachwuchssportler (bis 23 Jahre) im Asphaltkegeln in Sangerhausen gewinnen Sylvia Störer und Peter Engelhardt die Einzelkonkurrenzen und die Juniorinnen den Mannschaftskampf. Die Junioren belegen Platz drei.
25. November: Der Bundesvorstand des DTSB beschließt während seiner 8. Tagung die Aufgaben für das Sportjahr 1977.
27. - 28. November: Den Europapokal der Landesmeister im Asphaltkegeln der Frauen erringt in Prerov (CSSR) die Mannschaft der BSG Carl Zeiss Jena.
28. November - 7. Dezember: Beim Interzonenturnier im Schach der Frauen in Tbilissi (UdSSR) belegen Petra Feustel den 7. und Brigitte Hofmann den 9. Platz.
20. Dezember: Die populärsten Sportler der Junge-Welt-Umfrage sind Kornelia Ender (zum vierten Mal in Folge), Waldemar Cierpinski und die Fußball-Olympiamannschaft 1976.
25. Dezember: Die 25. Winterbahnsaison im Bahnradsport wird in der Werner-Seelenbinder-Halle eröffnet. Auf dem Programm stehen die „Sechs Tage" der Tageszeitung „Junge Welt", die Internationale Winterbahn-Meisterschaft, der Internationale Steherpreis, die Internationale Sprintermeisterschaft und die Jugendrenntage.
Januar bis Dezember:
Im Verlag J.A. Barth erscheinen „Grundlagen der Sportmedizin" (Dieter G.A. Findeisen u.a.), „Achillessehnenruptur im Sport" (Karl-Hans Arndt) und „Leistungsüberprüfungen im Freizeit- und Erholungssport" (Friedhelm Beuker). Der Verlag Volk und Wissen legt „Körpererziehung im Kindergarten" (Stanislaus Keller u.a.) vor und der Sportverlag die Lehrbücher „Boxsport" (Horst Fiedler u.a.) und „Gymnastik ohne Handgeräte" (Hildegardt Wendt u.a.), „Fußball in Vergangenheit und Gegenwart" Band 1 und 2 (Martin Zöller u.a.) und den neuen „Kletterführer Elbsandsteingebirge-Böhmische Schweiz" (Dietmar Heinicke u.a.).

1977

1. Januar: Das neue Programm für das Sportabzeichen tritt in Kraft.
6. Januar: Jochen Danneberg gewinnt erneut die Internationale Vierschanzentournee BRD/Österreich. Henry Glaß belegt den 3. Platz.
20. Januar: Die 9. Tagung des Bundesvorstandes des DTSB berät und beschließt die Aufgaben für den Leistungssport und die Vorbereitung auf die Olympischen Spiele 1980. (vgl. 14.12.1976)
24. Januar: Vereinbarung des DTSB mit dem Verband der Komponisten und Musikschaffenden.
25. - 29. Januar: Bei den EM im Eiskunstlauf in Helsinki erringen Anett Pötzsch und Jan Hoffmann die EM-Titel. Mager/Bewersdorf und Baeß/Thierbach belegen im Paarlauf den 4. und 5. Platz.
28. - 29. Januar: Die Zentrale Studentensportkonferenz des DTSB berät in Cottbus die Aufgaben des freiwilligen Sports des Studenten.
5. - 6. Februar: Weltmeister im Bobsport wird bei den WM in St. Moritz (Schweiz) der Bob DDR I (Meinhard Nehmer, Hans-Jürgen Gerhardt, Bernhard Germeshausen, Raimund Bethge).
11. - 13. Februar: Bei den EM im Sportschießen mit Luftdruckwaffen in Les Escaldes (Andorra) gewinnen Harald Vollmar (Luftpistole), die Männermannschaft Luftpistole, die Frauenmannschaft Luftgewehr und Faust Steinbrück (Luftgewehr) die EM-Titel. Marlies Kanthak (Luftgewehr), die Juniorenmannschaft Luftgewehr belegen jeweils den 2. und Andreas Wolfram (Luftgewehr) den 3. Platz.
11. - 13. Februar: Im Finale um den Europapokal der Landesmeister im Volleyball der Frauen erreicht die Mannschaft des SC Traktor Schwerin in Izmir (Türkei) Rang drei.
15. Februar: Anordnung des Ministerrates über den Schutz der olympischen Symbole, Embleme und Bezeichnungen in der DDR.
17. - 20. Februar: Bei den ersten Junioren-WM in den nordischen Skidisziplinen in Sainte Croix (Schweiz) gewinnen die Juniorinnen die 3x5-km-Staffel, Birgit Schreiber den 5-km-Langlauf und Gunter Schmieder die nordische Kombination. Matthias Buse (Spezialsprunglauf) und die 3x10-km-Staffel der Junioren belegen jeweils den 2. Platz.
18. - 20. Februar: Im Finale um den Europapokal der Pokalsieger im Volleyball der Frauen in Roeselare (Belgien) erreicht die Mannschaft des SC Dynamo Berlin Rang zwei.
19. - 20. Februar: Weltmeister im Rennschlittensport werden in Igls (Österreich) Margit Schumann, Hans Rinn und Hans Rinn/Norbert Hahn.
19. - 20. Februar: Aus Protest gegen die Apartheidpolitik Südafrikas und die Teilnahme einer südafrikanischen Mannschaft nehmen die AthletInnen aus der DDR und den anderen sozialistischen Ländern nicht an den Junio-

ren-WM im Eisschnellauf in Inzell (BRD) teil. Eine Woche vorher hatten bereits die Eiskunstläufer aus demselben Grund die Teilnahme an den Junioren-WM in Megeve (Frankreich) abgesagt.

22. Februar: Anläßlich der VI. Kinder- und Jugendspartakiade in den Wintersportdisziplinen wird das Wintersportmuseum Oberhof eröffnet.

22. - 26. Februar: In Oberhof und Berlin findet die VI. Kinder- und Jugendspartakiade in den Wintersportarten statt. An den vorbereitenden Kreisspartakiaden nahmen 30.519 Kinder und Jugendliche teil.

23. - 27. Februar: Bei den WM im Biathlon in Lillehammer (Norwegen) wird Frank Ullrich Weltmeister über 15 km bei den Junioren. Die 4x7,5-km-Staffel der Senioren belegt den 3. Platz.

26. - 27. Februar: Den Europapokal im Wasserspringen (1 m Brett) in Rotterdam (Niederlande) gewinnt Falk Hoffmann vor Thomas Köthe. Beate Rothe belegt den 2. und Marina Jäschke den 3. Platz.

1. März: Bildung des Instituts Freizeit- und Erholungssport an der Deutschen Hochschule für Körperkultur (DHfK) in Leipzig.

1. - 6. März: Anett Pötzsch und Jan Hoffmann werden bei den WM im Eiskunstlaufen in Tokio Vizeweltmeister. Manuela Mager/Uwe Bewersdorf belegen den 4. Platz.

10. - 21. März: Die Eishockey-Nationalmannschaft gewinnt in Tokio das B-Gruppenturnier der WM.

12. - 13. März: Vier Gold- und vier Silbermedaillen sowie eine Bronzemedaille erringen die Athletinnen bei den Europa-Hallenmeisterschaften der Leichtathleten in San Sebastian (Spanien). EM-Titel erringen Marlies Oelsner (60 m), Marita Koch (400 m), Thomas Munkelt (60 m Hürden) und Jürgen Straub (1500 m).

15. - 19. März: Eine Delegation des Präsidiums des DTSB besucht auf Einladung des Deutschen Sportbundes (DSB) die BRD und erwidert damit den Besuch einer Delegation des DSB im Jahr 1975. Es werden Ausbildungseinrichtungen besucht, Sportanlagen besichtigt und Informationen über den Freizeit- und Erholungssport ausgetauscht.

13. - 14. April: Die VI. Nationale Konferenz für Gesundheitserziehung „Jugend und Gesundheit“ wird in Dresden durchgeführt.

24. April: Im Finale um den Europapokal der Pokalsieger im Hallenhandball der Männer unterliegt der SC Magdeburg in Saporoshje (UdSSR) der Mannschaft MAI Moskau (17:18).

29. April: Die Frauenmannschaft des TSC Berlin gewinnt in Berlin den ersten Europapokal-Wettbewerb der Pokalsieger im Hallenhandball gegen Spartak Baku (18:15).

29. April - 19. Mai: Der Internationale Großmeister Rainer Knaak gewinnt das internationale Schachturnier in Balaschicha (UdSSR).

30. April: Im Finale um den Europapokal der Landesmeister im Hallenhandball der Frauen unterliegt der SC Leipzig Spartak Kiew (7:15).

5. Mai: Die 10. Tagung des DTSB-Bundesvorstandes berät über die weiteren Aufgaben der Sportgemeinschaften.

7. - 8. Mai: Die Nationalmannschaft Motorbootrennsport (Beckhusen, Danisch, Driefert, Gärtner, Schell, Schumburg) gewinnt in Katowice (Polen) den Pokal der Freundschaft. Bernd Beckhusen siegt in der Außenbordrennbootklasse bis 350 ccm.

8. - 21. Mai: Bei der 30. Internationalen Friedensfahrt Warschau-Berlin-Prag belegt die Mannschaft (Schmeißer, Drogan, Petermann, Lauke, Diers, Hartnick) Rang zwei, Siegbert Schmeißer im Einzelklassement Rang fünf und Bernd Drogan Rang sechs.

11. - 15. Mai: In Kopenhagen findet die III. Europäische Sportkonferenz unter dem Leitmotiv „Sport zum Wohle aller Menschen" statt. Es nehmen Repräsentanten nationaler Organisationen und staatlicher Institutionen aus 26 Ländern Europas teil. Der Präsident des DTSB, Manfred Ewald - Mitglied des Konferenzpräsidiums - referiert zum Konferenzthema „Perspektiven sportlicher Zusammenarbeit in Europa" und der Staatssekretär für Körperkultur und Sport, Prof. Dr. Günter Erbach, zum Konferenzthema „Sport in Freizeit und Familie".

12. - 15. Mai: Dietmar Lorenz (Halbschwergewicht) wird bei den EM im Judo in Ludwigshafen (BRD) Europameister, Harald Heinke (Halbmittelgewicht) und Wolfgang Zuckschwerdt (Alle Kategorien) Vizeeuropameister. In allen anderen Gewichtsklassen werden Bronzemedaillen erkämpft.

21. Mai: 5600 Aktive nehmen am V. GutsMuths-Rennsteiglauf teil, darunter viele Spitzenathleten vergangener Jahre, wie Gustav-Adolf Schur (75 km, AK III, 3. Platz), Christoph Höhne (AK II, 4. Pl.), Gudrun Schmidt (38 km, AK II, 1. Platz), Ilse Misersky (38 km, AK II, 3. Platz) oder Gunhild Hoffmeister. Den Hauptlauf über 75 km gewinnt Dieter Wiedemann (AK I) und über 38 km Ursula Weiß (AK I).

26. - 31. Mai: Bei den EM im Ringen in Bursa (Türkei) erringen Hartmut Reich (Freier Stil, Fliegengewicht) den EM-Titel, Klaus-Peter Göpfert (Klassischer Stil, Weltergewicht) die Silber- und Harald Büttner (Freier Stil, Schwergewicht) die Bronzemedaille.

28. - 29. Mai: Ralf Bärthel wird bei den EM im Turnen in Vilnjus (UdSSR) Europameister im Pferdsprung, am Barren gewinnt er die Silbermedaille ebenso wie Michael Nikolay am Pferdseit.

29. Mai - 5. Juni: Europameister bei den EM im Boxen in Halle werden Stefan Förster (Bantamgewicht) und Richard Nowakowski (Federgewicht). Silbermedaillen erringen Christian Zornow (Leichtgewicht), Ulrich Beyer (Halbweltergewicht), Karl-Heinz Krüger (Weltergewicht), Bernd Wittenburg (Mittelgewicht), Ottomar Sachse (Halbschwergewicht) und Jürgen Fanghänel (Schwergewicht).

3. - 5. Juni: Bei den Schwimmwettbewerben anläßlich der Intersportinvalid der Körperbehinderten in Prag gewinnen Hans-Jürgen Wurzinger

(unterarmamputiert/50 m Freistil, 50 m Rücken) und Burkhardt Distel (einseitig gelähmt/50 m Freistil, 50 m Rücken). Die Länderwertung gewinnt die DDR vor Polen und der CSSR.
3. - 5. Juni: Volker Tonn erringt mit Pflicht den Großen Preis von Warschau bei einem internationalen Springturnier (CSI) im Pferdesport.
10. - 15. Juni: Helmar Nauck/Harald Schaale werden bei den EM im Segeln (470er Klasse) auf dem Neusiedler See (Österreich) Zweiter.
13. - 25. Juni: Bei den EM im Wurftaubenschießen in Dorchester (England) gewinnen die Schießsportler eine Goldmedaille (Juniorenmannschaft Skeet - 150 Tauben) und zwei Silbermedaillen (Trap - 200 Tauben/ Einzel Männer, Mannschaft Männer).
17. - 19. Juni: Auf dem VI. Kongreß der GST in Karl-Marx-Stadt wird Günther Teller als Vorsitzender wiedergewählt.
24. Juni: Verleihung der Kunstpreise des DTSB für bildende und angewandte Kunst und erstmalig für Musik und Literatur.
24. Juni - 31. Juli: Die 4. Ausstellung „Kunst und Sport" stellt 402 Werke verschiedener künstlerischer Genres vor.
25. Juni: Erstes Treffen der Freunde des Problemschachs in Dresden.
1. Juli: Marlies Oelsner läuft in Dresden die 100 m in 10,88 s und damit als erste Frau der Welt unter 11 Sekunden (elektronische Zeitmessung).
2. - 3. Juli: Nach dem letzten Lauf der EM im Motorradgeländesport in der Steiermark (Österreich) belegen Ewald Schneidewind und Steffen Mauersberger (beide bis 75 ccm/Simson) Platz zwei und drei, Manfred Jäger (bis 500 ccm/MZ) Platz zwei.
5. Juli: Vereinbarung zwischen dem Reisebüro der DDR und dem Allgemeinen Deutschen Motorsportverband (ADMV) über die Zusammenarbeit für die weitere Entwicklung des motorisierten Tourismus.
8. Juli: Das „Turn- und Sportmuseum Friedrich Ludwig Jahn" in Freyburg/Unstrut wird im ehemaligen Wohnhaus Jahns nach umfangreicher Rekonstruktion und Neugestaltung wiedereröffnet.
8. - 11. Juli: Ute Pelz schwimmt bei den Meisterschaften im Flossenschwimmen und Streckentauchen vier Weltrekorde (50 m und 100 m Streckentauchen, 100 m und 200 m Flossenschwimmen).
10. - 14. Juli: Bei den Junioren-WM im Bahn- und Straßenradsport in Wien siegen Reiner Hönisch (1000-m-Zeitfahren), Hans-Joachim Pohl vor Thomas Schnelle (3000-m-Einzelverfolgungsfahren), Lutz Heßlich (Sprint), die Mannschaft im 4000-m-Verfolgungsfahren (Schnelle, Pohl, Kummer, Gerlach) und erstmals die Vierermannschaft Straße (Barth, Ludwig, Kluge, Boden).
17. - 27. Juli: Weltspielsieger bei den XIII. Weltspielen der Hörgeschädigten in den Sommersportarten in Bukarest wird Dr. Wilfried Zapfe (3000 m Hindernis). Gerhard Sperling (20 km Gehen) gewinnt die Silbermedaille, Inge Siegel (Kugelstoßen), Manfred Stahl (Tischtennis) und Engelhardt/Hoffmann (Tischtennis, Doppel) erringen Bronzemedaillen. Erstmals

nimmt mit Hans-Jürgen Reppel ein Zehnkämpfer aus der DDR an den Weltspielen teil. Er belegt den 4. Platz.

22. - 24. Juli: Bei den WM im Kanuslalom in Spittal (Österreich) erringen Angelika Bahmann (KI), Walter Hofmann/Jürgen Kalbitz (CII) und die CI-Mannschaft (Peter Massalski, Reinhard Eiben, Lutz Körner) die WM-Titel.

23. Juli: Das Sportmuseum Leipzig wird im Zentralstadion eröffnet.

25. - 31. Juli: In Leipzig findet das VI. Turn- und Sportfest und die VI. Zentrale Kinder- und Jugendspartakiade statt. Im Mittelpunkt des Turn- und Sportfestes stehen die Sportschau mit nahezu 30.000 Mitwirkenden und die volkssportlichen Wettkämpfe um die Turnfestsieger. Erstmals ermitteln 320 Mädchen und Frauen und 640 Jugendliche und Männer die Turnfestsieger im Tischtennis. An den Vorkämpfen beteiligten sich 187.000 Aktive. Im Kegeln wird mit 1185 Aktiven das bislang größte Volkssportturnier in dieser Sportart durchgeführt. Es gehen 157 Mannschaften an den Start, die auf Asphalt (77) und auf Bohle (80) die Sieger ermitteln. Im Volleyball starten 128 Frauen- und Männermannschaften. Insgesamt hatten 6196 Mannschaften an den zwei Jahre andauernden Qualifikationsturnieren teilgenommen. Fast 22.000 Aktive beteiligen sich an den ausgeschriebenen Massenläufen.

Bei der Kinder und Jugendspartakiade ermitteln 10.000 Nachwuchsathleten in 20 Sportarten ihre Besten in Leipzig, Berlin (Wasserfahrsport) und Zwickau (Kanuslalom). An den Kreis- und Bezirksspartakiaden nahmen 921.584 Kinder und Jugendliche teil.

26. Juli: Unterzeichnung eines Zehn-Jahre-Vertrages über die Zusammenarbeit zwischen den Sportorganisationen der DDR und dem Komitee für Körperkultur und Sport der UdSSR.

28. Juli: Ein Beschluß des Ministerrates über die LPG legt auch deren Verantwortung für die Entwicklung des Sports fest.

28. Juli - 12. August: Die Juniorinnen gewinnen bei den EM im Volleyball in Belgrad und die Junioren in Montpellier (Frankreich) den 3. Platz.

5. - 7. August: Beim FISA-Junioren-Championat in Tampere (Finnland) gewinnen der Vierer m.Stm., Zweier o.Stm., Doppelvierer und der Achter jeweils die Goldmedaille und der Doppelzweier, der Einer und der Vierer o.Stm. die Silbermedaille.

13. - 14. August: Die Endrunde um die Europapokale in der Leichtathletik gewinnen in Helsinki sowohl die Frauen- als auch die Männermannschaft. Karin Roßley läuft über 400 m Hürden in 55,63 s Weltrekord (13.8.) und Rosemarie Ackermann stellt mit 1,97 m im Hochsprung (14.8.) einen neuen Weltrekord auf.

14. - 21. August: Bei den EM im Schwimmen, Springen und Wasserball in Jönköping (Schweden) gewinnen die Aktiven 16 Gold-, 11 Silber- und 7 Bronzemedaillen. EM-Titel erringen im Kunst- und Turmspringen Christa Köhler, Margit Schöpke und Falk Hoffmann, im Schwimmen Petra Thümer

(200 m, 400 m, 800 m Freistil), Birgit Treiber (100 m, 200 m Rücken), Ulrike Tauber (200 m, 400 m Lagen), Barbara Krause (100 m Freistil), Andrea Pollack (100 m Schmetterling), Anett Fiebig (200 m Schmetterling), die 4x100-m-Freistilstaffel (Treiber, Wächtler, Priemer, Krause), die 4x100-m-Lagenstaffel der Frauen (Richter, Nitschke, Pollack, Krause) und Roger Pyttel (100 m Schmetterling).

17. - 21. August: Ute Pelz gewinnt bei den EM im Flossenschwimmen und Streckentauchen in Dunaujvaros (Ungarn) sechs Goldmedaillen in den Einzeldisziplinen und eine weitere mit der 4x200-m-Staffel. Insgesamt gewinnen die Frauen acht Gold- und zwei- Silbermedaillen und die Länderwertung, die Männer drei Silber- und vier Bronzemedaillen.

17. - 28. August: Bei der Universiade in Sofia erringen Klaus Haertter (Florett), Klaus Schönberger (400 m Hürden), Manfred Ahlert (Speerwurf) und Thomas Emmrich/Andreas John (Tennis, Doppel) Silbermedaillen, Helma Knorrscheid (Kugelstoßen) und Wolfgang Warnemünde (Kugelstoßen, Diskuswerfen) Bronzemedaillen.

19. - 21. August: Die erfolgreichste Mannschaft bei den Junioren-Leichtathletik-EM in Donezk (UdSSR) ist die DDR-Mannschaft mit 15 Gold-, 16 Silber- und 6 Bronzemedaillen.

20. - 28. August: Die Ruderinnen erringen bei den WM in Amsterdam in allen und die Ruderer in fünf olympischen Bootsklassen (Vierer m.Stm., Einer, Vierer o.Stm., Doppelvierer, Zweier m.Stm.) die WM-Titel.

25. - 30. August: Weltmeister bei den WM im Bahnfahren in San Christobal (Venezuela) werden: Jürgen Geschke (Sprint) vor Emanuel Raasch und Lutz Heßlich, Lothar Thoms (1000-m-Zeitfahren), Norbert Dürpisch vor Uwe Unterwalder (4000-m-Einzelverfolgungsfahren) und die Mannschaft (Dürpisch, Wiegand, Winkler, Mortag) im 4000-m-Mannschaftsverfolgungsfahren.

26. August: Rosemarie Ackermann überspringt als erste Frau der Welt 2,00 m beim ISTAF in Westberlin.

26. - 29. August: Bei den ersten Europäischen Sportspielen der Sehgeschädigten in den Sportarten Leichtatheltik, Schwimmen und Rollball in Poznan (Polen) erringen die Aktiven sieben Gold-, drei Silber- und vier Bronzemedaillen. Sportspielsieger werden Evelyn Böhm (Gruppe C, 60 m, Weitsprung, Kugelstoßen), Henry Schenker (Gruppe A, Speerwerfen), Regina Schuffenhauer (Gruppe A, 50 m Brustschwimmen), Sibylle Pißarek (Gruppe C, 50 m Freistil) und Gerd Franzka (Gruppe A, 100 m Brustschwimmen).

1. - 4. September: Bei den EM im Orientierungstauchen in Huissen (Niederlande) wird die Nationalmannschaft der Männer (Friemann, Sebastian, Helzel, Sell, Voigt) Europameister (Gesamtmannschaftswertung). Die Frauenmannschaft belegt den 3. Platz und Karla Vogt/Ilona Turley (Mannschaftsübung) den 2. Platz.

1. - 4. September: Europameister werden bei den EM im Sportschießen in Bukarest die Mannschaft Freie Pistole (U. Potteck, Vollmar, Windisch, Höflitz) mit Weltrekord (2261 Ringe) und Thomas Pfeffer (Laufende Scheibe).

1. - 4. September: Bei den WM im Kanurennsport auf dem Pantscharewo-Stausee bei Sofia erringen die Kanuten drei Gold- und drei Silbermedaillen. Weltmeister über 500 m werden Gudrun Klaus-Dittmar (KI), Marion Rösiger/Martina Fischer (KII) und Bernd Olbricht/Joachim Mattern (KII).

2. - 4. September: Die Leichtathletiknationalmannschaft der Männer gewinnt in Düsseldorf (BRD) den erstmals ausgetragenen Weltpokal vor der USA. Die Frauenmannschaft belegt den 2. Platz.

5. - 10. September: Bei der Internationalen Sechstagefahrt in Povazska Bystrica (CSSR) wird die Trophymannschaft - Harald Sturm (250 ccm), Ulrich Fabke, Uwe Köthe, Jürgen Meusel, Frank Schubert (alle 350 ccm), Manfred Jäger (500 ccm) - auf MZ Vizeweltmeister. Die Silbervasenmannschaft (Simson) belegt ebenfalls den 2. Platz und die Fabrikmannschaft MZ I erringt die Goldmedaille der Internationalen Motorrad-Föderation (FIM).

12. - 17. September: Erstmals nehmen Mitglieder des Radioklubs der GST an einer Regional-Meisterschaft, und zwar an Amateurfunkpeil-Wettkämpfen in Skopje (Jugoslawien) teil.

17. - 25. September: Sechs Silber- und sieben Bronzemedaillen gewinnen die Heber bei den WM im Gewichtheben in Stuttgart (BRD) im Zweikampf und in den Einzeldisziplinen.

24. - 25. September: Im Geher-Weltpokal (Lugano-Cup) in Milton-Keynes (England) belegt die Männermannschaft Rang zwei.

25. September - 2. Oktober: Bei der EM im Volleyball in Finnland wird die Nationalmannschaft der Frauen Vizeeuropameister.

29. September - 1. Oktober: Marlies Kanthak erringt bei den EM für Frauen und Junioren in den Gewehr- und Pistolendisziplinen in Rom drei Goldmedaillen, zwei in den Einzeldisziplinen Standardgewehr 60 Schuß liegend und Standardgewehr 3x20 Schuß mit Weltrekord (582 Ringe) und eine weitere mit der Mannschaft Standardgewehr 3x20 Schuß (Kanthak, Krüger, Petzke) ebenfalls mit Weltrekord (1727 Ringe) sowie eine Silbermedaille mit der Mannschaft Standardgewehr 60 Schuß. Sie wird vom Frauenkomitee der Europäischen Schützenkonföderation (ESK) mit dem Wanderpokal als beste Gewehrschützin Europas ausgezeichnet.

12. Oktober: Das Sekretariat des ZK der SED beschließt die „Richtlinie für die Arbeit der Kinder- und Jugendsportschulen".

14. - 16. Oktober: Bei der Leistungsgymnastik-WM in Basel (Schweiz) belegen die Gymnastinnen in der Gruppengymnastik den 4. Platz.

14. - 17. Oktober: Heinz-Helmut Wehling wird bei den WM im Ringen (Klassischer Stil) in Göteborg Weltmeister im Leichtgewicht und gewinnt damit den ersten WM-Titel für den Deutschen Ringer-Verband (DRV).

20. - 22. Oktober: Die XX. Internationale Rallye Wartburg um den Pokal der sozialistischen Länder im Tourenwagensport über 1157 km findet in Thüringen mit Start und Ziel in Eisenach statt. Es sind 163 Fahrzeuge am Start.
20. - 23. Oktober: Bei den WM im Ringen (Freier Stil) in Lausanne (Schweiz) gewinnen die Ringer zwei Silbermedaillen (Halbschwer- und Schwergewicht) und eine Bronzemedaille (Fliegengewicht).
22. Oktober: Insgesamt 320 Aktive nehmen am I. Jenaer Kernberglauf (50 km) teil, von denen 298 das Ziel im Zeitlimit erreichen.
29. Oktober: Erstes wissenschaftliches Kolloquium zum GutsMuths-Rennsteiglauf in Zella-Mehlis.
29. - 30. Oktober: Bei den Wettkämpfen um den Weltpokal im Turnen in Oviedo (Spanien) belegt Steffi Kräker im Kür-Vierkampf und am Boden den 2., am Stufenbarren den 3. Platz. Michael Nikolay gewinnt am Perdseit gemeinsam mit W. Markelow. Roland Brückner wird beim Pferdsprung Dritter.
5. - 6. November: Bei den Jugend- und Junioren-EM im Judo in Berlin erringen die jugendlichen Judoka drei Gold- und drei Bronzemedaillen, die Junioren je eine Gold-, Silber- und Bronzemedaille.
11. - 13. November: Die XX. Internationale Rallye Sachsenring erlebt mit 169 Nennungen aus sieben Ländern eine Rekordbeteiligung.
17. - 18. November: Die Sektion Sportwissenschaft der Pädagogischen Hochschule Zwickau führt die IV. Wissenschaftliche Konferenz zu Problemen der Lehrplanrealisierung im Fach Sport an allgemeinbildenden polytechnischen Oberschulen durch.
19. - 20. November: Die Frauenmannschaft der BSG Carl Zeiss Jena belegt im Finale um den Europapokal der Landesmeister im Asphaltkegeln in Olomouc (CSSR) den 2. Platz.
1. Dezember: Die gemeinsame Arbeitsgruppe Sportmedizin/Pädiatrie „Körperliche Belastungsverträglichkeit bei chronischen Erkrankungen" nimmt ihre Tätigkeit auf.
10. Dezember: Die Judoka des SC Dynamo Hoppegarten gewinnen in Berlin den Europapokal.
19. Dezember: An der Umfrage der „Jungen Welt" beteiligen sich zum ersten Mal mehr als 2 Millionen Sportinteressierte. Sportler des Jahres werden: Rosemarie Ackermann, Rolf Beilschmidt und die Leichtathletik-Nationalmannschaft der Männer.
Dezember: Das III. Internationale Turnier im Schach um den Preis der Stadt Leipzig gewinnt der Internationale Großmeister Dr. Burkhard Malich. IGM Rainer Knaak belegt den 3. Platz.
Januar bis Dezember:
An 12.198 Betriebssportfesten nehmen 2.725.883 Aktive und am Familien-Fernwettkampf der Frauen-Zeitschrift „Für Dich" 32.180 Familien teil.

1978

1. Januar: Am Neujahrslauf in Berlin nehmen mehr als 8000 Läufer und Läuferinnen teil. In Leipzig gehen 5000 Aktive an den Start.
1. Januar: Das Arbeitsgesetzbuch tritt in Kraft. Zu den Pflichten der gewerkschaftlichen Betriebsorganisationen und der Betriebsleiter (§ 223) gehört, „die materiellen, finanziellen und personellen Voraussetzungen für die Unterhaltung und Instandhaltung der betrieblichen Kultur-, Jugend- und Sporteinrichtungen zu schaffen". (§ 224)
14. - 15. Januar: Horst Schönau/Harald Seifert werden bei den Zweierbob-EM in Igls (Österreich) Europameister vor Germeshausen/Gerhardt und Lehmann/Trübner.
26. Januar - 5. Februar: Bei der WM im Hallenhandball der Männer in Dänemark erringt die Nationalmannschaft die Bronzemedaille.
31. Januar - 5. Februar: Anett Pötzsch und Jan Hoffmann verteidigen bei den EM im Eiskunstlauf in Strasbourg (Frankreich) die EM-Titel. Mager/Bewersdorf (Paarlauf) belegen den 3. Platz.
4. - 5. Februar: Meinhard Nehmer/Raimund Bethge werden bei den Zweierbob-WM in Lake Placid (USA) Vizeweltmeister.
8. - 12. Februar: Die Jugendwettkämpfe der Freundschaft im Eisschnellauf werden in Berlin und die im nordischen Skisport in Johanngeorgenstadt durchgeführt.
10. - 12. Februar: Den Europapokal der Landesmeister im Volleyball der Frauen gewinnt in Rheine (BRD) der SC Traktor Schwerin und den Europapokal der Pokalsieger in Treviso (Italien) der SC Dynamo Berlin.
11. - 12. Februar: Der Viererbob DDR II (Schönau, Seifert, Bernhardt, Musiol) erringt bei den WM in Lake Placid (USA) den WM-Titel. Der Viererbob DDR I belegt den 3. Platz.
11. - 12. Februar: Bei den EM im Rennschlittensport in Hammarstrand (Schweden) werden Hans Rinn/Norbert Hahn Europameister.
17. - 26. Februar: Weltmeister bei den WM in den nordischen Skidisziplinen in Lahti (Finnland) werden Matthias Buse (Spezialspringen Normalschanze) und Konrad Winkler (Nordische Kombination). Henry Glaß (Spezialspringen Normalschanze) und die 4x5-km-Staffel der Frauen (Rostock, Schreiber, Petzold, Meinel) gewinnen jeweils die Silbermedaille.
23. - 26. Februar: Bei den EM im Sportschießen mit Luftdruckwaffen in Kopenhagen gewinnt die Männermannschaft Luftpistole (Höflitz, Vollmar, U. Potteck, Windisch) den EM-Titel. Die Frauenmannschaft Luftgewehr (Kanthak, Krüger, Petzke) belegt den 2. Platz.
1. März: Olympiasieger und Weltmeister protestieren gegen den Bau der Neutronenbombe in den USA und rufen zu ihrer Ächtung auf. Den Appell unterzeichnen Rita Andrich-Kühne, Gustav-Adolf Schur, Karin Janz, Chri-

stoph Höhne, Rudi Hirsch, Rosemarie Gabriel, Helga Haase, Christine Errath, Dr. Thomas Köhler, Dr. Margitta Gummel.

1. - 5. März: Weltmeister bei den WM im Biathlon in Hochfilzen (Österreich) werden Frank Ullrich (10 km) und die 4x7,5-km-Staffel (Beer, Siebert, Ullrich, Rösch), bei den Junioren Andreas Heß (15 km) und die 3x7,5-km-Staffel (Jung, Schütze, Heß). Klaus Siebert (20 km) und Eberhard Rösch (10 km) gewinnen jeweils die Silbermedaille und eine Bronzemedaille (Rösch 20 km).

4. - 5. März: Marion Dittman erringt bei den WM im Eisschnellaufen in Helsinki die Bronzemedaille im großen Mehrkampf.

7. - 11. März: Anett Pötzsch wird bei den WM im Eiskunstlauf in Ottawa (Kanada) Weltmeisterin. Jan Hoffmann und Mager/Bewersdorf (Paarlauf) belegen jeweils Platz zwei.

11. März: V. Leichtathletik-Hallensportfest der Versehrten in Berlin. Am Start sind mehr als 250 Aktive aus 37 Sport- und Schulsportgemeinschaften.

11. März: Das Finale im VII. Fernwettkampf „Stärkster Lehrling" und „Sportlichstes Mädchen" gewinnen in Gera Sabine Solarek (Dresden) und Joachim Pospisil (Riesa). Um den Einzug in das Finale des Kraftsportvierkampfes bewarben sich 405.738 Lehrlinge.

11. - 12. März: Bei den Europa-Hallenmeisterschaften gewinnen die Leichtathleten vier Gold-, drei Silber- und zwei Bronzemedaillen. Europameister werden Marlies Oelsner (60 m), Ulrike Bruns (800 m), Johanna Klier (60 m Hürden) und Thomas Munkelt (60 m Hürden).

14. März: Der Bundesvorstand des DTSB berät während seiner 13. Tagung die künftigen Aufgaben im Prozeß der Entwicklung von Körperkultur und Sport.

18. - 19. März: In der neu erbauten Reithalle des Volksgutes Mücheln werden ein erstes Hallen-Reitturnier mit Springprüfungen der Klasse L und M und Schauvorführungen durchgeführt.

2. April: Die nach einer Idee von Kurt Huss (Klingenthal) entwickelte automatische Weitenmessanlage hat beim internationalen Saisonabschluß der Skispringer auf der Fichtelbergschanze Weltpremiere.

13. April: An der Deutschen Hochschule für Körperkultur (DHfK) in Leipzig beginnt der 5. Internationale Trainerkurs als Beitrag zum Programm der olympischen Solidarität.

16. April: Den Europapokal der Landesmeister im Hallenhandball der Frauen erringt der TSC Berlin im Endspiel gegen Vasas Budapest (19:14).

22. April: Der SC Magdeburg gewinnt den Europapokal der Landesmeister im Hallenhandball der Männer durch einen Sieg über Slask Wroclaw (28:22).

23. April: Am 15. Sachsenhausen-Gedenklauf über 15 km nehmen 550 und an den volkssportlichen Massenläufen (1000 m, 2000 m, 3000m) mehr als 1000 Aktive unterschiedlicher Altersklassen teil.

26. April - 14. Mai: Bei der WM im Eishockey in Prag (A-Gruppe) belegt die Nationalmannschaft den 8. Platz.

30. April: An der Langstreckenwanderung „Durchs Tal der Zwickauer Mulde" (26 km, 35 km), einer von 20 landesweit ausgeschriebenen Langwanderungen, nehmen 737 Aktive teil.

5. - 7. Mai: Bei den EM im Judo in Helsinki gewinnen die Judoka fünf Goldmedaillen, eine Silber- und eine Bronzemedaille. Europameister werden Dietmar Lorenz (Halbschwergewicht, Alle Kategorien), der erstmals zwei Titel gewinnt, Torsten Reißmann (Halbleichtgewicht), Günter Krüger (Leichtgewicht) und Harald Heinke (Halbmittelgewicht).

5. - 7. Mai: Uwe Neupert wird bei den EM im Ringen (Freier Stil) in Sofia Europameister im Halbschwergewicht.

6. - 20. Mai: Die Boxsportler erringen bei den WM im Boxen in Belgrad fünf Bronzemedaillen.

8. Mai: Waldemar Cierpinski gewinnt den ersten Marathonlauf Prag-Lidice-Prag.

10. - 24. Mai: Bei der Internationalen Friedensfahrt Berlin-Prag-Warschau belegt die DDR-Mannschaft (Hartnick, Schmeißer, Petermann, Neuer, Koch, Freese) den 2. und Hans-Joachim Hartnick in der Gesamteinzelwertung den 4. Platz.

15. - 28. Mai: Bei der VIII. Weltmannschaftsmeisterschaft im Schach der Hörgeschädigten in Oberstdorf (BRD) erkämpft die Nationalmannschaft (Wolfgang Krabbe, Günter Arnold, Horst Weidemann, Frank Brewig, Stefan Krause) den 6. Platz.

26. - 28. Mai: Der VI. Turn- und Sporttag des DTSB zieht in Berlin Bilanz: 2,8 Millionen Mitglieder sind in 8473 Sportgemeinschaften, 4880 Orts- und Betriebsgruppen des Deutschen Anglerverbandes (DAV) und 480 Motorsportklubs des Allgemeinen Deutschen Motorsport-Verbandes (ADMV) organisiert. Dazu kommen 670.000 ehrenamtliche Übungsleiter, Kampf- und Schiedsrichter und Funktionäre. Die 1100 Delegierten beschließen das neue Statut. Manfred Ewald wird als Präsident wiedergewählt. Vizepräsidenten werden Werner Berg, Siegfried Geilsdorf, Günther Heinze, Bernhard Orzechowski, Johannes Rech, Prof. Dr. Horst Röder und Franz Rydz.

31. Mai: Die Nachwuchs-Nationalmannschaft Fußball wird Vizeeuropameister.

1. Juni: Das Institut für Freizeit- und Erholungssport der Deutschen Hochschule für Körperkultur (DHfK) führt ein multidisziplinäres Kolloquium zur Ausdauerentwicklung im Freizeit- und Erholungssport und allgemeinen Wettkampfsport durch.

3. - 4. Juni: Den ersten internationalen Vergleichskampf querschnittsgelähmter Sportlerinnen und Sportler aus den sozialistischen Ländern in der Leichtathletik und im Schwimmen gewinnt in Berlin die DDR-Mannschaft vor der CSSR. Marianne Buggenhagen (Versehrtenklasse 5) markiert eine neue Weltbestleistung im Kugelstoßen.

10. - 16. Juni: Robert Marks (Halbfliegengewicht) wird bei den Junioren-EM im Boxen in Dublin (Irland) Europameister. Andreas Schroth (Mittelgewicht) und Uli Kaden (Schwergewicht) belegen jeweils den 2. und Günter Lieser (Halbschwergewicht) den 3. Platz.

20. - 28. Juni: Bei den Junioren-WM im Bahn- und Straßenfahren in Trexlertown und Washington (USA) gewinnen die Junioren drei Gold-, zwei Silber- und drei Bronzemedaillen. Weltmeister werden Frank Micke (1000-m-Zeitfahren), Axel Grosser (3000-m-Einzelverfolgungsfahren) und erneut die Vierermannschaft Straße (Thomas Barth, Olaf Ludwig, Udo Smektalla, Falk Boden).

1. Juli: In Neuglobsow am Stechlinsee nimmt das Taucherausbildungszentrum der GST den Lehrbetrieb auf.

1. - 2. Juli: Im Motorradgeländesport wird Manfred Jäger (über 500 ccm/MZ) nach dem letzten Lauf in Neumarkt (Österreich) Europameister. Steffen Mauersberger (bis 75 ccm/Simson), Bernd Lämmel (bis 100 ccm/Simson) und Frank Schubert (bis 350 ccm/MZ) belegen jeweils Rang 3.

6. Juli: Udo Beyer stellt mit 22,15 m in Göteborg einen neuen Weltrekord im Kugelstoßen auf.

13. - 22. Juli: Bei den WM im Fechten in Hamburg (BRD) belegt die Frauenmannschaft Florett (Janke, Hertrampf, Schubert, Dick) Platz vier.

14. - 22. Juli: Europameister werden bei den EM im jagdlichen Schießen in Suhl Burkhardt Hoppe (Trap - 200 Tauben) und Thomas Pfeffer (Laufende Scheibe) mit Weltrekord (581 Ringe).

14. Juli - 16. August: Am Internationalen Alpinistenlager Pamir 78 in der UdSSR nehmen 240 Alpinisten aus 16 Ländern darunter 35 Bergsteiger aus der DDR teil. Von ihnen besteigen 16 den Pik Lenin (7134 m) und fünf den Pik Korshenewskaja (7105 m). Außerdem werden fünf Sechstausender, davon vier erstmalig durch DDR-Bürger, ein Fünf- und ein Viertausender bestiegen.

15. Juli: Mehr als 8000 Wanderer, Bergsteiger, Einwohner und Gäste der Region kommen auf verschiedenen Wanderrouten ab Bad Schandau, Krippen und Schmilka zum Schrammtor in der Sächsischen Schweiz zu einem Konzert des Bergsteigerchores „Kurt Schlosser“.

22. - 23. Juli: Nach dem dritten und letzten Lauf im Kanuslalom auf der Isere bei Bourg St. Maurice (Frankreich) gewinnen Frank Kretschmer/Michael Berek (CII) den Europapokal. Zweite Plätze belegen Elke Schäfer (KI) und Matthias Beck/Horst Kopsch (CII).

26. - 30. Juli: Beim FISA-Junioren-Championat in Belgrad gewinnen die Ruderer zwei Goldmedaillen (Einer, Doppelvierer) und eine Silbermedaille (Achter), die Ruderinnen bei ihrem ersten Championat fünf Goldmedaillen in den sechs olympischen Bootsklassen (Vierer m.Stfr., Zweier o.Stfr., Einer, Doppelvierer, Achter) und eine Silbermedaille (Doppelzweier).

27. - 30. Juli: An der III. Wehrspartakiade der Gesellschaft für Sport und Technik (GST) nehmen in Halle mehr als 5000 Aktive teil. Sie ermitteln ihre Besten in 18 Sportarten, z.B. im Flug- und Fallschirmsport, im Motorradkunstfahren, im Modell-, Nachrichten-, Schieß- und Tauchsport.

9. August: Wolfgang Schmidt erzielt in Berlin mit 71,16 m Weltrekord im Diskuswerfen.

10. - 13. August: Bei der WM im Kanurennsport auf der Save bei Belgrad gewinnen die Kanuten sieben Goldmedaillen, im KII und KIV der Männer (500 m) und KI (Rüdiger Helm) und KIV der Männer (1000 m), im KI (Roswitha Eberl), KII und KIV der Frauen.

11. August: Festveranstaltung zu Ehren des 200. Geburtstages von Friedrich Ludwig Jahn in Lanz, Eröffnung der Jahn-Gedenkstätte und Übergabe einer Sportanlage.

12. August: Evelin Jahl stellt in Dresden mit 70,72 m einen neuen Weltrekord im Diskuswerfen auf.

16. - 21. August: Bei den WM im Bahnfahren in München (BRD) werden Weltmeister: Detlef Macha (4000-m-Einzelverfolgungsfahren) vor Norbert Dürpisch und Uwe Unterwalder, Lothar Thoms (1000-m-Zeitfahren) und Wiegand/Winkler/Mortag/Unterwalder (4000-m-Mannschaftsverfolgungsfahren). Im Sprint belegt Emanuel Raasch den 2. und Christian Drescher den 3. Platz. Im 1000-m-Zeitfahren wird Rainer Hönisch Dritter.

18. August: Anläßlich des 50. Jahrestages der I. Internationalen Spartakiade der Roten Sport-Internationale (RSI) in Moskau lädt das Präsidium des DTSB die in der DDR lebenden Spartakiadeteilnehmer von 1928 ein.

18. - 28. August: Bei den WM im Schwimmen, Springen und Wasserball in Westberlin gewinnen die Aktiven eine Goldmedaille (Barbara Krause/100 m Freistil), zehn Silber- und vier Bronzemedaillen.

25. - 27. August: Uwe Neupert (Halbschwergewicht) und Harald Büttner (Schwergewicht) werden bei den WM im Ringen (Freier Stil) in Mexiko-City Weltmeister. Hartmut Reich (Fliegengewicht) belegt den 2. und Roland Gehrke (Superschwer) den 3. Platz.

26. August - 6. September: Bei den WM im Fallschirmspringen in Zagreb (Jugoslawien) gewinnen die Aktiven drei Gold-, zwei Silber- und drei Bronzemedaillen. Weltmeister werden Andreas Partsch (Einzelzielsprung), die Männermannschaft Gruppenzielsprung (Wilde, Knappe, Partsch, Wiesner, Seyda) und die Nationalmannschaft Männer (Gesamtmannschaftswertung).

29. August - 3. September: Europameister werden bei den EM in der Leichtathletik in Prag: Marlies Göhr (100 m), Marita Koch (400 m mit Weltrekord in 48,94 s), Johanna Klier (100 m Hürden), Ilona Slupianek (Kugelstoßen), Evelin Jahl (Diskus), Ruth Fuchs (Speerwerfen) und die

4x400-m-Staffel der Frauen, Olaf Beyer (800 m), Thomas Munkelt (110 m Hürden), Roland Wieser (20 km Gehen mit Weltrekord in 1:23:11,5 Std.), Udo Beyer (Kugelstoßen) und Wolfgang Schmidt (Diskus). Insgesamt gewinnen die Frauen und Männer zwölf Gold-, neun Silber- und zehn Bronzemedaillen.

31. August - 3. September: Bei den EM der Frauen und Junioren in den Gewehr- und Pistolendisziplinen in Hämeenlinna (Finnland) erringen die Aktiven in den Gewehrdisziplinen zwei Gold-, vier Silber- und zwei Bronzemedaillen. EM-Titel gewinnt die Frauenmannschaft (Helbig-Kanthak, Krüger, Moch-Binder) in den beiden Gewehrdisziplinen 60 Schuß liegend und 3x20 Schuß.

4. - 9. September: Die MZ-Trophymannschaft wird bei der Internationalen Sechstagefahrt in Schweden Vizeweltmeister. Manfred Jäger wird auf MZ Klassenbester und die Silbervasenmannschaft Polens auf Simson Zweiter.

8. - 9. September: Sylvia Wills/Dieter Koch erringen beim Internationalen Wolkow-Turnier der Sportakrobaten in Belgorod (UdSSR) Rang drei.

9. - 10. September: Am 3. Treffen der Bergsteigerjugend der CSSR nehmen fünf Mannschaften aus der DDR teil. Sie gewinnen zwei Gold- und zwei Silbermedaillen. Es siegen Heidrun Hörster/Friederike Wagner (14-16 Jahre) und Michael Urbczat/Wolfgang Johne (16-18 Jahre).

9. - 21. September: Bei der Einzel-Weltmeisterschaft im Blindenschach in Brügge (Belgien) belegt Klaus-Peter Wünsche Rang vier.

20. - 22. September: Unter der Schirmherrschaft der Internationalen Gesellschaft für Biomechanik und des Forschungskomitees beim Weltrat für Sport und Körpererziehung (CIEPS) führt der Wissenschaftliche Rat für Körperkultur und Sport in Karl-Marx-Stadt ein internationales Symposium zu biomechanischen Untersuchungsmethoden im Sport durch.

29. September - 1. Oktober: Bei den Internationalen Meisterschaften der CSSR im Federball in Prag gewinnt Monika Cassens das Damen-Einzel und mit Angela Michalowski das Damendoppel.

4. - 8. Oktober: Jürgen Heuser (Superschwergewicht) wird bei den WM im Gewichtheben in Gettysburg (USA) Weltmeister und Jürgen Ciezki (2. Schwergewicht) Vizeweltmeister im Zweikampf. Gerd Bonk (Superschwer) gewinnt die Disziplin Stoßen und belegt im Zweikampf Platz drei.

17. - 18. Oktober: Die Sektion Sportwissenschaft der Ernst-Moritz-Arndt-Universität Greifswald führt in Neubrandenburg die VII. Wissenschaftliche Konferenz zum Thema „Körpererziehung im jüngeren Schulalter“ durch.

22. - 29. Oktober: Bei den WM im Turnen in Strasbourg (Frankreich) erringen die Turnerinnen und Turner vier Bronzemedaillen. Die Mannschaften der Frauen und Männer belegen ebenso wie Steffi Kräker und Ralf Bärthel beim Pferdsprung jeweils Platz drei.

30. Oktober - 5. November: Die Ruderinnen und Ruderer gewinnen bei den WM in Hamilton (Neuseeland) acht Gold- und drei Silbermedaillen.

Die Frauen siegen im Vierer m.Stfr., im Zweier o.Stfr. und im Einer, den Christine Hahn-Scheiblich zum dritten Mal in Folge gewinnt. Die Männer erringen die WM-Titel im Vierer m.Stm., Zweier o.Stm., Zweier m.Stm., Doppelvierer und Achter.

31. Oktober: Der Bundesvorstand des DTSB und des Freien Deutschen Gewerkschaftsbundes (FDGB) und der Zentralrat der Freien Deutschen Jugend (FDJ) vereinbaren das fünfte „Gemeinsame Sportprogramm".

4. - 5. November: Bei den Internationalen Badminton-Meisterschaften von Ungarn gewinnt Monika Cassens drei Titel. Sie siegt im Dameneinzel, im Damen-Doppel mit Angela Michalowski und im Mixed-Doppel mit Erfried Michalowski. Sie wiederholt damit ihren Erfolg von 1976.

11. - 12. November: Bei den Wettkämpfen um den Nationencup im Orientierungslauf in Szekesfehervar (Ungarn) belegt die Frauenstaffel (Keller, Nägler, Winkler) den 3. Platz.

17. November: An der DHfK wird der 15. Internationale Trainerlehrgang mit 40 Teilnehmern aus 15 Ländern abgeschlossen.

22. - 24. November: Die Gesellschaft für Sportmedizin berät anläßlich ihrer Jahrestagung die Leitthematik „Der Beitrag der Sportmedizin für die Gesunderhaltung und Leistungsentwicklung" mit Partnern der Allgemeinmedizin, Pädiatrie und des Jugendgesundheitsschutzes, der Militärmedizin, Arbeitsmedizin und des Betriebsgesundheitsschutzes.

23. November: Die 2. Tagung des DTSB-Bundesvorstandes beschließt die Aufgaben zur Entwicklung des Freizeit- und Erholungssports.

30. November - 10. Dezember: Die DDR-Hallenhandballerinnen werden in Bratislava (CSSR) nach 1971 und 1975 zum dritten Mal Weltmeister.

2. Dezember: Im Finale des Teleschach-Länderturniers um den Pokal der Weltföderationen FIDE und ICCF, unterliegt die DDR-Mannschaft in Berlin der UdSSR und belegt den 2. Platz.

8. - 10. Dezember: Bei den Wettkämpfen um den Weltpokal im Turnen in Sao Paulo (Brasilien) belegt Sylvia Hindorff im Vierkampf den 2. Platz. Steffi Kräker gewinnt die Goldmedaille am Stufenbarren und Roland Brückner am Boden, der beim Pferdsprung noch Silber erringt.

18. Dezember: Im Ergebnis der Leserumfrage der Tageszeitung „Junge Welt" sind die populärsten Sportler des Jahres Marita Koch, Udo Beyer und der Ruderachter der Männer. Jürgen Croy (Sachsenring Zwickau) wird nach 1972 und 1976 zum dritten Mal Fußballer des Jahres.

Dezember: Ein Labor für sportmedizinische Zwecke wird der Sporthochschule der SR Vietnam in Tu Son als Solidaritätsgeschenk übergeben.

Januar bis Dezember:

In internationalen Gremien üben 119 DDR-Vertreter 161 Funktionen aus.

Das Doping-Kontrollabor in Kreischa wird von der Internationalen Amateur-Leichtathletik-Föderation (IAAF) anerkannt.

1979

6. Januar: Bei der Internationalen Vierschanzentournee BRD/Österreich belegt Jochen Danneberg in der Gesamtwertung Rang drei.
26. - 28. Januar: Weltmeister im Rennschlittensport werden in Königsee (BRD) Detlef Günther und Melitta Sollmann (Einsitzer). Hans Rinn/ Norbert Hahn (Doppelsitzer) gewinnen die Silbermedaille.
26. Januar - 3. Februar: Bei den WM im Biathlon in Ruhpolding (BRD) erringen Frank Ullrich (10 km) und die 4x7,5-km-Staffel (Beer, Siebert, Ullrich, Rösch) erneut die WM-Titel. Klaus Siebert wird Weltmeister über 20 km und die Junioren über 15 km durch Thomas Klinger vor Matthias Jung und im Staffel-Wettbewerb (Jung, Schütze, Klinger).
27. - 28. Januar: Bernhard Germeshausen/Hans-Jürgen Gerhardt werden in Winterberg (BRD) Europameister im Zweierbob. Nehmer/Musiol belegen den 3. Platz.
28. Januar - 4. Februar: Bei den EM im Eiskunstlauf in Zagreb (Jugoslawien) gewinnen Anett Pötzsch und Jan Hoffmann zum dritten Mal in Folge die EM-Titel. Sabine Baeß/Tassilo Thierbach (Paarlauf) erringen die Bronzemedaille.
29. Januar: Eröffnung der neu erbauten Sport- und Kongreßhalle in Rostock.
29. Januar - 4. Februar: Bei den EM im Rennschlittensport in Oberhof gewinnen die EM-Titel: Hans Rinn (Einsitzer) vor Detlef Günther und Bernhard Glass, Bernd Oberhoffner/Jörg-Dieter Ludwig (Doppelsitzer) vor Hans Rinn/Norbert Hahn und Melitta Sollmann (Einsitzer) vor Ilona Brand und Margit Schumann.
1. Februar: Der DTSB führt in Berlin die erste Leistungssportkonferenz durch. Es werden Fragen der weiteren Erhöhung der Trainingsbelastung der Olympiakader, der Entwicklung des Anschlußkaderkreises und einer breiten Basis im Nachwuchsleistungssport beraten.
3. - 4. Februar: Der Viererbob DDR I (Nehmer, Babock, Germeshausen, Gerhardt) wird bei den EM in Winterberg (BRD) Europameister. Der Bob DDR II belegt den 3. Platz.
9. - 11. Februar: Im Finale um den Europapokal der Pokalsieger im Volleyball der Frauen belegt der SC Traktor Schwerin Rang zwei.
17. Februar: Am 2. Massenskilauf auf dem Rennsteig zwischen Brotterode und Oberhof nehmen mehr als 1200 Aktive teil. Unter ihnen 30 Olympia- und Weltmeisterschaftsteilnehmer von einst.
17. - 18. Februar: Christa Rothenburger gewinnt bei den Sprint-WM im Eisschnellauf in Inzell (BRD) die Bronzemedaille im Vierkampf vor Sylvia Albrecht.

17. - 20. Februar: Bei den Junioren-WM in den nordischen Skidisziplinen in Mount St. Anne (Kanada) werden Marlies Rostock (5 km) und die 3x5-km-Staffel der Juniorinnen (Rostock, Anding, Schreiber) Weltmeister.

20. - 25. Februar: In Oberwiesenthal und Karl-Marx-Stadt ermitteln 1120 Aktive während der VII. Kinder- und Jugendspartakiade in den Wintersportarten ihre Besten. An den vorbereitenden Kreisspartakiaden nahmen mehr als 58.000 Kinder und Jugendliche teil.

24. - 25. Februar: Der Viererbob DDR I (Nehmer, Richter, Germeshausen, Gerhardt) wird in Königsee (BRD) Vizeweltmeister.

24. - 25. Februar: Bei den Junioren-WM im Eisschnellauf in Grenoble (Frankreich) wird Andreas Ehrig im großen Vierkampf Vizeweltmeister. Sylvia Albrecht belegt den 4. Platz.

24. - 25. Februar: Marlies Göhr (60 m) und Thomas Munkelt (60 m Hürden) siegen erneut bei den Europa-Hallenmeisterschaften in Wien. Sigrun Siegl gewinnt den Weitsprung und Ilona Slupianek das Kugelstoßen.

4. März: VII. Kammlauf Mühlleithen-Johanngeorgenstadt-Mühlleithen. Mehr als 1000 Aktive, 615 Männer (50 km), 79 Frauen (25 km) und 360 Jugendliche (25 km) gehen an den Start.

6. - 11. März: Bei den EM im Schießen mit Luftdruckwaffen in Graz (Österreich) gewinnen die Aktiven zwei Gold-, zwei Silber- und zwei Bronzemedaillen. Europameister werden Uwe Potteck (Luftpistole) mit Weltrekord (394 Ringe) und die Mannschaft Luftgewehr der Männer (Hartstein, Steinbrück, Wolfram, Heilfort) ebenfalls mit Weltrekord (1534 Ringe).

16. - 18. März: Axel Zitzmann wird Vizeweltmeister bei den Skiflug-WM in Planica (Jugoslawien). Klaus Ostwald egalisiert mit 176 m als Vorspringer den Weltrekord.

7. April: Klaus Siebert gewinnt in Bardofuss (Norwegen) den Biathlon-Weltcup 1979.

16. - 22. April: Bei den EM im Ringen (Freier Stil) in Bukarest wird Uwe Neupert (Halbschwergewicht) erneut Europameister. Silbermedaillen erringen Hartmut Reich (Fliegengewicht) und Roland Gehrke (Superschwer). Eberhard Probst (Leichtgewicht) gewinnt die Bronzemedaille.

16. April - 11. Mai: Der II. Internationale Sportärzte-Kursus wird mit Ärzten aus 12 afrikanischen, asiatischen und mittelamerikanischen Ländern in Rostock-Warnemünde durchgeführt.

21. April: Am Zittauer Gebirgslauf über 30 km und 50 km nehmen mehr als 1700 LäuferInnen und Wanderer teil.

25. - 27. April: Vollversammlung des Wissenschaftlichen Rates Körperkultur und Sport und wissenschaftliche Konferenz zur Leitthematik „Körperkultur und Sport - fester Bestandteil sozialistischer Lebensweise“ in Leipzig. Es werden Untersuchungsergebnisse zum Stand und zur Entwicklung der regelmäßigen sportlichen Betätigung der jungen Generation und zur Gesundheit und körperlichen Leistungsfähigkeit der Bürger vorgestellt, die Qualität und Effektivität der inhaltlichen Gestaltung der organisierten sportlichen Betätigung der Bürger eingeschätzt, Aufgaben und Bedingungen des Sporttreibens beraten.

29. April: Den Europapokal der Pokalsieger im Hallenhandball der Frauen gewinnt in Budapest zum dritten Mal die Mannschaft des TSC Berlin.

29. April: Im Finale um den Europapokal der Landesmeister im Hallenhandball der Männer unterliegt der SC Empor Rostock der Mannschaft des TV Großwallstadt, die das erste Finalspiel gewonnen (14:10) und das zweite verloren (16:18) hat.

5. - 12. Mai: Bei den EM im Boxen in Köln (BRD) gewinnen Dietmar Geilich (Halbfliegengewicht) und Werner Kohnert (Schwergewicht) die Silbermedaillen. Bronzemedaillen erkämpfen: Frank Kegebein (Fliegengewicht), Richard Nowakowski (Leichtgewicht), Karl-Heinz Krüger (Halbwelter), Manfred Gebauer (Mittelgewicht), Jürgen Fanghänel (Superschwer).

7. - 13. Mai: Trainer aus zehn Ländern Europas und Nordamerikas nehmen an einem internationalen Lehrgang zur Weiterbildung im Rennschlittensport teil, der in Bad Blankenburg im Auftrag der Internationalen Schlittensport-Föderation (FIL) durchgeführt wird.

9. - 24. Mai: Bei der Internationalen Friedensfahrt Prag-Warschau-Berlin belegt Andreas Peterman in der Gesamteinzelwertung den 2. und die Mannschaft (Petermann, Drogan, Hartnick, Kickeritz, Neuer, Vogel) in der Gesamtmannschaftswertung den 3. Platz.

12. - 17. Mai: Am 10. Treffen Junger Bergsteiger in Hohnstein (Sächsische Schweiz) beteiligen sich 21 Mannschaften aus der CSSR und der DDR.

13. Mai: Im 2. Finalspiel um den Europapokal der Pokalsieger im Hallenhandball der Männer in Dortmund unterliegt der SC Magdeburg der Mannschaft des VfL Gummersbach (11:15), nachdem das 1. Finalspiel in Magdeburg gewonnen (18:15) werden konnte.

18. - 19. Mai: Bei den EM im Turnen in Essen (BRD) belegt Ralf Bärthel am Boden den 2. Platz vor Lutz Mack und wird Dritter beim Pferdsprung. Lutz Mack belegt den 3. Platz an den Ringen.

19. - 27. Mai: Gerd Bonk (Superschwer) wird in Warna (Bulgarien) Europameister im Gewichtheben (Zweikampf) vor Jürgen Heuser, Joachim Kunz (Leichtgewicht) Vizeeuropameister vor Gunter Ambraß.

22. - 24. Mai: Die Sektion Tierproduktion und Veterinärmedizin der Universität Leipzig führt das III. Internationale Symposium für Sportpferdezüchtung durch. Es nehmen Fachwissenschaftler aus Bulgarien, der CSSR, aus Frankreich, Jugoslawien, Polen, Ungarn und der DDR teil.

22. - 26. Mai: Bei den IV. EM der Hörgeschädigten im Tischtennis in Brüssel gewinnen Hannelore Ochsendorf/Rainer Rehwinkel (Mix-Doppel) die Goldmedaille, Engelhard Hoffmann/Rainer Rehwinkel (Herrendoppel) die Silbermedaille und die Männer (Rehwinkel, Hoffmann, Stahl) im Mannschaftswettbewerb die Bronzemedaille.

24. - 27. Mai: Harald Heinke (Halbmittelgewicht) wird bei den EM im Judo in Brüssel erneut Europameister im Judo. Eine Bronzemedaille gewinnen Günter Krüger (Leichtgewicht) und Detlef Ultsch (Mittelgewicht).

26. Mai: Beim VII. GutsMuths-Rennsteiglauf starten 7374 LäuferInnen und Wanderer über 45 km und 75 km. Der älteste Teilnehmer ist Kurt Uhlig (79 Jahre). 1200 ehrenamtliche Helfer aus 21 Sportgemeinschaften organisieren unter Leitung der SG Beerberg-Goldlauter das Lauffestival.

27. Mai: Beim V. Volkssportlauf über den Strom der Freundschaft von Frankfurt (Oder) nach Slubice (Polen) gehen mehr als 5000 Aktive aller Altersklassen an den Start.

1. - 10. Juni: Jochen Schümann wird in Malcésine (Italien) Vizeeuropameister im Segeln (Finn-Dinghi).

2. Juni: Der 15. „Cross der Jugend" endet anläßlich des Nationalen Jugendfestivals mit dem Finale in Berlin. 1,7 Millionen Mädchen und Jungen nahmen an den Vorwettkämpfen teil.

2. - 4. Juni: Bei den Wettkämpfen um den Weltcup im Turnen in Tokio gewinnen Steffi Kräker - gemeinsam mit Emilia Eberle (Rumänien) - am Stufenbarren und Ralf Bärthel den Pferdsprung.

8. Juni - 5. Juli: 130.000 Besucher sehen die Pferdezucht, Pferdesport- und Pferdetouristikschau der Landwirtschafts-Ausstellung in Markkleeberg.

10. Juni: Marita Koch läuft in Karl-Marx-Stadt über 200 m in 21,71 s Weltrekord und damit als erste Frau der Welt unter 22 Sekunden. Die 4x100-m-Staffel (Marita Koch, Romy Schneider, Ingrid Auerswald, Marlies Göhr) erreicht mit 42,09 s ebenfalls eine neue Weltrekordzeit.

12. - 24. Juni: Burkhardt Hoppe wird bei den EM im Wurftaubenschießen in Montecatini (Italien) Europameister in der Disziplin Trap-200 Tauben. Bei den Junioren belegen Volker Escher (Trap-150 Tauben), die Mannschaft Trap und Hans-Jörg Krefeldt (Skeet-150 Tauben) jeweils den 2 sowie die Mannschaft Skeet den 3. Platz.

16. - 24. Juni: Joachim Kunz (Leichtgewicht) wird in Debrecen (Ungarn) Junioren-Welt- und Europameister im Gewichtheben.

21. - 25. Juni: Bei den 1. Internationalen ungarischen Meisterschaften der körperbehinderten Schwimmer - eine Veranstaltung der Intersportinvalid-Wettkämpfe - gewinnen die Frauen- und die Männermannschaft den Pokal für die beste Mannschaftsleistung. Besonders erfolgreich sind Detlef Schmidt, Sabine Dombrowsky, Burkhard Distel und Daniela Sjöberg.

23. - 24. Juni: Vizeeuropameister im Motorradgeländesport werden Bernd Lämmel (bis 100 ccm/Simson), Harald Sturm (bis 350 ccm/MZ) und Manfred Jäger (bis 750 ccm/MZ). Rolf Hübler (bis 100 ccm/Simson) und Frank Schubert (bis 250 ccm/MZ) gewinnen die Bronzemedaille.

29. Juni - 1. Juli: Beim V. Internationalen Freundschaftsturnier im Pferdesport (CSI/CDI) in Löbnitz starten 243 Teilnehmer mit 189 Pferden aus drei Ländern bei sieben Dressur- und sechs Springprüfungen.

Juni: Fünfzig Dresdener Bergsteiger sanieren den Gipfelkopf der Barbarine am Pfaffensteinmassiv in der Sächsischen Schweiz und helfen - wie 1946 und 1964 - bei der Rettung des Naturdenkmals.

5. - 8. Juli: Die National-Equipe (Tonn/Pflicht, Till/Sturmflug, Peters/Grand Geste, Deutschmann/Dorit) gewinnt beim CSIO in Bratislava (CSSR) den Nationenpreis im Springreiten vor der Equipe Polens und der Schweiz. Nach 1966 in Olsztyn (Polen) und 1970 in Budapest gelingt es damit zum dritten Mal, einen Nationenpreis zu erringen.

7. Juli: Am 15. Sundschwimmen von Altefähr nach Stralsund (2350 m) beteiligen sich 400 Aktive. Der älteste Starter ist Willy Stubbenhagen (79 Jahre), der schnellste und Sieger Boguslaw Lizak (Polen).

14. - 15. Juli: Mehr als 140.000 Zuschauer verfolgen die Rennen um den Großen Preis des ADMV auf dem Sachsenring.

20. - 22. Juli: Die V. Wettkämpfe um den Pokal der Freundschaft im Turnierangelsport in Gera gewinnen die Damen- und die Herrenmannschaft, Jana Maisel vor Marina Pape und Wolfgang Otto vor Jürgen Kedeinis. Die Frauen gewinnen den Pokal nach 1975 und 1976 zum dritten Mal und die Männer zum fünften Mal in Folge.

21. - 28. Juli: Die Juniorinnen werden in Madrid Vizeeuropameister im Volleyball.

22. - 31. Juli: Bei den WM im Ringen (Freier Stil) in San Diego (USA) erringen Uwe Neupert (Halbschwergewicht) und Roland Gehrke (Superschwer) jeweils die Silber-, Hartmut Reich (Fliegengewicht) und Eberhard Probst (Leichtgewicht) die Bronzemedaille.

22. Juli - 5. August: Den ersten EM-Titel im Segelfliegen gewinnt Monika Warstat mit „Jantar-Standard 2“ bei den ersten EM der Frauen in Dunaujvaros (Ungarn).

25. - 30. Juli: In Berlin und Zwickau findet die VII. Kinder- und Jugendspartakiade in den Sommersportarten statt. In 20 Sportarten ermitteln 10.300 Kinder und Jugendliche ihre Besten. Allein an den Kreisspartakiaden nahmen 970.000 Aktive teil.

3. - 5. August: Sieben EM-Titel, vier Silber- und zwei Bronzemedaillen gewinnen die Juniorinnen und Junioren bei den EM im Kanurennsport in Tampere (Finnland).

4. - 5. August: Die Leichtathletik-Nationalmannschaften der Frauen und Männer gewinnen in Turin (Italien) erneut die Europapokale. Weltrekorde laufen Marita Koch über 400 m in 48,60 s und die 4x100-m-Staffel (Brehmer, Schneider, Auerswald, Göhr) in 42,09 s.

5. - 12. August: Die Junioren belegen bei den EM im Volleyball in Portugal erneut Rang drei.

5. - 12. August: Frank Butzmann wird bei der EM im Segeln (Finn-Dinghi) vor Athen Junioren-Europameister.

11. - 12. August: Die Nationalmannschaft Schwimmen der Frauen erringt in Utrecht (Niederlande) den Europapokal. Die Männer belegen bei den Cupwettkämpfen in London Platz drei und die Nationalmannschaft Wasserspringen (10.-12. August) in Sibiu (Rumänien) Rang zwei.

15. - 19. August: Weltmeister im Kanurennsport werden in Duisburg (BRD): Rüdiger Helm (KI 1000 m), der Kajak-Vierer über 500 m und 1000 m, Roswitha Eberl (KI 500 m) und der Kajak-Vierer der Frauen (500 m).

16. - 18. August: Die Juniorinnen und Junioren gewinnen bei den EM in der Leichtathletik in Bydgoszcz (Polen) vierzehn EM-Titel, elf Silber- und sieben Bronzemedaillen.

22. - 26. August: Den ersten WM-Titel im 100-km-Mannschaftsfahren (Amateure) erringen in Valkenburg (Niederlande) Bernd Drogan, Hans-Joachim Hartnick, Andreas Petermann und Falk Boden. Bernd Drogan gewinnt im Einzelzeitfahren außerdem die Bronzemedaille und ist damit der erfolgreichste Straßenfahrer dieser WM.

24. - 26. August: Die Leichtathletik-Nationalmannschaft der Frauen gewinnt in Montreal (Kanada) den Weltpokal. Die Männermannschaft belegt hinter den USA und der Europa-Auswahl Platz drei.

25. - 26. August: Am I. Verbandstreffen der Bogenschützen nehmen in Rostock mehr als 700 LeistungsschützInnen (176) und Volkssportler (550) aller Altersklassen teil. Am Fernwettkampf in den FDGB-Ferienheimen beteiligten sich bis zu diesem Treffen mehr als 6000 Aktive.

28. August - 2. September: Weltmeister-Titel im Bahnradsport erringen in Amsterdam: Lutz Heßlich (Sprint) vor Emanuel Raasch und Christian Drescher, Lothar Thoms (1000-m-Zeitfahren) und die Mannschaft Winkler, Mortag, Haueisen, Grosser (4000-m-Verfolgungsfahren).

30. August - 9. September: Weltmeister im Rudern werden in Bled (Jugoslawien) bei den Männern der Vierer m.Stm., der Zweier o.Stm., der Zweier m.Stm., der Vierer o.Stm. und der Doppelvierer. Die Frauen gewinnen die WM-Titel im Doppelzweier, Zweier o.Stfr. und Doppelvierer.

1. - 2. September: Das Europapokal-Finale der Mehrkämpfer in der Leichtathletik gewinnen die Fünfkämpferinnen nach 1973 und 1975 zum dritten Mal und die Zehnkämpfer zum ersten Mal.

2. - 13. September: Bei der 10. Universiade in Mexiko-City erringen die AthletInnen sechs Gold-, vier Silber- und vier Bronzemedaillen. Universiade-Sieger werden: die Florett-Mannschaft der Frauen, Marlies Göhr (100 m), Marita Koch (200 m), Ilona Slupianek (Kugelstoßen), Udo Beyer (Kugelstoßen) und Wolfgang Schmidt (Diskuswerfen).

6. - 10. September: Peter Gorewski wird bei den EM im Schießsport (Kugeldisziplinen) in Lwow (UdSSR) Europameister in der Disziplin Freie KK-Büchse 60 Schuß liegend. Silbermedaillen gewinnen Bernd Hartstein

(Freie KK-Büchse 3x40 Schuß) und Harald Vollmar (Freie Pistole), Bronzemedaillen Uwe Potteck (Freie Pistole), Thomas Pfeffer (Laufende Scheibe) und die Juniorenmannschaften in den Pistolendisziplinen (Olympisch Schnellfeuer, Freie Pistole).

10. - 15. September: Die 54. Internationale Sechstagefahrt beendet die Silbervasenmannschaft in Bonn mit dem 2. Platz. Frank Schubert (MZ) wird bester Einzelfahrer von 388 Gestarteten aus 18 Ländern. Die Fabrikmannschaften MZ I und Simson I erringen Goldmedaillen der FIM.

15. September: Mehr als 3000 Aktive aller Altersklassen gehen bei „Bad Düben steht Kopf“ an den Start. Sie spielen Volleyball, wandern per Rad, nehmen am 35-km- oder 10-km-Lauf oder an den Meilenläufen teil.

3. Oktober: 5. Greifswalder Stundenlauf für alle mit Musik.

5. - 14. Oktober: Die Volleyball-Nationalmannschaft der Frauen wird erneut Vizeeuropameister bei den EM in Frankreich. Sie unterliegt im Finale lediglich dem Europameister UdSSR (0:3).

6. Oktober: Das Finale der ersten Bestenermittlung im Frauenfußball gewinnt die Mannschaft von Motor Mitte Karl-Marx-Stadt. Nahezu 300 Mannschaften beteiligten sich an den Qualifikationswettkämpfen.

7. Oktober: In Cottbus nehmen 2000 Kinder, Jugendliche und Erwachsene aus der CSSR und der DDR am V. Oktoberlauf teil. Sie gehen über 10 km, 20 km und 34 km an den Start.

9. - 12. Oktober: Die IV. Europäische Sportkonferenz (ESK) berät in Berchtesgaden (BRD) unter dem Leitthema „Begegnung und Verständigung durch Kooperation“. In einer gesonderten Beratung werden nach dem Konsensus-Prinzip die „Grundlinien der Europäischen Sportkonferenz“ beschlossen. Ein Entwurf dafür war bereits anläßlich der II. ESK in Dresden unter maßgeblicher Mitarbeit der DDR-Delegation entstanden.

13. Oktober: Am „Harzlauf 79“ (10, 30, 40 km) nehmen 3000 Läuferinnen, Läufer und Wanderer im Alter von 6 bis 77 Jahren teil.

14. - 23. Oktober: Das letzte Spiel der Finalrunde bei den Junioren-WM im Hallenhandball in Uroseva (Jugoslawien) gegen den neuen Weltmeister UdSSR gewinnt die DDR-Auswahl mit 14:12 und sichert sich damit die Silbermedaille.

15. - 16. Oktober: Die Sektion Sportwissenschaft der Wilhelm-Pieck-Universität Rostock führt das V. Internationale Symposium zum Thema „Gestaltung und Leitung des außerunterrichtlichen Sports“ durch.

18. - 19. Oktober: I. Kolloquium Schulschwimmen der Sektion Sportwissenschaft der Pädagogischen Hochschule „Erich Weinert“ in Magdeburg.

25. Oktober: Der GutsMuths-Preis für wissenschaftliche Leistungen in der Sportwissenschaft wird an die Sektion Sportwissenschaft der Ernst-Moritz-Arndt-Universität für Leistungen bei der Neuorientierung der Körpererziehung im frühen Schulalter und an die Autoren des Fachbuches „Körpererziehung im Kindergarten“ (Dr. Stanislaus Keller u.a.) verliehen.

26. Oktober - 10. November: Beim Schachturnier um den Tatrapokal in Stary Smokovec (CSSR) erringt der Internationale Großmeister (IGM) Lothar Vogt den 2. Platz.

3. - 11. November: Joachim Kunz (Leichtgewicht) und Jürgen Heuser (Superschwer) gewinnen bei den WM im Gewichtheben in Saloniki (Griechenland) jeweils die Silbermedaille im Zweikampf. Gerd Bonk (Superschwer) belegt den 3. Platz.

7. - 9. November: Internationales Seminar zur Geschichte der Sportwissenschaft in Berlin. Es nehmen 127 Vertreter sportwissenschaftlicher Einrichtungen aus 25 Ländern teil. Im Eröffnungsvortrag referiert der stellvertretende Staatssekretär, Prof. Dr. Buggel, zur Funktion der Sportwissenschaft.

9. November: An der Sektion Sportwissenschaft der Pädagogischen Hochschule „Ernst Schneller“ Zwickau beraten Sportmediziner, Pädiater und Sportwissenschaftler die „Normalwertproblematik physiologischer Meßgrößen bei Leistungsüberprüfungen im Schulalter“.

16. - 18. November: Den Europapokal der Landesmeister im Asphaltkegeln der Frauen gewinnt in Budapest die BSG Carl Zeiss Jena.

29. November: Verordnung des Ministerrates über die Sicherung einer festen Ordnung an den allgemeinbildenden polytechnischen Oberschulen - Schulordnung. Danach ist Sport ein Pflichtfach und Rechtspflicht (§ 30).

2. - 9. Dezember: Weltmeister im Turnen werden in Fort Worth (USA) Maxi Gnauck (Stufenbarren) und Roland Brückner (Boden), der damit den ersten WM-Titel der Männer gewinnt. Maxi Gnauck belegt im Mehrkampf Rang zwei, Steffi Kräker beim Pferdsprung, Regina Grabolle am Schwebebalken und Ralf Bärthel beim Pferdsprung jeweils Rang drei.

6. - 9. Dezember: Detlef Ultsch (Mittelgewicht) wird in Paris Weltmeister im Judo. Harald Heinke (Halbmittelgewicht) gewinnt eine Bronzemedaille.

17. Dezember: Die populärsten Sportler des Jahres sind Marita Koch (zum zweiten Mal), Bernd Drogan und der Radsport-Straßenvierer (Bernd Drogan, Hans-Joachim Hartnick, Andreas Petermann, Falk Boden). Fußballer des Jahres ist Joachim Streich.

31. Dezember: Vielerorts finden Sylvesterläufe statt.

Januar bis Dezember:

Insgesamt finden landesweit mehr als 37.000 Lauftreffs statt.

In der Sportschule Kienbaum werden die Baro-Unterdruckkammern für Trainingszwecke unter simulierten Höhenbedingungen in Betrieb genommen.

Im Sportverlag erscheint das Hochschullehrbuch „Grundlagen der Leichtathletik“ (Karl-Heinz Bauersfeld u.a.), „Kreistraining“ (Manfred Scholich), „Schwimmen in Vergangenheit und Gegenwart“ Band 1 und 2 (Wolfgang Pahncke, Klaus M. Fiedler u.a.). Der Verlag Volk und Wissen legt „Wintersport in der Schule“ (Ltg.: Günther Dießner) vor.

1980

1. Januar: Mehr als 7000 Berlinerinnen und Berliner nehmen am Neujahrslauf durch den Friedrichshain teil.
6. Januar: Bei der Internationalen Vierschanzentournee (Österreich/BRD) belegen Henry Glaß, Martin Weber und Klaus Ostwald die Plätze zwei, drei und vier.
11. - 13. Januar: Der Einladung des MC Motorradwerk Zschopau zum X. Motorradwintertreffen auf der Augustusburg folgen 170 Teilnehmer mit 130 zwei- und dreirädrigen Fahrzeugen, die mehr als 5000 Zuschauer anlocken. Ältester Teilnehmer ist Karl Drießler (71 Jahre) mit einem Harley-Davidson-1200-Gespann (Baujahr 1929) und jüngster Fahrer Mike Wilhelm (15 Jahre) mit einer Simson S 50 B.
19. - 20. Januar: Bei den EM im Rennschlittensport in Olang (Italien) gewinnen Melitta Sollmann und Hans Rinn/Norbert Hahn vor Bernd Hahn/Ulrich Hahn die EM-Titel.
22. - 27. Januar: Anett Pötzsch wird in Göteborg (Schweden) Europameister im Eiskunstlaufen und Jan Hoffmann Vizeeuropameister.
9. - 10. Februar: Karin Enke gewinnt bei den Sprint-WM im Eisschnellaufen in West Allis (USA) den WM-Titel. Christa Rothenburger belegt den 4. und Cornelia Jacob den 6. Platz.
13. - 24. Februar: Bei den XIII. Olympischen Winterspielen in Lake Placid (USA) erringt die DDR-Mannschaft neun Gold-, sieben Silber- und sieben Bronzemedaillen. Olympiasieger werden Frank Ullrich (Biathlon, 10 km), Meinhard Nehmer, Bogdan Musiol, Bernhard Germeshausen, Hans-Jürgen Gerhardt (Viererbob), Karin Enke (Eisschnellauf, 500 m), Anett Pötzsch (Eiskunstlauf), Bernhard Glass (Rennschlitten, Einsitzer), Hans Rinn/Norbert Hahn (Doppelsitzer), Barbara Petzold (Skilanglauf, 10 km) und die 4x5-km-Staffel (Marlies Rostock, Carola Anding, Veronika Hesse, Barbara Petzold). Ulrich Wehling gewinnt nach 1972 und 1976 als erster zum dritten Mal in Folge die Nordische Kombination.
27. Februar - 2. März: In Oslo erringen Marlies Helbig (Luftgewehr), die Frauenmannschaft Luftgewehr (Helbig, Martin, Moch), die Männermannschaft Luftgewehr (Rechtenbach, Bartsch, Behm, Wolfram), die Junioren Peter Kuttner (Luftpistole) und Kathrin Starkloff (Luftgewehr) jeweils die Silber- und Uwe Potteck (Männer, Luftpistole) die Bronzemedaille.
8. März: Veronika Hesse wird in Falun (Schweden) Weltmeister über 20 km im Skilanglauf. Marlies Rostock erreicht Rang vier.
11. - 16. März: Anett Pötzsch und Jan Hoffmann werden bei der WM im Eiskunstlaufen in Dortmund (BRD) Weltmeister. Mager/Bewersdorf belegen im Paarlauf den 2. und Baeß/Thierbach den 4. Platz.

22. März: Am V. Berliner Marathonlauf nehmen 360 Aktive in verschiedenen Altersklassen teil.

28. März: Frank Ullrich erringt in Murmansk (UdSSR) den Biathlon-Weltcup (148 Pkt.) vor Klaus Siebert (146 Pkt.).

3. - 7. April: Bei den Junioren-WM im Fechten in Venedig (Italien) erkämpft Jens Howe (Florett) die Silbermedaille und damit die erste WM-Medaille für den Deutschen Fecht-Verband (DFV).

8. - 13. April: Mit den Endkämpfen um 16 Pokale der „Berliner Zeitung" wird das XX. Tischtennis-Turnier der Tausende (TTT) beendet, an dem 56.682 Freunde des Tischtennis teilnahmen.

10. April: Die Sektion Sportwissenschaft der Martin-Luther-Universität Halle (Lehrbereich Studentensport) führt ein Kolloquium zum Thema „Das Verhältnis der Studenten zu Körperkultur und Sport" durch.

10. - 28. April: Der Internationale Meister (IM) Brigitte Hofmann gewinnt das Frauenturnier bei den Schachtagen in Bydgoszcz (Polen) vor Grazyna Szmacinska (geteilter Sieg).

12. April: Beim Kyffhäuser-Berglauf (15-km-Wanderung, 24- oder 36-km-Lauf) gehen 2300 Aktive an den Start.

19. April: In Leipzig und Berlin treffen sich Aktive, Organisatoren, Sportwissenschaftler und Sportmediziner zu Laufausdauer-Seminaren. In Leipzig stehen die Ausdauerleistungen der Frauen im Mittelpunkt und in Berlin die Grundlagen und Wirkungen des Ausdauertrainings.

20. April: Beim Zittauer Gebirgslauf starten 2700 Läuferinnen, Läufer und Wanderer über 50 km, 30 km oder 15 km. Die jüngste Teilnehmerin ist 8 und der älteste Teilnehmer 71 Jahre alt.

20. - 27. April: Bei den EM im Ringen (Freier Stil) in Prievidza (CSSR) erringen Uwe Neupert (Halbschwergewicht) und Reinhold Steingräber (Weltergewicht) jeweils die Silbermedaille und Harald Büttner (Schwergewicht) die Bronzemedaille.

23. April - 4. Mai: Die Heber gewinnen bei den EM im Gewichtheben in Belgrad vier Silber- und drei Bronzemedaillen im Zweikampf. Vizeeuropameister werden Andreas Letz (Bantamgewicht), Gunter Ambraß (Leichtgewicht), Detlef Blasche (Leichtschwergewicht) und Michael Hennig (Schwergewicht). In den Einzeldisziplinen werden eine Goldmedaille (Letz), fünf Silber- und drei Bronzemedaillen gewonnen.

29. April: Ruth Fuchs erzielt in Split (Jugoslawien) mit 69,96 m eine neue Weltrekordweite im Speerwerfen.

9. - 24. Mai: Olaf Ludwig belegt bei der Internationalen Friedensfahrt Warschau-Berlin-Prag in der Einzelwertung den 3. und mit der Mannschaft (Ludwig, Hartnick, Petermann, Barth, Lötzsch, Drogan) den 2. Platz. Er gewinnt vier Etappen, das violette, weiße und rosa Trikot für den aktivsten, bei den Etappen bestplazierten und vielseitigsten Fahrer.

10. Mai: Evelin Jahl-Schlaak stellt in Potsdam mit 71,50 m einen neuen Weltrekord im Diskuswerfen auf.

15. - 18. Mai: Torsten Reißmann (Halbleichtgewicht) wird in Wien erneut Europameister im Judo. Vizeeuropameister werden Harald Heinke (Halbmittelgewicht) und Dietmar Lorenz (Halbschwergewicht). In drei weiteren Gewichtsklassen belegen die Judoka jeweils Platz drei.

17. Mai: Karin Roßley läuft in Jena über 400 Hürden Weltrekord in 54,28 s.

18. - 29. Mai: Bei den Junioren-EM im Boxen in Rimini (Italien) gewinnen Frank Rauschning (Bantamgewicht) und Thomas Holonics (Weltergewicht) jeweils die Goldmedaille, Thomas Schulz (Leichtgewicht) und Peter Philipp (Schwergewicht) die Silbermedaille, Dirk Schäfer (Fliegengewicht) und Olaf Walther (Superschwer) eine Bronzemedaille.

21. Mai: Bei der Nachwuchs-EM im Fußball unterliegt die Nachwuchsauswahl im 2. Finalspiel in Moskau der Mannschaft aus der UdSSR mit 0:1 und wird Vizeeuropameister.

21. Mai: Die Abteilung Studentensport an der Medizinischen Akademie Magdeburg führt ein Kolloquium zum berufsbezogenen Sportunterricht der Studenten durch. Es werden Ergebnisse des seit 1977 bearbeiteten Forschungsprojektes vorgestellt.

24. - 25. Mai: Den 50. Jahrestag des Teterower Bergringes und die 60. Bergring-Veranstaltung erleben mehr als 70.000 Besucher.

2. - 14. Juni: Die Juniorenmannschaft Skeet (Dunkel, Heinemann, Günther) wird bei den EM im Wurftaubenschießen in Saragossa (Spanien) Vizeeuropameister.

8. - 11. Juni: Jörn Borowski/Egbert Swensson werden vor Helsinki Europameister im Segeln (470er Klasse).

22. Juni: Am II. Städtelauf von Jena nach Gera (24 und 45 km) nehmen mehr als 600 Aktive teil.

5. Juli: An der 7. Erfurter Burgenfahrt beteiligen sich mehr als 3000 Aktive aus der ganzen Region.

5. - 6. Juli: Bei den EM im Motorradgeländesport sind nach dem letzten Lauf Vizeeuropameister: Harald Sturm (bis 350 ccm/MZ), Jens Scheffler (bis 500 ccm/MZ) und Manfred Jäger (bis 750 ccm/MZ). Frank Schubert (bis 250 ccm/MZ) belegt den 3. Platz. Stanislaw Olszewski (Polen) wird auf einer Werks-Simson (bis 75 ccm) wie 1979 Europameister.

10. - 16. Juli: Am Weltkongreß der Sportwissenschaften in Tbilissi (UdSSR) zur Leitthematik „Sport in der modernen Gesellschaft" wirken die WissenschaftlerInnen aus der DDR durch zwei Plenarreferate, 26 Diskussionsbeiträge und die Leitung von Arbeitskreisen mit.

13. Juli: Die 4x100-m-Staffel der Frauen (Müller, Wöckel, Auerswald, Göhr) läuft in Potsdam mit 41,85 s Weltrekord.

19. Juli - 3. August: An den XXII. Olympischen Sommerspielen in Moskau und Tallinn nehmen 368 Sportlerinnen und Sportler teil, von denen 345 während der Wettkämpfe starten. Sie erringen 47 Gold-, 37 Silber- und 42 Bronzemedaillen. Olympiasieger werden: im Boxen Rudi Fink (Federgewicht), die Handballmannschaft der Männer, im Judo Dietmar Lorenz (Alle Kategorien), im Kanurennsport Birgit Fischer (KI 500 m), der KII der Frauen (500 m), Rüdiger Helm (KI 1000 m), der KIV der Männer (1000 m), in der Leichtathletik Bärbel Wöckel (200 m), Marita Koch (400 m), die 4x100-m-Staffel der Frauen, Ilona Slupianek (Kugelstoßen), Evelin Jahl (Diskuswerfen), Thomas Munkelt (110 m Hürden), Volker Beck (400 m Hürden), Waldemar Cierpinski (Marathon), Hartwig Gauder (50 km Gehen), Lutz Dombrowski (Weitsprung), Gerd Wessig (Hochsprung), im Bahnradsport Lutz Heßlich (Sprint), Lothar Thoms (1000-m-Zeitfahren), im Rudern der Zweier o.Stfr., Doppelvierer, Vierer m.Stfr. und der Achter der Frauen, der Doppelzweier, Zweier o.Stm., Zweier m.Stm., Doppelvierer, Vierer o.Stm., Vierer m.Stm. und der Achter der Männer, im Schwimmen Barbara Krause (100 m und 200 m Freistil), Ines Diers (400 m Freistil), Ute Geweniger (100 m Brust), Caren Metschuk (100 m Schmetterling), Ines Geißler (200 m Schmetterling), Rica Reinisch (100 m und 200 m Rücken), Petra Schneider (400 m Lagen), die 4x100-m-Freistilstaffel und die 4x100-m-Lagenstaffel der Frauen, Jörg Woithe (100 m Freistil), im Wasserspringen Martina Jäschke (Turmspringen), Falk Hoffmann (Turmspringen), im Turnen Maxi Gnauck (Stufenbarren) und Roland Brückner (Boden). Siegfried Brietzke gewinnt nach 1972 und 1976 zum dritten Mal in Folge beim Rudern eine Goldmedaille. Ihren Olympiasieg von 1976 wiederholen Bärbel Wöckel, Evelin Jahl, Waldemar Cierpinski, Rüdiger Helm, die Gebrüder Landvoigt (Zweier o.Stm.), Harald Jährling, Friedrich-Wilhelm Ulrich, Stm. Georg Spohr (Zweier m.Stm.). Harald Vollmar (Freie Pistole) geht das vierte Mal bei Olympia an den Start und gewinnt erneut eine Silbermedaille. Weltrekordleistungen erzielen: Gerd Wessig (Hochsprung 2,36 m), die 4x100-m-Staffel der Frauen (41,60 s), Lothar Thoms (1000-m-Zeitfahren 1:02,95 min), die Schwimmerinnen in neun Disziplinen, die Sportschützen in den Disziplinen Freie KK-Büchse 60 Schuß liegend und laufende Scheibe.

6. - 10. August: Bei den EM im Flossenschwimmen und Streckentauchen in Bologna (Italien) gewinnen die Frauen und Männer drei Silber- und zwölf Bronzemedaillen.

7. - 10. August: Bei den Jugend-EM im Schwimmen und Springen erringen die Mädchen und Jungen elf Gold-, fünf Silber- und drei Bronzemedaillen.

8. - 10. August: In Tangerhütte finden die XV. Meisterschaften der querschnittsgelähmten Sportlerinnen und Sportler statt. Zehn Frauen und 61 Männer ermitteln im Bogenschießen, in der Leichtathletik, im Schwimmen und Tischtennis ihre Besten.

9. August: In Jena läuft die 4x200-m-Staffel (Marlies Göhr, Romy Müller, Bärbel Wöckel, Marita Koch) mit 1:28,15 min Weltrekord.

13. - 17. August: Das FISA-Junioren-Championat im Rudern in Hazewinkel (Belgien) gewinnen Sylvia Schwabe (Einer), der Doppelzweier, Doppelvierer und der Achter der Juniorinnen, Uwe Mundt (Einer), der Doppelzweier, Zweier o.Stm. und Zweier m.Stm. der Junioren.

13. - 25. August: Bei der VI. Blindenschacholympiade in Noordwijkerhout (Niederlande) erringt die DDR-Mannschaft (Klaus-Peter Wünsche, Horst Wendt, Olaf Dobierzin, Kurt Breitner, Manfred Müller) erneut die Bronzemedaille.

13. - 28. August: Weltmeister werden bei der WM im Fallschirmspringen in Kasanlyk (Bulgarien) Irina Walkhoff (Gesamteinzelwertung), die Frauenmannschaft (Gruppenzielspringen) und die Frauen (Walkhoff, Schneider, Buchholz, C. Wiesner) für die Gesamtmannschaftsleistung sowie die Männermannschaft Gruppenzielspringen (Seyda, B. Wiesner, Harzbekker, Grenz). Die Männer belegen in der Gesamtmannschaftswertung und Barbara Buchholz beim Einzelzielspringen Rang zwei.

14. - 16. August: Bärbel Broschat wird bei den WM der Leichtathleten in den nichtolympischen Disziplinen in Sittard (Niederlande) Weltmeister über 400 Hürden vor Ellen Neumann und Petra Pfaff.

19. - 25. August: Bei den Junioren-WM im Segeln (470er Klasse) in Belgrad gewinnen Bodo Borowski/Bernd Braatz die Silbermedaille vor Jörg Saeger/Sven Diedering.

23. August: 1.Mannschaftsmeisterschaft im Rettungsschwimmen in Cottbus.

23. - 24. August: Mehr als 700 Altersturner nehmen an den Friedrich-Ludwig-Jahn-Wettkämpfen in Freyburg/Unstrut teil. Erstmals findet ein Friedrich-Ludwig-Jahn-Gedenklauf über 10 und 20 km statt.

25. August: Der Siegermannschaft der II. Blindenfernschacholympiade (Klaus-Peter Wünsche, Werner Kranz, Reinhard Kehl, Erhard Hoffmann) werden in Noordwijkerhout (Niederlande) vom Schach-Weltverband der Blinden (IBCA) die Goldmedaillen überreicht.

11. - 14. September: Die 20. Billard-Meisterschaft (Dreiband) in Suhl gewinnt Dieter Hoche, der erfolgreichste Aktive der letzten Jahre. Er gewann seit 1970 den fünften Titel in dieser Disziplin und insgesamt seinen 20. Titel bei nationalen Meisterschaften.

24. - 28. September: Bei den EM der Frauen im Schießsport in Madrid belegen Marlies Helbig und die Mannschaft Standardgewehr 60 Schuß liegend (Helbig, Starkloff, Martin) jeweils den 2. Platz und die Mannschaft Standardgewehr 3x20 Schuß (Helbig, Martin, Wehrmann) den 3. Platz.

27. September: Am Heidelauf in Bad Düben (Meile, 5, 10 und 25 km) nehmen 2233 LäuferInnen teil darunter die Olympiasieger Thomas Munkelt und Jens Doberschütz. Ein buntes Sportprogramm mit Familienwandertour, Orientierungslauf, Volleyball und Kegeln umrahmt das Lauffest.

4. Oktober: Als erste Frau hat die Bergsteigerin Gerda Jacob aus Dresden-Übigau mit dem Aufstieg am „Lehnriff" (Schmilkaer Gebiet) alle 1066 anerkannten Klettergipfel des Elbsandsteingebirges absolviert.

5. Oktober: Mehr als 500 Teilnehmer starten beim V. Lauf „Rund um die Müritz" (5 km, 15 km, 25 km, 68 km).

9. Oktober: Vereinbarung zwischen dem Ministerium für Volksbildung und dem DTSB zur Unterstützung des organisierten Versehrtensports.

16. Oktober: Erfahrungsaustausch zu Fragen des Sports der Lehrlinge beim Staatssekretariat für Berufsbildung, an dem Vertreter der Abteilungen Berufsbildung und Berufsberatung bei den Räten der Bezirke und der Kreise, des DTSB, Sportlehrer, Übungsleiter und Lehrlinge teilnehmen.

24. - 26. Oktober: Bei den Wettkämpfen um den Weltpokal im Turnen in Toronto (Kanada) gewinnen Maxi Gnauck am Stufenbarren und am Boden, Roland Brückner am Boden, am Seitpferd und beim Pferdsprung.

24. - 26. Oktober: Die Gymnastinnen (Höpfner, Metscher, Stempner, Schädlich, Krause, Treppschuh) belegen bei den EM in Amsterdam in der Disziplin Gruppengymnastik Rang vier.

9. November: Roland Winkler wird beim 100-km-Lauf „Drushba" in Kosice (CSSR) Zweiter und Wolfgang Kahms Dritter.

14. November: Das 8. Gespräch „Kunst und Sport" findet in Berlin statt. Die Ausschreibung um den Kunstpreis des DTSB 1983 wird veröffentlicht.

14. - 16. November: Andreas Paluschek (Extraleicht) und Fred Ohlhorn (Schwergewicht) gewinnen in Lissabon die Junioren-EM-Titel im Judo.

16. November: Am 25. Willi-Sänger-Gedenklauf in Berlin beteiligen sich 1200 Läuferinnen und Läufer unterschiedlicher Altersklassen.

29. - 30. November: 10. Hallenfußballturnier der Sehschwachenschulen in Halle.

4. Dezember: Empfehlungen des Komitees für Körperkultur und Sport zur weiteren Entwicklung der physischen Leistungsfähigkeit der jungen Generation durch regelmäßige sportliche Betätigung.

14. Dezember: Sportler des Jahres werden Maxi Gnauck, Waldemar Cierpinski (zum zweiten Mal) und die Nationalmannschaft Handball der Männer. An der Leserumfrage nahmen 2.103.885 Sportinteressierte teil.

19. - 20. Dezember: Die Schwimmerinnen gewinnen in Antibes (Frankreich) den Europapokal (25-m-Bahnen). Die Schwimmer belegen den 4. Platz.

Januar bis Dezember:

Erste Akkreditierung des Doping-Kontrollabors in Kreischa durch das Internationale Olympische Komitee (IOC).

Im Verlag Volk und Wissen erscheint „Ausdauerleistungsfähigkeit im Schulsport: Sportmedizinische und sportmethodische Begründung der physischen Ausdauerentwicklung" (Hans Peters u.a.), im Sportverlag das Lehrbuch „Ringen" (Walter Gain u.a.).

1981

1. Januar: Den 10. Neujahrslauf im Berliner Friedrichshain absolvieren ca. 10.000 Aktive.
6. Januar: Bodo Starck gewinnt das Neujahrsturnier im Schach in Brno (CSSR).
10. - 11. Januar: In Igls (Österreich) wird der Viererbob DDR I (Bernhard Germeshausen, Matthias Trübner, Henry Gerlach, Hans-Jürgen Gerhardt) Europameister vor DDR II und DDR III.
13. - 15. Januar: Bei den Junioren-WM in den nordischen Skidisziplinen in Schonach (BRD) gewinnt Bernd Blechschmidt die nordische Kombination. Die 3x5-km-Staffel der Juniorinnen belegt den 2., Steffi Meßner (5 km) und die 3x10-km-Staffel der Junioren jeweils den 3. Platz.
16. - 18. Januar: Junioren-Europameister im Rennschlittensport werden in Bludenz (Österreich) Steffi Martin vor Birgit Weise und Jutta Garbe sowie Jörg Hoffmann vor Detlef Bertz und Wilfried Vogel.
17. - 18. Januar: Karin Enke wird in Heerenveen (Niederlande) Vizeeuropameister im Eisschnellauf (Großer Vierkampf) vor Gabi Schönbrunn.
24. - 25. Januar: Bei den EM im Eisschnellauf der Männer (Großer Vierkampf) in Deventer (Niederlande) belegt Andreas Dietel Rang sechs.
30. Januar - 1. Februar: Weltmeister im Zweierbob werden in Cortina d'Ampezzo (Italien) Bernhard Germeshausen/Hans-Jürgen Gerhardt vor Horst Schönau/Andreas Kirchner.
Januar: Die Trophäe „Bysse", eine der höchsten Auszeichnungen der Internationalen Motorwassersport-Union (UIM), wird zum zweiten Mal an Bernd Beckhusen verliehen, den international erfolgreichsten Fahrer im Jahr 1980 in der Klasse OB bis 350 ccm.
31. Januar: Am Massenskilauf über 30 km von Brotterode nach Oberhof nehmen mehr als 1500 Aktive teil.
6. - 8. Februar: Weltmeister im Rennschlittensport werden in Hammarstrand (Schweden) Melitta Sollmann vor Bettina Schmidt (Einsitzer) und Bernd Hahn/Ulrich Hahn vor Jörg-Dieter Ludwig/Bernd Oberhoffner (Doppelsitzer). Michael Walter (Einsitzer) belegt Rang zwei.
7. - 8. Februar: Der Viererbob DDR I (Germeshausen, Gerlach, Trübner, Gerhardt) wird in Cortina d'Ampezzo (Italien) Weltmeister.
7. - 8. Februar: Bei den WM im Eisschnellauf (Großer Vierkampf) in Quebec (Kanada) gewinnt Karin Enke die Silbermedaille.
10. - 15. Februar: Weltmeister im Biathlon werden in Lahti (Finnland): Frank Ullrich (10 km), die 4x7,5-km-Staffel (Jung, Jacob, Ullrich, Rösch), bei den Junioren Ralf Göthel (10 km) und die 3x7,5-km-Staffel (Lindau, Roetsch, Göthel). Silbermedaillen erringen Frank Ullrich (20 km) und Frank-Peter Roetsch (Junioren, 15 km) vor Ralf Göthel.

13. - 15. Februar: In der Finalrunde um den Europapokal der Landesmeister im Volleyball der Frauen in Schaan (Liechtenstein) belegt der SC Traktor Schwerin Rang drei.

17. - 22. Februar: Die VIII. Kinder- und Jugendspartakiade findet in Berlin und Oberhof statt. 1200 Aktive ermitteln in den Winter- und Eissportarten ihre Besten. An den Vorwettkämpfen nahmen 280.000 und an den Kreisspartakiaden 75.000 Mädchen und Jungen teil.

21. - 22. Februar: Karin Enke wird in Grenoble (Frankreich) Sprint-Weltmeisterin im Eisschnellauf.

21. - 22. Februar: Europa-Hallenmeister in der Leichtathletik werden in Grenoble (Frankreich) Hildegard Ullrich (800 m), Ilona Slupianek (Kugelstoßen) und Andreas Knebel (400 m).

24. - 28. Februar: Bei den EM im Schießen mit Luftdruckwaffen in Athen erringen EM-Titel: die Frauenmannschaft Luftgewehr (Helbig, Wehrmann, Moch) und Uwe Keppke (Junioren, Laufende Scheibe).

28. Februar - 1. März: Bei den Junioren-WM im Eisschnellauf (Mehrkampf) gewinnen Elke Wirsing die Silber- und Jörg Mademann die Bronzemedaille.

3. - 8. März: Sabine Baeß/Tassilo Thierbach werden in Hartford (USA) Vizeweltmeister im Eiskunstlaufen der Paare.

20. März: Das Sport- und Erholungszentrum in Berlin wird eröffnet.

28. - 29. März: Eisschnellauf-Weltrekorde erzielen in Medeo (UdSSR): Christa Rothenburger (500 m 40,18 s, 1000 m 1:20,95 min, Sprint-Vierkampf 162,275 Pkt.) und Gabi Schönbrunn (3000 m 4:21,70 min).

März: Beim 20. Schachturnier in Sarajewo (Jugoslawien) belegt IGM Wolfgang Uhlmann Rang zwei.

4. April: Vaclav Kamenik (CSSR) gewinnt zum dritten Mal in Folge den 100-km-Lauf von Grünheide und Petra Zocher den Marathon der Frauen.

4. - 5. April: Frank Ullrich erringt in Hedenaeset (Schweden) den Biathlon-Weltcup.

9. - 11. April: 25. Rallye Sachsenring in Zwickau. Die Nationalmannschaft belegt den 5., die Clubmannschaft des MC Eisenach den 4. und die Fabrikmannschaft des VEB Automobilwerk Eisenach den 3. Platz.

17. - 19. April: Die Wasserspringerinnen und -springer gewinnen in London zum sechsten Mal den Europa-Pokal.

17. - 20. April: Bei den Junioren-WM im Fechten in Lausanne (Schweiz) belegen Vincenz Rieger (Florett) Rang vier und Thomas Meyer (Säbel) Rang sechs.

23. - 26. April: Europameister im Ringen (Freier Stil) werden in Lodz (Polen) Hartmut Reich (Fliegengewicht) und Uwe Neupert (Halbschwergewicht).

25. April: Die Handballmannschaft Männer des SC Empor Rostock unterliegt im Finale um den Europapokal der Pokalsieger in Lübbecke (BRD) TuS Nettelstedt (14:17).

26. April: Den Europapokal im Hallenhandball der Landesmeister (Männer) gewinnt der SC Magdeburg gegen Kolinska Slovan Ljubljana (Jugoslawien) in Magdeburg (29:18).

2. - 3. Mai: Maxi Gnauck wird in Madrid vierfache Europameisterin im Turnen (Vierkampf, Stufenbarren, Schwebebalken, Boden). Beim Pferdsprung gewinnen sie und Birgit Senff Silbermedaillen.

2. - 10. Mai: Richard Nowakowski (Federgewicht) wird in Tampere (Finnland) Europameister im Boxen. Dietmar Geilich (Halbfliegengewicht), Karl-Heinz Krüger (Weltergewicht) und Jürgen Fanghänel (Schwergewicht) gewinnen die Silber-, Dietmar Schwarz (Halbwelter) und Ulli Kaden (Superschwer) jeweils eine Bronzemedaille.

8. - 21. Mai: Bei der Friedensfahrt Berlin-Prag-Warschau gewinnt Olaf Ludwig fünf Etappen und das violette, weiße und rosa Trikot. In der Gesamteinzelwertung belegt er den 4. und mit der Mannschaft (Ludwig, Barth, Petermann, Lötzsch, Köhler, Drogan - in der 11. Etappe ausgeschieden) den 2. Platz.

10. Mai: Der SC Magdeburg wird in Dortmund (BRD) Europameister der Klubs im Handball der Männer gegen TuS Nettelstedt (24:19).

13. Mai: Der FC Carl Zeiss Jena unterliegt im Endspiel um den Europapokal der Pokalsieger im Fußball in Düsseldorf (BRD) Dynamo Tbilissi (2:1), nachdem im Halbfinale Benfica Lissabon besiegt werden konnte.

14. - 17. Mai: Karl-Heinz Lehmann (Leichtgewicht) wird in Debrecen (Ungarn) Europameister im Judo.

23. - 24. Mai: Roland Brückner erringt in Rom den EM-Titel im Bodenturnen. Lutz Hoffmann belegt am Barren Platz drei.

29. Mai: Eine Aktivtagung des DTSB berät über den Studentensport in 47 Hochschul- und 178 Fachschulsportgemeinschaften.

29. Mai - 8. Juni: Jörn Borowski/Egbert Swensson werden in Morges (Schweiz) Vizeeuropameister im Segeln (470er Klasse).

Mai: Beim Turnier der Freundschaft im Hockey in Rakovnik (CSSR) belegt die Frauen-Nationalmannschaft hinter der UdSSR Rang zwei.

1. - 20. Juni: Rolf Wieland wandert die Strecke Arkona-Fichtelberg (645 km) in 17 Tagen (3 Ruhetage) und erreicht einen Tagesdurchschnitt von 38 km (längste Etappe 54 und kürzeste 22 km).

6. - 8. Juni: I. Verbandstreffen des Deutschen Verbandes für Wandern, Bergsteigen und Orientierungslauf (DWBO) im Elbsandsteingebirge. Es nehmen mehr als 27.000 Wanderer teil, darunter Versehrte aller Schadensbereiche. Für Querschnittgelähmte wird das erste Mal eine Wanderung über 7,5 km organisiert. 10.000 kommen zum Konzert des Bergsteigerchores „Kurt Schlosser" in den Schrammsteinen. Im ganzen Land werden außerdem 1708 Wandertreffen durchgeführt.

14. - 21. Juni: Bei den Junioren-WM und EM im Gewichtheben in Lignano Sabbiadoro (Italien) gewinnt Andreas Letz (Bantamgewicht) das Stoßen und belegt im Reißen und im Zweikampf jeweils Rang zwei.

15. - 30. Juni: Das II. Schachfestival in Halle gewinnt IGM Wolfgang Uhlmann vor IGM Lothar Vogt und die siebzehnjährige M Ines Stark vor M Martina Keller.

20. Juni: Am V. KMU-Marathon in Leipzig nehmen 602 Aktive darunter 30 Frauen und erstmals sechs Rollstuhlfahrer teil.

20. - 21. Juni: Jens Scheffler wird in Weitra (Österreich) Europameister im Motorradgeländesport (Enduro bis 500 ccm/MZ). Harald Sturm (250 ccm/MZ) belegt Rang zwei.

27. - 28. Juni: Ramona Neubert verbessert erneut den Weltrekord im Siebenkampf (6716 Pkt.).

30. Juni: Klaus-Peter Wünsche wird Weltmeister im Blinden-Fernschach. (Das Turnier begann am 1. April 1979.)

7. - 12. Juli: Juniorenweltmeister im Straßenfahren werden in Leipzig die Mannschaft Dan Radtke, Frank Jesse, Uwe Ampler, Ralf Wodynski und im Bahnfahren Olaf Arndt (Sprint). Silbermedaillen gewinnen Dirk Streicher (1000-m-Zeitfahren) und die Mannschaft Panitzer, Raddatz, Siggelkow, Wolf (4000-m-Verfolgungsfahren).

9. - 12. Juli: IV. Wehrspartakiade in Erfurt mit mehr als 10.000 Teilnehmern.

19. - 30 Juli: Bei der Universiade in Bukarest starten Fechtsportler, Leichtathleten, Ringer und Tennisspieler. Universiadesieger werden: Helma Knorscheidt (Kugelstoßen), Petra Felke (Speerwerfen), Andreas Hauck (800 m) und Armin Lemme (Diskuswerfen).

20. - 26. Juli: VIII. Kinder und Jugendspartakiade in den Sommersportarten in Berlin. Es nehmen 11.000 Aktive, 1500 Übungsleiter und Trainer, 2900 Kampf- und Schiedsrichter und Helfer teil. An den Vorwettkämpfen beteiligten sich 3,6 Mio Starter und an den Kreisspartakiaden 973.000 Mädchen und Jungen.

23. Juli - 1. August: Bei den Weltspielen der Gehörlosen in Köln (BRD) wird Dr. Wilfried Zapfe zum dritten Mal in Folge Weltspielsieger im 3000-m-Hindernislauf. Silbermedaillen erringen Hannelore Ochsendorf/Rottraud Roemer (Tischtennis) und Norman Steinbach (Dreisprung).

25. - 26. Juli: Die Wettkämpfe der Freundschaft im Turnierangeln gewinnen in Warna (Bulgarien) die Nationalmannschaften der Frauen, der Männer und der weiblichen Jugend, Jana Maisel (Fünfkampf Frauen), Klaus Bachmann (Männer) und Simone Pröhl (weibliche Jugend).

29. Juli - 2. August: Bei den WM im Kanurennsport in Nottingham (England) werden Weltmeister: Birgit Fischer (KI), der KII (Fischer/Kühn) und der KIV der Frauen (Kühn, Fischer, Stoll, Eberl), Olaf Heukrodt (CI 500 m), Rüdiger Helm (KI 1000 m), Ulrich Papke (CI 1000 m) und der KIV über 1000 m (Bischof, Hempel, Helm, Marg).

2. August: Die Nationalmannschaft der Männer gewinnt in Iwanowo (UdSSR) den Freundschaftspokal im sportlichen Angeln vor Ungarn.

3. - 7. August: Beim internationalen Sportfest der Querschnittgelähmten in Wien erringen die AthletInnen sieben Gold-, vier Silber- und sechs Bronzemedaillen. Festspielsieger werden: Marianne Buggenhagen (Kugel, Diskus, Speer), Marina Getter (100 m Rollstuhlsprint) und Dr. Rainer Pilz (100 m Rollstuhlsprint, 200 m und 5000 m Rollstuhlfahren).

4. - 8. August: Die Junioren gewinnen beim FISA-Championat im Rudern in Sofia sieben, die Juniorinnen zwei Bootsklassen (Doppelvierer, Achter).

5. - 9. August: Rosemarie Grzondziel belegt beim internationalen Turnier im Bogenschießen in Lodz (Polen) Rang drei (doppelte FITA-Runde).

9. - 17. August: Bei den Jugendwettkämpfen der Freundschaft im Boxen in Gera werden Turniersieger: Jens Demmler (Halbschwer) und Siegfried Mehnert (Leichtgewicht), der auch bester Boxer des Turniers wird.

15. - 16. August: Die Leichtathleten gewinnen in Zagreb (Jugoslawien) erneut beide Europapokale, die Frauen zum sechsten Mal in Folge.

17. - 22. August: Bei den Europäischen Sportspielen für Blinde in Fulda (BRD) erringen die Aktiven drei Silber- und drei Bronzemedaillen. Silbermedaillen gewinnen Rita Gerstenberger (Weitsprung, Diskuswerfen) und Gerd Franzka (Weitsprung).

18. - 24. August: Weltmeister im Schiffsmodellsport werden in Magdeburg Jörg Marschall, Torsten Bauer, Thomas Robich und Mathias Striegler. Die Aktiven gewinnen außerdem zwölf Silbermedaillen, fünf Bronzemedaillen und vier Goldmedaillen ohne WM-Titel.

18. - 23. August: Bei den Junioren-EM in Sofia erringen die Kanuten fünf Gold-, zwei Silber- und drei Bronzemedaillen.

20. - 23. August: Junioren-EM in Utrecht (Niederlande). Die LeichtathletInnen erkämpfen 22 Gold-, 13 Silber- und sieben Bronzemedaillen. Es siegen u.a. Heike Daute, Uwe Hohn, Ulf Timmermann und Jens Carlowitz.

25. - 29. August: Internationales Symposium des ICSS zum Thema „Körperkultur und Sport in der Lebensweise sozialer Gruppen“ in Halle. Ein Hauptreferat hält Prof. Dr. Gras. Beiträge leisten M. Thieß, J. Hinsching, D. Schmidt, H. Bierstedt, K. Rohrberg, H. Heinicke.

26. - 29. August: In Prag werden Falk Boden, Bernd Drogan, Mario Kummer und Olaf Ludwig Weltmeister im 100-km-Straßenfahren.

26. August - 6. September: Bei den WM im Rudern in München (BRD) gewinnen der Doppelzweier der Frauen, der Vierer m.Stm., der Doppelzweier und der Doppelvierer der Männer die Goldmedaillen.

28. August: Innerhalb der Gesellschaft für Sportmedizin konstituiert sich die Arbeitsgemeinschaft für Physiotherapeuten und führt in Leipzig die erste Weiterbildung zum Thema „Erfassung und Beseitigung muskulärer Dysbalancen“ durch.

28. - 29. August: Die Gesellschaft für Sportmedizin berät während ihrer Jahrestagung in Leipzig das Thema: „Sportliches Training und biologische Anpassung". Es nehmen 500 Sportmediziner, Ärzte verschiedener Fachdisziplinen, Sportphysiotherapeuten und Sportwissenschaftler teil.

29. - 30. August: Die Siebenkämpferinnen (Neubert, Geißler, Möbius) gewinnen in Birmingham (England) den Europapokal. Die Zehnkämpfer (Pottel, U. Freimuth, Starck) belegen den 2. Platz.

30. August - 6. September: Jörg Herrmann/Rolf Becker/Thomas Olbrich werden auf dem Attersee (Österreich) Vizeeuropameister im Segeln (Soling-Klasse).

31. August - 5. September: Die WM-Titel im Bahnfahren gewinnen in Brno (CSSR): Lothar Thoms (1000-m-Zeitfahren), Detlef Macha (4000-m-Einzelverfolgungsfahren), Lutz Haueisen (Punktefahren) und die Mannschaft Winkler, Grosser, Macha, Dittert (4000-m-Verfolgungsfahren).

4. - 6. September: Die Leichtathletinnen erringen in Rom erneut den Weltpokal. Die Leichtathleten belegen Rang zwei.

5. - 12. September: Fünfzehn EM-Titel, elf Silber- und drei Bronzemedaillen gewinnen die Schwimmer und Wasserspringer in Split (Jugoslawien). Ute Geweniger erringt fünf, Karen Metschuk drei und Carmela Schmidt zwei Goldmedaillen.

11. - 14. September: Roland Gehrke wird im Ringen (Freier Stil) in Skopje (Jugoslawien) Weltmeister im Schwergewicht.

12. - 20. September: Welt- und Europameister im Gewichtheben werden in Lille (Frankreich) Joachim Kunz (Leichtgewicht) im Zweikampf und im Stoßen und Andreas Letz (Bantam) im Reißen.

16. - 22. September: Bei den EM in den Gewehr- und Pistolendisziplinen erringen EM-Titel: Frank Rettkowski (Freie KK-Büchse 3x40 Schuß stehend), die Mannschaft in dieser Disziplin (Rettkowski, Wolfram, Hartstein), Marlies Helbig (Standardgewehr 3x20 Schuß), die Mannschaft in dieser Disziplin (Helbig, Wehrmann, Moch) und Andreas Teifke (Junioren, Standardgewehr 3x20 Schuß).

23. - 28. September: XI. Olympischer Kongreß in Baden-Baden (BRD). Manfred Ewald wendet sich auch auf Bitten der Weltvereinigung der NOK (ACNO) in seinem Vortrag gegen die zunehmende Kommerzialisierung des olympischen Sports.

2. - 4. Oktober: Monika Cassens/Edgar Michalowski (Mixed-Doppel) werden in Prag erneut internationaler Meister der CSSR im Federball.

5. - 10. Oktober: Bei den Mannschafts-WM im Motorradgeländesport auf der Insel Elba (Italien) belegt die DDR-Vertretung (Geißenhöner, Lämmel, Mauersberger, Hübler, Klädtke, Jäger) Rang drei.

13. Oktober: Beratung der Sportleitungen sozialistischer Länder zu Fragen des Freizeit- und Erholungssports.

16. - 23. Oktober: Thomas Pfeffer wird in Lomas de Zamora (Argentinien) Weltmeister im jagdlichen Schießen (Laufende Scheibe).
17. Oktober: Mehr als 4200 Volkssportler gehen beim 3. Harzgebirgslauf - auf Strecken zwischen 10 und 40 km - an den Start.
17. Oktober: Einweihung einer Trainings- und Wettkampfbahn für Eisschnellauf (333,3 m) in Dresden.
30. Oktober - 1. November: Dietmar Brandt wird bei den Junioren-EM im Judo in San Marino (Italien) Europameister im Halbschwergewicht.
12. - 13. November: Am Institut für Lehrerbildung in Rochlitz findet die erste sportmethodische Konferenz der pädagogischen Fachschulen statt.
22. - 29. November: Weltmeister im Turnen werden in Moskau: Maxi Gnauck (Pferdsprung, Stufenbarren, Schwebebalken), Michael Nikolay (Seitpferd) und Ralf-Peter Hemmann (Pferdsprung).
12. Dezember: Sportler des Jahres sind Ute Geweniger (Schwimmen), Lothar Thoms (Bahnradsport) und die Männermannschaft Handball des SC Magdeburg. Fußballer des Jahres ist erneut Hans-Ullrich Grapenthin.
12. - 13. Dezember: Die Schwimmerinnen gewinnen in London den Europapokal (25-m-Bahnen), die Schwimmer belegen Rang zwei.
16. - 19. Dezember: Ein spezielles Arbeitsgremium des von der UNESCO geschaffenen Zwischenstaatlichen Komitees für Körpererziehung und Sport, zu dessen etatmäßigen Mitgliedern die DDR gehört, tagt in Paris.
16. - 20. Dezember: Janina Wirth gewinnt in Oberstdorf (BRD) den Junioren-WM-Titel im Eiskunstlaufen.
30. - 31. Dezember: Bernhard Lehmann/Eberhard Weise erringen in Königsee (BRD) den Nationencup im Zweierbob.
Dezember: Erste DDR-Meisterschaft im Problemschach beendet.
Januar bis Dezember:
An volkssportlichen Kegelveranstaltungen beteiligen sich 1.339.699 Bürgerinnen und Bürger, 32.837 Mannschaften nehmen am FDGB-Pokal und 2.703 am FDJ-Pokal teil.
Im Sportverlag erscheinen „Psychologie zwischen Start und Ziel" (Frank Schubert), „Psychologie im Sportspiel" (Hans Schellenberger u.a.), „Offene Linien. Strategie für die Schachpraxis" (Wolfgang Uhlmann u.a.) und der „Kletterführer Elbsandsteingebirge-Sächsische Schweiz/Südteil" und „Westteil" (Dietmar Heinicke u.a.). Der Verlag Volk und Wissen legt „Kampfsport in der Schule" (Heinz Ihlo u.a.) vor.

1982

5. - 6. Januar: Der Viererbob DDR II (Bernhard Lehmann, Bogdan Musiol, Roland Wetzig, Eberhard Weise) erringt in Igls (Österreich) den Nationencup.
6. Januar: Manfred Deckert gewinnt die 30. Internationale Vierschanzentournee (BRD/Österreich).
23. - 24. Januar: Bei den EM im Eisschnellaufen (Großer Vierkampf) in Heerenveen (Niederlande) belegen Karin Enke den 2., Gabi Schönbrunn den 4. und Andrea Schöne den 6. Platz.
23. - 24. Januar: Horst Schönau/Andreas Kirchner werden in Cortina d'Ampezzo (Italien) Vizeeuropameister im Zweierbob.
23. - 24. Januar: Bei den ersten Junioren-WM im Rennschlittensport in Lake Placid (USA) gewinnen Hans-Joachim Schurack vor Torsten Gölitzer (Einsitzer) und Jörg Hoffmann/Jochen Pietsch vor Michael Schäder/Frank Trebes (Doppelsitzer) die WM-Titel.
30. Januar: Am V. Rennsteigmassenskilauf von Brotterode nach Oberhof (30 km) nehmen 1250 Sportlerinnen und Sportler teil.
30. - 31. Januar: Der Viererbob DDR I (Detlef Richter, Michael Richter, Thomas Forch, Dietmar Jerke) wird in Cortina d'Ampezzo (Italien) Vizeeuropameister.
2. - 7. Februar: Bei den EM im Eiskunstlauf in Lyon (Frankreich) werden Sabine Baeß/Tassilo Thierbach (Paarlauf) Europameister, und Katarina Witt belegt Rang zwei.
6. - 7. Februar: Karin Enke wird in Alkmaar (Niederlande) Vizeweltmeister im Eisschnellaufen (Sprint-Vierkampf).
9. - 14. Februar: Weltmeister im Biathlon werden in Minsk (UdSSR): Frank Ullrich (20 km), die 4x7,5-km-Staffel (Mathias Jung, Matthias Jacob, Frank Ullrich, Bernd Hellmich), Ralf Göthel vor Frank-Peter Roetsch (Junioren 10 km) und die 3x7,5-km-Staffel der Junioren (Wick, Roetsch, Göthel). Silbermedaillen gewinnen Frank Ullrich (10 km) und Frank-Peter Roetsch (Junioren 10 km).
13. - 14. Februar: Karin Enke wird in Inzell (BRD) Weltmeister im Eisschnellauf (Großer Vierkampf) mit Weltrekord (168,271 Pkt.) vor Andrea Schöne. Gabi Schönbrunn belegt Rang vier.
13. - 14. Februar: EM-Titel im Rennschlittensport gewinnen in Winterberg (BRD) Uwe Handrich und Bettina Schmidt vor Steffi Martin und Melitta Sollmann. Hans Rinn/Jörg-Dieter Ludwig belegen den 2. Platz.
13. - 14. Februar: Der Viererbob DDR II (Bernhard Lehmann, Roland Wetzig, Bogdan Musiol, Eberhard Weise) wird in Sankt Moritz (Schweiz) Vizeweltmeister.
18. - 28. Februar: Bei den WM in den nordischen Skidisziplinen in Oslo gewinnen Konrad Winkler, Uwe Dotzauer und Gunter Schmieder den WM-

Titel im erstmals ausgetragenen Mannschaftswettbewerb der nordisch Kombinierten. Im Einzelwettbewerb belegen Konrad Winkler Rang zwei und Uwe Dotzauer Rang drei. Die 4x5-km-Staffel der Frauen und die 4x10-km-Staffel der Männer erringt jeweils die Bronzemedaille.

27. - 28. Februar: Angela Stahnke wird in Innsbruck (Österreich) Junioren-Weltmeister im Eisschnellaufen (Mehrkampf).

6. - 7. März: Europa-Hallenmeister in der Leichtathletik werden in Mailand (Italien): Marlies Göhr (60 m), Gesine Walther (200 m), Kerstin Knabe (60 m Hürden) und Henry Lauterbach (Weitsprung).

9. - 14. März: Sabine Baeß/Tassilo Thierbach gewinnen den WM-Titel im Paarlauf. Katarina Witt wird Vizeweltmeister.

15. - 20. März: Bei den EM im Schießen mit Luftdruckwaffen in Den Haag (Niederlande) wird die Mannschaft Luftgewehr (Kathrin Starkloff, Marlies Helbig, Marlies Moch) mit Weltrekord (1159 Ringe) Europameister. Außerdem erringen die Aktiven vier Silber- und drei Bronzemedaillen.

18. - 27. März: Die Eishockey-Nationalmannschaft gewinnt in Klagenfurt (Österreich) das B-Gruppen-Turnier der WM.

19. März - 2. April: Beim internationalen Großmeisterturnier in Trnava (CSSR) belegt IGM Lothar Vogt Rang zwei.

20. - 21. März: In allen Bezirken werden am Frühlingsanfang Laufwettbewerbe gestartet. Am zentralen Auftakt für die Sportfestmeile nehmen in Leipzig mehr als 8000 LäuferInnen darunter Rollstuhlfahrer über 5, 10 oder 20 km teil.

21. März: Am „Lauf in den Frühling“ rund um den Schloßteich in Karl-Marx-Stadt beteiligen sich 12.000 Aktive.

28. März: Ralf Kowalski verbessert in Berlin die Weltrekorde im Bahngehen über zwei Stunden (28.358 m) und über 30 km (2:06,54 Std.).

3. April: Den 100-km-Lauf von Grünheide gewinnen erneut Vaclav Kamenik (CSSR) in Weltbestzeit und die CSSR-Mannschaft (Männer), den Marathon der Frauen Petra Zocher in DDR-Bestzeit.

3. - 17. April: Bei der V. Blindenschach-WM in Hastings (England) erringt Klaus-Peter Wünsche die Bronzemedaille.

10. - 12. April: Im Wettbewerb um den Europapokal im Wasserspringen in London belegt die DDR-Mannschaft Rang zwei. Martina Proeber gewinnt das Kunstspringen und Thomas Knuths das Turmspringen.

12. April: 68 Wanderer aus der CSSR und der DDR beenden in Rabensteinfeld am Mahnmal „Die Mutter“ ihre 225 km lange Gedenkwanderung, die im ehemaligen KZ Sachsenhausen begann.

22. - 25. April: Uwe Neupert (Schwergewicht) wird in Warna (Bulgarien) Vizeeuropameister im Ringen (Freier Stil). Peter Syring (Mittelgewicht) erkämpft die Bronzemedaille.

25. April: Erster Müggelberglauf der HSG Humboldt-Universität Berlin (11-km-Wanderung, 5- oder 11-km-Lauf) mit mehr als 4000 Aktiven.

25. April: 4015 Läuferinnen und Läufer starten beim 9. Zittauer Gebirgslauf (15, 30 oder 50 km).

4. - 15. Mai: Bei den WM im Boxen in München (BRD) gewinnen Jürgen Fanghänel (Schwergewicht) die Silbermedaille, Dietmar Geilich (Halbfliegengewicht), Klaus-Dieter Kirchstein (Bantamgewicht) und Richard Nowakowski (Federgewicht) jeweils eine Bronzemedaille.

8. Mai: Der SC Empor Rostock erringt in Rostock den Europapokal der Pokalsieger im Handball gegen Dukla Prag (22:18).

9. - 23. Mai: Olaf Ludwig und die DDR-Mannschaft (Olaf Ludwig, Thomas Barth, Lutz Lötzsch, Andreas Petermann, Jörg Köhler, Falk Boden) gewinnen die 35. Friedensfahrt Prag-Warschau-Berlin. Olaf Ludwig erringt erneut das violette, weiße und rosa Trikot für den aktivsten, bei den einzelnen Etappen bestplazierten und vielseitigsten Fahrer.

11. Mai: Olympiasiegerin Evelin Herberg-Jahl vertritt den DDR-Sport vor dem Antiapartheidausschuß der UNO.

13. - 16. Mai: Torsten Reißmann (Halbleichtgewicht) und Henry Stöhr (Schwergewicht) werden in Rostock Judo-Europameister. Karl-Heinz Lehmann (Leichtgewicht) wird Vizeeuropameister, Klaus-Peter Stollberg (Extraleicht), Detlef Ultsch (Mittelgewicht) und Fred Ohlhorn (Alle Kategorien) gewinnen jeweils eine Bronzemedaille.

14. - 15. Mai: Das erste internationale Turnier der Körperbehinderten im Asphaltkegeln gewinnt in Berlin die DDR-Mannschaft vor Ungarn und die Einzelwertung Helfried Klare vor Manfred Weber.

15. Mai: 20. Finale im leichtathletischen Jugenddreikampf „Wen schafft ihr?“ (100 m, Weitsprung, Kugelstoßen) in Sömmerda.

15. - 16. Mai: Erster DDR-Jugendwettkampf im Sportklettern im Lößnitzgrund bei Radebeul.

20. - 21. Mai: Erste Leistungssportkonferenz Wintersportarten des DTSB in Oberhof.

22. Mai: DDR-offene Rollstuhlwanderung „Rund um das Jagdschloß Moritzburg“ (12 km).

22. Mai: Beim 10. GutsMuths-Rennsteiglauf (45 und 75 km) gehen 7316 LäuferInnen und Wanderer an den Start. Der älteste Teilnehmer ist Fritz Hoppe (78 Jahre) aus Lebin. Dietmar Knies gewinnt zum dritten Mal den 75-km-Lauf.

23. Mai: Der SC Empor Rostock wird in Rostock Europameister der Klubmannschaften im Handball der Männer gegen Honved Budapest (31:27 n.V.).

Mai: Der Fernschach-Großmeister Dr. Fritz Baumbach wird bei der IX. Fernschach-WM Vizeweltmeister.

9. - 13. Juni: In Halle finden die 17. Reideparkspiele, das traditionelle Heilsportfest für körperlich Leistungsgeminderte und Versehrte der Orthopädischen Universitätsklinik, statt. Die Aktiven gehen in 33 Sportarten und -disziplinen an den Start.

19. Juni: Beim KMU-Marathon in Leipzig bewältigt Barbara Müller als erste Frau der DDR die Marathon-Distanz im Rollstuhl.

19. - 20. Juni: Ramona Neubert verbessert in Halle den Weltrekord im Siebenkampf (6772 Pkt.).

20. Juni: Mit einem Konzert vor den Schrammsteinen beendet der Bergsteiger-Chor „Kurt Schlosser" mit 10.000 Freunden des Bergsports die Festwoche anläßlich des 50. Jahrestages der ersten Kaukasus-Expedition deutscher Arbeiter-Bergsteiger.

23. - 26. Juni: Unter Schirmherrschaft der Internationalen Föderation für Sportmedizin (FIMS) wird in Dresden das Internationale Symposium „Sprunggelenke im Sport" durchgeführt. Es nehmen mehr als 200 Sportmediziner, Orthopäden und Chirurgen aus 17 Ländern teil.

26. - 29. Juni: Bettina Schieferdecker wird in Ankara (Türkei) Junioren-Europameisterin vor Sylvia Rau. Beim Pferdsprung belegen Holger Zeig und Silvio Kroll die Ränge zwei und drei.

3. - 13. Juli: Beim internationalen Juniorenturnier um den „Pokal der sozialistischen Länder" im Turnierangeln in Wendisch Rietz gewinnen die Mädchen und die Jungen die Mannschaftswertung und die Mädchen die Einzelwertung, im Friedfischangeln in Kummersdorf die Jungen die Mannschaftswertung und die Mädchen die ersten drei Ränge der Einzelwertung.

6. - 12. Juli: Jörn Borowski/Egbert Swensson werden vor Cascais (Portugal) Weltmeister im Segeln (470er Klasse).

9. - 10. Juli: Den ersten Länderkampf USA - DDR in der Leichtathletik in Karl-Marx-Stadt gewinnt die DDR-Mannschaft mit 207,5:172,5 Pkt. (Frauen 105:52; Männer 102,5:120,5).

13. - 18. Juli: Torsten Wagner (Halbschwergewicht) und Heiko Geffke (Superschwer) werden in Leipzig Vizeeuropameister der Junioren im Ringen (Freier Stil).

14. Juli: Gemeinsame Beratung der Fachkommissionen Biomechanik, Sportpsychologie und Trainingsmethodik des Wissenschaftlichen Rates Körperkultur und Sport in Magdeburg zur Bedeutung der Tätigkeits- und Handlungskonzeption im Prozeß des interdisziplinären Zusammenwirkens dieser Wissenschaftsdisziplinen.

14. - 17. Juli: Bei den X. Jugendwettkämpfen der Freundschaft im Sportschießen in Suhl gewinnen die Aktiven fünf Gold-, vier Silber- und vier Bronzemedaillen. Goldmedaillen erkämpfen: Sabine Toth (Luftgewehr), Andreas Teifke (Luftgewehr), Thomas Ossowski (Schnellfeuerpistole), Steffen Schubert (Wurftaube Trap) und Matthias Stephan (Laufende Scheibe).

15. - 27. Juli: Mandy Niklaus gewinnt bei den WM im Fechten in Rom eine Bronzemedaille (Florett).

17. - 18. Juli: Nach fünf Läufen im Motorradgeländesport (Enduro) wird Jens Scheffler (bis 500 ccm/MZ) Vizeeuropameister. Bernd Lämmel (bis 175 ccm/Simson) und Harald Sturm (bis 250 ccm/MZ) belegen Rang drei.

18. - 25. Juli: Bei den Junioren-WM im Radsport in Florenz und Perugia (Italien) werden Weltmeister: der Straßenvierer (Uwe Ampler, Jens Heppner, Jan Gloßmann, Andreas Lux), Andreas Ganske (1000-m-Zeitfahren) und Carsten Wolf (3000-m-Einzelverfolgungsfahren). Silbermedaillen gewinnen Andreas Lux (Einzelfahren Straße), Bill Huck (Sprint) und die Mannschaft 4000-m-Verfolgungsfahren (Wolf, Windorf, Raddatz, Müller).

18. - 28. Juli: Bei den Junioren-WM im Volleyball in München (BRD) belegen die Junioren erneut Rang drei und die Juniorinnen Rang vier.

23. - 25. Juli: Bei den Wettkämpfen um den „Pokal der sozialistischen Länder“ im Wasserski verteidigt die DDR-Mannschaft in Oleksovice (CSSR) Rang drei der Mannschaftswertung. Gabi Berg gewinnt die Goldmedaille beim Springen.

29. Juli - 1. August: Weltmeister im Kanurennsport werden in Belgrad über 500 m Birgit Fischer (KI), der KII (Fischer/Streussel) und der KIV der Frauen (Fischer, Streussel, Eberl, Giese), Olaf Heukrodt (CI) und über 1000 m Rüdiger Helm (KI) und Jörg Schmidt (CI).

29. Juli - 7. August: Bei den WM im Sportschwimmen, Wasserspringen, Wasserball und Synchronschwimmen in Guayaquil (Ecuador) gewinnen die SchwimmerInnen und Wasserspringer zwölf Gold-, acht Silber- und sechs Bronzemedaillen. Weltmeister werden Birgit Meinecke (100 m Freistil), Carmela Schmidt (400 m Freistil), Ute Geweniger (100 m Brust), Ines Geißler (200 m Schmetterling), Kristin Otto (100 m Rücken), Cornelia Sirch (200 m Rücken mit Weltrekord), Petra Schneider (200 m, 400 m Lagen), die 4x100-m-Freistilstaffel (Meinecke, Link, Otto, Metschuk) und die 4x100-m-Lagenstaffel der Frauen (Otto, Geweniger, Geißler, Meinecke), Jörg Woithe (100 m Freistil) und Dirk Richter (100 m Rücken).

4. - 8. August: Beim FISA-Junioren-Championat erringen die RuderInnen zehn Gold- und zwei Silbermedaillen. Weltmeister werden Kirsten Peters (Einer), der Doppelzweier, Doppelvierer und der Achter der Juniorinnen, Thomas Lange (Einer), der Doppelzweier, Vierer m.Stm., Zweier o.Stm., Vierer o.Stm. und der Achter der Junioren.

6. - 20. August: WM-Titel im Fallschirmspringen erringen in Lucenec (CSSR): Irina Walkhoff (Figurenspringen), Bernd Wiesner (Einzelzielspringen und Gesamteinzelwertung) und die Mannschaft Bernd Wiesner, Gerd Harzbecker, Andreas Müller, Ronald Eilenstein und Klaus Jürgen Böhme (Gesamtmannschaftswertung).

11. - 14. August: Weltmeister im Ringen (Freier Stil) werden in Edmonton (Kanada) Hartmut Reich (Fliegengewicht) und Uwe Neupert (Halbschwergewicht).

21. August: Das erste Stundenrennen im K-Wagensport der Jugendklasse gewinnen in Dresden Silke Wagner/Wencke Zeeh.

22. - 29. August: Ruderweltmeister werden in Luzern (Schweiz) Rüdiger Reiche (Einer), der Vierer m.Stm. und der Doppelvierer der Männer und der Zweier o.Stfr. der Frauen. Sechs Boote erringen Silbermedaillen und ein Boot die Bronzemedaille.

24. - 29. August: WM-Titel im Bahnfahren in Leicester (England) gewinnen Detlef Macha (4000-m-Einzelverfolgungsfahren) und Hans-Joachim Pohl (Punktefahren), Silbermedaillen Lutz Heßlich (Sprint) und Lothar Thoms vor Emanuel Raasch (1000-m-Zeitfahren), Bronzemedaillen Mario Hernig (Einzelverfolgung) und die Mannschaft im Verfolgungsfahren.

26. - 29. August: Bei den WM im Flossenschwimmen (FS) und Streckentauchen in Moskau belegen die Männer Rang zwei in der Mannschaftswertung und in der 4x200-m-Staffel (FS).

26. - 29. August: Bei den Jugend-EM im Schwimmen und Wasserspringen in Innsbruck (Österreich) erringen die Aktiven neun Gold-, acht Silber- und acht Bronzemedaillen.

28. August - 4. September: Jürgen Brietzke/Ekkehard Schulz werden auf dem Balaton (Ungarn) Europameister im Segeln (470er Klasse).

28. August - 5. September: Die Mannschaft Skeet (Krämer, Fehrmann, Monien, Hochwald) belegt bei den EM im Wurftaubenschießen in Montecatini (Italien) Rang drei.

29. August: Den ersten Berliner Friedenslauf absolvieren mehr als 20.000 LäuferInnen (5 km, 20 km, Marathon) und Rollstuhlfahrer (20 km).

4. September: Bernd Drogan wird in Goodwood (England) Weltmeister im Straßenradsport der Amateure.

3. - 24. September: Andreas Fischer durchwandert die DDR vom Fichtelberg über den Thüringer Wald, die Rhön, den Harz durch Mecklenburg nach Arkona (1114 km) in 22 Tagen.

4. - 12. September: Junioren-Europameister im Boxen werden in Schwerin Siegfried Mehnert (Halbwelter) und Torsten Schmitz (Weltergewicht).

6. - 12. September: Bei den EM der Leichtathleten in Athen erringen die Aktiven dreizehn Gold-, acht Silber und sieben Bronzemedaillen. Europameister werden Marlies Göhr (100 m), Bärbel Wöckel (200 m), Marita Koch (400 m mit Weltrekord), die 4x100-m-Staffel (G. Walther, Wöckel, Rieger, Göhr), die 4x400-m-Staffel (Siemon, Busch, Rübsam, Koch) mit Weltrekord, Ilona Slupianek (Kugelstoßen), Ramona Neubert (Siebenkampf), Frank Emmelmann (100 m), Olaf Prenzler (200 m), Thomas Munkelt (110 m Hürden), Lutz Dombrowski (Weitsprung), Udo Beyer (Kugelstoßen) und Uwe Hohn (Speerwerfen).

16. September: IV. Zentraler Erfahrungsaustausch des Staatssekretariats für Körperkultur und Sport zur staatlichen Förderung der Körperkultur durch die Ministerien, Kombinate und Betriebe, an dem insgesamt 257

Generaldirektoren und Direktoren, Vertreter der Industrieministerien, aus Kombinaten, Betrieben, LPG, Sportgemeinschaften, von Betriebsgewerkschaftsleitungen, des DTSB, der GST und der FDJ teilnehmen.

17. - 19. September: Europameister im Schießsport werden in Rom Marlies Helbig, Marlies Moch und Kathrin Starkloff in den Mannschaftswettbewerben Standardgewehr 3x20 Schuß und 60 Schuß liegend.

19. September: V. Meilenfestival in Bad Düben mit 2000 Aktiven.

20. - 25. September: Bei der Mannschafts-WM im Motorradgeländesport (Six Days) in Povazska Bystrica (CSSR) gewinnt die Mannschaft Steffen Mauersberger, Horst Geißenhöner, Uwe Weber und Reinhardt Klädtke den Wettbewerb um die Silbervase.

24. September: Die Leichtathletikmannschaft gewinnt in Tokio den Acht-Nationen-Cup der IAAF vor der UdSSR und der BRD.

25. - 26. September: Den „InterCoup" im Schwimmen der Körperbehinderten erringt in Gyula (Ungarn) erneut die DDR-Mannschaft. Gerd Jähring gewinnt drei Goldmedaillen.

9. - 23. Oktober: Beim II. Berliner Schachfestival starten 1100 Aktive in 24 verschiedenen Volkssport- und Rahmenveranstaltungen. Das Großmeisterturnier gewinnt IM Smbat Ljuptan (UdSSR) vor M Thomas Casper.

15. Oktober: VIII. Wissenschaftliche Konferenz der Sektion Sportwissenschaft an der Ernst-Moritz-Arndt-Universität Greifswald zum Thema „Neue Entwicklungstendenzen der Körpererziehung im frühen Schulalter".

16. Oktober: 4100 Aktive nehmen am 5. Harzgebirgslauf (10 und 40 km) in Wernigerode teil.

21. - 22. Oktober: Wissenschaftliche Konferenz an der Sektion Sportwissenschaft der Pädagogischen Hochschule Zwickau zur „Einstellung der Schüler zum Sportunterricht und zu den Stoffbereichen des Lehrplans".

21. - 13. Oktober: Bei der XXV. Internationalen Rallye Wartburg in Eisenach belegt die DDR-Mannschaft Rang zwei.

22. - 24. Oktober: Maxi Gnauck gewinnt beim Turn-Weltcup in Zagreb (Jugoslawien) das Finale am Stufenbarren.

27. Oktober: Junioren-Europameister im Judo werden in Tirgoviste (Rumänien) Ramon Pink (Halbmittelgewicht), Roland Borawski (Mittelgewicht und Harry Kreis (Halbschwergewicht).

1. - 14. November: Weltmeister im Schießsport werden in Caracas (Venezuela) Marlies Helbig (Standardgewehr 3x20 Schuß), Frank Rettkowski (Luftgewehr) und die Frauenmannschaft Luftgewehr (Marlies Helbig, Gilda Gorzkulla, Marlies Moch).

1. November - 4. Dezember: III. Internationaler Sportärztekurs mit Ärzten aus afrikanischen, asiatischen und lateinamerikanischen Ländern.

6. - 7. November: Internationale Meister von Ungarn im Federball werden in Budapest Monika Cassens (Einzel) und Monika Cassens/Edgar Michalowski (Mixed-Doppel).

11. - 16. November: Die Nationalmannschaft Hockey gewinnt das Länderturnier der Männer in Leningrad ungeschlagen vor der UdSSR.

13. November: 20. Leichtathletik-Hallensportfest der Schweriner Schulen.

17. November: Die Nationalmannschaft Fußball erringt beim Spiel DDR-Rumänien in Karl-Marx-Stadt den 100. Länderspielsieg.

27. - 28. November: Andrea Schöne läuft in Karl-Marx-Stadt einen Weltrekord über 5000 m im Eisschnellauf (7:57,71 min). Karin Kania stellt im Vierkampf eine neue Weltbestleistung auf (180,918 Pkt.).

30. November - 3. Dezember: Thomas Emmrich gewinnt in Litvinov (CSSR) erneut das Hallenturnier der sozialistischen Länder im Tennis.

1. - 12. Dezember: Die Nationalmannschaft Handball der Frauen erreicht bei den WM in Ungarn Rang vier.

4. - 5. Dezember: Bianca Dittrich belegt beim Intervisionspokal in der Rhythmischen Sportgymnastik in Tbilissi (UdSSR) im Vierkampf Rang drei.

11. Dezember: Zu Sportlern des Jahres werden bei der 30. Umfrage der Tageszeitung „Junge Welt“ gewählt: Marita Koch, Bernd Drogan und die Friedensfahrtmannschaft 1982 (Thomas Barth, Falk Boden, Jörg Köhler, Lutz Lötzsch, Olaf Ludwig, Andreas Petermann). Fußballer des Jahres ist Rüdiger Schnuphase.

14. Dezember: Karin Kania läuft in Karl-Marx-Stadt über 5000 m Eisschnellauf Weltrekord in 7:49,49 min.

14. - 18. Dezember: Simone Koch wird in Sarajewo (Jugoslawien) Junioren-Weltmeisterin im Eiskunstlauf vor Karin Hendschke. Peggy Seidel/Ralf Seifert (Paarlauf) belegen den 2. und Nils Köpp den 3. Platz.

19. - 20. Dezember: Die Schwimmerinnen gewinnen in Göteborg (Schweden) den Europapokal. Die Schwimmer belegen Rang drei.

Januar bis Dezember:

Bei der XVI. Europa-Fernschachmeisterschaft wird IM Hans-Ulrich Grünberg Europameister.

Im Sportverlag erscheinen „Der Sport im alten Rom“ (Gerhard Lukas), „Coubertin. Leben, Denken und Schaffen eines Humanisten“ (Klaus Ullrich), „Ästhetik des Sports“ (Günter Witt), „Körperkultur und Sport in der DDR“ (Günther Wonneberger u.a.) „Offene Linien. Strategie für die Schachpraxis“ (Wolfgang Uhlmann u.a.) und „Kegeln“ (Kurt Scheermesser u.a.). Der Verlag J.A. Barth legt „Kardiodynamik im Sport (Klaus Gottschalck) vor.

1983

1. Januar: Mehr als 9.000 Hauptstädter gehen im Friedrichshain beim Berliner Neujahrslauf an den Start.

6. Januar: Jens Weißflog belegt bei der Internationalen Vierschanzentournee (BRD/Österreich) Rang zwei.

22. - 23. Januar: Andrea Schöne wird in Heerenveen (Niederlande) Europameisterin im Eisschnellauf (Mehrkampf) vor Karin Enke. Gabi Schönbrunn belegt Rang vier und läuft über 5000 m Weltrekord in 7:40,97 min.

29. - 30 Januar: Bernhard Lehmann/Bogdan Musiol gewinnen in Sarajewo (Jugoslawien) die Zweierbob-EM vor Germeshausen/Gerhardt.

1. - 6. Februar: Bei den WM im Rennschlittensport in Lake Placid (USA) werden Weltmeister: Steffi Martin (Einsitzer) vor Melitta Sollmann und Ute Weiß sowie Jörg Hoffmann/Jochen Pietzsch (Doppelsitzer).

1. - 6. Februar: Katarina Witt und Sabine Baeß/Tassilo Thierbach (Paarlauf) erringen in Dortmund (BRD) die EM-Titel im Eiskunstlaufen. Birgit Lorenz/Knut Schubert belegen Rang drei.

5. - 6. Februar: Der Bob DDR I (Lehmann, Musiol, Voge, Weise) wird in Sarajewo (Jugoslawien) Vizeweltmeister.

11. - 13. Februar: Christiane König gewinnt in Igls (Österreich) den Junioren-EM-Titel im Rennschlittensport vor Heike Popel und Heike Grübler. René Keller/Lutz Kühnlenz (Doppelsitzer) belegen den 2. Platz.

19. - 20. Februar: Andrea Schöne wird in Karl-Marx-Stadt Weltmeisterin im Eisschnellauf (Mehrkampf) vor Karin Enke.

20. - 27. Februar: Weltmeister im Biathlon werden in Antholz (Italien): Frank Ullrich (20 km) vor Frank-Peter Roetsch, André Sehmisch (Junioren 15 km) vor Jürgen Wirth und die 3x7,5-km-Staffel der Junioren (Wirth, Sehmisch, Dietz). Die 4x7,5-km-Staffel der Männer belegt ebenso wie André Sehmisch (Junioren) über 10 km Rang zwei.

21. - 26. Februar: Die IX. Kinder- und Jugendspartakiade wird in Oberwiesenthal und Karl-Marx-Stadt durchgeführt. Es nehmen 900 Ski- und Schlittensportler sowie 400 Eisschnell- und Eiskunstläufer teil. An den Kreisspartakiaden beteiligten sich 1982 insgesamt 38.800 und 1883 30.800 Aktive. Anläßlich dieser Spartakiade wird der KJS Oberwiesenthal in Anwesenheit des Fliegerkosmonauten der Name Sigmund Jähn verliehen und das Wintersportmuseum Oberwiesenthal eröffnet.

26. - 27. Februar: Karin Enke wird in Helsinki Sprintweltmeisterin im Eisschnellauf. Christa Rothenburger erringt die Bronzemedaille

26. - 27. Februar: Bei den Viererbob-WM in Lake Placid (USA) gewinnt der Bob DDR I (Richter, Forch, Gerlach, Jerke) die Bronzemedaille vor dem Bob DDR II (Hoppe, Wetzig, Schauerhammer, Voge).

5. - 6. März: Europa-Hallenmeister der Leichtathleten werden in Budapest: Marlies Göhr (60 m) vor Silke Gladisch, Marita Koch (200 m), Bettine Jahn (60 m Hürden) vor Kerstin Knabe, Thomas Munkelt (60 m Hürden).

5. - 6. März: Angela Stahnke erringt in Sarajewo (Jugoslawien) den Junioren-WM-Titel im Eisschnellauf (Mehrkampf). André Hoffmann belegt Rang drei.

6. März: Beim Erzgebirgskammlauf per Ski sind 1559 Aktive aus der CSSR und der DDR am Start. Davon absolvieren mehr 1000 den 50-km-Lauf.

7. - 13. März: Sabine Baeß/Tassilo Thierbach (Paarlauf) erringen bei der WM im Eiskunstlauf in Helsinki die Silbermedaille.

7. - 8. März: Edda Schumann gewinnt in Gostyn (Polen) das erstmals ausgerichtete Turnier für Frauen im Kegeln (Asphalt) „Eva '83".

11. - 13. März: Heiko Hunger wird in Kuopio (Finnland) Junioren-Weltmeister in der Nordischen Kombination. Oliver Warg (Nordische Kombination) und die 3x10-km-Staffel (Holger Bauroth, Mathias Herman, Uwe Wünsch) erringen jeweils die Bronzemedaille.

16. - 20. März: Bei den EM im Schießen mit Luftdruckwaffen in Dortmund (BRD) gewinnen die Mannschaft Luftgewehr der Männer (Rettkowski, Wolfram, Heilfort), die Mannschaft Luftpistole der Junioren (Eder, Richter, Hochmuth) und die Mannschaft Luftgewehr der Juniorinnen (Schmidt, Weidemann, Toth) jeweils die Silbermedaille und die Mannschaft Luftgewehr der Frauen (Gorzkulla, Helbig, Starkloff) die Bronzemedaille.

17. - 20. März: Klaus Ostwald wird in Harrachov (CSSR) Weltmeister im Skifliegen.

25. - 26. März: Christa Rothenburger läuft in Medeo (UdSSR) zwei Weltrekorde im Eisschnellaufen: über 500 m (39,69 s) - sie unterbietet als erste Frau die 40-Sekunden-Grenze - und im Sprint-Mehrkampf (161,120 Pkt).

27. März: Erster Großstaffellauf der Dresdener Oberschulen. Daran und am 6-km-Lauf nehmen Schüler von 80 Schulen teil. Im Großen Garten absolvieren mehr als 11.000 Läuferinnen und Läufer die Meile.

9. April: Fünfter Kyffhäuserberglauf (10, 24, 36 km, 10 km Wanderung und Stundenfahrt für Rollstuhlfahrer).

16. April - 2. Mai: Bei der Eishockey-WM (Gruppe A) in Düsseldorf und München (BRD) belegt die Nationalmannschaft Rang sechs.

17. - 20. April: Roland Gehrke (Schwergewicht) belegt bei den EM im Ringen (Freier Stil) in Budapest Rang zwei, Uwe Neupert (Halbschwer) Rang drei.

24. April: 20. Gedenklauf in Sachsenhausen mit mehr als 7000 Aktiven. Den Hauptlauf (15 km) gewinnt Konstantin Lebedjew (Kiew) vor Jörg Ludwig.

30. April: Im Finale um den Europapokal der Pokalsieger im Handball der Frauen unterliegt der SC Magdeburg in Osijek (Jugoslawien) dem RK Osijek mit 19:25 nach einem 27:21 in Magdeburg (24.4.).

1. Mai: Im Finale um den IHF-Pokal im Handball der Frauen unterliegt der SC Empor Rostock gegen Awtomobilist Baku (UdSSR) mit 15:18.

7. - 8. Mai: Astrid Heese wird in Göteborg (Schweden) Vizeeuropameister im Turnen (Schwebebalken).

7. - 15. Mai: Ralf Hunger (Halbmittelgewicht) und Ulli Kaden (Superschwer) erringen bei den EM im Boxen in Warna (Bulgarien) Silbermedaillen und Klaus-Dieter Kirchstein, Frank Rauschning, Siegfried Mehnert und Henry Maske jeweils eine Bronzemedaille.

8. - 22. Mai: Falk Boden und die DDR-Mannschaft gewinnen die Friedensfahrt Warschau-Berlin-Prag. Olaf Ludwig belegt Rang drei und erringt erneut das rosa, das weiße und das grüne Trikot.

28. - 29. Mai: Hubert Brylok wird in Warna (Bulgarien) Vizeeuropameister im Turnen (Reck, Pferdsprung). Jens Fischer belegt am Boden Rang drei und Ulf Hoffmann im Mehrkampf Rang vier.

6. - 11. Juni: Jochen Schümann erringt auf dem Neusiedler See (Österreich) den EM-Titel im Segeln (Finn-Klasse) vor Frank Butzmann.

8. Juni: Marlies Göhr läuft in Berlin Weltrekord über 100 m in 10,81 s.

8. - 12. Juni: Günter Till gewinnt mit Sturmflug das Mächtigkeitsspringen der Internationalen Pferdeleistungsschau (CSIO) in Sopot (Polen).

18. - 19. Juni: Ramona Neubert erreicht in Moskau eine Weltrekordleistung im Siebenkampf (6836 Pkt.) der Leichtathleten.

19. Juni: Den Europapokal im Marathon gewinnen in Loredo (Spanien) Waldemar Cierpinski vor Jürgen Eberding und die DDR-Mannschaft.

20. Juni: Verleihung des Kunstpreises des DTSB für Werke der bildenden und der angewandten Kunst, der Musik, Literatur und der Fotografie und Eröffnung der 5. Ausstellung „Kunst und Sport" in Leipzig.

23. - 26. Juni: 15. Spartakiade für körperbehinderte Kinder und Jugendliche in Neubrandenburg (Leichtathletik, Schwimmen, Tischtennis, Sitzball). Von den 300 Aktiven ist Daniela Sjöberg mit sechs Gold- und zwei Bronzemedaillen die erfolgreichste.

25. - 26. Juni: Die Leichtathletik-Mannschaft gewinnt in Los Angeles (USA) den Länderkampf gegen die USA mit 197:181 Punkten (Frauen 100:56, Männer 97:125). Udo Beyer stellt im Kugelstoßen mit 22,22 m einen neuen Weltrekord auf.

2. Juli: Die 10. Erfurter Burgenfahrt absolvieren 2122 Radwanderer im Alter von 5 bis 75 Jahren. Unter ihnen die Weltmeister Bernd Drogan und Andreas Petermann mit ihren Familien, Bernhard Eckstein, Mario Kummer, Olaf Ludwig, Uwe Raab, Detlef Macha, Thomas Huschke.

3. Juli: Die Fußball-Juniorenauswahl gewinnt das abschließende Spiel bei den Erbauern der Erdöltrasse in Iwano-Frankowsk (Ukrainische SSR). Der Erlös wird auf das Friedenskonto der UdSSR überwiesen.

5. - 7. Juli: Internationales Symposium „Kunst und Sport" des Nationalen Olympischen Komitees (NOK) mit Gästen aus 12 Ländern in Leipzig.

9. - 10. Juli: Europameister im Motorradgeländesport (Enduro) werden nach sechs Läufen in Neumarkt (Österreich) Harald Sturm (bis 250 ccm/MZ) und Jens Scheffler (bis 500 ccm/MZ). Horst Geißenhöner (bis 80 ccm/Simson) belegt Rang zwei, Rolf Hübler (bis 125 ccm/Simson) und Frank Schubert (bis 250 ccm/MZ) erreichen jeweils Rang drei.

9. - 10. Juli: Die Nationalmannschaft Sportangeln der Männer gewinnt am Sacrow-Paretzer Kanal zum dritten Mal in Folge den Pokal der Freundschaft, Wolfgang Beer siegt in seinem 50. Länderkampf in der Einzelkonkurrenz. Die Nationalmannschaft der Frauen erringt den erstmals ausgeschriebenen Pokal, Einzelsiegerin wird Karin Lehmann.

9. - 16. Juli: Jörg Rettig/Thomas Heldt werden auf dem Neusiedler See vor Mörbisch (Österreich) Junioren-Weltmeister im Segeln (470er Klasse). Ralf Rudlaff/Martin Richter belegen Rang drei.

9. - 16. Juli: Heiko Birke erringt bei den Junioren-EM im Segeln (Finn-Klasse) vor Porto San Giorgio (Italien) die Silbermedaille.

20. - 30. Juli: Die Florett-Mannschaft der Männer (Adrian Germanus, Klaus Kotzmann, Jens Howe, Hartmuth Behrens) gewinnt bei den WM in Wien die Silbermedaille. Mandy Niklaus (Florett) belegt Rang vier und die Florettmannschaft der Frauen Rang fünf.

24. - 31. Juli: Heiko Müller (Superschwer) wird in Kairo Vizeweltmeister der Junioren im Gewichtheben. Frank Hartmann (Schwer) belegt Rang drei.

25. - 31. Juli: Das VII. Turn- und Sportfest findet in Leipzig statt. Insgesamt nehmen 70.000 Aktive teil, u.a. 30.000 in 12 Übungsverbänden und 12.000 auf der Osttribüne an der Sportschau, Tausende am Tag der Sportfestmeile und mehr als 3000 Aktive an den volkssportlichen Wettkämpfen im Kegeln, Tischtennis und Volleyball. An den Qualifikationswettkämpfen beteiligten sich im Tischtennis 353.000, im Kegeln 428.950 und im Volleyball 226.000 Aktive.

25. - 31. Juli: Die IX. Kinder- und Jugendspartakiade (Sommersportarten) wird in Leipzig, Berlin (Wasserfahrsport) und Rostock (Segeln) durchgeführt. An den Kreisspartakiaden nahmen insgesamt 997.000 Kinder und Jugendliche teil, 99.500 starteten bei den Bezirksspartakiaden und 10.000 in 19 Sportarten bei der Zentralen Spartakiade.

27. - 31. Juli: Weltmeister im Kanurennsport werden in Tampere (Finnland): Birgit Fischer (KI), Birgit Fischer/Carsta Kühn (KII) und Fischer/Giese/Kühn/Walther (KIV Frauen), über 500 m der Männer der KII (Fischer/Wohllebe) und der KIV (Stähle/Hempel/Helm/Marg) und über 1000 m Rüdiger Helm (KI) und Frank Fischer/André Wohllebe (KII).

28. Juli: Bernd Wiesner absolviert als erster Fallschirmspringer aus der DDR seinen 5000. Sprung.

31. Juli: Die 4x100-m-Staffel (Marlies Göhr, Ingrid Auerswald, Marita Koch, Silke Gladisch) läuft in Berlin Weltrekord (41,53 s).

Juli: Bei den Jugendwettkämpfen der Freundschaft (JWdF) in Swesdiza (Bulgarien) gewinnen die Mädchen und die Jungen jeweils die Mannschaftswertung im Turnier- und im sportlichen Angeln, Torsten Müller (Turnierangeln) und Marion Bartel (sportliches Angeln) die Einzelwertung.

Juli: An der Kreisspartakiade in Aschersleben nehmen 31 Mannschaften und 99 Einzelstarter im Schach teil, das erste Mal auch Aktive der Altersklasse 6 aus der Vorschulgruppe des Kindergartens.

1. - 5. August: Beim V. Internationalen Sportfest der Querschnittsgelähmten in Wien erringen die Aktiven sechs Gold-, sechs Silber- und acht Bronzemedaillen. Pokale für außergewöhnliche Leistungen erhalten: Marianne Buggenhagen (Siegerin im Diskuswerfen mit Weltrekord, im Kugelstoßen und Speerwerfen) und Rainer Tabel (Sieger im Kugelstoßen).

3. - 7. August: Beim FISA-Junioren-Championat im Rudern in Vichy (Frankreich) gewinnen die Juniorinnen fünf Goldmedaillen und die Junioren fünf Gold- und zwei Silbermedaillen.

5. - 7. August: 60 Jahre Schleizer Dreieck, 50. Rennen auf dem Schleizer Dreieck und 25 Jahre MC Schleizer Dreieck. Insgesamt 135.000 Zuschauer nehmen an den Jubiläumsveranstaltungen teil.

5. - 8. August: Bei den Junioren-EM im Schwimmen, Wasserspringen und Wasserball in Mulhouse (Frankreich) erringen die Aktiven 19 Gold-, fünf Silber- und sechs Bronzemedaillen.

7. - 14. August: Weltmeister werden bei den ersten Leichtathletik-WM in Helsinki: Marlies Göhr (100 m), Marita Koch (200 m), Bettine Jahn (110 m Hürden), Heike Daute (Weitsprung), Martina Opitz (Diskuswurf), Ramona Neubert (Siebenkampf), die 4x100-m-Staffel (Silke Gladisch, Marita Koch, Ingrid Auerswald, Marlies Göhr), die 4x400-m-Staffel (Kerstin Walther, Sabine Busch, Marita Koch, Dagmar Rübsam), Detlef Michel (Speerwurf) und Ronald Weigel (50 km Gehen).

13. - 20. August: Fünfte Etappenwanderung auf dem neugestalteten Wanderweg „Erzgebirge - Vogtland“ (140 km).

16. August: Joachim Streich wird zum Fußballer des Jahres gewählt.

18. - 21. August: Bei den Junioren-EM im Kanurennsport in Bydgoszcz (Polen) gewinnen die Aktiven fünf Gold-, fünf Silber- und drei Bronzemedaillen. Andreas Stähle erringt die Goldmedaille im KI (500 m), mit der Mannschaft im KIV (500 m) und im KIV über 1000 m.

20. - 21. August: Die Frauen- und die Männermannschaft der Leichtathleten erringen in London die Europapokale.

20. - 27. August: Bei den EM im Schwimmen, Wasserspringen und Wasserball in Rom gewinnen die Aktiven 17 Gold-, 17 Silber-, fünf Bronzemedaillen und den großen Pokal für die erfolgreichste Mannschaft. Birgit Meineke wird fünffache und Ute Geweniger mit Weltrekord (100 m Brustschwimmen 1:08,51 min) vierfache Europameisterin. Weltrekorde schwimmen außerdem die 4x100-Lagenstaffel in 4:05,79 min (Kleber,

Geweniger, Geißler, Meineke) und die 4x200-m-Freistilstaffel in 8:02,27 min (Meineke, Strauß, Otto, Sirch).

22. - 28. August: Lutz Heßlich (Sprint) wird in Zürich (Schweiz) Weltmeister im Bahnradsport. Silbermedaillen gewinnen Bernd Dittert (4000-m-Einzelverfolgung), Hans-Joachim Pohl (Punktefahren) und die Mannschaft im 4000-m-Verfolgungsfahren (Dittert, Pohl, Hernig, Wolf) und Bronzemedaillen Michael Hübner (Sprint) und Lothar Thoms (1000-m-Einzelzeitfahren).

24. - 28. August: Thomas Emmrich wird in Katowice (Polen) zum dritten Mal internationaler polnischer Meister im Tennis (Einzel) und mit Dalibor David (CSSR) zum vierten Mal im Doppel.

25. - 28. August: Bei den Junioren-EM in der Leichtathletik in Schwechat (Österreich) erringen die Aktiven 13 Gold-, sieben Silber- und sieben Bronzemedaillen. Thomas Schönlebe wird über 400 m Europameister und Christian Schenk belegt im Zehnkampf Rang zwei.

26. - 29. August: Bei den EM im Flossenschwimmen und Streckentauchen in Dunaujvaros (Ungarn) gewinnen die Aktiven fünf Bronzemedaillen.

26. August - 2. September: Jörn Borowski/Egbert Swensson werden vor Puck (Polen) Europameister im Segeln (470er Klasse).

27. August - 4. September: Weltmeister im Rudern werden in Duisburg (BRD): Jutta Hampe (Einer), der Vierer m.Stfr., der Doppelzweier und der Zweier o.Stfr. und bei den Männern der Doppelzweier, der Zweier o.Stm. und der Zweier m.Stm. Bei den Frauen belegt der Doppelvierer Rang zwei und der Achter Rang drei, bei den Männern der Vierer m.Stm., Uwe Mund (Einer), der Doppelvierer und der Achter jeweils Rang zwei.

28. August: Am Berliner Friedenslauf (Meile, 5, 10, 20 km, Marathon, Fuß- und Radwanderung) nehmen mehr als 35.000 Aktive teil. 20 Rollstuhlfahrer starten über 20 km (Sieger: Burkhard Kunicke) und sechs Sehgeschädigte bei der 35-km-Wanderung (Sieger: Dr. Hans Jürgen Schubert).

30. August - 9. September: Europameister im Schießen werden in Bukarest: Marlies Helbig (Standardgewehr 3x20 Schuß), die Mannschaft Standardgewehr 3x20 Schuß der Frauen (Helbig, Moch, Starkloff), Bernhard Hochwald (Skeet), Axel Wegner (Junioren Skeet) und die Mannschaft Skeet der Junioren (Wegner, Busse, Weigert). Rang zwei belegen die Mannschaft Freie KK-Büchse 3x40 Schuß der Männer und Tilo Weigel (Junioren, laufende Scheibe normaler Lauf).

31. August - 3. September: Uwe Raab wird in Altenrhein (Schweiz) Weltmeister im Straßenfahren. Thomas Barth belegt Rang vier, Olaf Ludwig Rang sechs und Falk Boden Rang acht.

4. - 11. September: Axel Lukas gewinnt als Junior in Ampugnano (Italien) den Weltpokal im Fallschirmspringen der Männer und den Pokal der Junioren, Daniela Baum den für die beste Juniorin. Bei den Männern belegen Andreas Müller, bei den Frauen Cornelia Fischer jeweils Rang zwei.

5. - 10. September: Helmar Nauck/Norbert Hellriegel/Sven Diedering gewinnen bei der EM im Segeln (Soling-Klasse) vor Medemblik (Niederlande) die Bronzemedaille.
5. - 10. September: Zentrales Treffen der Motortouristen (Camper und Caravaner) aus den sozialistischen Ländern in Kühlungsborn.
9. September: Zwanzig Amateur-Höhlenforscher beenden eine vierzehntägige Expedition in die Rhodopen (Bulgarien).
9. - 18. September: Der Sportsonderzug des Bezirksfachausschuß Halle des DWBO führt in das Orava-Gebiet (Rohac), die Mala-Fatra, die Beskyden und die Niedere Tatra (CSSR).
10. - 11. September: Den Europapokal im Siebenkampf erringt in Sofia zum fünften Mal die DDR (Ramona Neubert, Kristine Nitzsche, Sibylle Thiele). Die Zehnkämpfer (Freimuth, Grummt, Lindner) belegen Rang zwei. Einzelsieger werden Ramona Neubert und Uwe Freimuth.
16. September: Wissenschaftliches Seminar in Leipzig zur Entwicklung des Frauen- und Familiensports.
16. - 23. September: Marlies Helbig wird in Innsbruck (Österreich) Weltmeister im Sportschießen (Luftgewehr) und stellt den Weltrekord ein (395 Ringe). Frank Rettkowski (Luftgewehr) gewinnt die Bronzemedaille.
17. - 18. September: Beim Turnier der sozialistischen Länder im Bogenschießen in Jena belegen Rosemarie Grzondziel und Peter Schäk jeweils Rang zwei.
17. - 25. September: Die Nationalmannschaft Volleyball der Frauen wird in Rostock Europameister. Die Männer belegen in Berlin Rang sechs.
22. September - 1. Oktober: Günter Reichelt (Federgewicht) wird in Kiew (UdSSR) Vizeweltmeister im Ringen (Klassischer Stil), Uwe Neupert (Freier Stil, Halbschwergewicht) erkämpft die Bronzemedaille.
September: Der Internationale Bergwanderweg der Freundschaft Eisenach-Budapest (2700 km) wird eröffnet.
1. - 2. Oktober: Monika Cassens erringt bei den Internationalen Meisterschaften der CSSR im Federball in Prag drei Titel (Einzel, Doppel mit Petra Michalowsky, Mix-Doppel mit Edgar Michalowski).
3. - 8. Oktober: Bei der Mannschafts-WM im Motorradgeländesport in Llandrindod Wells (England) gewinnt die Mannschaft Simson I (Geißenhöner, Hübler, Lämmel) zum ersten Mal die Wertung bei den Fabrikmannschaften und bringt als einzige alle eingesetzten Maschinen ins Ziel.
7. - 9. Oktober: Beim Länderturnier im Hockey der Frauen in Jena belegt die Nationalmannschaft Rang zwei.
10. - 16. Oktober: Die Nationalmannschaft Schach der Sehgeschädigten gewinnt das Intersport-Mannschaftsturnier in Kühlungsborn vor Ungarn.
12. - 16. Oktober: Weltmeister im Judo werden in Moskau Detlef Ultsch (Mittelgewicht) und Andreas Preschel (Halbschwer). Klaus-Peter Stollberg (Extraleicht) und Henry Stöhr (Schwergewicht) belegen jeweils Rang drei.

14. - 22. Oktober: Die Handball-Nationalmannschaft der Juniorinnen gewinnt bei der WM in Frankreich die Silbermedaille.

15. Oktober: Erste DDR-Mokick-Rallye am Hölzernen See. Es nehmen 84 männliche und 4 weibliche Jugendliche (16-20 Jahre) teil.

15. - 16. Oktober: 1. Pokalturnier im Kegeln (Asphalt) mit Mannschaften aus zehn Nachwuchsstützpunkten in Karl-Marx-Stadt.

17. - 22. Oktober: Beim Weltcupturnier im Boxen in Rom belegen Frank Rauschning (Federgewicht), Ralf Hunger (Halbmittelgewicht) und Ulli Kaden (Superschwer) jeweils Rang drei.

19. Oktober: Arbeitsseminar der Kommission Sportmedizin des Wissenschaftlichen Rates Körperkultur und Sport zum Thema „Körperliche Leistungsfähigkeit und organismische Funktionstüchtigkeit im Alternsgang".

19. - 21. Oktober: Wissenschaftliche Konferenz zur „Lehrplanrealisierung im Fach Sport" an der Pädagogischen Hochschule Zwickau.

22. - 31. Oktober : Joachim Kunz (Leichtgewicht) wird in Moskau Welt- und Europameister im Gewichtheben (Zweikampf, Stoßen).

23. - 30 Oktober: Maxi Gnauck erringt in Budapest den WM-Titel am Stufenbarren. Die Frauenmannschaft (Gnauck, Rau, Fähnrich, Heese, Morawe, Schieferdecker) und Bernd Jensch (Pferdsprung) belegen jeweils Rang drei.

26. - 28. Oktober: Internationales Symposium zum Thema „Sportpädagogik - Körpererziehung - Persönlichkeit" in Potsdam mit Teilnehmern aus 22 Ländern.

Oktober: Doppelsieg bei der ersten Fernschach-WM der Gehörlösen: Fernschach-Weltmeister wird Frank Brewig vor Kurt Pötzsch.

Oktober: Volker-Michael Anton belegt im Weltcup-Finale des Weltfernschachbundes (ICCF) Rang zwei.

5. - 6. November: Petra Michalowsky wird in Budapest zweifacher ungarischer Meister im Federball, im Doppel mit Monika Cassens und im Mix-Doppel mit Erfried Michalowsky.

5. - 6. November: Bei der traditionellen Woltersdorfer Motorsportveranstaltung wird erstmals der Motorrad-Trial als Lauf zum „Pokal der Freundschaft" ausgefahren. Die Nationalmannschaft belegt hinter der CSSR Rang zwei.

11. - 13. November: Junioren-Europameister im Judo werden in Papendal (Niederlande) Axel Broege (Extraleicht), Torsten Oehmigen (Halbmittel) und Heiko Bielert (Halbschwer). Rang zwei belegen Sven Loll (Leicht) und Steffen Scherping (Schwer), Rang drei Guido Hoffmann (Halbleicht).

16. November: Beim EM-Qualifikationsspiel im Fußball DDR-Schottland in Halle (2:1) schießt Joachim Streich das 400. Länderspieltor der A-Auswahl.

26. - 27. November: Birgit Hünger/Friedhelm Zänger gewinnen beim Karpatenpokalturnier im Kegeln (Asphalt) in Bukarest den Mixed Paarkampf und nach 1968 und 1971 zum dritten Mal den Pokal für den DKV.

1. - 12. Dezember: Der Internationale Großmeister (IGM) Rainer Knaak gewinnt das V. Internationale Schachturnier um den Preis der Stadt Leipzig (FIDE-Kategorie 9) vor UdSSR-Großmeister Juri Rasuwajew.

2. - 4. Dezember: 25. Jahrestagung der Gesellschaft für Sportmedizin in Leipzig zum Thema: „Theoretische Positionen und praktische Ableitungen für die Ausprägung motorischer Grundfunktionen - ein Beitrag... zur Vervollkommnung der Gesundheit und Erhöhung der Leistungsfähigkeit".

7. - 10. Dezember: Junioren-WM-Titel im Eiskunstlauf erringen in Sapporo (Japan) Manuela Landgraf/Ingo Steuer (Paarlauf) und Karin Henschke.

10. Dezember: Zu Sportlern des Jahres werden von mehr als zwei Million Sportinteressierten (2.004.963) gewählt: Marita Koch, Uwe Raab und die Nationalmannschaft Volleyball der Frauen.

17. - 18. Dezember: Die Schwimmerinnen verteidigen in Ankara (Türkei) den Europapokal (25-m-Bahn). Die Schwimmer belegen Rang drei.

Dezember: Die DDR-Straßenfahrer gewinnen erstmals den Pokal des Komitees der Rundfahrtveranstaltungen (AIOCC). Olaf Ludwig erhält die „Goldene Palme" und wird „Weltbester Radsportler des Jahres 1983".

Januar bis Dezember:

Im Verlag Volk und Gesundheit erscheinen das Lehrbuch „Bewegungserziehung, bildnerische Erziehung, Musikerziehung" (Fritz Bachmann u.a.) und „Rehabilitative Bewegungserziehung" (Annelis Beger), J.A. Barth legt „Frau und Sport aus sportmedizinischer Sicht" (Kurt Märker) und der Verlag Volk und Wissen „Basketball in der Schule" (Irmgard Konzag u.a.) vor. Der Sportverlag bringt die „Illustrierte Geschichte der Körperkultur" Band 1 und 2 (Hg.: Wolfgang Eichel) und „Gerätturnen einst und jetzt" Band 1 und 2 (Wolfgang Pahncke u.a.) heraus.

1984

1. Januar: In Leipzig wird die „Friedensmeile 1984" gestartet.
6. Januar: Jens Weißflog gewinnt die Internationale Vierschanzentournee (BRD/Österreich) vor Klaus Ostwald. Zum dritten Mal gewinnen Skispringer derselben Mannschaft alle vier Springen (Weißflog 3, Ostwald 1).
6. - 8. Januar: Angela Stahnke wird in Assen (Niederlande) zum dritten Mal in Folge Junioren-Weltmeisterin im Eisschnellauf (Mehrkampf).
9. - 14. Januar: Katarina Witt verteidigt bei den EM im Eiskunstlauf in Budapest ihren Titel. Sabine Baeß/Tassilo Thierbach (Paarlauf) belegen den zweiten und Birgit Lorenz/Knut Schubert den dritten Rang.
14. - 15. Januar: Gabi Schönbrunn wird in Medeo (UdSSR) Europameisterin im Eisschnellauf (Mehrkampf) mit Weltrekord über 5000 m (7:39,44 min).
21. - 22. Januar: Andreas Ehrig belegt bei den EM im Eisschnellauf (Mehrkampf) in Larvik (Norwegen) Rang vier.
21. - 22. Januar: Bei den EM im Rennschlittensport in Olang (Italien) belegen Heike Popel und Cerstin Schmidt die Ränge zwei und drei.
21. - 22. Januar: Jens Müller wird in Imst (Österreich) Juniorenweltmeister im Rennschlittensport (Einsitzer) vor Frank Trebeß. René Keller/Lutz Kühnlenz (Doppelsitzer) gewinnen die Silbermedaille.
23. Januar: Klaus Ostwald springt auf der Schanze im Kanzlersgrund bei Oberhof neuen Schanzenrekord (127 m) und landet damit den weitesten Sprung auf dem Territorium der DDR.
28. - 29. Januar: Karin Enke wird in Deventer (Niederlande) Weltmeisterin im Eisschnellauf (Mehrkampf) vor Andrea Schöne und Gabi Schönbrunn. Sabine Brehm belegt Rang fünf.
1. - 5. Februar: Holger Bauroth erringt in Trondheim (Norwegen) den WM-Titel im Skilanglauf der Junioren (15 km) und die Mannschaft Nordische-Kombination (Jens Wagler, Silvio Memm, Heiko Hunger) den erstmals vergebenen Mannschaftstitel. Die 3x10-km-Staffel gewinnt die Silbermedaille.
8. - 19. Februar: Bei den XIV. Olympischen Winterspielen in Sarajevo (Jugoslawien) erkämpfen die Aktiven neun Gold-, neun Silber- und sechs Bronzemedaillen. Olympiasieger werden Wolfgang Hoppe/ Dietmar Schauerhammer (Zweierbob) vor Bernhard Lehmann/Bogdan Musiol und der Viererbob DDR I (Hoppe, Wetzig, Schauerhammer, Kirchner) vor DDR II, Katarina Witt (Eiskunstlauf), im Eisschnellauf Christa Rothenburger (500 m) vor Karin Enke, Karin Enke (1000 m, 1500 m mit Welrrekord in 2:03,42 min) jeweils vor Andrea Schöne, Andrea Schöne (3000 m) vor Karin Enke und Gabi Schönbrunn, Steffi Martin (Rennschlittensport) vor Cerstin Schmidt und Ute Weiß, Jens Weißflog (Skispringen Normalschanze).
10. - 12. Februar: Die Volleyballerinnen des SC Dynamo Berlin gewinnen in Ankara (Türkei) zum zweiten Mal den Europapokal der Pokalsieger.

13. Februar: Erster Gedenklauf in Dresden anläßlich des 39. Jahrestages des anglo-amerikanischen Bombenangriffs und der Zerstörung der Stadt.

18. Februar: Klaus Meißner absolviert beim Länderkampf DDR-Polen im Kegeln (Asphalt/Kunststoffbahnen) in Bautzen seinen 100. internationalen Einsatz für die Nationalmannschaft.

22. - 23. Februar: Wissenschaftliche Konferenz der Sektion Sportwissenschaft an der Humboldt-Universität zu Berlin zum Thema: „Didaktische Berücksichtigung von Geschlechtsbesonderheiten im Sportunterricht".

25. - 26. Februar: Andreas Ehrig wird in Göteborg (Schweden) Vizeweltmeister im Eisschnellauf (Mehrkampf).

26. Februar: Bei den Mannschafts-WM im Skispringen in Engelberg (Schweiz) gewinnt die Mannschaft (Klaus Ostwald, Ulf Findeisen, Matthias Buse, Jens Weißflog) die Silbermedaille.

27. Februar - 4. März: André Sehmisch wird in Chamonix (Schweiz) erneut Junioren-Weltmeister im Biathlon (15 km). Über 10 km belegt er Rang drei.

1. März: Die Rahmenvereinbarung über die Kooperation zwischen der Gesellschaft für Sportmedizin und der für Orthopädie wird unterzeichnet.

1. - 4. März: Junioren-Europameister im Sportschießen mit Luftdruckwaffen werden in Budapest Sabine Toth (Luftgewehr) und die Mannschaft Luftgewehr der Juniorinnen (Sabine Toth, Angela Berger, Kerstin Zirpins).

3. - 4. März: Karin Enke gewinnt in Trondheim (Norwegen) den WM-Titel im Eisschnellauf (Sprint-Mehrkampf) und damit als erste Frau der Welt beide Mehrkampf-WM-Titel eines Jahres. (vgl. 28.-29. Jan. 1984)

8. März: Frank-Peter Roetsch erringt in Oslo den Weltcup im Biathlon.

9. März: Unterzeichnung der Vereinbarung über die Zusammenarbeit auf dem Gebiet des Sports zwischen Frankreich und der DDR in Paris.

11. März: IOC-Präsident J. A. Samaranch überreicht in Berlin dem dreimaligen Olympiasieger im Rudern Siegfried Brietzke (1972, 1976, 1980) die Bronzemedaille des Olympischen Ordens.

19. - 24. März: Katarina Witt wird in Ottawa (Kanada) Weltmeisterin im Eiskunstlauf und gewinnt damit den dritten Titel in dieser Saison. Sabine Baeß/Tassilo Thierbach erringen die Bronzemedaille.

24. März: Jens Weißflog erringt durch seinen Sieg in Planica (Jugoslawien) den Weltcup im Skispringen.

24. - 25. März: Uwe Dotzauer belegt beim ersten Weltcup-Finale der Nordisch-Kombinierten in Strebsko Pleso (CSSR) Rang zwei.

24. - 25. März: Beim traditionellen „Start in den Frühling" der Läufer, Läuferinnen und Wanderer absolvieren in Dresden 8.000 Aktive die Friedensmeile. In Halle nehmen 10.000 Aktive am ersten Friedenslauf teil.

24. - 25. März: Andrea Schöne läuft beim Ländervergleich UdSSR - DDR in Medeo (UdSSR) Weltrekorde im Eisschnellauf über 1500 m (2:03,34 min), 3000 m (4:20,91 min) und 5000 m (7:34,54 min).

7. April: 3310 LäuferInnen und Wanderer nehmen am Kyffhäuserberglauf teil.

10. April: An der DHfK beginnt der 21. Internationale Trainerkurs mit Studierenden aus mehr als 20 Ländern.

10. April: Wissenschaftliches Kolloquium der Sektion Sportwissenschaft an der Pädagogischen Hochschule Potsdam zum Thema „Sportunterricht in der Abiturstufe: Lehrplanrealisierung - Gestaltung von Schülertätigkeiten".

12. April: Offener Brief des Präsidenten des NOK, Manfred Ewald, an den Präsidenten des Organisationskomitees der Spiele der XXIII. Olympiade 1984 in Los Angeles, Peter Ueberroth, in dem die Erwartung geäußert wird, daß in Los Angeles die Olympische Charta und das Reglement der internationalen Föderationen eingehalten werden.

19. April: Leistungssportkonferenz Wintersport des DTSB in Oberhof.

24. - 26. April: Internationales Symposium der Sektion Sportwissenschaft der Universität Rostock zum Thema „Gestaltung und Leitung des außerunterrichtlichen Kinder- und Jugendsports".

29. April - 1. Mai: Günter Reichelt (Federgewicht) und Thomas Horschel (Schwergewicht) gewinnen bei den EM im Ringen (Freier Stil) in Jönköping (Schweden) jeweils die Silbermedaille.

5. - 6. Mai: Sabine Paetz verbessert in Potsdam den von Ramona Neubert gehaltenen Weltrekord im Siebenkampf (6887 Punkte).

8. - 21. Mai: Olaf Ludwig gewinnt bei der Friedensfahrt Berlin-Prag-Warschau vier Etappen und ist mit insgesamt 21 Etappensiegen der erfolgreichste Fahrer. Er belegt im Gesamtklassement Rang drei und erringt erneut das rosa, violette und weiße Trikot. Die Mannschaft (Ludwig, Jentzsch, Raab, Barth, Lötzsch, Radtke) erreicht den 2. Platz.

9. - 11. Mai: Beim internationalen Turnier (CNi) in Karlovy Vary (CSSR) belegt Eberhard Günter bei der Vielseitigkeitsprüfung für Wagenpferde-Vierspänner Rang zwei in der Gesamtwertung.

10. Mai: Erklärung des NOK, daß die USA-Administration und die Organisatoren der Olympischen Spiele in Los Angeles die Bestimmungen der olympischen Charta, das Reglement der internationalen Föderationen und die Gepflogenheiten des internationalen Sports verletzen, damit „keine regulären Bedingungen für die Teilnahme der DDR-Sportler gegeben sind" und es infolgedessen entschieden hat, „nicht an den Spielen der XXIII. Olympiade 1984 in Los Angeles teilzunehmen."

18. - 20. Mai: Der VII. Turn- und Sporttag des DTSB berät in Berlin die Aufgaben für die zweite Hälfte der 80er Jahre. Manfred Ewald wird wieder zum Präsidenten des Bundesvorstandes des DTSB gewählt.

22. - 27. Mai: Dieter Raßmus (Mittelgewicht) wird in Lignano Sabbiadoro (Italien) Junioren-Welt- und Europameister im Gewichtheben (Zweikampf). Frank Ehricht (Mittelgewicht) gewinnt das Stoßen.

26. Mai: Beim Internationalen Leichtathletik-Sportfest für Körperbehinderte der Intersport-Invalid (ISI) in Fonyód (Ungarn) belegt die DDR-Mannschaft Rang drei. Detlef Eckert (Hochsprung 1,87 m) erhält den Pokal für den „Besten Sportler".

27. Mai: Kristin Otto schwimmt in Magdeburg Weltrekord über 200 m Freistil (1:57,75 min), Jens-Peter Berndt über 400 m Lagen (4:19,61 min).

27. Mai - 3. Juni: Junioren-Europameister im Boxen werden in Tampere (Finnland) René Breitbarth (Halbfliegengewicht), Dieter Berg (Fliegengewicht), Wolfram Schmidt (Halbweltergewicht) und René Ryl (Mittelgewicht).

30. Mai - 5. Juni: Vizeeuropameister im Schießsport der Junioren werden in Vingsted (Dänemark) Gernot Eder (Freie Pistole) und die Mannschaft Standardgewehr 3x20 Schuß der Juniorinnen (Berger, Toth, Friese).

3. Juni: Die 4x400-m-Staffel der Frauen (Gesine Walther, Sabine Busch, Dagmar Rübsam, Marita Koch) läuft in Erfurt Weltrekord (3:15,92 min).

4. - 7. Juni: Internationales Kolloquium in Blossin zu Poblemen der Gestaltung, Organisation und Leitung des Volkssports im Prozeß der Entwicklung des Massencharakters von Körperkultur und Sport.

13. - 14. Juni: Wissenschaftliches Kolloquium des DTSB und der Sektion Sportwissenschaft Jena in Bad Blankenburg zum Leitthema „Olympische Spiele - Symbol des Strebens nach Frieden und Völkerverständigung".

24. Juni - 1. Juli: Thomas Emmrich gewinnt beim 30. Internationalen Zinnowitzer Tennisturnier erneut das Einzel und das Doppel mit Ralf Lichtenfeld, mit dem er auch den Nationenpokal erringt.

30. Juni: Erster Leipziger Triathlon. 352 Starter erreichen das Ziel.

7. - 8. Juli: Rita Winkler und Ann Josefsson (Schweden) gewinnen in Bad Doberan den Internationalen Ostsee-Orientierungslauf.

7. - 20. Juli: Erste Radwanderung „Auf Friedensfahrtkurs" von Berlin über Prag nach Warschau (1800 km).

14. - 15. Juli: Europameister im Motorradgeländesport (Enduro) werden in Mauer (BRD) Rolf Hübler (bis 125 ccm/Simson), Harald Sturm (bis 250 ccm/MZ) und Jens Scheffler (bis 500 ccm/MZ), Vizeeuropameister Jens Thalmann (bis 80 ccm/Simson) und Jochen Schützler (bis 500 ccm/MZ). Rang drei belegen: Horst Geißenhöner (bis 80 ccm/Simson), Uwe Weber (bis 250 ccm/MZ) und Andreas Cyffka (bis 500 ccm/MZ).

18. - 21. Juli: Beim FISA-Junioren-Championat im Rudern in Jönköping (Schweden) gewinnen die Ruderinnen und Ruderer in 11 der 14 Bootsklassen die Goldmedaille und drei Silbermedaillen.

19. - 26. Juli: Beim Olympischen Wissenschaftskongreß unter der Leitthematik „Sport, Gesundheit und Wohlbefinden" in Eugene (USA) referieren die Professoren H.G. Herrmann (Ausbildung von Trainern), E. Buggel (Massensport und Leistungssport - Einheit oder Gegensatz), H. Bierstedt (Funktion des Sports im Konzept einer sinnvollen Freizeitgestaltung), H. Gärtner (Ziele und Inhalte der Unterrichtsanleitungen für Sport in den Schulen der DDR) und K. Tittel (Sportmedizin).

20. Juli: Erste Allkategorien-Meisterschaft im Gewichtheben in Schwedt.

21. Juli: Uwe Hohn wirft in Berlin als erster den Speer über 100 m und stellt mit 104,80 m einen neuen Weltrekord auf.

21. Juli: Beim Turnier der Freundschaft im Handball der Männer in der DDR gewinnt die Nationalmannschaft das Finale gegen die UdSSR (18:17).

26. Juli: Abschluß des Internationalen Friedensmarathons 1984 Moskau-Freiberg mit Läufern aus der CSSR, DDR und UdSSR in Freiberg.

26. - 29. Juli: Bei den Junioren-EM im Schwimmen, Wasserspringen und Wasserball in Luxemburg gewinnen die Aktiven 18 Gold-, 15 Silber- und drei Bronzemedaillen. Sylvia Gerasch erringt drei Goldmedaillen auf den Einzelstrecken und eine weitere mit der Staffel.

28. Juli - 12. August: Spiele der XXIII. Olympiade in Los Angeles (USA). Die DDR-Mannschaft nimmt nicht teil. (vgl. 12.4. und 10.5.1984)

31. Juli - 4. August: Ralf Rudlaff/Martin Richter werden auf dem Silvaplanersee bei Sankt Moritz (Schweiz) Junioren-Weltmeister im Segeln (470er Klasse) vor Andreas Pape/Nico Edmonds.

Juli: Die Felsenburg Neurathen ist wieder zugänglich. Zwanzig Männer um Bergsteiger Klaus Böhme und Bodendenkmalpfleger Alfred Neugebauer leisteten dafür mehr als 13.000 Arbeitsstunden in ihrer Freizeit.

1. - 5. August: Thomas Emmrich wird in der Einzel- und in der Doppelkonkurrenz (mit Ralf Lichtenfeld) in Keszthely erneut ungarischer Meister.

7. - 11. August: Bei den Jugendwettkämpfen der Freundschaft im Handball in Halle erringen die Jungen die Goldmedaille.

8. - 11. August: Bei der internationalen Pferdeleistungsschau in Bratislava (CSSR) gewinnen Rüdiger Lampe/Meteor, Bernd Peters/Tigris, Rolf Günther/Robin II und Falk Siegling/Grolle-Dich das Mannschaftsspringen.

9. August: An der Salzmann-Oberschule Waltershausen-Schnepfenthal wird des 225. Geburtstages von Johann Chistoph Friedrich GutsMuths gedacht.

12. August: Im Turnier um den Eishockey-Europapokal der Landesmeister in St. Ulrich (Italien) belegt der SC Dynamo Berlin Rang drei.

12. - 19. August: Michael Schulze (Sprint) und Jens Glücklich (1000-m-Zeitfahren) werden in Caen (Frankreich) Junioren-Weltmeister im Bahnfahren.

14. August: Hans-Jürgen Dörner wird Fußballer des Jahres 1983/84.

18. - 22. August: Bei den Wettkämpfen der Freundschaft in Moskau-Krylatskoje stellen die Bahnfahrer vier Weltrekorde auf: Lutz Heßlich (Sprint) durchfährt die letzten 200 m in 9,98 s und absolviert die 200 m mit fliegendem Start in 10,021 s, Michael Hübner über 500 m mit fliegendem Start (26,47 s), Bernd Dittert in der 4000-m-Einzelverfolgung (4:36,47 min).

18. - 24. August: Bei den Wettkämpfen der Freundschaft im Boxen in Havanna gewinnt Torsten Schmitz (Weltergewicht) als einziger der Gäste aus 12 Ländern eine Goldmedaille.

19. - 25. August: Bei den Wettkämpfen der Freundschaft in Moskau schwimmt Sylvia Gerasch Weltrekord über 100 m Brust in 1:08,29 min,

Ina Kleber über 100 m Rücken in 1: 00,59 min, die 4x100-m-Freistilstaffel in 3:42,41 min und die 4x100-Lagenstaffel der Frauen in 4:03,69 min.
22. - 26. August: Den Junioren-EM-Titel im Segeln (Finn-Klasse) gewinnt in Helsinki Björn Österreich vor Dirk Loewe und Henry Herrmann.
24. - 26. August: Bei den Jugendwettkämpfen der Freundschaft im Ringen (klassischer Stil) in Suhl gewinnt Maik Bullmann (bis 75 kg) die Goldmedaille.
29. August - 9. September: Weltmeister im Fallschirmspringen werden in Vichy (Frankreich) Barbara Harzbecker (Figurenspringen, Gesamteinzelwertung) und Ronald Eilenstein (Gesamteinzelwertung). Beim Figurenspringen belegen Gerd Harzbecker den 2. und Ronald Eilenstein den 3. Platz, in der Gesamtmannschaftswertung die Frauenmannschaft den 2. und die Männermannschaft den 3. Platz.
2. September: Am Berliner Friedenslauf nehmen 35.000 LäuferInnen, Rollstuhlfahrer und Radwanderer teil (Meile, 4, 10, 20 km, 35 km Rad, Marathon).
4. September: Rüdiger Helm wird von Sportjournalisten aus 15 Ländern zum weltbesten Kanusportler des Jahres 1983 gewählt.
9. September: Die Autocross-Nationalmannschaft (Horst Mey, Peter Mücke, Hans-Joachim Schötz, Hartmut Wiesner) verteidigt in Weigsdorf-Köblitz vor 19.000 Zuschauern den Pokal für Frieden und Freundschaft der sozialistischen Länder.
9. September: In Karl-Marx-Stadt absolvieren 5000 Läuferinnen und Läufer den 1. Friedenslauf durch das neu entstandene Stadtzentrum.
10. - 15. September: Bei den EM im Orientierungstauchen (OT) im Stubenbergsee (Österreich) gewinnen die Aktiven drei Gold- und vier Silbermedaillen sowie eine Bronzemedaille. Europameister werden Martina Ocik (OT mit Orientierungspunkten und OT ohne Orientierungspunkte) und Claudia Schinzel/Ute Enge (Mannschaftsorientierung nach Karte).
12. September: Joachim Streich absolviert das 100. Länderspiel für die Fußballnationalmannschaft beim Spiel England-DDR in London (1:0).
13. - 17. September: Das Schachturnier der Hörgeschädigten aus den sozialistischen Ländern gewinnt in Schleiz die Nationalmannschaft (A) vor Ungarn.
14. September: Die Leichtathletik-Nationalmannschaft gewinnt in Tokio zum zweiten Mal nach 1982 den Acht-Nationen-Cup.
16. September: Aus Radebeul wird die 250. Sendung des Kinderfernsehens „Mach mit, mach's nach, mach's besser" übertragen.
18. - 23. September: Im Finale des 10. Turniers um den Pokal der Freundschaft im Hockey der Männer unterliegt die Nationalmannschaft der Vertretung aus der UdSSR (1:3) und belegt Rang zwei.
19. - 24. September: Beim Tennisturnier um den Pokal der Freundschaft (weibliche Jugend bis 16 Jahre) in Ploiesti (Rumänien) belegen die Mädchen (Cornelia Grünes, Beatrice Baer, Kathrin Boer, Nicola Kühn) Rang drei.

1. - 6. Oktober: Das DDR-Team (Jens Thalmann/Simson 80 ccm, Bernd Lämmel/Simson 125 ccm, Reinhard Klädtke/MZ 250 ccm, Andreas Cyffka/ MZ bis 500 ccm) gewinnt bei den „Six Days" im Motorradgeländesport in Assen (Niederlande) die Silbervase. Die Trophymannschaft belegt Rang drei.

3. - 5. Oktober: Zentrale Wissenschaftliche Konferenz der Studenten und Nachwuchskader sportwissenschaftlicher Einrichtungen in Jena.

18. - 19. Oktober: Internationale wissenschaftliche Konferenz der Sektion Sportwissenschaft an der Pädagogischen Hochschule Magdeburg zu lehrplantheoretischen Fragen des Faches Sport in der Oberschule.

20. Oktober: Joachim Streich nimmt nach dem Länderspiel DDR-Jugoslawien in Leipzig (2:3) seinen Länderspielabschied. Er absolvierte 102 Länderspiele und schoß 55 Tore für die Nationalmannschaft.

20. - 21. Oktober: Jörg Winkler gewinnt bei den Meisterschaften im Rhönradturnen in Ueckermünde seinen zehnten Einzeltitel.

25. Oktober: Beschluß des Ministerrates über „Staatliche Maßnahmen zur weiteren Gestaltung von Körperkultur und Sport".

27. Oktober: Am 5. Thüringer Läufertreffen in Erfurt zur „Bedeutung des Ausdauertrainings im Prozeß der Gesunderhaltung" nehmen 130 Mediziner, Sportpädagogen, Trainer und Aktive teil.

1. November: Vereinbarung zwischen dem Bundesvorstand des DTSB und des DFD zur Entwicklung des Sports der Frauen und Mädchen.

2. - 4. November: Udo Quellmalz (Halbleichtgewicht) wird in Cadiz (Spanien) Junioren-Europameister im Judo. Vizeeuropameister werden Sven Loll (Leicht), Axel Lobenstein (Mittel) und Steffen Scherping (Schwer).

14. November: Unterzeichnung einer langfristigen Vereinbarung zwischen den Sportleitungen Österreichs und der DDR über die Entwicklung freundschaftlicher Beziehungen auf dem Gebiet von Körperkultur und Sport.

17. - 18. November: Erste Meisterschaft im Kraftsport-Dreikampf in Berlin.

18. November: Katrin Dörre gewinnt den traditionellen Tokio-Marathon in 2:33:23 Std. Birgit Weinhold belegt Rang drei.

30. November: Die neue Fassung des Gemeinsamen Sportprogramms des DTSB, des FDGB und der FDJ wird unterzeichnet.

15. Dezember: Sportler des Jahres werden Katarina Witt, Uwe Hohn und der Viererbob (Wolfgang Hoppe, Roland Wetzig, Dietmar Schauerhammer, Andreas Kirchner).

15. Dezember: Zum Weihnachtstauchen treffen sich am Bergwitzsee bei Wittenberg nahezu 200 Tauchsportler.

15. - 16. Dezember: Die Schwimmerinnen gewinnen in Bergen (Norwegen) erneut und die Schwimmer zum ersten Mal den Europapokal (25-m-Bahn).

Januar bis Dezember:

Die DHfK legt den Band V von „Internationale Sammlung sporthistorischer Dokumente" (Hg.: Günther Wonneberger/Klaus Liebold) vor.

1985

6. Januar: Jens Weißflog gewinnt erneut die Vierschanzentournee (BRD/Österreich). Klaus Ostwald belegt Rang drei der Gesamtwertung.
12. - 13. Januar: Andrea Schöne wird in Groningen (Niederlande) Europameisterin im Eisschnellauf (Mehrkampf). Sabine Brehm belegt den 3. Platz.
12. - 13. Januar: André Hoffmann läuft in Davos (Schweiz) zwei Weltrekorde im Eisschnellauf: Über 3000 m den ersten für die DDR auf einer Einzelstrecke der Männer (4:03,31 min), im kleinen Mehrkampf (161,159 Pkt.).
12. - 13. Januar: 15. Wintertreffen der Motorradfahrer auf der Augustusburg. Es nehmen 152 Aktive mit 136 Fahrzeugen teil, der älteste ist Gerhard Meißner (75 Jahre) mit einer Dolf, Baujahr 1920, der jüngste Udo Weinhold (7 Jahre) mit einem winzigen Gespann. Den Gästepreis für die sportlichste Leistung erhalten Kalman Nagy/Lajos Vida aus Debrecen (Ungarn), die ca. 1000 km Anfahrt (250er ES-Gespann) absolvierten.
17. - 27. Januar: Jens Weißflog wird bei den WM in den nordischen Skidisziplinen in Seefeld (Österreich) Weltmeister im Spezialspringen (Normalschanze). Die Mannschaft der Skispringer (Sauerbrey, Deckert, Ostwald, Weißflog) und die 4x5-km-Staffel der Frauen (Drescher, Nestler, Misersky, Noack) erringen jeweils die Bronzemedaille.
18. Januar: Eröffnung einer ständigen Ausstellung in Jena zur Geschichte und Gegenwart des Fußballclubs Motor Jena.
18. - 19. Januar: Bei den ersten Hallenweltspielen der Leichtathleten in Paris siegen Silke Gladisch (60 m), Marita Koch (200 m), Helga Radtke (Weitsprung) und Thomas Schönlebe (400 m).
19. - 20. Januar: Wolfgang Hoppe/Dietmar Schauerhammer werden in Cervinia (Italien) erneut Zweierbob-Weltmeister vor Richter/Grummt.
24. Januar: Leistungssportkonferenz des DTSB in Berlin (Sommersport).
26. - 27. Januar: Bei den WM im Rennschlittensport in Oberhof gewinnen die Aktiven alle möglichen Medaillen. Weltmeister werden Steffi Martin vor Cerstin Schmidt und Birgit Weise, Michael Walter vor Jörg Hoffmann und Jens Müller, Jörg Hoffmann/Jochen Pietzsch vor René Keller/Lutz Kühnlenz.
26. - 27. Januar: Der Viererbob DDR I (Lehmann, Trübner, Voge, Grummt) wird in Cervinia (Italien) Weltmeister vor dem Bob DDR II.
4. - 9. Februar: Katarina Witt erringt in Göteborg (Schweden) zum dritten Mal in Folge den EM-Titel im Eiskunstlauf.
8. - 10. Februar: Die Volleyballerinnen des SC Dynamo Berlin verteidigen in Ankara (Türkei) den Europapokal der Pokalsieger.
9. - 10. Februar: Andrea Schöne wird in Sarajewo (Jugoslawien) mit einem Vierstreckensieg und einem Weltrekord über 5000 m (7:32,82 min) Weltmeisterin im Eisschnellauf (Mehrkampf) vor Gabi Schönbrunn und Sabine Brehm. Heike Schalling belegt Rang sechs.

9. - 10. Februar: Sven Eggert/René Friedel gewinnen in Königsee (BRD) den Junioren-EM-Titel im Rennschlittensport (Doppelsitzer).

10. - 17. Februar: Frank-Peter Roetsch wird in Ruhpolding (BRD) Weltmeister im Biathlon (10 km), Vizeweltmeister über 20 km und mit der 4x7,5-km-Staffel (Sehmisch, Jacob, Göthel, Roetsch).

16. - 17. Februar: Wolfgang Hoppe/Dietmar Schauerhammer gewinnen bei den Zweierbob-EM in St. Moritz (Schweiz) die Silbermedaille.

18. - 24. Februar: Bei den Jugendwettkämpfen der Freundschaft (JWdF) im Eisschnellauf in Karl-Marx-Stadt erringen Peter Adeberg drei Goldmedaillen (500, 1000, 1500 m) jeweils mit JWdF-Rekord und Cornelia Dick zwei Goldmedaillen (1000, 1500 m) mit JWdF-Rekord über 1000 m.

21. - 24. Februar: Jens Steinigen (15 km) und die 3x7,5-km-Staffel (Pawliczek, Steinigen, Dietz) werden in Egg (Schweiz) Junioren-Weltmeister im Biathlon. Über 15 km gewinnt Maik Dietz die Silber- und über 10 km Jens Steinigen die Bronzemedaille.

23. - 24. Februar: Christa Rothenburger erringt in Heerenveen (Niederlande) den WM-Titel im Eisschnellauf (Sprint-Mehrkampf) vor Angela Stahnke.

23. - 24. Februar: Der Viererbob DDR I (Hoppe, Wetzig, Voge, Schauerhammer) wird in St. Moritz (Schweiz) Vizeeuropameister.

25. Februar - 3. März: In Oberhof und Karl-Marx-Stadt findet die X. Kinder- und Jugendspartakiade in den Wintersportarten statt. 1320 Aktive ermitteln in 160 Entscheidungen die Besten. An den vorbereitenden Kreisspartakiaden beteiligten sich 64.300 Kinder und Jugendliche.

27. Februar - 2. März: Gernot Eder wird in Warna (Bulgarien) mit Weltrekord (591 Ringe) Junioren-Europameister im Sportschießen (Luftpistole). Henri Risch (laufende Scheibe) und die Mannschaft Luftgewehr der Juniorinnen (Will, Friese, Berger) belegen den 2. und Diana Müller (Luftpistole) und die Mannschaft Luftpistole der Junioren (Eder, Raddatz, Göpfert) den 3. Platz.

Februar: 22.500 Schülerinnen und Schüler (von insgesamt 32.000) der Stadt Rostock nutzen die Möglichkeiten des Feriensportprogramms.

2. - 3. März: Bei den Europa-Hallenmeisterschaften der Leichtathleten in Piräus (Griechenland) gewinnen die Aktiven drei Gold-, sechs Silber- und drei Bronzemedaillen. Europameister werden Marita Koch (200 m), Sabine Busch (400 m) und Cornelia Oschkenat (60 m Hürden).

2. - 3. März: Cornelia Dick wird in Röros (Norwegen) Junioren-Weltmeister im Eisschnellauf (Mehrkampf). Monique Garbrecht belegt Rang drei.

3. März: Siegmar Wagner gewinnt bei seinem 10. Start zum 10. Mal den Erzgebirgs-Kammlauf Mühlleithen-Johanngeorgenstadt-Mühlleithen. Es nehmen insgesamt 1645 Aktive, davon 1078 am 50-km-Lauf teil.

4. - 9. März: Katarina Witt verteidigt in Tokio ihren WM-Titel im Eiskunstlauf.

9. März: Frank-Peter Roetsch erringt in Oslo erneut den Weltcup im Biathlon.

14. - 17. März: Jens Weißflog wird in Planica Vizeweltmeister im Skifliegen.

15. März: Erfahrungsaustausch der Übungsleiterinnen der Sport- und Gymnastikgruppen des Demokratischen Frauenbundes (DFD) in Berlin.

21. - 24. März: 1. Bestenermittlung der Skiakrobaten in Oberwiesenthal.

23. März: Nahezu 20.000 Läufer und Wanderer absolvieren den 2. Friedenslauf von Halle nach Halle-Neustadt (4,5 km).

24. März: Mehr als 11.500 Dresdner nehmen im Großen Garten an der Friedensmeile teil. 1000 Aktive absolvieren den 6-, 10- oder 20-km-Lauf.

25. - 29. März: Beim IV. Europäischen Kongreß für Sportmedizin in Prag referieren Prof. Dr. Franke über die Epidemiologie und die Bedeutung von Sportverletzungen (Plenarvortrag) und Prof. Dr. Strauzenberg zur sportlichen Betätigung im höheren Lebensalter. Teilnehmer aus der DDR wirken außerdem als Tagungsleiter und als Referenten von 23 Fachvorträgen mit.

27. März: Das Komitee für Körperkultur und Sport berät in Magdeburg über die Schaffung weiterer Sportmöglichkeiten in städtischen Neubaugebieten.

2. - 17. April: IGM Wolfgang Uhlmann gewinnt das „Internationale Potsdamer Schachfestival ‘85“ (FIDE-Kategorie 9) vor IGM Rainer Knaak. Es nehmen 14 IGM und Internationale Meister (IM) teil.

6. - 7. April: 25. Finale des Tischtennis-Turniers der Tausende (TTT) in Berlin. Es beteiligten sich 55.135 Aktive in acht Altersklassen.

11. - 14. April: Die Wasserspringerinnen und -springer erringen in Zürich (Schweiz) zum siebenten Mal den Europapokal (Gesamtwertung).

13. April: Die Handballerinnen des ASK Frankfurt (Oder) gewinnen mit dem IHF-Pokal gegen Vasas Budapest (19:13) ihren ersten Europacup.

13. - 14. April: Katrin Dörre gewinnt den Friedensmarathon der Frauen beim Weltcup in Hiroshima (Japan).

13. - 14. April: Beim 21. Junioren-Ländervergleich zwischen Rumänien und der DDR im Asphaltkegeln bezwingen die Juniorinnen den amtierenden WM-Zweiten (2.338 : 2.328 Pkt.).

13. - 14. April: Erstes Hallensportfest der Rostocker Oberschulen mit 4000 Jungen und Mädchen der Klassenstufen 4 bis 8.

14. April: Am traditionellen Buchenwaldgedenklauf anläßlich der Selbstbefreiung der Häftlinge des Konzentrationslagers am 11. April 1945 nehmen insgesamt nahezu 25.000 Aktive teil.

14. April: Mehr als 1000 Mitglieder des DWBO und Naturfreunde treffen sich in der Sächsischen Schweiz zur Aktion „Sauberes Gebirge“. Sie helfen am „Großen Dom“ und am Carolafelsen 70.000 Bäume zu pflanzen.

17. - 19. April: Am dreitägigen internationalen Geher-Seminar für Kampfrichter und Trainer - ausgerichtet in Zusammenarbeit mit der IAAF und der EAA - beteiligen sich in Cottbus 100 Experten aus 26 Ländern.

22. - 26. April: Jens Potteck wird in Mexiko-City Vizeweltmeister im Sportschießen (Luftpistole).

23. - 28. April: Lutz Remus (Federgewicht) gewinnt in Leipzig den EM-Titel im Ringen (Freier Stil). Vize-Europameister werden Bernd Bobrich (Bantamgewicht), Hans-Peter Franz (Mittelgewicht) und Uwe Neupert (Schwergewicht). Andreas Schröder (Superschwer) belegt Rang drei.

5. - 19. Mai: Bei der VII. Blindenschacholympiade in Benidorm (Spanien) belegt die Nationalmannschaft (Manfred Müller, Horst Wendt, Olaf Dobierzin, Kurt Breitner, Reinhard Kehl) Rang fünf.

8. Mai: Internationales Debüt in der Fußball-Nationalmannschaft (A-Auswahl) von Ulf Kirsten beim Länderspiel Dänemark - DDR in Kopenhagen (4:1).

8. - 22. Mai: Uwe Ampler belegt als bester Debütant bei der Friedensfahrt Prag-Moskau-Warschau-Berlin in der Gesamteinzelwertung Rang drei vor Falk Boden und mit der Mannschaft (Ampler, Boden, Raab, Radtke, Barth, Ludwig) Rang zwei. Falk Boden gewinnt das violette Trikot.

9. - 11. Mai: Internationales Touristentreffen der Freundschaft in Johanngeorgenstadt mit 1500 Teilnehmern aus der CSSR, Polen, UdSSR, Ungarn, DDR und mehr als jeweils 1000 Tagestouristen bei den verschiedenen thematischen, naturkundlichen, stadtgeschichtlichen Wanderungen.

11. - 12. Mai: Maxi Gnauck wird in Helsinki Europameisterin am Stufenbarren und Zweite im Mehrkampf, Dagmar Kersten Dritte beim Pferdsprung.

16. - 18. Mai: Internationale Konferenz zum Sportboykott gegen das Apartheid-Regime in Südafrika am Sitz der UNESCO in Paris. Prof. Dr. Dr. J. Weiskopf entwickelt in einem Plenumsvortrag die grundsätzliche Haltung der DDR gegen Rassendiskriminierung und Apartheid.

18. Mai: Beim Fußball-Länderspiel DDR-Luxemburg in Babelsberg (3:1) absolviert Hans-Jürgen Dörner seinen 100. Länderspieleinsatz.

20. - 26. Mai: Jochen Schümann/Thomas Flach/ Bernd Jäkel werden vor Balatonfüred (Ungarn) Vizeeuropameister im Segeln (Soling).

22. - 26. Mai: Andreas Behm (Leichtgewicht) wird in Katowice (Polen) Europameister im Gewichtheben (Zweikampf). Joachim Kunz (Mittelgewicht) belegt Rang zwei, Frank Mavius (Bantam), Andreas Letz (Feder) und Senno Salzwedel (Superschwer) jeweils Rang drei im Zweikampf.

25. Mai - 2. Juni: Europameister im Boxen werden in Budapest: René Breitbarth (Halbfliegengewicht), Dieter Berg (Fliegengewicht), Siegfried Mehnert (Halbwelter), Michael Timm (Halbmittel) und Henry Maske (Mittel). Torsten Koch (Leicht) gewinnt die Silbermedaille.

25. Mai - 2. Juni: Beim I. Internationalen Einzel-Schachturnier für Gehörlose um den Freundschaftspokal der Volksrepublik Polen in Szczecin belegt Martin Zehrfeldt Rang zwei.

28. Mai: Die Ausstellung „Sport in der bildenden Kunst der DDR“ wird anläßlich der 90. IOC-Session in Berlin eröffnet und das traditionelle Gespräch „Kunst und Sport“ durchgeführt.

1. - 2. Juni: In Oslo wird Sylvio Kroll Europameister im Turnen (Pferdsprung). Am Seitpferd und am Barren belegt er Rang zwei, Ulf Hoffmann Rang drei.

3. Juni: Der Präsident des IOC, J. A. Samaranch, eröffnet in Berlin die Briefmarkenausstellung „Sport '85", die der 90. IOC-Session gewidmet ist.
3. - 6. Juni: Die 90. Session des IOC findet in Berlin statt.
4. Juni: Petra Felke übertrifft als erste Frau die 75-m-Marke im Speerwerfen. Sie stellt in Schwerin mit 75,26 m und 75,40 m zwei neue Weltrekorde auf.
5. Juni: Silke Hörner schwimmt in Leipzig über 200 m Brust (2:28,33 min) Weltrekord.
6. Juni: Den Berliner Friedenslauf absolvieren mehr als 70.000 Läuferinnen, Läufer, Rollstuhlfahrer, davon 5519 den 20-km-Lauf und 1503 den Marathon.
10. Juni: Marita Koch wird zur europäischen Läuferin des Jahres 1984 gewählt.
15. - 16. Juni: Die Nationalmannschaft der hörgeschädigten Leichtathleten gewinnt in Erfurt einen Fünf-Länderkampf vor der CSSR und Polen.
26. - 30. Juni: Hartmut Stellmacher (Leichtschwergewicht) wird in Edinburgh (England) Junioren-Weltmeister im Gewichtheben (Zweikampf).
28. - 30. Juni: 20. Spartakiade der hörgeschädigten Kinder und Jugendlichen in Dresden (Leichtathletik, Schwimmen, Tischtennis).
29. Juni - 13. Juli: An der 35. Internationalen Ostseeregatta (IOR) in Warnemünde und auf dem Salzhaff bei Rerik nehmen nahezu 1500 Aktive mit 459 Booten aus 11 Ländern teil. In Warnemünde werden Regatten in den olympischen Bootsklassen und Seekreuzerregatten ausgetragen und auf dem Salzhaff die traditionelle Ostseeregatta für Kinder und Jugendliche.
1. - 4. Juli: Die 20. Spartakiade für sehgeschädigte Kinder und Jugendliche findet in Königswusterhausen statt. 130 Aktive starten in der Leichtathletik, im Schwimmen und beim Hallenfußball.
5. Juli: Zentrale Arbeitsberatung des DTSB in Leipzig zu den künftigen Aufgaben der 1. Förderstufe im langfristigen Leistungsaufbau.
6. - 7. Juli: Rolf Hübler (bis 125 ccm/Simson) verteidigt in Lahti (Finnland) vorzeitig seinen EM-Titel im Motorradgeländesport (Enduro).
11. - 14. Juli: Bei der V. Wehrspartakiade der GST in Halle ermitteln 12.000 Aktive in 280 Entscheidungen die Besten.
13. - 14. Juli: Harald Sturm (bis 250 ccm/MZ) und Jens Scheffler (bis 500 ccm/MZ) verteidigen in Skövde (Schweden) ihre EM-Titel im Motorradgeländesport (Enduro). Jens Thalmann (bis 80 ccm/Simson) belegt Rang drei.
17. Juli: Der sechsmalige Weltmeister im Fallschirmspringen Bernd Wiesner absolviert als erster Fallschirmspringer der DDR seinen 6000. Sprung.
22. - 28. Juli: Die X. Kinder- und Jugendspartakiade in den Sommersportarten findet in Berlin statt. 10.500 Aktive ermitteln in 963 Entscheidungen in 19 Sportarten die Besten, unterstützt von 1456 Übungsleitern und Trainern, 1013 Kampf- und Schiedsrichtern, 226 Ärzten und Mitarbeiten der Sportmedizin.
25. - 28. Juli: Bei den WM im Kanurennsport in Castel Gandolfo (Italien) gewinnen die Juniorinnen drei und die Junioren fünf Bootsklassen.

25. - 28. Juli: Bei den Junioren-EM im Schwimmen und Wasserspringen in Genf (Schweiz) erringen die Aktiven 14 Goldmedaillen.
27. Juli: Übereinkunft über Prinzipien der Zusammenarbeit auf dem Gebiet von Körperkultur und Sport zwischen der Organisation für Körperkultur und Sport der Islamischen Republik Iran und dem DTSB in Berlin.
28. Juli: Axel Wegner erreicht als erster Schütze beim Wurftaubenschießen (Skeet) die Traummarke von 200 Tauben.
29. Juli: Der erste internationale Lehrgang für leitende Funktionäre im Kinder- und Jugendsport aus Afrika, Asien und Lateinamerika, ein Beitrag zum UNO-Jahr der Jugend, wird in Bad Blankenburg beendet.
2. - 8. August: Ronald Rensch/Jens Beutel belegen bei den Junioren-WM im Segeln (470er Klasse) in Gravedona (Italien) Rang drei.
4. - 11. August: Europameister im Schwimmen und Wasserspringen werden in Sofia: Heike Friedrich (100 m, 200 m Freistil), Astrid Strauß (400 m, 800 m Freistil), Sylvia Gerasch (100 m Brust), Kornelia Greßler (100 m Schmetterling), Jaqueline Alex (200 m Schmetterling), Birte Weigang (100 m Rücken), Cornelia Sirch (200 Rücken), Kathleen Nord (200 m, 400 m Lagen), die Freistilstaffeln (4x100 m, 4x200 m) und die Lagenstaffel der Frauen, Uwe Daßler (400 m, 1500 m Freistil) und Thomas Knuths (Turmspringen). Insgesamt gewinnen die Aktiven 17 Gold-, 17 Silber- und fünf Bronzemedaillen.
5. - 9. August: Beim Internationalen Sportfest der Querschnittsgelähmten in Wien erringen die Aktiven acht Gold-, zwölf Silber- und drei Bronzemedaillen. Marit Preuß gewinnt alle Wettbewerbe im Rollstuhlsprint und Rollstuhlfahren (100 m, 400 m, 800 m, 1500 m, 5000 m) jeweils vor Denise Kastler. Dr. Rainer Pilz siegt über 800 m, 1500 m und 5000 m.
5. - 11. August: Dirk Loewe erringt bei den Junioren-EM im Segeln (Finn-Klasse) in Vilassar de Mar (Spanien) erneut die Silbermedaille.
8. - 11. August: Erste Junioren-WM im Rudern in Brandenburg. Die Juniorinnen gewinnen den Doppelzweier, den Zweier o.Stfr., den Doppelvierer und den Achter, die Junioren den Vierer m.Stm., den Einer durch Andreas Hajek und den Zweier m.Stm. In Vier Bootsklassen erringen die Aktiven die Silber- und in einer die Bronzemedaille.
12. August: Hans Jürgen Dörner wird nach 1977 und 1984 erneut „Fußballer des Jahres“. Er ist nach Jürgen Croy der Zweite, der dreimal gewählt wird.
15. - 18. August: Weltmeister im Kanu-Rennsport werden in Mechelen (Belgien) Birgit Schmidt-Fischer (KI), Schmidt-Fischer/Kühn (KII) und der KIV der Frauen, über 500 m Andreas Stähle (KI), der KIV der Männer und Olaf Heukrodt (CI) und über 1000 m Heukrodt/Schuck (CII).
17. - 18. August: Im Finale um die Europapokale der Leichtathleten in Moskau belegen die Frauen- und die Männermannschaft jeweils Rang zwei.

21. - 27. August: Weltmeister im Bahnradsport werden in Bassano del Grappa (Italien) Lutz Heßlich (Sprint) vor Michael Hübner und Ralf-Gudo Kuschy und Jens Glücklich (1000-m-Einzelzeitfahren).

22. - 25. August: Bei den Junioren-EM der Leichtathleten in Cottbus gewinnen die Aktiven zwölf Gold-, sieben Silber- und sechs Bronzemedaillen, Kerstin Behrendt drei EM-Titel (100m, 200m und mit der 4x100-m-Staffel), Volker Mai zwei Titel (Weitsprung, Dreisprung) und Ilke Wyludda den Titel im Speerwerfen und die Silbermedaille im Kugelstoßen.

24. August: Zu den Friedrich-Ludwig-Jahn-Gedenkwettkämpfen in Freyburg/Unstrut treffen sich mehr als 1300 Turner und Turnerinnen aus 124 Sportgemeinschaften.

25. August - 1. September: Jörn Borowski/Mathias Gall belegen bei den WM im Segeln (470er Klasse) in Marina di Carrara (Italien) Rang drei.

26. August - 1. September: WM-Titel im Rudern in Hazewinkel (Belgien) gewinnen Cornelia Linse (Einer), der Vierer m.Stfr., der Doppelzweier und der Doppelvierer der Frauen sowie der Doppelzweier der Männer.

1. - 8. September: Bernhard Hochwald wird in Montecatini (Italien) Weltmeister im Wurftaubenschießen (Skeet).

1. - 8. September: Junioren-EM-Titel im Boxen erringen in Bukarest Jörg Teiche (Leichtgewicht) und Wilko Saeger (Halbweltergewicht).

3. - 8. September: Weltmeister im Orientierungstauchen werden im Stechlinsee bei Neuglobsow Martina Ocik (Sternkurs), Martina Ocik/Ute Enge (Mannschaftsorientierung nach Karte/MONK), Matthias Krämer (Sternkurs) und die Männer (Krämer, Jänicke, G. Ehlers, M. Ehlers) bei der Mannschaftstreffübung/MÜT. Rang zwei belegen Juliana Böhm (5-Punkte-Kurs) vor Martina Ocik und die Frauenmannschaft MÜT (Enge, Ocik, Böhm), Rang drei Matthias Krämer (5-Punkte-Kurs, M-Kurs), M. Ehlers/Krämer (MONK).

3. - 12. September: EM-Titel im Sportschießen erringen in Ocijek (Jugoslawien) Tilo Weigel (Laufende Scheibe mixed), die Mannschaft in dieser Disziplin (Weigel, Hartleb, Pfeffer) und die Mannschaft Juniorinnen Standardgewehr 3x20 Schuß (Will, Weidemann, Toth) mit Weltrekord (1722 Pkt.). Die Aktiven gewinnen außerdem vier Silber- und acht Bronzemedaillen.

4. - 7. September: Mehr als 150 Wanderfreunde aus der DDR nehmen an der Freundschaftswanderung (94 km) in Cesky Krumlov (CSSR) teil.

6. September: Das EXPOVITA-Kolloquium in Leipzig befaßt sich mit der „Bedeutung des Wasserwanderns in der medizinischen Prävention".

7. September: Werner Rusch bewältigte mit dem Langen Horn im Großen Zschand alle Gipfel der Sächsischen Schweiz im Vorstieg und absolviert zugleich seinen 4500. Kletterweg.

7. - 8. September: Die Siebenkämpferinnen (Paetz, Thiele, Tischler) gewinnen in Krefeld (BRD) zum vierten Mal den Europapokal. Die Zehnkämpfer (Voss, Schenk, Freimuth) belegen in der Pokalwertung Rang zwei.

8. September: Cornelia Fischer und Jens-Uwe Lasotta erringen in Siena (Italien) die Weltpokale im Fallschirmspringen.

8. - 15. September: Europameister der Blinden und Sehgeschädigten werden in Rom: Siegmund Hegeholz (Fünfkampf Klasse B 3) mit Weltrekord (2871 Pkt.), Siegmund Turteltaube (Diskuswerfen blind) mit Weltrekord (34,52 m), Ralf Fox (800 m Klasse B 3) und Gerd Franzka (400 m blind).

9. September: Doppelweltmeisterin Barbara Harzbecker absolviert als erste Frau der DDR ihren 5000. Sprung mit dem Fallschirm.

14. - 21. September: Am ersten Plenair des DTSB in der Zentralschule Bad Blankenburg nehmen zehn bildende Künstler teil.

15. September: Die Marathon-Mannschaft der Männer (Heilmann, Peter, Tronnier) gewinnt in Rom erneut den Europapokal und die Frauenmannschaft die inoffizielle Mannschaftswertung. Einzelsieger werden Michael Heilmann und Katrin Dörre vor Gabriele Martins und Birgit Weinhold.

22. September: Sabine Busch läuft in Berlin Weltrekord über 400 m Hürden (53,55 s), Heike Drechsler erreicht einen Weltrekord im Weitsprung (7,44 m) und Ulf Timmermann im Kugelstoßen (22,62 m).

26. September: Rüdiger Helm erhält im Pariser UNESCO-Sitz das Ehrendiplom des Internationalen Fair-Play-Pokals Pierre de Coubertin.

26. - 29. September: Torsten Oehmigen (Halbmittelgewicht) gewinnt bei den WM im Judo in Seoul die Silbermedaille.

27. - 30. September: Die Wettkämpfe der Körperbehinderten im Schwimmen in Bratislava (CSSR) beendet die Nationalmannschaft mit fünfzehn ersten, elf zweiten und fünf dritten Plätzen. Am erfolgreichsten ist Detlef Schmidt, der die 100 m Schmetterling, 100 m und 200 m Freistil, 200 m Lagen sowie mit der 4x100-m-Freistil-Staffel und der 4x50-m-Lagenstaffel gewinnt.

28. - 29. September: Die Geher erringen in Douglas auf der Isle of Man (England) den Weltpokal. Hartwig Gauder gewinnt die 50-km-Distanz.

28. - 29. September: Beim 10. Pokal der „Freundschaft“ im Orientierungslaufen in Oelsa und im Tharandter Wald belegt die Männerstaffel Rang drei.

30. September - 5. Oktober: VII. Europäische Sportkonferenz in Cardiff (England). Prof. Dr. Bäskau spricht über Jugendsport.

30. September - 6. Oktober: Bei den Mannschafts-WM im Endurosport (Six Days) in La Cerdanya (Spanien) gewinnen die Junioren (Mike Heydenreich, Udo Grellmann, Andreas Cyffka, Jens Grüner) den WM-Titel, das Trophyteam belegt Rang drei, Simson I Rang zwei bei den Fabrikmannschaften.

4. - 6. Oktober: Die Leichtathletik-Frauenmannschaft erringt in Canberra (Australien) den Weltcup. Die Männermannschaft belegt Rang drei. Weltrekorde laufen Marita Koch über 400 m (47,60 s) und die 4x100-m-Staffel (Silke Gladisch, Sabine Rieger, Ingrid Auerswald, Marlies Göhr) in 41,37 s.

6. Oktober: Unterzeichnung einer Vereinbarung zwischen Algerien und der DDR über die weitere Zusammenarbeit.

10. - 13. Oktober: Roland Dudziak (Halbschwergewicht) wird in Budapest Vizeweltmeister im Ringen (Freier Stil).

11. - 13 Oktober: Bianca Dittrich gewinnt bei den WM in der Rhythmischen Sportgymnastik in Valladolid (Spanien) eine Bronzemedaille (Ball).

16. - 17. Oktober: Wissenschaftliche Konferenz: „Zur Organisation des Unterrichts und der ganztägigen Bildung und Erziehung an den KJS".

1. - 6. November: Den Weltpokal im Boxen gewinnt in Seoul die Europaauswahl, für die Torsten Koch (Leichtgewicht) und Henry Maske (Mittelgewicht) Goldmedaillen, Dieter Berg (Fliegengewicht) und Siegfried Mehnert (Halbweltergewicht) Silbermedaillen und Michael Timm (Halbmittelgewicht) eine Bronzemedaille erkämpfen.

4. - 9. November: Gabriele Fähnrich (Stufenbarren) und Sylvio Kroll (Barren) werden in Montreal Weltmeister im Turnen. Sylvio Kroll gewinnt die Silbermedaille am Reck und die Bronzemedaille im Mehrkampf, Dagmar Kersten die Silbermedaille am Stufenbarren und Bronze im Mehrkampf, Ulrike Klotz Bronze am Boden.

9. - 10. November: In Wernigerode wird das 10. Magdeburger Ehepaar-Mixed-Turnier im Federball durchgeführt.

16. - 17. November: Axel Lobenstein (bis 86 kg) wird in Delemont (Schweiz) Junioren-Europameister (U 21) im Judo. Heiko Bielert (bis 95 kg), Steffen Scherping (über 95 kg) belegen Rang zwei, Ralf Schade (bis 78 kg) Rang drei.

19. - 24. November: Im Finale um den Handball-Supercup der Männer in Dortmund (BRD) unterliegt die Nationalmannschaft der UdSSR mit 23:24.

7. - 8. Dezember: Doppelsieg der Männer beim Ländervergleich im Asphaltkegeln (auf Kunststoffbahnen) über den amtierenden Weltmeister CSSR in Bratislava (5356:5317) und in Trnava-Modranka (5298:5288). Beim Länderspiel der Frauen in Trnava-Modranka absolviert Birgit Hünger als erste Frau im Kegelsport der DDR ihren 100. Länderspieleinsatz.

14. - 15. Dezember: Die Schwimmerinnen erringen in Den Bosch (Niederlande) zum sechsten Mal den Europapokal (Kurzbahnen).

18. - 19. Dezember: Sportwissenschaftliche Konferenz des Wissenschaftlichen Rates in Leipzig zur „Aus- und Weiterbildung von Hochschulkadern auf dem Gebiet von Körperkultur und Sport".

21. Dezember: Sportler des Jahres werden Marita Koch, Jens Weißflog und die Leichtathletik-Nationalmannschaft der Frauen.

Zeitraum Januar bis Dezember:

Im Verlag J.A. Barth erscheinen „Zur körperlichen Entwicklung der Schuljugend in der DDR" (Wolfram Crasselt u.a.), „Orthopädische Grundlagen für sportliches Üben und Trainieren" (Helga Schmidt), „Sport in der Prävention, Therapie und Rehabilitation" (Wolfgang Bringmann). Sportverlag: Lehrbücher „Rudern" (Theodor Körner u.a.) und „Schachlehre" (Ernst Bönsch) vor, der Verlag Volk und Wissen „Koordinative Fähigkeiten im Schulsport" (Peter Hirtz) und „Fußball in der Schule" (Horst Saß u.a.).

1986

8. Januar: Auftakt für die volkssportlichen Volleyballwettbewerbe zum VII. Turn- und Sportfest 1987 mit 22 Mannschaften in Leipzig. Erstmals wird ein Turnier für Familienmannschaften vorbereitet.
11. - 12. Januar: Andrea Schöne-Ehrig wird in Geithus (Norwegen) erneut Europameisterin im Eisschnellauf (Mehrkampf) mit Weltrekord über 5000 m in 7:31,45 min. Gabi Schönbrunn belegt Rang vier.
18. Januar: Den 20. Schmiedefelder Schneeschuhlauf absolvieren 1.960 Freizeitsportlerinnen und -sportler (3, 5, 10 km, Fußwanderung).
18. - 19. Januar: Hoppe/Schauerhammer werden in Igls (Österreich) Zweierbob-Europameister vor Lehmann/Musiol und Richter/Grummt.
22. Januar: 5. Tagung der Arbeitsgemeinschaft für Sporttherapie in Leipzig zur Leitthematik „Sport in der Therapie und Rehabilitation".
23. - 25. Januar: 26. Jahrestagung der Gesellschaft für Sportmedizin in Leipzig zum Leitthema „Sport in der Prävention und Therapie".
26. Januar: I. Öffentliche Tausch- und Kaufbörse von Sportsouvenirs der BSG Chemie und des Sportmuseums Leipzig. Börsenchef: Rainer Hille.
27. Januar - 1. Februar: Katarina Witt wird in Kopenhagen zum vierten Mal in Folge Europameisterin im Eiskunstlauf.
Januar: Eine Monatszeitschrift „Start" wird als Organ des Bundesvorstandes des DTSB herausgegeben.
1. - 2. Februar: Cerstin Schmidt gewinnt in Hammarstrand (Schweden) den EM-Titel im Rennschlittensport vor Steffi Martin, Ute Oberhoffner und Gabriele Kohlisch. Hoffmann/Pietzsch (Doppelsitzer) belegen Rang zwei.
8. - 9. Februar: Karin Kania erringt nach 1982 und 1984 in Den Haag (Niederlande) erneut den WM-Titel im Eisschnellauf (Mehrkampf) vor Andrea Schöne-Ehrig und Sabine Brehm. Gabi Schönbrunn belegt Rang 5.
11. - 17. Februar: Gaby Nestler wird in Lake Placid (USA) Junioren-Weltmeisterin im Skilanglauf (15 km).
12. - 16. Februar: Birk Anders wird in Falun (Schweden) Junioren-Weltmeister im Biathlon (10 km) vor Frank Luck und mit der 4x7,5-km-Staffel (Luck, Steinigen, Wagner, Anders). Über 15 km belegt er Rang zwei.
18. - 23. Februar: André Sehmisch (20 km) und die 4x7,5-km-Staffel erringen bei den Biathlon-WM in Oslo Silbermedaillen.
22. - 23. Februar: Karin Kania gewinnt in Karuizawa (Japan) zum fünften Mal den WM-Titel im Eisschnellauf-Sprint-Vierkampf mit Weltrekorden über 1000 m (1:18,84 min) und im Sprint-Vierkampf (160,060 Pkt.). Christa Rothenburger erringt die Silbermedaille.
22. - 23. Februar: Hoppe/Schauerhammer verteidigen in Königsee (BRD) ihren WM-Titel im Zweierbob. Richter/Grummt belegen Rang drei.

22. - 23. Februar: Bei den Europa-Hallenmeisterschaften der Leichtathleten in Madrid verteidigen Marita Koch (200 m), Sabine Busch (400 m) und Cornelia Oschkenat (60 m Hürden) ihre Titel. Außerdem gewinnen Sigrun Ludwigs (800 m), Ines Bibernell (3000 m), Andrea Bienias (Hochsprung), Heike Drechsler (Weitsprung) und Thomas Schönlebe (400 m).

22. - 23. Februar: Doppelsieg im Asphaltkegeln beim Ländervergleich DDR-CSSR in Radeberg. Die Männer gewinnen mit 5225:5172 Pkt., die Frauen gegen den WM-Dritten mit 2463:2420 Pkt.

25. Februar - 8. März: Bei den WM im Handball der Männer in der Schweiz erringt die Nationalmannschaft die Bronzemedaille. Im Verlauf des Turniers wirft Frank Wahl sein 1000. Länderspieltor.

27. Februar - 2. März: Vize-Europameister im Schießen mit Luftdruckwaffen werden in Espoo (Finnland) Uwe Potteck (Luftpistole) vor Gernot Eder und die Mannschaft Luftpistole der Männer (U. Potteck, Eder, J. Potteck). Die Frauenmannschaft Luftgewehr (Weidemann, Starkloff, Toth) und Anke Völker (Luftpistole) gewinnen jeweils die Bronzemedaille.

1. - 2. März: Monique Garbrecht wird in St. Foy (Kanada) Junioren-Weltmeisterin im Eisschnellauf (Mehrkampf) vor Anja Ulbricht.

14. März: Prof. Dr. Ernst Jokl (USA) wird zum Ehrenmitglied der Gesellschaft für Sportmedizin ernannt.

15. März: Beim 15. Finale im Kraftsport-Fernwettkampf „Stärkster Lehrling - Sportlichstes Mädchen" in Karl-Marx-Stadt siegen Corinna Runge, Dirk Schauf und Jens Jacobik (bis 1,60 m).

17. - 23. März: Katarina Witt belegt bei den WM im Eiskunstlauf in Genf (Schweiz) Rang zwei.

21. - 22. März: Beim Länderkampf UdSSR-DDR in Medeo (UdSSR) läuft Karin Kania Weltrekord über 500 m (39,52 s), bleibt als erste Frau der Welt über 1500 m in 1:59,30 min unter der Zwei-Minuten-Grenze, läuft Weltrekord über 3000 m (4:18,02 min) und im Mehrkampf (168,272 Pkt.). Andrea Schöne-Ehrig unterbietet zweimal den von ihr selbst gehaltenen Weltrekord über 5000 m mit 7:31, 45 min und 7:20,99 min.

21. - 22. März: Zehntausende nehmen beim republikweiten „Start in den Frühling" an Massenläufen oder Wanderungen teil. Den 3. Hallenser Friedenslauf (5 km) absolvieren mehr als 25.000 Läuferinnen und Läufer.

März: Erstmalig beteiligen sich Bergsteiger der DDR an der Alpinen Ski-Rallye „Maljoviza 1986" im Rila-Gebirge (Bulgarien), einem kombinierten Wettkampf aus alpinem Skilauf, Skibergsteigen und Winterbergsteigen.

3. April: Die Fachkommission „Sportmotorik" im Wissenschaftlichen Rat beim Staatssekretariat für Körperkultur und Sport konstituiert sich.

2. April: Leistungssportkonferenz des DTSB in Oberhof (Wintersport).

8. April: An der DHfK wird die Forschungsgemeinschaft „Ausprägung des Massencharakters von Körperkultur und Sport" gegründet.

14. - 16. April: Andreas Schröder (Superschwer) wird in Piräus (Griechenland) Europameister im Ringen (Freier Stil). Torsten Wagner (Halbschwer) und Uwe Neupert (Schwer) belegen jeweils Rang drei.

18. - 20. April: Thomas Horschel (Schwergewicht) gewinnt bei den EM im Ringen (Klassischer Stil) in Piräus (Griechenland) die Silbermedaille.

1. - 3. Mai: Den Großen Preis der 20. Internationalen Pferdeleistungsschau (CSI) in Kiskunhalas (Ungarn) erringt Bernd Schiele mit Omega.

1. - 7. Mai: Heiko Birke belegt bei den EM im Segeln (Finn-Klasse) in Hyères (Frankreich) Rang drei.

4. Mai: Die Handballerinnen des SC Leipzig erringen in Leipzig den IHF-Cup gegen MVSC Debrecen aus Ungarn (25:15).

6. - 22. Mai: Olaf Ludwig gewinnt bei der Friedensfahrt Kiew-Warschau-Berlin-Prag sieben Etappen, die Gesamteinzelwertung sowie das rosa, violette und weiße Trikot und belegt mit der Mannschaft (Ludwig, Radtke, Raab, Ampler, Barth, Kummer) Rang zwei der Gesamtmannschaftswertung.

7. - 11. Mai: Andreas Behm (Leichtgewicht) wird in Karl-Marx-Stadt Europameister im Gewichtheben (Zweikampf). Andreas Letz (Federgewicht), Joachim Kunz (Leicht), René Wyßuwa (Schwer) und Senno Salzwedel (Superschwer) gewinnen im Zweikampf jeweils die Bronzemedaille.

8. Mai: Wissenschaftliches Kolloquium an der Pädagogischen Hochschule Potsdam zum Sportunterricht an den Berufsschulen.

8. - 18. Mai: Bei den WM im Boxen in Reno (USA) belegen René Breitbarth (Bantam), Enrico Richter (Halbmittel) und Henry Maske (Mittel) jeweils Rang zwei, Torsten Schmitz (Welter) und Andreas Zülow (Federgewicht) Rang drei.

9. - 11. Mai: Henry Stöhr gewinnt in Belgrad den EM-Titel im Judo (Alle Kategorien) und belegt im Schwergewicht Rang zwei.

22. Mai: Wissenschaftliche Konferenz der Forschungsggruppe „Sport in der Unterstufe“ in Potsdam zur Realisierung der Sportlehrpläne in den Klassen 1 bis 3 und zur weiteren inhaltlichen Ausgestaltung der Unterstufe.

24. Mai: Vereinbarung zwischen dem Zentralvorstand der Vereinigung der gegenseitigen Bauernhilfe (VdgB) und dem DTSB zur Organisierung des Sports in allen Dörfern.

26. Mai - 1. Juni: Jan Rosenberger (Bantamgewicht) wird in Donaueschingen (BRD) Junioren-Welt- und Europameister im Gewichtheben (Stoßen).

30. - 31. Mai: Die Nationalmannschaft Frauen gewinnt in Debica (Polen) den Pokal der Freundschaft im Turnierangeln und Jana Maisel die Einzelwertung.

30. Mai - 1. Juni: 1. Bestenermittlung im Felsklettern (Einzelklettern) der Jugend im Lößnitzgrund bei Radebeul.

4. - 5. Juni: Internationales Seminar in Neubrandenburg zum Thema „Wege und Bedingungen der Herausbildung eines aktiven Verhältnisses der Frauen zu Körperkultur und Sport“ in unserer Gesellschaft.

6. Juni: Jürgen Schult erzielt im Diskuswerfen in Neubrandenburg einen neuen Weltrekord (74,08 m).

12. Juni: Vereinbarung zwischen der Gesellschaft zur Förderung des olympischen Gedankens und dem Zentralrat der FDJ zur weiteren Verbreitung der olympischen Idee und von Körperkultur und Sport unter der Jugend.

12. - 15. Juni: Junioren-Europameister im Sportschießen werden in Budapest die Mannschaften Freie KK-Büchse 3x20 Schuß (Heß, Martini, Kirsch) mit Weltrekord (1731), Freie KK-Büchse 60 Schuß liegend (Heß, Martini, Kirsch), Laufende Scheibe mixed (Schlütter, Liehr, Herrmann) und Standardgewehr 60 Schuß liegend der Juniorinnen (Berger, Will, Klepp) ebenfalls mit Weltrekord (1768).

19. Juni: Heike Friedrich schwimmt in Berlin Weltrekord (200 m Freistil 1:57,55 min).

21. Juni: Heike Drechsler springt in Tallin (UdSSR) mit 7,45 m Weltrekord.

29. Juni: Am 10. KMU-Marathon in Leipzig nehmen 942 Aktive teil. Darunter Rollstuhlfahrer aus Polen, der CSSR und der DDR.

29. Juni: Heike Drechsler egalisiert in Erfurt den von Marita Koch gehaltenen Weltrekord über 200 m (21,71 s). Sie ist damit die erste Frau der Welt, die den Weitsprung- und den 200-m-Weltrekord hält.

1. - 6. Juli: Junioren-Europameister im Wurftaubenschießen wird in Montecatini (Italien) die Mannschaft Skeet (Andreas Schreier, Thomas Fritzsche, Dirk Schiele). Die Mannschaft Skeet der Männer (Mathias Dunkel, Bernhard Hochwald, Axel Wegner) belegt Rang zwei.

3. - 11. Juli: Jürgen Brietzke/Ekkehard Schulz gewinnen bei den EM im Segeln (470er Klasse) in Sonderborg (Dänemark) die Bronzemedaille.

4. - 12. Juli: Vizeweltmeister der Junioren wird in Casablanca (Marokko) die Mannschaft im 4000-m-Verfolgungsfahren (Liese, Pawelcyk, Bach, Vogel). Eyk Pokorny (Sprint) und die Mannschaft Straße (Audehm, Dietz, Rein, Rauch) erringen jeweils die Bronzemedaille.

5. - 19. Juli: In Moskau finden die „Spiele des guten Willens" statt, an denen Aktive aus 80 Ländern teilnehmen. Athleten aus der DDR beteiligen sich in nahezu allen Sportarten und -disziplinen, ob am Tennis in Jurmala, an der Leichtathletik oder am Bahnradsport. Rang eins belegen: Petra Felke (Speerwerfen), Hagen Melzer (3000 m Hindernis), Lutz Heßlich (Bahnradsport, Sprint), Bianca Dittrich (Rhythmische Sportgymnastik, Seil), Kerstin Kielgaß (200 m Freistil), Birte Weigang (100 m Schmetterling) und Brita Baldus (Kunstspringen).

7. - 13. Juli: Jochen Schümann/Thomas Flach/Bernd Jäkel werden vor Warnemünde Europameister im Segeln (Soling). Nauck/Hellriegel/Diedering belegen Rang vier, J. Herrmann/Olbrich/I. Herrmann Rang fünf.

16. - 20. Juli: Bei den I. Leichtathletik-Junioren-WM in Athen gewinnen die Aktiven acht Gold-, vier Silber- und sieben Bronzemedaillen. Weltmeister werden Heike Tillack (100 m Hürden), Karen Scholz (Hochsprung), Ilke

Wyludda (Diskuswerfen), Susann Sieger (400 m), Kathrin Kley (10.000 m), Claudia Bartl (400 m Hürden), Patricia Bille (Weitsprung), Heike Rohrmann (Kugelstoßen).

17. - 20. Juli: Die Jungen gewinnen in Baja (Ungarn) den Pokal der Freundschaft sozialistischer Länder im Wettkampfangeln der Jugend und Carsten Naumann die Einzelwertung. Im Turnierangelsport gewinnen die Mädchen den Pokal und Kathrin Ernst die Einzelwertung.

21. - 27. Juli: Junioren-Europameister im Schwimmen und Wasserspringen werden in Berlin (West) 13 Aktive, 11 erringen eine Silber- und 13 eine Bronzemedaille. Zu den erfolgreichsten gehören Sabrina Schulze (Schwimmen) und Jan Hempel (Kunst- und Turmspringen).

24. - 26. Juli: An der internationalen motortouristischen Sternfahrt FIM-Motorrad-Rallye in Budapest (mit Anfahrtswertung) nehmen 2000 Motorradfahrer aus 21 Ländern teil. Unter ihnen 40 vom ADMV.

26. Juli - 3. August: Die Nationalmannschaft Florettfechten der Männer (Jens Howe, Ingo Weißenborn, Udo Wagner, Adrian Germanus, Aris Enkelmann/Ersatz) belegt bei der WM in Sofia Rang drei.

29. Juli - 3. August: Junioren-Weltmeisterin im Rudern werden in Roudnice (CSSR) Marion Schmidt (Einer), der Zweier o.Stfr., der Doppelvierer und der Achter. Die Junioren gewinnen den Doppelzweier.

Juli: Das Finale des 30. Internationalen Leichtathletik-Vierkampfes „Freundschaft" wird in Havanna durchgeführt.

1. - 3. August: Bei den 20. Jugendwettkämpfen der Freundschaft in der Leichtathletik in Neubrandenburg werden ein Junioren-Europarekord durch Ilke Wyludda im Diskuswerfen (65,86 m) und fünf Drushba-Rekorde erreicht.

4. - 10. August: Sven Kaiser/Dietmar Wendel werden vor Medemblik (Niederlande) Junioren-Weltmeister im Segeln (470er Klasse) vor Andreas Pape/Stefan Ruthenberg.

11. August: René Müller wird zum „Fußballer des Jahres 1986" gewählt.

13. - 23. August: Weltmeister im Schwimmen werden in Madrid: Kristin Otto (100 m Freistil mit Weltrekord in 54,73 s, 200 Lagen), Heike Friedrich (200 m und 400 m Freistil), Astrid Strauß (800 m Freistil), Sylvia Gerasch (100 m Brust mit Weltrekord in 1:08,11 min), Silke Hörner (200 m Brust mit Weltrekord in 2:27,40 min), Kornelia Greßler (100 m Schmetterling), Cornelia Sirch (200 m Rücken), Kathleen Nord (400 m Lagen), die 4x100-m-Freistilstaffel (Otto, Stellmach, Schulze, Friedrich) mit Weltrekord in 3:40,57 min, die 4x200-m-Freistilstaffel (Stellmach, Strauß, Bergknecht, Friedrich) mit Weltrekord in 7:59,33 min, die 4x100-m-Lagenstaffel der Frauen (Zimmermann, Gerasch, Greßler, Otto) und die 4x200-m-Lagenstaffel der Männer (Lars Hinneburg, Thomas Flemming, Dirk Richter, Sven Lodziewski). Erfolgreichste Athletin der WM ist Kristin Otto mit vier Gold- und zwei Silbermedaillen und zwei Weltrekorden (100 m Freistil und mit der 4x100-m-Freistilstaffel). Die 4x200-m-Staffel der Frauen unterbietet als erste die 8-Minuten-Grenze.

16. - 17. August: Harald Sturm (bis 250 ccm/MZ) wird in Odenheim (BRD) zum vierten Mal in Folge Europameister im Motorradgeländesport (Enduro), Jens Scheffler (bis 500 ccm/MZ) gewinnt die Silbermedaille und Jens Thalmann (bis 80 ccm/Simson), Rolf Hübler (bis 125 ccm/Simson) und Andreas Cyffka (bis 500 ccm/MZ) Bronzemedaillen.

17. - 24. August: Die Nationalmannschaft Volleyball der Juniorinnen erringt bei den EM in Bulgarien die Silbermedaille.

17. - 24. August: Weltmeister im Rudern werden in Nottingham (England) Jutta Hampe (Einer), der Doppelzweier und der Doppelvierer der Frauen sowie der Vierer m.Stm. der Männer.

19. - 24. August: Bei den WM im Kanurennsport in Montreal (Kanada) gewinnen Olaf Heukrodt (CI 500 m) und der KIV über 500 m (Andreas Stähle, Frank Fischer, André Wohllebe, Jens Fiedler) die WM-Titel.

20. August: Udo Beyer überbietet in Berlin mit 22,64 m den von Ulf Timmermann gehaltenen Weltrekord im Kugelstoßen.

26. - 31. August: EM-Titel in der Leichtathletik erringen in Stuttgart: Marlies Göhr (100 m zum dritten Mal in Folge), Heike Drechsler (200 m, Weitsprung), Marita Koch (400 m zum dritten Mal in Folge), die 4x100-m-Staffel (Gladisch, Günther-Rieger, Auerswald, Göhr) und die 4x400-m-Staffel der Frauen (Emmelmann, Busch, Müller, Koch), Heidi Krieger (Kugelstoßen), Diana Sachse (Diskuswerfen), Anke Behmer (Siebenkampf), Hartwig Gauder (50 km Gehen) und Hagen Melzer (3000 m Hindernis). Die Aktiven gewinnen außerdem 10 Silber- und acht Bronzemedaillen.

27. - 31. August: Weltmeister im Bahnradsport werden in Colorado Springs (USA): die Eisschnellläuferin Christa Rothenburger (Sprint), Michael Hübner (Sprint) und Maic Malchow (1000-m-Einzelzeitfahren). Silbermedaillen erringen Olaf Ludwig (Punktefahren), Lutz Heßlich (Sprint), die Mannschaft 4000-m-Verfolgungsfahren (Blochwitz, Dittert, Hennig, Meier), Bronzemedaillen Ralf-Gudo Kuschy vor Bill Huck (Sprint) und Jens Glücklich (1000-m-Einzelzeitfahren).

30. August: Am Berliner Friedenslauf nehmen 50.000 LäuferInnen aus Bulgarien, der CSSR, Polen, Rumänien, Ungarn und der DDR teil.

30. August - 1. September: Sylvio Kroll gewinnt beim Weltcup im Turnen in Peking das Finale im Pferdsprung (gemeinsam mit Koroljow/UdSSR), belegt am Reck Rang zwei, am Boden Rang drei, im Mehrkampf Rang vier.

1. September: An der Sektion Sportwissenschaft der Humboldt-Universität zu Berlin beginnen die ersten Studenten mit der fünfjährigen Ausbildung in der Studienrichtung Diplomlehrer Sport/Rehabilitationssport.

1. - 13. September: Weltmeister im Fallschirmspringen werden in Ankara (Türkei) Ronald Eilenstein (Figurenspringen), die Mannschaft Gruppenzielspringen der Frauen und Kerstin Steinmeier bei den Juniorinnen (Figurenspringen). Rang zwei belegen Barbara Harzbecker (Figurenspringen), Heike Glaw (Gesamteinzelwertung) und die Frauenmannschaft (Harzbecker, Glaw, Fischer, Steinmeier) in der Gesamtmannschaftswertung.

2. - 13. September: Bei den X. Volleyball-WM der Frauen in der CSSR belegt die Nationalmannschaft Rang vier nach einem 1:3 gegen Peru.

2. - 14. September: Anke Völker wird in Suhl Weltmeisterin im Sportschießen (Luftpistole) mit Weltrekord (485,5 Ringe). Silbermedaillen gewinnen Uwe Potteck (Luftpistole), Jörg Damme (Wurftaube - Trap), die Mannschaft Standardgewehr 60 Schuß liegend (Hartstein, Heilfort, Gonsierowski), die Mannschaft Wurftaube - Skeet (Dunkel, Hochwald, Wegner), die Mannschaft Standardgewehr 3x20 Schuß der Frauen (Berger, Toth, Starkloff) und die Mannschaft Luftpistole der Frauen (Völker, Müller, Richter). In sieben Einzel- und Mannschaftsdisziplinen erringen die Aktiven Bronzemedaillen. 100.000 Zuschauer verfolgen die Wettkämpfe.

3. - 7. September: In Vidin (Bulgarien) werden Sven Klabunde (OToOP) und die Männermannschaft (Mannschaftstreffübung/MÜT) Europameister im Orientierungstauchen. Die Frauen gewinnen bei der MÜT die Silbermedaille.

4. - 7. September: Uwe Ampler wird in Colorado Springs (USA) Weltmeister im Straßenfahren. Im 100-km-Mannschaftszeitfahren erringt die Mannschaft (Uwe Ampler, Uwe Raab, Mario Kummer, Dan Radtke) die Bronzemedaille.

4. - 13. September: Jochen Schümann/Thomas Flach/Bernd Jäkel belegen bei der WM im Segeln (Soling) vor La Trinité-sur-Mer (Frankreich) Rang drei.

8. - 13. September: Bei den WM im Enduro für Mannschaften (Six Days) in San Pellegrino Terme (Italien) wird die Silbervasenmannschaft (Grüner, Heydenreich, Grellmann, Cyffka) Vizeweltmeister der Junioren.

10. - 14. September: Die Nationalmannschaft Springreiten (Günter Till mit Kosak, Ralf Deutschmann/Ataman, Frank Thron/Rasant, Rolf Günther/Meteor) belegt bei der Internationalen Pferdeleistungsschau (CSIO) in Plovdiv (Bulgarien) im Wettbewerb um den Preis der Nationen Rang zwei.

13. September: Den Magdeburger Friedenslauf absolvieren 16.000 LäuferInnen.

13. - 19. September: Die Junioren-Auswahl im Boxen erringt bei den EM in Kopenhagen zwei Gold-, fünf Silber- und zwei Bronzemedaillen. Junioren-Europameister werden Diego Drumm (Bantam) und Axel Schulz (Halbschwer).

15. September: Die DDR ratifiziert die Internationale Konvention gegen Apartheid im Sport und hinterlegt die Urkunde bei der UNO in New York.

20. - 21. September: Die erste Bestenermittlung im Frauenkraftsport um den Pokal des Oberbürgermeisters der Stadt Zwickau gewinnt Sybilla Lux.

28. September: 30. Finale des BZA-Laufes der Berliner Schulen.

September: Jens-Ullrich Groß, Cornelia Groß, Lutz Gebhardt und Andreas Otto durchqueren per Rad Mittelasien und überqueren den 3372 m hohen Ansob-Paß im Pamir. Sie legen insgesamt 1200 km zurück.

3. Oktober: Wissenschaftliches Kolloquium ausländischer Studierender an der DHfK in Leipzig zum Thema „Sport für alle".

6. - 20. Oktober: Bei der VI. Einzel-Weltmeisterschaft im Blindenschach in Moskau erringt Olaf Dobierzin die Bronzemedaille.

9. - 16. Oktober: Die Fußball-Juniorenauswahl (U 18) gewinnt in Subotica (Jugoslawien) das Finale gegen Italien (3:1) und wird Europameister.

19. - 26. Oktober: Torsten Wagner (Halbschwer) erringt bei den WM im Ringen (Freier Stil) in Budapest die Silber- und Andreas Schröder (Superschwer) die Bronzemedaille. Im Klassischen Stil belegt Mirko Jahn (Welter) Rang zwei.

21. - 24. Oktober: IX. Internationale Konferenz der Sektion Sportwissenschaft Greifswald in Binz zum Thema „Schulsport im jüngeren Schulalter".

23. Oktober - 5. November: 1. Internationales Frauen-Schachturnier in Berlin.

6. November: Seminar des Wissenschaftlichen Rates in Leipzig über sportliche Betätigung aus der Sicht der biopsychosozialen Einheit des Menschen.

8. - 16. November: Andreas Letz (Federgewicht) gewinnt bei den WM im Gewichtheben in Sofia im Zweikampf die Bronze- und im Reißen die Silbermedaille. Andreas Behm (Leichtgewicht) wird beim Reißen Dritter.

19. November: Beim Gruppenspiel gegen den amtierenden Europameister Frankreich in Leipzig (0:0) debütieren Matthias Sammer und Rico Steinmann in der Nationalmannschaft (A-Auswahl).

20. - 21. November: Wissenschaftliche Konferenz der Sektion Sportwissenschaft Zwickau zum Thema „Lehrplanrealisierung im Fach Sport - Ergebnisse zur Konzeption für die Mittelstufe".

29. - 30. November: Einweihung der achten Kunsteis-Bob-und-Rennschlittenbahn der Welt - zweite in der DDR - in Altenberg (1413 m Länge, 17 Kurven, 122,22 m Gefälle) mit einem internationalen Wettkampf im Schlittensport vor 15.000 Zuschauern.

4. - 14. Dezember: Die Nationalmannschaft Handball der Frauen belegt bei den WM in den Niederlanden Rang vier.

6. - 7. Dezember: In Berlin-Hohenschönhausen wird die neue Eisschnellauf-Halle eingeweiht.

10. Dezember: Vereinbarung zwischen dem Bundesvorstand des FDGB und der Gesellschaft zur Förderung des olympischen Gedankens.

13. - 14. Dezember: In Malmö (Schweden) erringen die Schwimmerinnen zum zwölften Mal insgesamt und zum siebenten Mal in Folge den Europapokal (25-m-Bahn). Die Schwimmer belegen Rang vier.

7. - 20. Dezember: IGM Rainer Knaak gewinnt zum zweiten Mal das Großmeister-Turnier im Schach in Leipzig vor IGM Uwe Bönsch.

20. Dezember: Sportler des Jahres werden Heike Drechsler, Olaf Ludwig und die Fußball-Junioren-Auswahl (U 18), die Europameister wurde.

Januar bis Dezember:

Bei den Fernschach-EM gewinnt Karl-Heinz Folgmann die Silbermedaille.

Im Sportverlag erscheinen „Motorisches Lernen“ (Rilo Pöhlmann) und „Modernes Krafttraining“ (Jürgen Hartmann u.a.) vor, der Verlag Volk und Wissen „Körpererziehung in der ganztägigen Bildung und Erziehung“ (Horst Gärtner u.a.) und „Gerätturnen in der Schule“ (Wolfram Boddien u.a.).

1987

6. Januar: Ulf Findeisen belegt bei der Vierschanzentournee (BRD/Österreich) im Gesamtklassement Rang drei.
10. - 11. Januar: Wolfgang Hoppe/Dietmar Schauerhammer gewinnen bei der Zweierbob-WM in St. Moritz (Schweiz) die Silbermedaille.
17. - 18. Januar: Andrea Ehrig wird in Groningen (Niederlande) nach Siegen auf allen vier Strecken das vierte Mal Europameisterin im Eisschnellauf (Vierkampf). Jacqueline Börner erringt die Bronzemedaille.
17. - 18. Januar: Der Viererbob (Hoppe, Musiol, Wetzig, Schauerhammer) wird in St. Moritz (Schweiz) Vizeweltmeister.
23. - 25. Januar: Weltmeister im Rennschlittensport werden in Igls (Österreich) Cerstin Schmidt (Einsitzer) vor Gabriele Kohlisch und Ute Oberhoffner und Jörg Hoffmann/Jochen Pietzsch (Doppelsitzer), als erste zum dritten Mal in Folge. Jens Müller (Einsitzer) belegt Rang zwei.
24. - 25. Januar: Wolfgang Hoppe/Dietmar Schauerhammer verteidigen in Cervinia (Italien) ihren EM-Titel im Zweierbob.
31. Januar - 1. Februar: Karin Kania wird in St. Foy (Kanada) zum sechsten Mal Weltmeisterin im Eisschnellauf (Sprint-Vierkampf). Christa Rothenburger und Andrea Ehrig belegen die Ränge drei und vier.
31. Januar: Sven Völkner ist der einmillionste Teilnehmer am Tischtennis-Turnier der Tausende (TTT) in Berlin seit 1960.
31. Januar - 1. Februar: Der Viererbob (Hoppe/Musiol/Wetzig/Schauerhammer) erringt in Cervinia (Italien) den ersten EM-Titel.
1. Februar: Ronald Weigel geht in Wien über 5000 m Hallenweltrekord (18:44,97 min).
2. - 8. Februar: Junioren-Weltmeister in den nordischen Skidisziplinen werden in Asagio (Italien): Thomas Prenzel (Nordische Kombination), die Mannschaft Spezialsprunglauf (Ingo Züchner, Roy Koch, Mike Arnold) und die Mannschaft Nordische Kombination (Thomas Abratis, Marko Frank, Thomas Prenzel). Rang zwei belegen Simone Greiner-Petter (15 km Langlauf, freie Technik), Mike Arnold (Spezialsprunglauf) und die 3x5-km-Staffel der Juniorinnen (Greiner-Petter, Braun, Wezel).
3. - 4. Februar: Bei der ersten Junioren-WM erringen Hans-Joachim Schurack/Ronald Stein in Sarajewo (Jugoslawien) den Titel im Zweierbob.
3. - 8. Februar: Katarina Witt wird in Sarajewo (Jugoslawien) zum fünften Mal in Folge Europameisterin im Eiskunstlauf. Katrin Kanitz/Andreas Schröter (Paarlauf) belegen Rang drei.
4. - 8. Februar: Bei den 19. Jugendwettkämpfen der Freundschaft in den nordischen Skidisziplinen in Oberwiesenthal mit Aktiven aus sieben Ländern gewinnen die Gastgeber alle Einzeldisziplinen.

7. Februar: Zentrale Studentensportkonferenz des DTSB in Leipzig mit annähernd 500 Teilnehmern aus dem Hoch- und Fachschulsport.

7. - 8. Februar: Karin Kania verteidigt in West Allis (USA) ihren WM-Titel im Eisschnellauf (Vierkampf). Andrea Ehrig gewinnt die Silbermedaille.

7. - 8. Februar: Der Viererbob DDR I (Jens Ränger, Harald Czudaj, Heiko Querner, Alexander Szelig) erringt bei den ersten Junioren-WM in Sarajewo (Jugoslawien) die Silbermedaille.

10. - 15. Februar: Frank-Peter Roetsch gewinnt alle Titel der Biathlon-WM in Lake Placid (USA), über 20 km vor Matthias Jacob und André Sehmisch, über 10 km und mit der 4x7,5-km-Staffel (Jürgen Wirth, Frank-Peter Roetsch, Matthias Jacob, André Sehmisch).

13. - 15. Februar: Bei den XII. Internationalen Jugendwettkämpfen der Freundschaft im Federball in Greifswald mit Aktiven aus sechs Ländern belegt Mike Joseph (Einzel) Rang drei und die Mannschaft Rang vier.

13. - 15. Februar: Der SC Dynamo Berlin erreicht im Finale um den Europapokal der Landesmeister im Volleyball (Frauen) in Karlsruhe (BRD) Rang drei.

21. - 22. Februar: EM-Titel gewinnen bei der Leichtathletik-Hallen-EM in Liévin (Frankreich): Kirsten Emmelmann (200 m), Christine Wachtel (800 m), Heike Drechsler (Weitsprung) und Ulf Timmermann (Kugelstoßen).

21. - 22. Februar: Junioren-Europameister im Rennschlittensport werden in Sarajewo (Jugoslawien) Jana Bode (Einsitzer) vor Susi Erdmann und Dana Riedel sowie Mario Ernst/Olaf Paschold (Doppelsitzer). Alexander Bau (Einsitzer) belegt Rang drei.

23. - 28. Februar: XI. Kinder- und Jugendspartakiade in den Wintersportarten in Oberwiesenthal und Karl-Marx-Stadt. 1300 Aktive gehen in 185 Entscheidungen an den Start, zwei Drittel davon sind Mitglied im DTSB.

27. Februar: Heike Drechsler stellt in New York einen neuen Hallenweltrekord im Weitsprung (7,32 m) auf.

27. Februar - 1. März: Monique Garbrecht wird in Strömsund (Schweden) erneut Junioren-Weltmeisterin im Eisschnellauf (Vierkampf) vor Anja Ulbricht und Sylke Luding. Michael Spielmann belegt Rang drei.

6. - 8. März: Bei der I. Hallen-WM in der Leichtathletik in Indianapolis (USA) erringen die zehn DDR-Starter sechs Gold- und drei Silbermedaillen. WM-Titel gewinnen: Heike Drechsler, sie wird innerhalb von 150 Minuten Weltmeisterin im Weitsprung und über 200 m mit Hallen-Weltrekord (22,27 s), Sabine Busch (400 m), Christine Wachtel (800 m), Cornelia Oschkenat (60 m Hürden) und Ulf Timmermann (Kugelstoßen).

7. - 8. März: Skikammwanderung „Freundschaftsgrenze" (63 km) mit 1100 Aktiven aus der CSSR und DDR.

9. - 15. März: Katarina Witt erringt in Cincinnati (USA) nach 1984 und 1985 zum dritten Mal den WM-Titel im Eiskunstlauf.

11. März: Vereinbarung zwischen dem Deutschen Verband für Versehrtensport (DVfV) und dem Gehörlosen- und Schwerhörigenverband (GSV) zur weiteren Entwicklung von Körperkultur, Sport u. Touristik für Hörgeschädigte.
21. - 22. März: „Start in den Frühling" mit vielfältigen Laufveranstaltungen, der Friedensmeile mit annähernd 25.000 Aktiven im Dresdener Großen Garten und dem 4. Friedenslauf von Halle nach Halle-Neustadt (4,5 km).
22. März: 35. Auersberglauf (2, 3, 5, 10, 15 km) in Johanngeorgenstadt mit 750 Aktiven aus 100 Sportgemeinschaften.
28. März: Übungsleiterkonferenz des DTSB in Bad Blankenburg.
30. März - 3. April: Erste Sportfilmwoche der DDR (Spielfilme, Dokumentar- und Amateurfilme) in Bad Blankenburg.
8. April: Der 1. FC Lok. Leipzig spielt im Halbfinale um den Pokal der Pokalsieger im Fußball gegen Girodins Bourdeaux im Hinspiel 1:0.
9. - 12. April: Die WasserspringerInnen gewinnen in Sofia zum achten Mal den Europapokal. In den Einzeldisziplinen des Mannschaftswettbewerbs siegen Bianka Meyer (Turm) und Steffen Haage (Turm).
11. April: Die Frauenmannschaft belegt beim Marathon-Weltcup in Seoul Rang zwei und Katrin Dörre Rang drei.
12. April: Buchenwald-Gedenklauf mit mehr als 25.000 Teilnehmern von Bad Köstritz nach Weida.
22. April: Das Rückspiel im Halbfinale um den Europacup der Pokalsieger im Fußball 1. SC Lok. Leipzig gegen Girodins Bourdeaux endet 0:1, das Elfmeterschießen 6:5. Rene Müller hält dabei einen Elfmeter und markiert anschließend den spielentscheidenden Treffer.
23. April: Kolloquium an der Sektion Sportwissenschaft der Universität Rostock über die „differenzierte Gestaltung der sportlichen Tätigkeit im Lebensregime von Schülern der Klassen 4 bis 6 unter besonderer Beachtung der Einheit von Sportunterricht und außerunterrichtlichem Sport".
24. April: Heike Friedrich, vierfache Weltmeisterin im Schwimmen, und Birk Anders, zweifacher Junioren-Weltmeister im Biathlon, erhalten den Jugendpreis des Internationalen Olympischen Komitees (IOC).
25. April: Am 2. Fest „Sport-Spiel-Spaß" - ausgerichtet von Sportjournalisten und der BVB - beteiligen sich in Berlin annähernd 35.000 Aktive.
1. - 3. Mai: Vizeeuropameister im Ringen (Freier Stil) werden in Weliko Tyrnowo (Bulgarien) Karsten Polky (62 kg) und Andreas Schröder (130 kg).
2. - 3. Mai: Ronald Weigel gewinnt das 50-km-Gehen um den Weltpokal in New York vor Hartwig Gauder und Dietmar Meisch. In der Pokalwertung belegt die Mannschaft Rang drei.
8. - 23. Mai: Uwe Ampler und die DDR-Mannschaft (Ampler, Heppner, Kummer, Raab, Ludwig, Barth) gewinnen die 40. Internationale Friedensfahrt Berlin-Prag-Warschau sowie alle Sonderwertungen, das rosa Trikot (Ampler), das violette (Ludwig), das grüne (Ampler) und das weiße (Raab).

9. - 17. Mai: An der Gemeinschaftsaktion der Mitglieder des Deutschen Angler-Verbandes (DAV) „Unsere Gewässer - gepflegte Gewässer“ beteiligen sich landesweit 160.195 Freunde des Angelsports. Sie leisten 801.580 freiwillige Arbeitsstunden mit einem Nutzen von mehr als 4 Mio Mark.
13. Mai: Der 1. FC Lok. Leipzig unterliegt im Finale um den Europapokal der Pokalsieger im Fußball in Athen Ajax Amsterdam (0:1).
14. - 15. Mai: VIII. Kongreß der GST in Karl-Marx-Stadt.
16. Mai: 15. GutsMuths-Rennsteiglauf (45 km, 66 km) mit 7500 Aktiven, darunter etwa 600 Frauen, 130 Ehepaare und erstmalig der Urenkel von J.C.F. GutsMuths, Gert GutsMuths. Im Einsatz sind 21 Ärzte, 23 Krankenschwestern, 180 Gesundheitshelfer des DRK und etwa 1000 Helfer aus verschiedenen BSG und SG am Rennsteig.
17. Mai: Im zweiten Finalspiel um den Europacup der Pokalsieger im Handball der Frauen spielt der TSC Berlin gegen Kuban Krasnodar unentschieden (23:23) und unterliegt (erstes Finalspiel 17:21).
17. - 26. Mai: Beim Weltwettbewerb im Schiffsmodellbau in Rouen (Frankreich) bringen die Aktiven 22 Modelle in die Wertung, drei erringen eine Gold-, siebzehn eine Silber- und zwei eine Bronzemedaille.
20. Mai: Die Sportverantwortlichen der Großstädte beraten in Halle über den „Sport vor der Haustür“ in Neubauwohngebieten.
20. - 24. Mai: Vizeeuropameister im Turnen werden in Moskau Sylvio Kroll (Pferdsprung, Reck) und Holger Behrendt (Barren).
26. - 31 Mai: Ronny Weller (1. Schwergewicht) wird in Belgrad Junioren-Welt- und -Europameister im Gewichtheben. Ingo Steinhöfel (Mittelgewicht) erringt die Silber-, Michael Schubert (2. Schwergewicht) die Bronzemedaille.
29. Mai - 7. Juni: Europameister im Boxen werden in Turin (Italien) Andreas Tews (Fliegengewicht), Enrico Richter (Halbmittel), Henry Maske (Mittel) und Ulli Kaden (Superschwer), der auch den Preis für den besten Boxer des Turniers erhält. Rang zwei belegen Siegfried Mehnert (Welter) und René Ryl (Halbschwer), Rang drei René Breitbarth (Bantam).
31. Mai - 3. Juni: Internationale wissenschaftliche Konferenz „Kind und Gesundheit“ in Berlin. Die Sportmediziner aus der DDR referieren zur „Bedeutung regelmäßigen Sporttreibens für die gesundheitliche... Entwicklung“, zur Adaptabilität und Adaptation an sportliches Training und zu sportmedizinischen Erfahrungen mit außerschulischen Sportgruppen.
8. - 13. Juni: Susanne Theel/Silke Preuß gewinnen bei der IYRU-WM im Segeln (470er Klasse) vor Porto Karras (Griechenland) die Silbermedaille.
9. - 14. Juni: Bei den 5. WM im Schiffsmodellsport in Schwerin erringen die Aktiven drei Gold-, vier Silber- und sieben Bronzemedaillen. Weltmeister werden Mario Jedwabski (Klasse F 2A, Junioren) vor Heiko Schulze und René Nietzold, René Nietzold (Klasse F 2B, Junioren) und Dirk Riedel (Klasse F1-V6.5, Junioren) mit Weltrekord (14,69).

15. Juni: Verleihung der Kunstpreise des DTSB 1987 in der bildenden und angewandten Kunst, der Fotografie, Literatur, Musik, im Film- und Fernsehschaffen sowie in der Volkskunst.
16. Juni - 2. August: Ausstellung „Kunst und Sport" in Leipzig mit 2390 Exponaten von 761 Künstlerinnen und Künstlern.
18. Juni: Doppelweltrekordlerin Heike Drechsler erhält als weltbeste Athletin 1986 die Trophäe des Weltverbandes der Sportjournalisten (AIPS).
20. Juni: Der Olympische Läufertag 1987 (Olympic Day Run) wird mit dem VIII. Schwarzatallauf (4, 10, 20 km) und der IV. Schwarzatalwanderung (14, 26, 38 km) in Bad Blankenburg eröffnet, an denen mehr als 3000 Aktive aus der CSSR, aus Polen und der DDR teilnehmen.
20. - 21. Juni: Wiebke Kärger gewinnt in Bad Doberan den 20. Internationalen Ostsee-Orientierungslauf.
21. Juni: Axel Noack geht in Karl-Marx-Stadt über 20 km Weltbestleistung (1:19:12 Std.).
26. - 28. Juni: Bei den Tischtennis-EM der Hörgeschädigten in Ungarn erringen die Aktiven fünf Bronzemedaillen, im Mannschaftswettbewerb der Frauen und der Männer, Rainer Rehwinkel (Einzel), Rehwinkel/Stahl (Doppel Männer), Ochsendorf/Thomas (Doppel Frauen), Stahl/Thomas (Mixed-Doppel).
27. - 28. Juni: Die Leichtathletinnen erkämpfen in Prag zum achten Mal den Europapokal. Die Leichtathleten belegen Rang zwei.
27. Juni - 5. Juli: Weltmeister im Segeln werden auf der Kieler Förde (BRD): Helmar Nauck/Norbert Hellriegel/Sven Diedering (Soling) und Bernd Höft/Falko Bier (470er Klasse). Rang drei belegen Susanne Theel/Silke Preuß (470er Klasse) und Jürgen Brietzke/Eckehard Schulz (470er Klasse).
Juni: IGM Uwe Bönsch gewinnt in Portoroz (Jugoslawien) das Dr. Milan-Vidmar-Gedenkturnier im Schach.
1. Juli: Der erste Zyklus eines zweieinhalbjährigen Hochschul-Zusatzstudiums für Ausländer an der DHfK Leipzig wird mit der Übergabe der Diplome abgeschlossen.
4. - 5. Juli: Die Zehnkämpfer erringen in Basel (Schweiz) zum zweiten Mal den Europacup und stellen mit Torsten Voss (Rang 1), Uwe Freimuth (Rang 2) und Thomas Fahner (Rang 3) die besten Einzelstarter.
7. - 12. Juli: XI. Kinder- und Jugendspartakiade im Rudern in Berlin. Etwa 800 Aktive ermitteln in 41 Wettbewerben die Besten. Danach folgen die vorgezogenen Wettbewerbe im Kanurennsport und Segeln in Berlin, im Turnen und in der Rhythmischen Sportgymnastik in Rostock, im Handball (AK 15/16) in Leipzig, in der Leichtathletik (AK 14) in Erfurt, im Fechten (AK 14-16) und im Judo (AK 14 und 15/16) in Leipzig. (vgl. 27.7.-2.8.87)
8. - 11. Juli: Das Turnier der Freundschaft in Leuna gewinnt die Nationalauswahl Hockey der Junioren (U 21) vor der favorisierten UdSSR-Auswahl durch einen Sieg im Endspiel mit 5:3.

8. - 17. Juli: Universiade-Sieger werden in Zagreb (Jugoslawien) Heike Theele (100 m Hürden), Hauke Fuhlbrügge (1500 m), Axel Krippschock (10.000 m), Klaus Görmer (Kugelstoßen), Steffen Zühlke (Rudern, Einer).

12. - 19. Juli: Junioren-WM-Titel im Bahnradsport erringen in Bergamo (Italien) Eyk Pokorny (Sprint) vor Thomas Tschäge und Ronny Kirchhoff (1000-m-Zeitfahren) mit Weltrekord (1:05,631 min). Anja Fieseler (2000-m-Einzelverfolgungsfahren) und die Mannschaft 4000-m-Verfolgungsfahren (Fulst, Werner, Demel, Zabel) belegen Rang drei.

22. Juli - 2. August: Europameister im Sportschießen werden in Lahti (Finnland) Ralf Schumann (Olympisch Schnellfeuer), Jörg Damme (Wurftaube Trap), Olaf Heß (Junioren, Freie KK-Büchse 3x20 Schuß), Klaus-Dieter Penack (Junioren, Wurftaube Skeet) und die Mannschaft Laufende Scheibe Mix der Junioren (Franke, Kurzer, Liehr).

23. - 26. Juli: Bei den Junioren-WM im Schwimmen und Wasserspringen in Rom gewinnen die Aktiven siebzehn Gold-, zehn Silber- und sieben Bronzemedaillen. Am erfolgreichsten sind Daniela Hunger mit fünf Goldmedaillen (50 m Freistil, 200 m, 400 m Lagen, 4x100-m-Freistil- und 4x100-m-Lagenstaffel) und Silko Günzel mit vier Goldmedaillen (50 m, 100 m Freistil, 4x100-m- und 4x200-m-Freistilstaffel). Jan Hempel siegt beim Turmspringen und belegt beim Kunstspringen Rang zwei.

27. Juli - 2. August: VIII. Turn- und Sportfest und XI. Zentrale Kinder- und Jugendspartakiade in den Sommersportarten in Leipzig. An der Sportschau wirken annähernd 35.000 Aktive in vierzehn Übungsverbänden mit. Unter ihnen 4.500 Spielleute, die eine Musikschau und die festliche Abschlußveranstaltung mit Musikparade gestalten. Etwa 50.000 Aktive starten beim Friedenslauf und 5552 im Finale der volkssportlichen Wettbewerbe (Crosslauf, erstmalig Faustball, Kegeln, Tischtennis, Versehrtensport/Mehrkampf und Volleyball), um die Turnfestsieger zu ermitteln. An den Vorwettkämpfen beteiligten sich mehr als vier Millionen Aktive. Im Schach wird an 30 Brettern Simultan gespielt. An dem anläßlich des Turnfestes durchgeführten Wettbewerb „Schach für alle" nehmen 30.000 Aktive teil. (vgl. 24.-25.10.1987) Beim internationalen Leichtathletik-Meeting (29.7.) erzielt Petra Felke einen neuen Weltrekord im Speerwerfen (78,90 m). 10.000 Kinder und Jugendliche starten in 19 Sportarten bei 981 Entscheidungen im Wettbewerb um die Spartakiadesieger.

30. Juli: OMR Prof. em. Dr. sc. med. Ernest Stanley Strauzenberg wird die Urkunde der von der Generalversammlung der Internationalen Föderation für Sportmedizin (FIMS) beschlossenen Ehrenmitgliedschaft überreicht.

3. August: René Müller wird zum zweiten Mal Fußballer des Jahres.

5. - 9. August: Bei den Junioren-WM im Rudern in Köln (BRD) erringen die Aktiven bei Starts in 14 Bootsklassen acht Gold-, zwei Silber- und zwei Bronzemedaillen. Weltmeister werden Katrin Boron (Einer), der Vierer

m.Stfr., der Zweier o.Strf., der Doppelvierer und der Achter der Juniorinnen, der Doppelzweier, der Zweier o.Stm. und der Doppelvierer der Junioren.
6. - 9. August: Doppelweltmeisterin im Orientierungstauchen wird in Leningrad (UdSSR) Ute Enge (M-Kurs, Sternkurs). Silbermedaillen gewinnen Ute Enge/Martina Ocik (Mannschaftsorientierung ohne Karte - MONK), Ute Enge (5-Punkte-Kurs) und Ralph Jänicke (Sternkurs), der außerdem eine Bronzemedaille erringt (5-Punkte-Kurs).
6. - 9. August: Bei den Leichtathletik-Junioren-EM in Birmingham (England) gewinnen die Aktiven sechzehn Gold-, sechs Silber und elf Bronzemedaillen. Diana Dietz erringt drei Goldmedaillen (100 m, 200 m, 4x100-m-Staffel), Ilke Wyludda zwei (Kugelstoßen, Diskuswerfen) und Birte Bruns ebenfalls zwei (800m, 4x400-m-Staffel).
16. - 23. August: Bei den EM im Schwimmen und Wasserspringen erringen die Aktiven achtzehn Gold-, dreizehn Silber- und zehn Bronzemedaillen. Europameister werden Kristin Otto (100 m Freistil, 100 m Schmetterling, 100 m Rücken), Heike Friedrich (200 m, 400 m Freistil), Anke Möhring (800 m Freistil mit Weltrekord 8:19,53 min), Silke Hörner (100 m, 200 m Brust), Kathleen Nord (200 m Schmetterling), Cornelia Sirch (200 m Rücken, 200 m Lagen), die 4x100-m-Freistilstaffel (Otto, Stellmach, Meißner, Friedrich), die 4x200-m-Freistilstaffel (Stellmach, Strauß, Möhring, Friedrich) mit Weltrekord (7:55,47 min) und die 4x100-m-Lagenstaffel (Otto, Hörner, Weigang, Stellmach) der Frauen, Jörg Woithe (50 m Freistil), Sven Lodziewski (100 m Freistil), Uwe Daßler (400 m Freistil) und die 4x100-m-Freistilstaffel der Männer (Richter, Flemming, Zesner, Lodziewski). Kristin Otto (fünf Goldmedaillen) ist am erfolgreichsten.
19. - 22. August: Andreas Schröder (130 kg-Klasse) wird in Clermont Ferrand (Frankreich) Vizeweltmeister im Ringen (Freier Stil). Uwe Westendorf (74 kg-Klasse) gewinnt die Bronzemedaille.
19. - 23. August: Birgit Schmidt erringt bei den WM im Kanurennsport in Duisburg (BRD) drei WM-Titel (KI, KII, KIV), Olaf Heukrodt zwei (CI 500 m, 1000 m).
24. - 30. August: Die Ruderinnen und Ruderer gewinnen bei den WM in Kopenhagen vier Gold- und vier Silbermedaillen sowie eine Bronzemedaille. Weltmeister werden der Doppelvierer der Frauen, Thomas Lange (Einer), der Vierer m.Stm. und der Vierer o.Stm. der Männer.
25. - 30. August: Bei den WM in Bahnradsport in Wien wird Lutz Heßlich zum vierten Mal Weltmeister im Sprint vor Michael Hübner, Bill Huck und Ralf-Gudo Kuschy. Vizeweltmeister werden Christa Rothenburger (Sprint), Jens Glücklich (1000-m-Einzelzeitfahren) und die Mannschaft 4000-m-Verfolgungsfahren (Blochwitz, Meier, Hennig, Wolf).
26. - 28. August: Den ersten Länderkampf im Schwimmen und Wasserspringen BRD-DDR entscheiden die Gäste aus der DDR in München für sich (Schwimmen 231:151 Pkt. und Wasserspringen 29:15 Pkt.).

29. August - 6. September: Bei den Leichtathletik-WM in Rom erringen die Aktiven zehn WM-Titel, elf Silber- und zehn Bronzemedaillen. Weltmeister werden Silke Möller-Gladisch (100 m, 200 m), Sigrun Wodars (800 m) vor Christine Wachtel, Sabine Busch (400 m Hürden), Martina Hellmann (Diskus) vor Diana Gansky und die 4x400-m-Staffel der Frauen (Neubauer, Emmelmann, Müller, Busch), Thomas Schönlebe (400 m), Hartwig Gauder (50 km Gehen) vor Ronald Weigel, Jürgen Schult (Diskus) und Torsten Voss (Zehnkampf).

31. August - 5. September: Jochen Schümann/Thomas Flach/Bernd Jäkel belegen bei den EM im Segeln (Soling) in Karlshamn (Schweden) Rang zwei.

August: Dr. Lutz Gebhardt und Jens-Ulrich Groß absolvieren als erste mehr als 2000 km im Pamir und Tienschan von Duschanbe nach Alma-Ata (UdSSR) mit dem MIFA-5-Gang-Sportrad „Sprint" und überqueren auch als erste DDR-Bürger mit dem Tengis-Bei-Paß im Alai-Gebirge eine Höhe von 3657 m über NN mit dem Fahrrad.

6. September: Annähernd 100.000 LäuferInnen nehmen am Berliner Friedenslauf (Meile bis Marathon) teil. Die 20 km gewinnt Jörg Peter und den Marathon Petre Brinaru (Rumänien).

9. -15. September: Bei den EM der Sehgeschädigten in Moskau erringen die Aktiven zwei Gold-, drei Silber- und drei Bronzemedaillen. Europameister werden Siegmund Hegeholz (sehschwach, Mehrkampf mit Weltrekord - 3099 Pkt.) und Siegmund Turteltaube (blind, Diskuswerfen).

11. September: Interdisziplinäres Expovita-Kolloqium in Leipzig zum Thema „Gesundheitsförderung durch Radwandern".

12. - 13. September: Die DDR-Mannschaft gewinnt die Intersport Invalid (ISI)-Wettkämpfe der Querschnittsgelähmten in Berlin. Rang eins belegen Marianne Buggenhagen (WK 4/Diskuswerfen, 5000 m Rollstuhlfahren), Denis Kastler (WK 3/800 m Rollstuhlfahren), Herbert Hornig (WK 4/800 m, 5000 m Rollstuhlfahren), Gert Reuner (WK 5/5000 m Rollstuhlfahren).

20. - 26. September: Bei der Enduro-WM in Jelenia Gora (Polen) wird die Nationalmannschaft (Thalmann, Klädtke, Weber, Sturm, Scheffler, Grüner) nach 18 Jahren wieder Mannschaftsweltmeister (Trophywertung). Die Junioren (Bieberbach, Pörschke, Heidenreich, Grellmann) erringen die Silbervase, die Klubmannschaft (Fabig, Sydow, Cyffka) belegt Rang eins, die Fabrikmannschaften Simson I Rang zwei und MZ Rang drei. Thomas Bieberbach (Simson/bis 80 ccm) wird Klassensieger.

25. September: Gründung des Tauchsportverbandes in Berlin.

25. September - 4. Oktober: Bei den Weltcup-Wettbewerben in Seoul gewinnen Ralf Schumann (Olympisch Schnellfeuer), Jörg Damme (Wurftaube Trap), Bernhard Hochwald (Wurftaube Skeet) die Goldmedaille.

28. September - 1. Oktober: Während der VIII. Europäischen Sportkonferenz (ESK) in Athen appelliert der Präsident des DTSB und des NOK, Manfred Ewald, an die nationalen Sportleitungen und an das IOC mit den

„vielfältigen spezifischen Möglichkeiten des Sports, für ein friedliches internationales Klima zu wirken". Gemeinsam mit Schweden bringt die DDR eine Resolution gegen Rassendiskriminierung, insbesondere gegen Apartheid im Sport ein, die dem Abschlußdokument beigefügt wird.

September: Beim ersten Triathlon (400 m Schwimmen, 20 km Tandem, 5-km-Lauf) der Sehgeschädigten (jeweils mit Partner) siegt in Königswusterhausen Gerd Franzka mit seinem Partner Jürgen Schönrich.

1. - 4. Oktober: Die Nationalmannschaft der Körperbehinderten gewinnt in der Balaton-Schwimmhalle (Ungarn) den ISI-Cup und in den 21 Wettbewerben sechzehn Gold-, neun Silber-, sechs Bronzemedaillen. Detlef Schmidt ist mit fünf Goldmedaillen (100 m Schmetterling, 100 m Lagen, 200 m und 400 m Freistil, 4x100-m-Freistilstaffel) am erfolgreichsten.

2. - 4. Oktober: Die DDR-Auswahl der körperbehinderten Tischtennisspieler (Rötting, Dittmar, Herbst, Ehrecke) belegt bei den ISI-Cup-Wettbewerben in Vlasim (CSSR) Rang zwei und Frank Rötting Rang eins.

3. Oktober: Die Nationalmannschaft Volleyball der Frauen wird in Gent (Belgien) nach 1983 zum zweiten Mal Europameister. Im Stammsechser spielen vor allem Ariane Radfan, Monika Beu, Grit Jensen, Dörte Stüdemann, Ute Oldenburg, Kathrin Langschwager und Susanne Lahme.

3. Oktober: V. Erfurter Friedenslauf mit annähernd 10.000 Aktiven.

3. - 4. Oktober: Internationaler Meister der CSSR im Federball werden in Prag erneut Monika Cassens/Petra Michalowsky (Doppel) und Monika Cassens/Thomas Mundt (Mixed).

11. Oktober: Beim 10jährigen Jubiläum des Belziger-Burgenlaufes (8, 25 km) gehen 1300 Läuferinnen, Läufer und Wanderer an den Start.

11. - 25. Oktober: Bei den Junioren-WM im Fußball (U 20) erringt die Nationalauswahl die Bronzemedaille, die erste WM-Medaille für den DFV.

15. Oktober: Interdisziplinäres Seminar an der DHfK in Leipzig zum „Normbegriff in Sportwissenschaft und Praxis".

17. Oktober: Am 10. Harzgebirgslauf (10 km, 25 km, 40 km) in Wernigerode nehmen mehr als 4.000 Aktive teil.

18. Oktober - 1. November: Schachfestival in Halle-Neustadt. Das Großmeisterturnier (FIDE-Kategorie 10) gewinnen IM Raj Tischbierek und IM Walentin Lukow (UdSSR), das XX. internationale Frauenturnier M Swetlana Brudnikowa (UdSSR) vor FM Constanze Jahn (geteilter zweiter Platz). Beim internationalen Blitzturnier belegt IGM Uwe Bönsch Rang drei.

19. - 25. Oktober: Weltmeister im Turnen werden in Rotterdam (Niederlande) Dörte Thümmler (Stufenbarren) und Sylvio Kroll (Pferdsprung). Bronzemedaillen erringen die Frauen- und die Männermannschaft, Sven Tippelt (Barren) und Holger Behrendt (Reck).

19. - 25. Oktober: Die Mannschaft Luftpistole (J. Potteck, U. Potteck, Eder) wird in Budapest Vizeweltmeister im Sportschießen.

23. Oktober - 1. November: Die Nationalauswahl der Juniorinnen im Handball erringt bei der WM in Dänemark die Bronzemedaille.
24. Oktober: Finale des 10. Schweriner Tischtennis-Turniers der Tausende (TTT). Erstmals nehmen mehr als 10.000 Aktive teil. Die Jüngste ist Kerstin Jörike (7 Jahre) und der Älteste Otto Fischer (73 Jahre).
24. - 25. Oktober: Beim Finale des Massenwettbewerbs „Schach für alle“ anläßlich des VIII. Turn- und Sportfestes mit mehr als 30.000 Teilnehmern ermitteln 58 Aktive in Berlin die Besten. Pokalsieger werden Gerd Lorenz (Männer), Claudia Bartsch (Frauen), Dirk Wegener (Jugend) und Steffen Fischer (nichtorganisierte Schachfreunde).
24. Oktober - 1. November: Bei den Wettkämpfen um den Weltpokal im Boxen in Belgrad gewinnen Siegfried Mehnert (Welter), Enrico Richter (Halbmittel) und Ulli Kaden (Superschwer) für die Europaauswahl Goldmedaillen. Rang zwei belegen Andreas Tews (Fliegen), René Breitbarth (Bantam), Henry Maske (Mittel) und Rang drei René Ryl (Halbschwer).
27. Oktober: Beschluß des Politbüros: „Grundlinie zur Entwicklung des Leistungssports der DDR bis zum Jahr 2000“.
29. - 30. Oktober: Wissenschaftliche Konferenz der Sektion Sportwissenschaft an der PH Magdeburg zur Allgemeinbildung und zum Sportunterricht in der Oberstufe der zehnklassigen allgemeinbildenden Oberschule.
4. - 8. November: Die Mannschaft Wurftaubenschießen Skeet (Bernhard Hochwald, Torsten Remter, Axel Wegner) wird in Valencia (Venezuela) Weltmeister. Jörg Damme (Trap) erringt erneut die Silbermedaille.
5. - 7. November: Prof. Dr. Hans-Georg Herrmann fungiert als einer der Vizepräsidenten der 3. Internationalen Konferenz gegen Apartheid im Sport in Harare (Simbabwe), die an die Weltöffentlichkeit appelliert, keinerlei Sportkontakte mit Südafrika zu unterhalten.
9. - 15. November: VII. Dresdener Schachfestival mit dem Turnier der Meister, Veteranenturnier, Turnier für Familienmannschaften und zweimal Simultan an 100 Tischen, mit Computerschach und Souvenirmarkt.
15. November: Katrin Dörre gewinnt nach 1984 und 1985 erneut den Tokio-Marathon mit neuem Streckenrekord (2:25:24 Std.).
18. November: Wissenschaftliches Arbeitsseminar zum „Einsatz von Trackingverfahren unter sportmotorischem Aspekt“ in Jena.
20. November: Zentrale Wissenschaftliche Konferenz zum Aufbautraining und seiner Gestaltung in Leipzig.
21. - 22. November: XXV. Leichtathletik-Hallensportfest der Schweriner Schulen (12.000 Aktive bei den Vorwettkämpfen, 3.500 beim Finale).
25. November: Wissenschaftliche Konferenz zum Thema „Kraft und Beweglichkeit im Massensport“ an der DHfK in Leipzig.
5. - 6 Dezember: Größter Treff der Sportwerbegruppen beim 3. Werkstatt-Tag in Leipzig, der erstmals landesweit durchgeführt wird.

5. - 6. Dezember: Eisschnellauf-Weltrekorde laufen in Calgary (Kanada) Christa Rothenburger über 500 m (39,39 s), Karin Kania über 1000 m (1:18,11 min) und Gabi Zange-Schönbrunn über 3000 m (4:16,76 min).

12. Dezember: Mit dem 10. Wurzener Winterschwimmen im Kaolinsee bei Hohburg wird die neue Saison eröffnet.

19. Dezember: Zu Sportlern des Jahres werden Silke Möller-Gladisch, Torsten Voss und die Volleyball-Nationalmannschaft der Frauen gewählt. Zum sechsten Mal nehmen mehr als zwei Millionen Sportinteressierte teil.

23. Dezember: Vereinbarung zwischen dem DVfV und dem Blinden- und Sehschwachenverband (BSV) zur Entwicklung des Sports der Sehgeschädigten. Sie löst die Vereinbarung vom 22. Juni 1977 ab.

Dezember: Größtes Einzelturnier im Schach in Potsdam mit 300 Teilnehmern aus der CSSR, aus Polen, der UdSSR und der DDR.

Januar bis Dezember:

Der Sportverlag eröffnet die neue Theoriereihe mit „Leistungsfaktoren im Training und Wettkampf“ (Hrsg. Günter Thieß), gibt das Hochschullehrbuch „Sportschwimmen“ (Eberhard Schramm u.a.), „Triathlon. Ausdauer dreidimensional“ (Wilfried Ehrler u.a.) und „Jedesmal im Mai. Geschichte der Friedensfahrt 1948-1986“ (Klaus Ullrich u.a.) heraus. Der Verlag J.A. Barth legt „Sportmedizinische Grundlagen der Körpererziehung und des sportlichen Trainings“ (Gernot Badtke u.a.) vor, der Verlag Volk und Wissen „Sport im Hort“ (Willi Knappe u.a.), der Dietz Verlag „Jugend und Sport“ (Fred Gras u.a.), das Bibliographische Institut „Olympisches Lexikon“ (Hrsg. Klaus Schönfelder) und „Lexikon Fußball“ (Bernd Rohr u.a.).

1988

9. - 10. Januar: Karin Kania stellt in Davos (Schweiz) im Eisschnellauf einen neuen Weltrekord auf (Kleiner Vierkampf 163,446 Pkt.).
12. - 17. Januar: Katarina Witt erringt in Prag erneut den EM-Titel im Eiskunstlauf. Peggy Schwarz/Alexander König (Paarlauf) belegen Rang drei.
16. - 17. Januar: Andrea Ehrig wird in Kongsberg (Norwegen) Europameisterin im Eisschnellauf (Vierkampf) vor Gunda Kleemann.
17. Januar: Im Finale um den Handball-Weltcup unterliegt die Nationalmannschaft Männer in Stockholm der BRD mit 17:18 (10:7).
21. Januar: Gemeinsamer Beschluß des Zentralrats der FDJ und des Sekretariats des Bundesvorstandes des DTSB über die Weiterführung der Wettkämpfe um die Wanderpokale der FDJ und der Pionierorganisation.
23 - 24. Januar: Junioren-Europameister im Rennschlittensport werden in Olang (Italien) Marco Ernst/Olaf Paschold (Doppelsitzer). Dana Riedel (Einsitzer) erringt die Silbermedaille.
23. - 24. Januar: Erste Hundeschlittenrennen in der DDR in Oberhof vor 18.000 Zuschauern mit vierzehn Gespannen (davon acht aus der CSSR).
26. - 27. Januar: Volker Dietrich/Peter Förster werden in Sarajewo (Jugoslawien) Zweierbob-Europameister (1. Tag mit Heiko Querner).
29. - 31. Januar: Michael Spielmann gewinnt in Seoul den Junioren-WM-Titel im Eisschnellauf (Vierkampf). Claudia Pechstein belegt Rang zwei.
30. - 31. Januar: Ute Oberhoffner wird in Königsee (BRD) Europameister im Rennschlittensport. Im erstmals ausgetragenen Mannschaftswettbewerb belegt die DDR-Mannschaft (Cerstin Schmidt, Ute Oberhoffner, Michael Walter, Jens Müller, Marco Ernst/Olaf Paschold) Rang zwei.
30. - 31. Januar: Bei den Viererbob-EM in Sarajewo (Jugoslawien) gewinnt das DDR-Quartett (Dietrich, Körner, Hannemann, Kuhn) die Silbermedaille.
1. - 7. Februar: Junioren-Weltmeister in den nordischen Skidisziplinen werden in Saalfelden (Österreich) Gabriele Heß (15 km Skilanglauf, Freistil) vor Heike Wezel und Silke Meyer und die 3x5-km-Staffel (Meyer, Wezel, Heß). Michael Knoth (10 km klassisch) erringt die Bronzemedaille.
5. Februar: Thomas Schönlebe läuft in Sindelfingen (BRD) Hallenweltrekord über 400 m (45,05 s).
6. - 7. Februar: Christa Rothenburger wird in West Allis (USA) erneut Sprint-Weltmeisterin im Eisschnellauf vor Karin Kania. Uwe-Jens Mey gewinnt die Silbermedaille im Wettbewerb der Männer.
10. Februar: Christine Wachtel läuft in Turin (Italien) über 800 m Hallenweltrekord (1:57,64 min).
12. - 14. Februar: Im Finale um den Europapokal der Landesmeister im Volleyball der Frauen in Saloniki (Griechenland) belegt der SC Dynamo Berlin nach einem 3:0 gegen ZSKA Sofia Rang drei.

12. - 14. Februar: Im Finale um den Europapokal der Pokalsieger im Volleyball der Frauen in Göppingen (BRD) belegt der SC Traktor Schwerin nach einem 3:0 gegen Kommunalnik Minsk (UdSSR) Rang drei.

13. - 14. Februar: Hallenweltrekorde erreichen in Wien Heike Drechsler im Weitsprung (7,37 m), Christine Wachtel erneut über 800 m (1:56,40 min) und Ronald Weigel im 5000-m-Bahngehen (18:11,41 min).

13. - 28. Februar: Bei den XV. Olympischen Winterspielen in Calgary (Kanada) erringt die DDR-Mannschaft neun Gold-, zehn Silber- und sechs Bronzemedaillen. Olympiasieger werden Frank-Peter Roetsch (Biathlon 10 km, 20 km), Uwe-Jens Mey (Eisschnellauf 500 m mit Weltrekord - 36,45 s), André Hoffmann (1500 m mit Weltrekord - 1:52,06 min), Christa Rothenburger (1000 m mit Weltrekord - 1:17,65 min) vor Karin Kania, Katarina Witt (Eiskunstlauf), Jens Müller (Rennschlittensport, Einsitzer), Jörg Hoffmann/Jochen Pietzsch (Doppelsitzer) vor Stefan Krause/Jan Behrendt und Steffi Walter (Einsitzer) vor Ute Oberhoffner und Cerstin Schmidt.

16. Februar: Unterzeichnung der Vereinbarungen über die Zusammenarbeit im Sport zwischen Kanada und der DDR in Calgary.

20. Februar: Viermal unterbieten Gloria Siebert und Cornelia Oschkenat in Berlin den Hallenweltrekord im Hürdensprint über 50 m, den schließlich Cornelia Oschkenat mit 6,58 s markiert.

22.- 28. Februar: 5. Zentraler Übungsleiter-Lehrgang für Popgymnastik in Bad Blankenburg mit 200 Teilnehmerinnen und Teilnehmern.

1. - 3. März: Nationale Konferenz für Gesundheitserziehung „Jugend und Gesundheit“ in Dresden. Im Plenarreferat plädiert Klaus Eichler für eine alters- und leistungsgerecht differenzierte Belastung der Jugendlichen. Die von Prof. Dr. Koinzer geleitete Arbeitsgruppe berät Fragen der körperlichen und geistigen Konditionierung durch Sport und aktive Erholung.

3. - 6. März: Bei den Junioren-WM im Biathlon in Chamonix (Frankreich) erkämpfen die DDR-Athleten alle Goldmedaillen (10 km, 15 km, Staffel).

5. - 6. März: Hallen-EM-Titel in der Leichtathletik erringen in Budapest Petra Müller (400 m), Cornelia Oschkenat (60 m Hürden), Heike Drechsler (Weitsprung) und Jens Carlowitz (400 m).

12. März: Fernschach-Großmeister Dr. Fritz Baumbach steht als Sieger und Weltmeister der XI. Fernschach-WM fest.

12. - 13. März: Karin Kania gewinnt in Skien (Norwegen) erneut den WM-Titel im Eisschnellauf (Vierkampf).

19. - 20. März: Weltcupsieger im Eisschnellauf werden beim abschließenden Cupwettbewerb in Heerenveen (Niederlande) Christa Rothenburger (500 m, 1000 m), Gabi Zange-Schönbrunn (3000m/5000), Uwe-Jens Mey (500 m) und André Hoffmann (1500 m).

19. - 20. März: Am „Start in den Frühling“ beteiligen sich in Halle (5. Friedenslauf) mehr als 25.000 (zu Fuß, per Fahrrad, auf Rollschuhen) und in Karl-Marx-Stadt „Rund um den Schloßteich“ mehr als 5000 Aktive.

22. - 27. März: Katarina Witt verteidigt in Budapest ihren WM-Titel im Eiskunstlauf und schließt damit - nach zwei Olympiasiegen, vier WM- und sechs EM-Titeln - ihre Laufbahn bei den Amateuren ab.
9. April: Am 10. Kyffhäuserberglauf in Bad Frankenhausen (12 km, 25 km, 36 km) beteiligen sich 2700 Läuferinnen und Läufer.
10. April: Mehr als 25.000 Aktive nehmen am Buchenwald-Gedenklauf in Gera teil und gedenken so der Opfer des Faschismus.
16. - 18. April: Vizeeuropameister im Ringen (Freier Stil) werden in Manchester (England) Karsten Polky (62 kg) und Hans Gstöttner (82 kg). Uwe Neupert (100 kg) und Andreas Schröder (130 kg) belegen Rang drei.
17. - 30. April: Bei der Blindenschacholympiade in Zalaegerszeg (Ungarn) belegt die Nationalmannschaft (Olaf Dobierzin, Frank Gärtner, Manfred Müller, Jürgen Pohlers, Reinhard Kehl) erneut Rang fünf.
23. April: Die Nationalmannschaft Frauen gewinnt in Eppelheim (BRD) den Länderkampf im Asphaltkegeln (2743:2667 Pkt.). Die Nationalmannschaft der Männer unterliegt dem Vizeweltmeister mit 5586:5747 Punkten. Einzelsiege erringen Petra Waldheim (497 Pkt.) und Klaus Meißner (1011 Pkt.), der damit als erster die 1000-Punkte-Grenze überbietet.
23. April: 15. Zittauer Gebirgslauf mit 2420 Aktiven (15, 30, 40 km).
26. April - 1. Mai: Bei den EM im Gewichtheben in Cardiff (England) erringen Joachim Kunz (Leichtgewicht) die Silbermedaille und Ronny Weller (2. Schwergewicht) die Bronzemedaille im Zweikampf.
27. April: Beschluß des Präsidiums des Bundesvorstandes des DTSB „Zur Weiterentwicklung der Spartakiadebewegung".
30. April: Katrin Dörre gewinnt in Huy (Belgien) erneut im Wettbewerb um den Marathon-Europapokal. In der Pokalwertung belegt die Frauenmannschaft Rang drei und die der Männer Rang sechs.
30. April: „Sport - Spiel - Spaß", eine Gemeinschaftsaktion der Sportjournalisten, des DTSB-Bezirksvorstandes und von 29 Sportgemeinschaften, findet zum dritten Mal in Berlin statt. Über dreißigtausend sind wieder aktiv.
9. - 14. Mai: Jochen Schümann/Thomas Flach/Bernd Jäkel werden vor Alassio (Italien) nach 1986 erneut Europameister im Segeln (Soling-Klasse).
9. - 23. Mai: Uwe Ampler gewinnt die Internationale Friedensfahrt (Bratislava-Katowice-Berlin). Die Mannschaft (Ampler, Jentzsch, Ludwig, Schur, Raab, Barth) belegt Rang zwei. Olaf Ludwig erringt vier Etappensiege, das rosa und das violette Trikot, Uwe Ampler das grüne Trikot.
12. - 13. Mai: Vierte Leistungssportkonferenz des DTSB für die Wintersportarten und -disziplinen in Oberhof.
13. - 15. Mai: Junioren-Europameister im Turnen werden in Avignon (Frankreich) Sven Ullrich (Pferdsprung) und Andreas Wecker (Reck), der zweimal Rang drei (Ringe, Pferdsprung), im Mehrkampf Rang vier belegt.

16. - 20. Mai: Beim II. Internationalen Kongreß „Sport für alle" in Prag referiert der 1. Vizepräsident des DTSB, Klaus Eichler, zum Thema „Die Rolle der Sportverbände in der DDR im Prozeß der Entwicklung des Sports für alle".
21. Mai: Bei der EM-Endrunde der Fußballjugend (U16) in Spanien erringen die Jungen nach einem 0:0 gegen die BRD und Strafstoßschießen (5:4) die Bronzemedaille.
22. Mai: Ulf Timmermann stößt als erster Athlet in Chania (Griechenland) die Kugel über 23 m und mit 23,06 m einen neuen Weltrekord.
23. - 29. Mai: Bei den Junioren-WM und -EM in Athen erringen Thomas Kantusch (Mittelschwergewicht) die Silber-, Lutz Lange (Leichtschwer) und Guido Mitzkatis (Schwergewicht) die Bronzemedaille im Zweikampf.
29. Mai: 25. Finale im „Cross der Jugend" in Pasewalk.
5. Juni: Erster Skateboard-Städtevergleich zwischen Mannschaften aus Leipzig, Dresden und Berlin im Berliner Jahn-Sportpark.
14. - 17. Juni: Arbeitsseminar des CIEPSS-Komitees „Sport und Freizeit" in Blossin und Information zur Überprüfung und Bewertung der körperlichen Leistungsfähigkeit (Richter), zu Normenebenen (Israel), Problemen der Erfassung koordinativer Inhalte durch Fitneßtests (Hirtz/Vilkner), die Testbatterie zur Messung der körperlichen Leistungsfähigkeit der Schuljugend in der DDR (Crasselt) und zum Sportabzeichenprogramm (Hennig).
19. - 20. Juni: Doppelerfolg beim ersten Leichtathletik-Länderkampf BRD-DDR in Düsseldorf durch die Nationalmannschaft der Frauen (119,5:59,5 Pkt.) und die Nationalmannschaft der Männer (131:92 Pkt.).
20. Juni - 3. Juli: Internationale Alpiniade am Pik Nairamdal (4374 m) in der Mongolei. Am 29. Juni erreichen alle DDR-Alpinisten gemeinsam mit den mongolischen und polnischen Freunden den Gipfel.
22. Juni: 3. Zwickauer Workshop zum „Bewegungsmangel im Risikofaktorenkonzept im Rahmen der Bekämpfung chronischer Krankheiten".
22. - 29. Juni: Petra Roßner gewinnt beim Giro d'Italia Donne den Prolog und vier Etappen. In der Gesamteinzelwertung belegt sie Rang drei.
23. - 26. Juni: 20. Jugendwettkämpfe der Freundschaft im Bahnradsport in Cottbus. JWdF-Sieger werden Kai Melcher (1000 m Zeitfahren), Christian Schink (Sprint), die Mannschaft 4000-m-Verfolgungsfahren (Reinhardt, Schaffrath, Rüchel, Norden) und Steffen Reinhardt (30 km Punktefahren), der erfolgreichster Teilnehmer wird.
24. - 25. Juni: Internationales Leichtathletik-Sportfest der Hörgeschädigten in Trier (BRD). Die Aktiven erringen fünf Silber- und zwei Bronzemedaillen.
26. Juni: Championjockey Angelika Glodde wird als erste Frau Derby-Siegerin, mit Sonnenblick im Großen Preis der DDR in Berlin-Hoppegarten.
26. - 29. Juni: Die 1. Antidoping-Weltkonferenz - organisiert vom Ministerium für Jugend und Sport Kanadas im Zusammenwirken mit dem IOC - in

Ottawa verabschiedet eine Anti-Doping-Charta. Günther Heinze referiert über die Anwendung des IOC-Reglements im Kampf gegen Doping.

26. Juni - 3. Juli: Beim Internationalen Tennisturnier in Zinnowitz gewinnt Thomas Emmerich erneut das Einzel und mit Ralf Lichtenfeld das Doppel.

30. Juni - 1. Juli: 3. Biomechanik-Konferenz zur „Anwendung biomechanischer Verfahren zur objektiven Rückinformation im Training" in Leipzig.

2. Juli: Beim 5. Leipziger Kurztriathlon am Kulkwitzer Badesee (1,4 km Schwimmen, 45 km Radfahren, 13,5 km Laufen) mit 785 Teilnehmern siegen Corinna Schönemann (2:57,17) und Andreas Clauß (2:20,34 Std.).

2. Juli: 15. Erfurter Burgenfahrt mit 4100 Radwanderern, die von Erfurt, Gotha, Arnstadt und Bad Langensalza aus nach Freudenthal starten.

6. Juli: IOC-Präsident J.A. Samaranch verleiht in Lausanne (Schweiz) den Olympischen Orden an die zweifache Olympiasiegerin Katarina Witt.

9. Juli: Gabriele Reinsch überbietet in Neubrandenburg mit 76,80 m den Weltrekord im Diskuswerfen.

9. - 17. Juli: Junioren-Weltmeister im Bahnfahren werden in Odense (Dänemark) Jens Fiedler (Sprint) und Kai Melcher (1000 m Zeitfahren).

10. - 17. Juli: André Backhaus (68 kg) wird in Wolfurt (Österreich) Junioren-Weltmeister (bis 18 Jahre) im Ringen (Freier Stil).

10. - 19. Juli: Die Mannschaft Wurftaube Skeet (Hochwald, Wegner, Raabe) erringt bei den EM in Istanbul (Türkei) die Silbermedaille.

12. - 13. Juli: Finale des Internationalen Leichtathletik-Vierkampfes „Freundschaft" in Potsdam mit Aktiven aus neun Ländern (12 bis 14 Jahre).

15. - 17. Juli: Bei den JWdF in der Rhythmischen Sportgymnastik in Senftenberg gewinnt Manuela Renk zwei Bronzemedaillen (Reifen, Keulen).

27. Juli: Bei den Fußball-EM der Junioren (U 18) in der CSSR erringt die Nachwuchself mit einem 2:0 gegen Spanien die Bronzemedaille.

27. - 31. Juli: Bei den Junioren-WM der Leichtathleten in Sudbury (Kanada) gewinnen die Aktiven elf Gold-, fünf Silber- und fünf Bronzemedaillen. Junioren-Weltmeister werden Diana Dietz (100 m), Katrin Krabbe (200 m), Grit Breuer (400 m), Birte Bruhns (800 m), Antje Axmann (400 m Hürden), die 4x100-m-Staffel (Breuer, Krabbe, Dietz, Henke), die 4x400-m-Staffel (Derr, Fabert, Wöhlk, Breuer), Ines Wittich (Kugelstoßen), Ilke Wyludda (Diskus), Karen Forkel (Speerwerfen), Andreas Seelig (Diskus).

28. - 31. Juli: Bei den Junioren-EM im Schwimmen und Wasserspringen in Amersfoort (Niederlande) erringen die Aktiven vierzehn Gold-, dreizehn Silber-, neun Bronzemedaillen. Jan Hempel gewinnt das Kunst- und erneut das Turmspringen, Simone Hellmer vier Goldmedaillen (50 m Freistil, mit der 4x100-m-, der 4x200-m-Freistil- und der 4x100-m-Lagen-staffel), Torsten Wilhelm zwei Goldmedaillen (400 m, 1500 m Freistil).

28. Juli - 7. August: Weltmeister im Fallschirmsport werden in Nyköping (Schweden) Kerstin Gärtner (Figurenspringen, Gesamteinzelwertung), die

Mannschaft Gruppenzielspringen der Frauen und die Nationalmannschaft Frauen (Gesamtwertung) sowie erneut Ronald Eilenstein (Figurenspringen). Vizeweltmeister werden Katrin Sperschneider (Juniorinnen Figurenspringen, Gesamteinzelwertung), Gabriele Bauer (Einzelzielspringen) und Cornelia Fischer (Gesamteinzelwertung).

30. Juli: Erste freie (RP) Begehung am Nameless Tower (6257 m) im Karakorum (Pakistan) und 2., 3., 4. Begehung der Südwand durch insgesamt zehn DDR-Alpinisten (Leiter: Hartmut Münchenbach).

30. - 31. Juli: Thomas Bieberbach (bis 80 ccm/Simson) gewinnt bei den EM im Endurosport in Munster (BRD) die Silbermedaille und Jens Scheffler (bis 500 ccm/MZ) die Bronzemedaille.

31. Juli - 14. August: „5. Touristische Friedensfahrt“ von Bratislava (CSSR) über Zakopane (Polen) nach Wittenberg (DDR) mit insgesamt vierzehn Etappen (1900 km) und einem Ruhetag.

1. - 7. August: Malte Philipp wird vor Paleon Faliron (Griechenland) Junioren-Europameister im Segeln (Finn-Klasse). Matthias Mier belegt Rang drei.

2. - 9. August: Bei den WM im Schiffsmodellsport (Rennbootsklassen) in Potsdam erringen die Aktiven zwei Gold- und vier Silbermedaillen sowie eine Bronzemedaille. Weltmeister werden Andrea Hesse (FSR-V 3,5 Junioren) vor Miriam Hegner und Jan Opolka (FSR-H 3,5 Junioren).

3. - 7. August: Bei den Junioren-WM im Rudern in Mailand (Italien) gehen die Aktiven in 14 Bootsklassen an den Start und gewinnen sechs Gold-, fünf Silber- und zwei Bronzemedaillen. Junioren-Weltmeister werden Jana Thieme (Einer), der Doppelzweier, der Doppelvierer und der Achter der Juniorinnen, der Vierer m.Stm. und der Achter der Junioren.

5. August: Bernd Zimmermann absolvierte nach 1975 zum zweiten Mal alle 1099 anerkannten Klettergipfel der Sächsischen Schweiz.

8. August: Andreas Thom wird zum „Fußballer des Jahres“ gewählt.

8. - 14. August: Junioren-EM-Titel im Boxen erringen in Gdansk (Polen) Markus Beyer (Fliegengewicht) und Marco Rudolph (Federgewicht). Sven Misgayski (Halbwelter) und Jörn Gerhardt (Superschwer) belegen Rang zwei, Jens Kühn (Mittel) und Sven Siebert (Halbschwer) Rang drei.

19. - 21. August: Jugendwettkämpfe der Freundschaft im Kanurennsport in Berlin mit Aktiven aus neuen Ländern. Die DDR-Boote gewinnen vier Gold-, sieben Silber- und vier Bronzemedaillen.

21. - 28. August: Donald Lippert/Roland Wensel werden vor Puck (Polen) Junioren-Weltmeister im Segeln (470er-Klasse).

24. - 28. August: Bei den Wettbewerben um den Weltpokal im Fallschirmsport in Vichy (Frankreich) gewinnt Kerstin Gärtner das Figurenspringen vor Cornelia Fischer, Gabriele Stieler und Katrin Sperschneider. Jens-Uwe Lasotta (Figurenspringen) und die Frauenmannschaft Zielspringen belegen jeweils Rang zwei.

25. August - 2. September: „Internationales Schachfestival Dresden '88" mit mehr als 1100 Schachfreunden bei sechs Turnieren, einem Schachsimultan an 130 Brettern und einem Spezialkurs an der Technischen Universität mit Wissenschaftlern aus 17 Ländern zum Thema „Bedeutung des Schachs für Erziehung, Wissenschaft und Kultur".

August: Bei der Internationalen Pionier-Schacholympiade für Mannschaften bis 14 Jahre am Frauensee belegt die DDR-Auswahl Rang zwei.

1. September: Die DHfK eröffnet erneut ein Fachschulfernstudium für praxiserfahrene Trainer im Massen- und Nachwuchsleistungssport.

4. September: Mehr als 50.000 Sportlerinnen und Sportler aus sechzehn Ländern und der DDR nehmen am Berliner Friedenslauf teil (Meile, 5, 10, 20 km, Marathon). Sie bekunden vor dem Start ihren Willen, für Frieden und Völkerverständigung zu wirken. 2300 ehrenamtliche Helfer, 230 DRK-Helfer, 20 Ärzte und mehr als 20 Physiotherapeuten sind im Einsatz.

5. - 10. September: Bei den EM im Orientierungtauchen im Bergwitzsee erringen die Aktiven drei Gold-, sechs Silber- und zwei Bronzemedaillen. Europameister werden Ute Enge (M-Kurs), die Frauen- und die Männermannschaft bei der Mannschaftstreffübung (MTÜ).

6. September: Martina Hellmann überbietet in Berlin mit 76,92 m und 78,14 m zweimal den Weltrekord im Diskuswerfen.

7. September: Der Präsident der „Gesellschaft zur Förderung des olympischen Gedankens", Manfred von Brauchitsch, überreicht anläßlich der Verabschiedung der Olympiamannschaft einen Scheck in Höhe von 4,5 Mio Mark für deren Ausrüstung und Entsendung zu den Olympischen Spielen.

9. September: Petra Felke wirft in Potsdam als erste 80,00 m mit dem Speer und stellt damit einen ewigen Weltrekord auf.

9. - 15. September: Beim Olympischen Wissenschaftskongreß in Cheonan (Südkorea) referieren Prof. Dr. Israel zur bewegungsinduzierten körperlichen Adaptation und zum Normenverständnis (Hauptreferat) und Dr. Kunath zu biopsychosozialen Aspekten eines neuen Gesundheitskonzepts (Koreferat). Die Diskussionsbeiträge (Buggel, Lehmann, Kunath) gelten der Entwicklung des Sports für alle, besonders aller Jugendlichen.

11. September: 10. Wandertreff „Auf den Spuren der Roten Bergsteiger" ab Krippen (10 km bis 35 km) zur Wildwiese mit anschließendem Konzert des Bergsteigerchores „Kurt Schlosser".

14. - 18. September: Beim XIII. Turnier der Freundschaft im Bogenschießen in Könitz erreicht die Frauenmannschaft (Angelika Berg, Ute Etzold, Petra Jahn) das Finale und belegt Rang zwei.

16. September: Katarina Witt wird in New York zur Sonderbotschafterin der Internationalen Kinderhilfsorganisation (UNICEF) ernannt.

16. - 18. September: Ute Enge (Einzel) und die Frauenmannschaft (Ute Enge, Martina Ocik, Claudia Schinzel) erringen in Freiburg (BRD) die Europapokale im Orientierungstauchen.

17. September: Ronald Eilenstein absolviert seinen 5595 Absprung mit 75 Fallschirmsportlern aus 22 Ländern bei der Eröffnung der Sommerspiele der XXIV. Olympiade in Seoul und landet mit seinem Stauluftgleiter zielgenau in dem mit 100.000 Besuchern besetzten Olympiastadion.

17. September - 2. Oktober: Bei den Spielen der XXIV. Olympiade in Seoul erringen 138 Aktive insgesamt 102 Medaillen, 37 Gold-, 35 Silber- und 30 Bronzemedaillen. Olympiasieger werden im Boxen Andreas Zülow (Leichtgewicht) und Henry Maske (Mittelgewicht), im Gewichtheben Joachim Kunz (Leichtgewicht), im Kanurennsport Olaf Heukrodt (CI 500 m), Birgit Schmidt/Anke Nothnagel (KII 500 m) und der KIV der Frauen (Schmidt, Nothnagel, Portwich, Singer), in der Leichtathletik Ulf Timmermann (Kugelstoßen), Jürgen Schult (Diskuswerfen), Christian Schenk (Zehnkampf), Sigrun Wodars (800 m), Martina Hellmann (Diskuswerfen), Petra Felke (Speerwerfen), im Radsport Olaf Ludwig (Einzel-Straßenfahren) und die Mannschaft Ampler/Kummer/Landsmann/J. Schur (100-km-Mannschaftsfahren), Lutz Heßlich (Bahnfahren Sprint), im Rudern Thomas Lange (Einer), der Vierer m.Stm. (Eichwurzel, Klawonn, Niesecke, Schmeling, Reiher), der Vierer o.Stm. (Förster, Brudel, Greiner, Schröder), Jutta Behrendt (Einer), der Vierer m.Stfr. (Walther, Siech, Doberschütz, Hornig, Müller), der Doppelzweier (Peter/Schröter), der Doppelvierer (Förster, Mundt, Schramm, Sorgers) der Achter (Stange, Kluge, Balthasar, Zeidler, Schröer, Strauch, Wild, Haacker, Neunast), im Schwimmen Uwe Daßler (400 m Freistil mit Weltrekord 3:46,95 min), Kristin Otto (50 m und 100 m Freistil, 100 m Schmetterling, 100 m Lagen), Heike Friedrich (200 m Freistil), Silke Hörner (200 m Brust mit Weltrekord 2:26,71 min), Kathleen Nord (200 m Schmetterling), Daniela Hunger (200 m Lagen), die 4x100-m-Freistilstaffel (Otto, Meißner, Hunger, Stellmach) und die 4x100-m-Lagenstaffel der Frauen (Otto, Hörner, Weigang, Meißner), im Segeln Jochen Schümann/Bernd Flach/Thomas Jäkel (Soling), im Sportschießen Axel Wegner (Wurftaube Skeet), im Turnen Holger Behrendt (Ringe). Erfolgreichste Aktive der Spiele ist Kristin Otto mit insgesamt sechs Goldmedaillen. Die Eisschnellauf-Olympiasiegerin Christa Luding-Rothenburger gewinnt im Radsprint die Silbermedaille. Das erste Olympiasieger-Ehepaar der DDR sind die Ruderer Kerstin und Olaf Förster.

18. - 23. September: Plenair mit Volkskunstschaffenden an der Zentralschule des DTSB in Bad Blankenburg.

24. - 28. September: Den ersten Länderkampf DDR:BRD im Schach gewinnt die Nationalmannschaft in Potsdam mit 13:11 Punkten.

29. September: Internationales Symposium „Sport und Frieden“ an der DHfK mit mehr als 500 Studenten, Trainern und Sportwissenschaftlern.

30. September - 6. November: Ausstellung „40 Jahre Sport frei!“ zur Geschichte des DDR-Sports in Berlin.

1. - 2. Oktober: An den Olympiatreffs in allen Bezirken der DDR mit den aus Seoul zurückgekehrten Aktiven der Olympiamannschaft nehmen mehr als vier Millionen Bürgerinnen und Bürger teil.

15. Oktober: 11. Harzgebirgslauf (10 km, 25 km, 40 km) in Wernigerode mit nahezu 4000 Aktiven und damit Rekordbeteiligung.

18. - 20. Oktober: Erstes Magdeburger Symposium der Sektion Sportwissenschaft zum „Sport mit leistungsgeminderten Kindern und Jugendlichen".

19. Oktober: Kristin Otto wird für ihre Leistungen im Schwimmen die goldene Krone des IOC, eine erstmals vergebene Auszeichnung, überreicht.

20. Oktober: Finale des 10. Wettbewerbs „Wer ist der stärkste Pionier?" in Marxwalde. An den Vorwettkämpfen nahmen 140.791 Schüler teil.

20. - 21. Oktober: Internationale wissenschaftliche Konferenz der Sektion Sportwissenschaft an der Martin-Luther-Universität Halle-Wittenberg zur „Objektivierung, Bewertung und Optimierung sportlicher Leistungen, Leistungsvoraussetzungen und Lernprozesse".

29. Oktober: Erster Mannschafts-Triathlon der DDR in Magdeburg (1,5 km Schwimmen in der Halle, 40 km Radfahren, 10 km Laufen) mit 31 Mannschaften, darunter zwei Frauen- und eine Familien-Mannschaft.

2. November: Kolloquium der Sektion Sportwissenschaft an der Universität Jena zur „Führung und Subjektposition der Schüler im Sportunterricht".

2. - 3. November: Internationale Konferenz zum Thema „Aktuelle sportmotorische Forschungen im Lichte der Lehren N.A. Bernsteins" in Trassenheide.

3. November: Christa Luding-Rothenburger wird in Paris am UNESCO-Sitz ein Ehrendiplom des Internationalen Fair-play-Komitees, eines assoziierten Organs der UNESCO, zuerkannt.

5. November: Der Bundesvorstand des DTSB stimmt dem Antrag Manfred Ewalds zu, ihn von der Funktion des Präsidenten des DTSB zu entbinden. Klaus Eichler - der bisherige 1. Vizepräsident - wird zum Präsidenten des DTSB gewählt, Prof. Dr. Horst Röder zum 1. Vizepräsidenten und Jochen Grünwald zum Vizepräsidenten.

5. - 6. November: Bei den Internationalen Meisterschaften Ungarns im Federball in Budapest (Grand Prix der EBU) erringen Monika Cassens/Petra Michalowsky den dritten Saison-Sieg bei internationalen Meisterschaften.

13. November: Erster DDR-offener BMX-Wettbewerb für die Altersklassen 11-13 in Suhl-Neundorf.

13. - 30. November: Bei der Schacholympiade in Saloniki (Griechenland) belegt die Nationalmannschaft Rang fünfzehn.

17. November: Die Sportkommission des FDGB-Bundesvorstandes erörtert mit Wissenschaftlern der DHfK in Leipzig Möglichkeiten und Aufgaben zur weiteren Entwicklung des Massensports.

21. - 25. November: Die II. Internationale Konferenz der Minister und leitenden Persönlichkeiten für Körperkultur und Sport der UNESCO in Moskau mit Vertretern aus 115 Mitgliedstaaten und von zehn internationalen Sportorganisationen verurteilt alle Formen der Apartheid und der Diskriminierung im Sport (Moskauer Erklärung mit elf Resolutionen). Der Vorschlag von DTSB-Präsident Klaus Eichler im Plenum, eine Resolution „Sport und Frieden“ anzunehmen, wird einstimmig gebilligt.

22. November: Die erste DDR-Meisterschaft im Lösen von Schachaufgaben und Studien wird mit der Finalrunde in Rerik beendet.

23. - 27. November: Frank Borkowski (Halbschwergewicht) wird in Wien Junioren-Europameister (U 21) im Judo. Sven Noack (Halbmittelgewicht) und Maik Griese (Schwergewicht) belegen jeweils Rang drei.

24. November: Der 25. Internationale Trainerkurs an der DHfK mit Studenten aus 27 Ländern wird mit der Übergabe der Zertifikate beendet.

28. November: DEFA-Regisseur Dieter Raue stellt an der Salzmann-Oberschule Waltershausen, der einstigen Erziehungsanstalt Schnepfenthal, seinen neuen Dokumentarfilm „Auf den Spuren von GutsMuths“ vor.

30. November - 4. Dezember: Angela Caspari/Marno Kreft werden in Sarajewo (Jugoslawien) Vize-Weltmeister der Junioren im Eiskunstlauf (Paare).

November: Beim Internationalen Sportfilmfestival in Lausanne (Schweiz) erhält das DDR-Fernsehen in der Kategorie Momentaufnahmen den „Goldenen Ring“ des IOC, einen der Hauptpreise, für die Siegesfreude eines jungen Judoka bei der Kinder- und Jugendspartakiade. Der Dokumentation „Katarina - Carmen“ erkennt die Jury ein Sonderdiplom zu.

11. Dezember: 5. Potsdamer Wanderweihnacht (5 bis 50 km).

17. Dezember: Sportler des Jahres werden Kristin Otto, Olaf Ludwig und der Straßenradvierer von Seoul, Uwe Ampler, Mario Kummer, Maik Landsmann, Jan Schur. Erstmalig werden 2.286.366 Stimmen abgegeben.

20. - 22. Dezember: Jahrestagung der Gesellschaft für Sportmedizin und der Arbeitsgemeinschaft für Sportphysiotherapeuten in Dresden zum Leitthema „Sport in der Prävention, Therapie und Rehabilitation bei Verletzungen und Erkrankungen der Wirbelsäule und der unteren Extremitäten“.

31. Dezember: 15. Erfurter Sylvesterlauf mit 1850 Aktiven.

Januar bis Dezember:

Zum dritten Mal wird Angelika Glodde „Champion der Flachrennreiter“.

Mit 25 Betriebssportgemeinschaften ist das Mansfeldkombinat „Wilhelm Pieck“ einer der größten Träger des Sports in der DDR.

Der Sportverlag veröffentlicht das Hochschullehrbuch „Sportspiele“ (Günther Stiehler u.a.), „Geräteturnen - Trainingsmethodik“ (Roswita Härtig u.a.), „Grundbegriffe der Sportspiele“ (Hugo Döbler u.a.) und „Gute Läufer, schlechte Läufer: Strategie für die Schachpraxis“ (Wolfgang Uhlmann u.a.). Bei J.A. Barth Leipzig erscheinen „Körperliche Aktivität und Altern“ (Siegfried Israel u.a.) und „Verletzungen im Fußballsport“ (Egon

Pfeil). Der Sportmedizinische Dienst, FKS und DHfK legen „Sportmedizinische Einflußnahme zur Sicherung der Belastbarkeit des Stütz- und Bewegungssystems“ (KLaus-Peter Schüler u.a.) vor.

1989

14. - 15. Januar: Gunda Kleemann erringt in Berlin (West) den EM-Titel im Eisschnellauf-Vierkampf vor Constanze Moser-Scandolo und Jacqueline Börner. Heike Schalling belegt Rang sechs.
17. - 22. Januar: Mandy Wötzel/Axel Rauschenbach werden in Birmingham (England) Vizeeuropameister im Eiskunstlauf (Paarlauf).
21. - 22. Januar: Wolfgang Hoppe/Bogdan Musiol gewinnen bei den Zweierbob-EM in Winterberg (BRD) die Silbermedaille.
21. - 26. Januar: Der Viererbob (René Thierfelder, Axel Weber, Torsten Wirth, Frank Lorenz) wird in St. Moritz (Schweiz) Junioren-Weltmeister.
28. Januar: Beate Anders geht in Potsdam 3000-m-Hallenweltrekord (12:02,2 min).
28. - 29. Januar: Der Viererbob (Czudaj, Brannasch, Bonk, Förster) gewinnt bei den EM in Winterberg (BRD) die Silbermedaille.
31. Januar: Politbürobeschluß zur „Vorbereitung auf die Olympischen Spiele 1992 und die Olympischen Winterspiele 1992 und 1994".
4. - 5. Februar: Wolfgang Hoppe/Bogdan Musiol werden in Cortina d'Ampezzo (Italien) Zweierbob-Weltmeister.
5. - 6. Februar: Constanze Moser-Scandolo wird in Lake Placid (USA) Weltmeister im Eisschnellauf (Vierkampf) vor Gunda Kleemann.
5. - 12. Februar: Frank Luck (10 km Handikap) und die 4x7,5-km-Staffel (Frank Luck, André Sehmisch, Frank-Peter Roetsch, Birk Anders) erringen bei den Biathlon-WM in Freistritz (Österreich) die WM-Titel.
10. - 12. Februar: Weltmeister im Rennschlittensport werden in Winterberg (BRD) Susi Erdmann (Einsitzer) und Stefan Krauße/Jan Behrendt (Doppelsitzer). Jens Müller und die Mannschaft (Müller, Friedl, Erdmann, Oberhoffner, Krauße/Behrendt) belegen Rang zwei, Ute Oberhoffner und Jörg Hoffmann/Jochen Pietzsch Rang drei.
10. - 12. Februar: Im Finale um den Europapokal der Pokalsieger im Volleyball der Frauen in Bari (Italien) unterliegt der SC Traktor Schwerin der Mannschaft vom ADK Alma Ata (UdSSR) und belegt Rang zwei.
10. - 12. Februar: Beim Finale um den Europapokal der Landesmeister im Volleyball der Frauen in Brüssel erreicht der SC Dynamo Berlin Rang drei.
12. Februar: Kristin Otto erhält in Stuttgart (BRD) die Urkunde ihrer Wahl als Europasportlerin des Jahres 1988.
17. - 26. Februar: Jens Weißflog erringt bei den WM in den nordischen Skidisziplinen in Lahti (Finnland) den WM-Titel im Spezialsprunglauf/Normalschanze und die Silbermedaille auf der Großschanze. Die Mannschaft Nordische Kombination (Leonhardt, Blechschmidt, Abratis) belegt Rang drei.

18. - 19. Februar: Leichtathletik-Europameister werden bei den Hallen-EM in Den Haag (Niederlande) Beate Anders (3000 m Gehen) und Ulf Timmermann (Kugelstoßen).

20. - 26. Februar: An der XII. Kinder- und Jugendspartakiade (Wintersportarten) in Oberhof und Berlin nehmen 1320 Aktive teil. Anläßlich dieser Spartakiade stellen 1313 Schülerinnen und Schüler aus dem Bezirk Suhl Zeichnungen, Aquarelle, Holzschnitte zum Thema Wintersport aus.

25. Februar: Cornelia Oschkenat läuft in Wien über 60 m Hürden Hallenweltrekord (7,73 s).

25. - 26. Februar: Der Viererbob (René Thierfelder, Axel Weber, Torsten Wirth, Frank Lorenz) wird in St. Moritz (Schweiz) Junioren-Weltmeister.

25. - 26. Februar: Christa Luding und Uwe-Jens Mey belegen bei den Eisschnellauf-WM in Heerenveen (Niederlande) im Sprint-Vierkampf Rang zwei.

2. - 12. März: Bei der Winter-Universiade in Sofia werden Universiade-Sieger: Ina Kümmel (Skilanglauf 5 km), Heiko Hunger (Spezialsprunglauf) und die Mannschaft Spezialspringen (Hunger, Grundig, Kraus).

3. März: Georg Zorowka, Präsident des Schwimmsport-Verbandes, wird in die Kommission der 40 UNO-Mitgliedstaaten gewählt, die die Internationale Konvention gegen Apartheid im Sport unterzeichnet haben.

3. - 5. März: Bei den Hallen-Leichtathletik-WM in Budapest werden Christine Wachtel (800 m) und Ulf Timmermann (Kugelstoßen) Weltmeister.

3. - 5. März: Ulrike Adeberg wird in Kiew (UdSSR) Junioren-Weltmeisterin im Eisschnellauf (Vierkampf) vor Anke Baier.

17. - 27. März: Beim 5. Weltwettbewerb für vorbildgetreue Schiffsmodelle (Kategorie C) in Berlin bringen die Aktiven alle 33 Modelle in die Wertung und erringen sieben Gold-, fünfzehn Silber- und elf Bronzemedaillen. Am erfolgreichsten ist Rolf Maurer mit zwei Gold- und zwei Silbermedaillen.

18. - 19. März: Weltcupsieger im Eisschnellauf werden in Heerenveen (Niederlande) Christa Luding (500 m), Angela Hauck (1000 m), Constanze Moser (1500 m), Heike Schalling (3000/5000 m), Uwe-Jens Mey (500 m, 1000 m).

2. April: 1700 Aktive nehmen am 10. „Robotron-Bergtest bei Wehlen", einer Wanderung (33 km) mit besonderen konditionellen Anforderungen, teil.

8. April: Den 10. Internationalen Grünheider 100-km-Lauf mit 155 Teilnehmern gewinnt Bernd Helbig vor Gerhard Baumann und Roland Winkler, der als einziger alle Grünheider 100-km-Läufe absolviert hat.

9. April: Mehr als 46.000 Aktive gedenken bei Buchenwald-Gedenkläufen durch zehn Kreise des Bezirkes Gera der Opfer des Faschismus.

9. April: Bei den WM im Tischtennis in Dortmund (BRD) amtiert Armin Richter vom DTTV als Schiedsrichter im Finale des Herren-Doppel.

15. April: Uta Pippig wird beim Marathon-Weltcup in Mailand (Italien) Dritte.

16. April: Mehr als 3000 beteiligen sich an der 10. „Karl-Marx-Städter Rose" und wandern auf verschiedenen Strecken zu den Greifensteinen.

17. April: Kolloquium zu Leben und Werk von Johann Christoph Friedrich GutsMuths in Schnepfenthal anläßlich des bevorstehenden 150. Todestages.

24. April - 1. Mai: Uwe Potteck wird in Sarajewo (Jugoslawien) Vizeweltmeister im Sportschießen (Luftpistole). Olaf Heß (Luftgewehr) belegt Rang drei.

25. - 27. April: VII. Internationales Symposium der Sektion Sportwissenschaft Rostock in Ahrenshoop zur Gestaltung des außerunterrichtlichen Sports.

29. - 30. April: Beim 100. Länderspieleinsatz im Asphaltkegeln gewinnt Wolfgang Oestreicher in Poznan (Polen) mit Iris Wagner das Mixed-Doppel.

5. Mai: Vereinbarung zwischen dem Deutschen Pferdesport-Verband (DPV) und dem VE Kombinat Tierzucht über die Zusammenarbeit von Pferdesport und Pferdezucht.

5. - 7. Mai: Bei den EM im Ringen (Klassischer Stil) in Oulu (Finnland) erringen Maik Bullmann (82 kg-Klasse) die Silbermedaille und Olaf Koschnitzke (90 kg-Klasse) die Bronzemedaille.

6. - 7. Mai: Europameister im Turnen werden in Stockholm Andreas Wekker (Reck), der noch zwei Silbermedaillen erringt (Pauschenpferd, Barren), und Holger Behrendt (Ringe), der außerdem im Mehrkampf und am Boden jeweils Rang drei belegt.

8. - 20. Mai: Uwe Ampler gewinnt als erster zum dritten Mal in Folge die Internationale Friedensfahrt Warschau-Berlin-Prag. Die DDR-Mannschaft (Ampler, Jentzsch, Raab, Rein, Ludwig, Barth) belegt Rang eins in der Gesamtmannschaftswertung und erringt das rosa (Ludwig), das violette (Ludwig), das grüne (Ampler) und das weiße Trikot (Raab).

11. - 14. Mai: Vizeeuropameister im Judo werden in Helsinki Thomas Müller (Schwergewicht) und Frank Möller (Alle Kategorien). Axel Lobenstein (Mittelgewicht) belegt Rang drei.

12. - 14. Mai: Vizeeuropameister im Ringen (Freier Stil) wird in Ankara zum dritten Mal in Folge Karsten Polky (62 kg-Klasse)).

13. Mai: Aus der gemeinsamen Umfrage der Zeitungen „Junge Welt" und „Deutsches Sportecho" nach den 40 populärsten Sportlerinnen und Sportlern im 40. Jahr des Bestehens der DDR gehen Gustav-Adolf (Täve) Schur, Marita Meier-Koch, Katarina Witt, Kristin Otto, Roland Matthes, Waldemar Cierpinski, Ulrich Wehling, Karin Kania, Kornelia Grummt-Ender und Christa Luding-Rothenburger als die zehn meist genannten hervor. Jürgen Croy, langjähriger Nationaltorhüter, wird zum besten Fußballer der 40jährigen Sportgeschichte gewählt.

14. Mai: Die Nationalmannschaft der Fußballjugend (U 16) gewinnt bei der EM-Endrunde in Dänemark die Silbermedaille.

15. Mai: Anatoli Karpow eröffnet in Berlin eine Schachschule für Nachwuchstalente der DDR, die seinen Namen trägt.

20. Mai: Beim XVII. GutsMuths-Rennsteiglauf (45 km, 66 km) wird erstmals eine 30-km-Wanderung - mit 1172 Aktiven - durchgeführt.

21. Mai: Der ASK Vorwärts Frankfurt (Oder) unterliegt im Finale um den IHF-Cup im Handball der Männer gegen TuRU Düsseldorf (12:17, 18:15).

21. Mai: Würdigung von Johann Christoph Friedrich GutsMuths in Quedlinburg und Schnepfenthal anläßlich seines 150. Todestages.

24. - 28. Mai: Beim Weltcup-Finale im Sportschießen in Suhl gewinnt Jürgen Raabe das Skeetschießen mit Finalweltrekord (222 Tauben).

25. - 29. Mai: Ronny Weller (2. Schwergewicht) wird in Fort Lauderdale (USA) erneut Junioren-Weltmeister im Gewichtheben (Zweikampf).

26. Mai - 12. Juni: Erster Informationskurs zur Entwicklung des Schulsports und der Spartakiadebewegung in der DDR mit Teilnehmern aus vierzehn Ländern und von der UNESCO in Bad Blankenburg.

27. Mai: Beate Anders gewinnt beim Weltcup der Geher in Hospitalet (Spanien) die 10-km-Distanz.

29. Mai - 3. Juni: Bei den EM im Boxen in Athen wird die Boxstaffel mit vier Gold-, zwei Silber- und vier Bronzemedaillen nach 1985 zum zweiten Mal erfolgreichste Mannschaft. Europameister werden Siegfried Mehnert (Weltergewicht), Henry Maske (Mittelgewicht), Sven Lange (Halbschwergewicht) und Ulli Kaden (Superschwergewicht).

1. - 4. Juni: Ralf Schumann (Olympisch Schnellfeuer) erzielt beim Weltcup-Wettbewerb in München einen neuen Finalweltrekord (891 Ringe).

4. Juni: Ronny Kirchhof erringt in Palma de Mallorca (Spanien) beim Finale im Bahnradsport den Europapokal im 1000-m-Zeitfahren.

5. - 10. Juni: Ulf Lehmann/Stefan Mädicke werden vor Balatonfüred (Ungarn) Vizeeuropameister im Segeln (Flying Dutchman) vor Borowski/ Kroh.

9. - 11. Juni: Am internationalen Treffen der Radwanderer in Ungarn (1200 Aktive aus sieben Ländern) nehmen 66 Radsportler aus der DDR teil.

13. Juni: Der Deutsche Verband für Versehrtensport (DVfV) wird ordentliches Mitglied im Internationalen Versehrtensportverband (ISOD).

17. Juni: Der traditionelle KMU-Marathon in Leipzig und ein 4-km-Lauf werden als „Olympic Day Run" des IOC durchgeführt. Den Marathon mit 869 Teilnehmern gewinnen Ina Ferkel und Jörg Peter, bei den Rollstuhlfahrern Karel Boura (CSSR). Ältester Aktiver ist Kurt Schumann (71 Jahre).

17. - 18. Juni: Die Nationalmannschaft Turnen der Junioren erringt bei den ersten Mannschafts-EM in Nantes (Frankreich) die Silbermedaille.

24. - 25. Juni: Annett Gerold gewinnt in Glowe/Rügen den Internationalen Ostsee-Orientierungslauf.

24.- 25. Juni: Den Pokal der Freundschaft im Turnierangeln der Frauen erringt die Nationalmannschaft (DDR I) vor DDR II und dem Vizeweltmeister Polen. Die Männer belegen hinter Weltmeister CSSR Rang zwei.

28. Juni: Vereinbarung über die Aufnahme offizieller Beziehungen zwischen dem DWBO der DDR und dem Deutschen Alpenverein und dem Verband Deutscher Gebirgs- und Wandervereine aus der BRD in Berlin.

30. Juni - 2. Juli: Beim Länderturnier der Freundschaft im Hockey der Frauen in Nymburk (CSSR) belegt die Nationalmannschaft Rang zwei.
30. Juni - 2. Juli: Bernd Schiele/Mosaik siegt im Großen Preis des Internationalen Reit- und Springturniers (CSI-W) in Hortobagyi (Ungarn), Frank Thron/Rasant im Wahl-Punktespringen und die Equipe Bernd Schiele/Mosaik, Ralf Deutschmann/Festa, Ralf Blankenburg/Safran im Mannschaftsspringen.
1. Juli: Beim Leipziger Kurztriathlon (1500 m Schwimmen, 43 km Radfahren, 13 km Laufen) gehen 985 Aktive - darunter 60 Frauen - an den Start.
4. - 17. Juli: Ralf Schumann (Olympisch Schnellfeuer) wird in Zagreb (Jugoslawien) erneut Europameister. Enrico Liebich (Junioren Olympisch Schnellfeuer) belegt Rang zwei, Mike Herrmann (Laufende Scheibe) und die Mannschaft Freie KK-Büchse liegend der Männer Rang drei.
6. - 8. Juli: Bei der FIM-Rallye der Zweiradfahrer mit Aktiven aus 20 Ländern, die in Barcelona (Spanien) endet, gewinnen die Aktiven aus der DDR drei von sechzehn Wertungen, die Trophäen „Challenge Monaco“ für Scooter (bis 50 ccm), „Challenge Luxemburg“ für Zweiradfahrzeuge (bis 50 ccm) und „Challenge France“ (von 50 ccm - 125 ccm).
8. Juli - 6. August: „Internationale Sport-Friedensstafette 1989“ unter dem Motto „Nie wieder Krieg - Abrüsten!“ von Paris nach Moskau über 3000 km mit Leistungssportlern aus sieben Ländern (BRD, CSSR, DDR, Frankreich, Niederlande, Polen, UdSSR). Die Erstunterzeichner aus der DDR sind Birgit Schmidt-Fischer, Kristin Otto, Udo Beyer, Waldemar Cierpinski, Roland Matthes, Christian Schenk, Gustav-Adolf Schur, Frank-Peter Roetsch.
9. - 13. Juli: Junioren-Europameister im Gewichtheben (Zweikampf) werden in Sarajewo (Jugoslawien) Holger Schumann (2. Schwergewicht) und Andreas Freitag (Superschwergewicht).
11. - 23. Juli: Bei den Jugendwettkämpfen der Freundschaft im Fußball im Bezirk Gera gewinnt die Jugendauswahl die Bronzemedaille.
12. Juli - 12. August: Dreizehn DDR-Alpinisten (Leitung: Dr. Volker Krause) bezwingen den Chan Tengri (7010 m) im Tienschan (UdSSR).
15. - 16. Juli: Die Zehnkämpfer (Christian Schenk, Thomas Halamoda, René Günther, Thomas Fahner) gewinnen nach 1979 und 1987 in Toensberg (Norwegen) zum dritten Mal den Europapokal.
22. - 23. Juli: Die Nationalmannschaft der Körperbehinderten erringt in Sofia den Intersport-Invalid-Cup (ISI-Cup) im Sportschwimmen.
23. Juli: Die Europapokale im Bahnradsport (Sprint) gewinnen in Cleveland-Middlesbrough (England) Annett Neumann und Bill Huck.
24. - 30. Juli: XII. Zentrale Kinder- und Jugendspartakiade in Berlin. 11.000 Aktive ermitteln in neunzehn Einzel- und Mannschaftssportarten und insgesamt 1.059 Entscheidungen jeweils die Besten in ihrer Altersklasse.
27. - 30. Juli: Bei den Junioren-WM im Kanurennsport in Dartmouth (Kanada) gewinnen die Kanuten sieben Gold- und drei Silbermedaillen. Weltmeister werden Jana Schildbach (KI 500 m), der KII (500 m), der KII

und KIV (1000 m) der Junioren, Matthias Roeder (CI 500 m), der CII (500 m) der Junioren und Mattias Loder (CI 1000 m). Am erfolgreichsten ist Mario Zander mit drei Goldmedaillen (KII 500 m, KII 1000 m, KIV 1000 m).

27. - 30. Juli: Junioren-EM im Schwimmen und Wasserspringen in Leeds (England). Die Nationalmannschaften erringen achtzehn Gold-, sechzehn Silber- und acht Bronzemedaillen.

28. - 30. Juli: Kathrin Ernst wird in Oslo dreifache Europameisterin im Turnierangeln (Fliege-Kombination, Gewicht-Skish, Fünfkampf). Lothar Trampe (Fliege-Distanz einhändig) belegt Rang zwei.

29. - 30. Juli: Die Nationalmannschaft Frauen der Körperbehinderten (Gebhardt, Ruhl, Seidel) gewinnt in Gera erstmals den ISI-Cup im Tischtennis. Die Männer belegen Rang zwei. In den Einzelwettbewerben siegen Christa Gebhardt und Frank Rötting, der erneut den Pokal erringt.

2. - 6. August: Junioren-Weltmeister im Rudern werden in Szeged (Ungarn) der Doppelzweier, Zweier o.Stfr., Doppelvierer und der Achter der Juniorinnen, der Zweier m.Stm., Vierer m.Stm. und der Doppelvierer der Junioren.

5. - 6. August: Die Leichtathletinnen gewinnen in Gateshead (England) zum neunten Mal den Europapokal. Die Leichtathleten belegen Rang drei.

5. - 13. August: Junioren-Europameister im Segeln (Finn-Klasse) wird vor Palma de Mallorca (Spanien) Jürgen Knuth vor Malte Philipp.

6. - 13. August: EM der Sehgeschädigten in der Leichtathletik und im Schwimmen in Zürich (Schweiz). Die Nationalmannschaften erringen sechs Gold-, sieben Silber- und vier Bronzemedaillen. Europameister werden Kerstin Gaedicke (B1/Weitsprung), Martina Willing (B1/Kugelstoßen, Speerwerfen), Marita Turteltaube (B1/Diskuswerfen), Gerd Franzka (B1/400 m) und Siegmund Turteltaube (B1/Diskuswerfen).

7. August: Andreas Trautmann wird zum „Fußballer des Jahres“ gewählt.

10. - 13. August: 24. Jugendwettkämpfe der Freundschaft im Schwimmen und Wasserspringen in Leipzig mit Teilnehmern aus acht Ländern.

11. - 13. August: Jugendwettkämpfe der Freundschaft im Gewichtheben in Meißen. JWdF-Sieger wird Martin Moreno (2. Schwergewicht).

12. - 20. August: Europameister im Schwimmen und Wasserspringen werden in Bonn Katrin Meißner (100 m Freistil), Manuela Stellmach (200 m Freistil), Anke Möhring (400 m, 800 m Freistil), Susanne Börnike (100 m, 200 m Brust), Kathleen Nord (200 m Schmetterling), Kristin Otto (100 m Rücken), Dagmar Hase (200 m Rücken) Daniela Hunger (200 m, 400 m Lagen), die 4x100-m- (Meißner, Stellmach, Hunger, Friedrich) und die 4x200-m-Freistilstaffel (Möhring, Stellmach, Strauß, Friedrich), die 4x100-m-Lagenstaffel (Otto, Börnike, Jacob, Meißner), Jörg Hoffmann (1500 m Freistil), Ute Wetzig (Turmspringen). Mit sechzehn Gold-, elf Silber- und elf Bronzemedaillen ist die Mannschaft erneut die erfolgreichste.

14. - 20. August: Weltmeister im Bahnradsport werden in Lyon (Frankreich) Bill Huck (Sprint) vor Michael Hübner, Jens Glücklich (1000-m-Zeitfahren) und die Mannschaft im 4000-m-Verfolgungsfahren (Blochwitz, Liese, Wolf, Fulst). Petra Roßner (3000 m Einzelverfolgung) belegt Rang zwei, Jens Lehmann und Steffen Blochwitz (4000 m Einzelverfolgung) die Ränge zwei und drei.

15. - 28. August: Internationales Schachfestival Dresden 1989 mit internationalem Frauenturnier (erstmals), Openturnier, Schnellschachturnier, Großsimultanveranstaltung, Familien- und Veteranenturnier und dem zweiten Spezialkurs an der Technischen Universität zur „Bedeutung des Schachs für Erziehung, Wissenschaft und Kultur" mit Prof. Dr. Petzold, Prof. Dr. Posthoff, Prof. Dr. Sydow, Prof. Dr. E. van der Meer und Prof. Dr. Mehlhorn.

23. August: Der Radsport-Vierer (Mario Kummer, Falk Boden, Jan Schur, Maik Landsmann) wird in Chambéry (Frankreich) zum dritten Mal nach 1979 und 1981 Weltmeister im 100-km-Straßenfahren.

23. - 27. August: Weltmeister im Kanurennsport werden in Plovdiv (Bulgarien) Katrin Borchert (KI 500 m, 5000 m), Heike Singer/Anke Nothnagel (KII 500 m), Monika Bunke/Ramona Portwich (KII 5000 m), der KIV der Frauen (Borchert, Bunke, Nothnagel, Singer) und Kay Bluhm/Torsten Gutsche (KII 500 m, 1000 m).

23. - 30. August: Silke Renk (Speerwerfen) wird in Duisburg (BRD) Universiade-Sieger. Gabriele Reinsch (Diskuswerfen) belegt Rang zwei und der Doppelvierer der Frauen im Rudern Rang drei.

24. - 27. August: Bei den Junioren-EM der Leichtathleten in Varazdin (Jugoslawien) erringen die Aktiven zwölf Gold-, zehn Silber- und drei Bronzemedaillen. Am erfolgreichsten sind Manuela Derr (100 m, 4x100-m-Staffel) und Astrid Kumbernuss (Kugelstoßen, Diskuswerfen).

24. - 27. August: Maik Bullmann (90 kg-KLasse) wird in Martigny (Schweiz) Weltmeister im Ringen (Klassischer Stil).

25. - 27. August: Brita Schipner gewinnt bei den Wasserski-EM in Kosice (CSSR) im Springen die Bronzemedaille.

25. - 27. August: II. Verbandstreffen des DWBO in Schwerin mit mehr als 50 Veranstaltungen (Wandern per Rad und zu Fuß, Orientierungslauf). Zur Vorbereitung des Treffens werden über 900 km Wanderwege erschlossen.

30. August: Start zum internationalen Friedenslauf über 100 km in Zamosc (Polen) mit Athleten aus der BRD, CSSR, DDR, aus Jugoslawien und Polen zum Andenken an 30.000 Kinder, die während der Okkupation von deutschen Faschisten verschleppt und umgebracht wurden.

1. September: Einführung neuer Lehrpläne für den Sportunterricht in den Klassen 1 bis 10 der allgemeinbildenden polytechnischen Oberschule.

2. - 10 September: Die Nationalmannschaft Volleyball der Frauen erreicht das Endspiel und wird in Stuttgart (BRD) Vizeeuropameister.

3. September: Am Berliner Friedenslauf (Meile, 5, 10, 20 km, Marathon) nehmen 50.000 LäuferInnen und Rollstuhlfahrer aus dreizehn Ländern teil.

3. September: Berliner Schachfest mit 500 Teilnehmern (Nonstop-Simultan an 100 Brettern, Blitzschach, Familienschach, Schachvorträge).

4. - 10. September: Weltmeister im Rudern werden in Bled (Jugoslawien) der Vierer o.Stfr., Doppelzweier, Zweier o.Stfr. und der Doppelvierer der Frauen, Thomas Lange (Einer), der Zweier o.Stm. und der Vierer o.Stm.

8. - 10. September: Die Nationalmannschaft Leichtathletik der Frauen erringt in Barcelona zum vierten Mal in Folge den Weltcup.

9. - 10. September: Bernd Beckhusen gewinnt in Berlin (West) den Weltpokal im Motorbootrennsport (Klasse 0 bis 250 ccm).

11. - 15. September: Weltmeister im Orientierungstauchen wird in Rijeka (Jugoslawien) die Mannschaft (Carl, Müller, Lübbe, Klabunde) im Wettbewerb Mannschaftstreffübung (MTÜ) der Männer.

13. September: Feierliche Immatrikulation von 390 Direkt- und Fernstudenten des 40. Ausbildungsjahrganges an der DHfK in Leipzig.

15. - 24. September: 7. Lehrgang zur Gestaltung des Massensports für Mitglieder europäischer Arbeitersportorganisationen in Bad Blankenburg.

16. - 23. September: Bei den WM und EM im Gewichtheben in Athen wird Ronny Weller (2. Schwergewicht) Welt- und Europameister im Reißen.

17. September - 1. Oktober: Henry Maske (Halbschwergewicht) gewinnt in Moskau den WM-Titel und wird als bester Boxer des Turniers mit dem Russell-Cup ausgezeichnet. Silbermedaillen erringen Andreas Zülow (Leichtgewicht), Andreas Otto (Halbwelter), Siegfried Mehnert (Welter), Torsten Schmitz (Halbmittel), Bronzemedaillen Sven Ottke (Mittel), Axel Schulz (Schwer) und Maik Heydeck (Superschwer).

23. - 28. September: Europameister im Segeln (470er Klasse) werden vor Balatonfüred (Ungarn) Peggy Hardwiger/Christa Pinnow vor Theel/ Bülle.

24. - 30. September: 2. Plenair bildender Künstler (Malerei, Grafik, Fotografie) an der Zentralschule des DTSB in Bad Blankenburg.

27. - 29. September: Nationale Gesundheitskonferenz in Berlin zum Leitthema „Gesundheit geht jeden an“ mit 700 Teilnehmern.

2. - 6. Oktober: Die IX. Europäische Sportkonferenz unter dem Motto „Sport und Wissenschaft“ verabschiedet in Sofia eine Charta des europäischen Sports. Die DDR arbeitet in allen Arbeitsgruppen - wissenschaftliche Koordinierung und Zusammenarbeit, Rolle der Frau im Sport, Unterstützung für Antidoping-Programme - mit.

7. Oktober: Einweihung einer neuen Wettkampfanlage für BMX-Räder in Sangerhausen mit einem Wettkampf für die Altersklassen 8-13.

10. - 13. Oktober: Bei der 2. Internationalen Antidoping-Konferenz in Moskau arbeiten die Delegierten aus der DDR im Vorbereitungskomitee (Dr. Günther Heinze) und in allen Arbeitsgruppen (Nationale Modelle für Kontrollen, Dopingkontrollen außerhalb der Wettkämpfe, Erziehung und

Aufklärung, Rechte und Pflichten der Sportler und Betreuer) mit und wenden sich im Plenumsvortrag (Klaus Eichler) „gegen jede Art von Doping".

12. - 14. Oktober: Ralf Schumann erringt in München-Hochbrück (BRD) den Weltcup im Sportschießen (Olympisch Schnellfeuer).

12. - 15. Oktober: Udo Quellmalz (Halbleichtgewicht) wird in Belgrad Vizeweltmeister im Judo. Axel Lobenstein (Mittelgewicht) erreicht Rang drei.

12. - 22. Oktober: Größtes internationales Schachturnier (Einzel) in der DDR beim 5. „Open" der BSG Empor HO Berlin mit 320 Aktiven.

14. - 22. Oktober: Bei den WM im Turnen der Männer in Stuttgart (BRD) wird Jörg Behrend Weltmeister (Pferdsprung). Vizeweltmeister werden die Mannschaft (Tippelt, Kroll, Wecker, Behrend, Milbradt, Ambros), Sylvio Kroll (Pferdsprung) und Andreas Wecker (Pauschenpferd, Ringe), der am Barren Rang drei und im Mehrkampf Rang vier belegt.

19. Oktober: Georg Zorowka wird in New York zum Vizevorsitzenden der UNO-Kommission gegen Apartheid im Sport gewählt.

20. Oktober: Gründung des ersten Eissportclubs der DDR in Erfurt mit den Sektionen Eisschnellauf und Eiskunstlauf (vormals SC Turbine).

20. Oktober: Festliches Gedenken des DTSB, der Parteien und Massenorganisationen in Neubrandenburg anläßlich des 45. Jahrestages der Ermordung von Werner Seelenbinder.

20. - 21. Oktober: Das 5. Finale um den von Bernhard Lehmann gestifteten Familien-Sportpokal im Billard-Kegeln in Ladeburg gewinnen Romuald und Mike Zojdz, die vom Anbeginn an diesen Pokal-Turnieren teilnehmen.

21. Oktober: 9. Thüringer Läufertreffen in Erfurt mit Vorträgen und Diskussionen zu prophylaktischen Aufgaben bei Ausdauerbelastungen.

22. Oktober: Erstes DDR-offenes Karateturnier in Leipzig.

27. - 29. Oktober: Heiko Balz (100 kg) wird in Ulan Bator Junioren-Weltmeister im Ringen (Freier Stil). Marcos Keller (57 kg) belegt Rang zwei.

28. Oktober - 2. November: Beim I. IOC-Weltkongreß für Sportwissenschaften in Colorado Springs (USA) referieren auf Einladung des IOC die Professoren Dr. Häcker und Dr. Marhold.

6. November: Tag der offenen Tür im Doping-Kontroll-Labor Kreischa.

6. - 8. November: Das Sekretariat des Bundesvorstandes des DTSB berät mit den Generalsekretären der Sportverbände, den Bezirks- und Kreisvorsitzenden die aktuellen Aufgaben im eingeleiteten Prozeß der Erneuerung.

9. November: Veröffentlichung der Standpunkte „Beitrag des DTSB in der Zeit der Erneuerung" in „Deutsches Sportecho".

15. November: Die Fußballnationalmannschaft unterliegt im entscheidenden WM-Qualifikationsspiel in Wien der österreichischen Auswahl (1:3).

21. November: Der ehemalige Kapitän der Eishockey-Nationalmannschaft, der 34jährige Trainer Dieter Frenzel (299 Länderspiele), der 1988 seine aktive Laufbahn beendet hatte, erhält als erster von seinem Sportclub, dem SC

Dynamo Berlin, die Gastspielgenehmigung und unterzeichnet beim BRD-Zweitligisten EC Ratingen einen Vertrag auf Transfer-Basis.
23. - 26. November: Bei den Judo-EM der Junioren (U 20) und Juniorinnen (U 19) in Athen wird Martin Schmidt (Halbleicht) Europameister. Kathrin Heyne (Leicht) erringt beim Einstand der Juniorinnen eine (Bronzemedaille).
26. November: Im Finale um den Handball-Supercup der Männer unterliegt die Nationalauswahl in Dortmund (BRD) der UdSSR (34:21).
29. - 30. November: Der Bundesvorstand des DTSB berät in Kienbaum über die Aufgaben der Sportorganisation in einer sich erneuernden DDR und den DTSB als selbständige, von Parteien unabhängige, demokratische Massenorganisation. Klaus Eichler wird einstimmig als Präsident bestätigt.
30. November: Regierungssprecher Wolfgang Meyer informiert während einer internationalen Pressekonferenz über die Bildung eines Amtes für Jugend und Sport unter Vorsitz von Dr. Wilfried Poßner.
7. Dezember: Das Neue Forum veröffentlicht das Positionspapier „Zur Ethik und Moral des Sports".
7. - 8. Dezember: Konferenz der Sektion Sportwissenschaft Zwickau zur Bewährung einer neuen Prozeßkonzeption für den Sportunterricht.
9. - 10. Dezember: Die Schwimmerinnen erringen in Sabadell (Spanien) insgesamt zum 15. Mal und zum 10. Mal in Folge den Kurzbahn-Europapokal. Die Schwimmer belegen Rang drei.
11. Dezember: In einem Gespräch mit Vertretern des Sports bekräftigt Ministerpräsident Hans Modrow, daß Körperkultur und Sport als Lebensinhalt von Millionen auch künftig ihren festen Platz in der DDR haben werden.
12. Dezember: Das Sekretariat des DTSB-Bundesvorstandes erklärt während einer außerordentlichen Tagung des Bundesvorstandes in Kienbaum seinen Rücktritt. Es wird ein Arbeitsausschuß mit 25 Mitgliedern gewählt, dessen Leitung Prof. Dr. Hans-Georg Herrmann übernimmt. Die operativen Aufgaben werden von einem Arbeitssekretariat mit sechs Mitgliedern unter Vorsitz von Jochen Grünwald realisiert.
18. Dezember: Sportler des Jahres werden im Ergebnis der 37. Umfrage der Tageszeitung „Junge Welt": Kristin Otto, Andreas Wecker und der Weltmeister im 100-km-Straßenfahren (Falk Boden, Mario Kummer, Maik Landsmann, Jan Schur). In der 36jährigen Geschichte dieser Umfrage wurden insgesamt 40.046.035 Tips abgegeben.
Januar bis Dezember:
Die Nationalmannschaft (DDR I) mit Hans-Ulrich Grünberg, Dr. Fritz Baumbach, Volker-Michael Anton, Horst Rittner, Heinrich Burger und Dr. Werner Stern qualifiziert sich für das Finale der XI. Fernschach-Olympiade.
Im Sportverlag erscheinen das Lehrbuch „Biathlon" (Klaus Nitzsche u.a.) und „Zweispännigfahren" (Erich Oese). J.A. Barth in Leipzig legt „Sportmedizinische Funktionsdiagnostik" (Georg Neumann u.a.) vor und der G. Fischer Verlag in Jena „Medizin und Sport" (Jochen Scheibe u.a.). Der

Deutsche Skiläufer-Verband (DSLV) gibt das „Trainingsprogramm der 1. Förderstufe für Skilanglauf, Nordische Kombination, Skispringen und Biathlon 1989 - 1994“ (Hannes Braun u.a.) heraus.

1990

1. Januar: Bildung des Amtes für Jugend und Sport beim Vorsitzenden des Ministerrates und Auflösung des Amtes für Jugendfragen beim Ministerrat und des Staatssekretariats für Körperkultur und Sport.
1. Januar: Die Bürgermeister der Hauptstadt Berlin, Erhard Krack, und Westberlins, Walter Momper, starten gemeinsam den Neujahrslauf, der mit mehr als 20.000 Aktiven erstmals durch das Brandenburger Tor führt.
1. Januar: Auswahlspieler Andreas Thom vom BFC Dynamo Berlin spielt als erster Fußballer nach einem Millionentransfer zwischen dem BFC, dem DFV und dem Bundesligisten bei Bayer Leverkusen 04 (BRD).
4. Januar: In Berlin konstituiert sich der „Runde Tisch des Sports".
6. Januar: Der Präsident des NOK, Manfred Ewald, tritt zurück. Als amtierender Präsident wird der Vizepräsident, das Mitglied des IOC Dr. Günther Heinze, von der Mitgliederversammlung bestätigt.
8. Januar: Konrad Winkler, zweimaliger Weltmeister in der Nordischen Kombination, übernimmt in Übereinstimmung mit seinem Heimatklub das Amt eines Bundestrainers im DSV der BRD.
12. - 13. Januar: 20. Motorradfahrer-Wintertreffen auf der Augustusburg. Am Wettbewerb nehmen 171 Fahrer mit 136 Maschinen, unter ihnen 16 Frauen, aus der CSSR, Ungarn und der DDR teil. Jüngster Teilnehmer ist Rico Kornnagel (Jg. 1972) und ältester Walter Schuck (Jg. 1919).
12. - 14. Januar: Drei Gold- und zwei Bronzemedaillen erringen die Aktiven bei den EM im Rennschlittensport in Igls (Österreich). Europameister werden Susi Erdmann (Einsitzer), Jörg Hoffmann/Jochen Pietzsch (Doppelsitzer) und die Mannschaft Erdmann, Otto, Müller, Friedl, Hoffmann/Pietzsch im Mannschaftswettbewerb.
13. Januar: Deutscher Kraftsport- und Bodybuilding-Verband (DKBV) in Berlin gegründet. Die mehr als 14.000 KraftsportlerInnen gehörten bisher dem Deutschen Gewichtheber-Verband (DGV) an.
18. Januar: Frank-Michael Wahl bestreitet beim Spiel DDR-Niederlande in Eisenach seinen 300. Einsatz in der Nationalmannschaft Handball.
19. - 21. Januar: Gunda Kleeman wird in Heerenveen (Niederlande) erneut Europameisterin im Eisschnellauf (Vierkampf) vor Jacqueline Börner und Heike Schalling.
20. - 21. Januar: Junioren-Weltmeister im Zweierbob werden in Cervinia (Italien) René Thierfelder/Ulf Hielscher.
23. Januar: Gründung der Athletenkommission des DTSB, der gewählte Sprecher aller Sportverbände u.a. Ulf Timmermann (Leichtathletik), Olaf Förster (Rudern), Dr. Detlef Eckert (Versehrtensport) angehören.

27. Januar: Der Zentralvorstand der GST tritt zurück, Bildung eines Arbeitsausschusses GST-Vereinigung Technischer Sportverbände und Aufruf des Arbeitsausschusses, die technischen Sportarten zu erhalten.

30. Januar - 4. Februar: Evelyn Großmann wird in Leningrad (UdSSR) Europameisterin im Eiskunstlauf.

31. Januar: Während seiner 2. Tagung folgt der „Runde Tisch des Sports" einer Initiative von Neues Forum und des Amtes für Jugend und Sport und bestätigt einen „Aufruf zur Rettung des Sports".

3. Februar: In Berlin und Potsdam demonstrieren - wie vorher in Karl-Marx-Stadt, Eisenhüttenstadt, Schwedt oder Kienbaum - SportlerInnen gegen den Abbau des Sports, insbesondere an der Basis, infolgedessen Sportgemeinschaften und -klubs schließen, vor allem Kinder nicht mehr Sport treiben können und Sportstätten dem Verfall preisgegeben werden.

3. Februar: Deutscher Gehörlosen-Sportverband (DGSV) in Berlin gegründet. Schwerhörige und Gehörlose gehörten bislang dem Deutschen Verband für Versehrtensport (DVfV) an.

3. - 4. Februar: Harald Czudaj/Axel Jang werden in St. Moritz (Schweiz) Vizeweltmeister im Zweierbob vor Wolfgang Hoppe/Bogdan Musiol.

3. - 4. Februar: Erste gemeinsame DDR-Meisterschaft der Frauen und Männer im Judo in Potsdam. Die Weltrekordlerin im Diskuswerfen Irina Meszynski wird bei ihrem ersten Start Meisterin im Schwergewicht.

7. Februar: Gründung des ersten Eishockey-Klubs, des EHC Crimmitschau.

7. Februar: Welturaufführung des Films „Carmen on Ice" (Regie: Horant Hohlfeld) in Dresden mit den Eiskunstlauf-Weltmeistern Katarina Witt, Brian Boitano (USA) und Brian Orser (Kanada).

10. - 11. Februar: Jacqueline Börner erringt in Calgary (Kanada) den WM-Titel im Eisschnellaufen (Vierkampf). Constanze Moser belegt Rang drei.

10. - 11. Februar: Der Viererbob DDR II (Harald Czudaj/Tino Bonk/Alexander Szelig/Axel Jang) wird in St. Moritz (Schweiz) Vizeweltmeister.

11. - 12. Februar: Dresdener Marathon-Blitzturnier im Schach mit 304 Aktiven aus sechs Ländern und 15.711 Partien (Guinness-Rekord).

13. Februar: Der DTSB gibt die Höhentrainingshallen in Kienbaum für Journalisten zur Besichtigung frei.

14. Februar: Aus dem Sportfonds des Ministeriums für Finanzen stehen ab sofort 10 Millionen Mark für den Sport an der Basis zur Verfügung.

14. Februar: Zweite Verordnung des Ministerrates über die Gesellschaft für Sport und Technik (GST) zur Änderung der Verordnung vom 10.9. 1968. Damit wird die GST vom militärpolitischen Auftrag entbunden.

15. Februar: Veröffentlichung des Entwurfs der „Leitlinie zur Erneuerung des Deutschen Turn- und Sportbundes".

17. Februar: Gründung des Musik- und Spielleuteverbandes (MSV) des DTSB in Halle. Musik- und Spielleute gehörten bislang zum DTV.

17. - 18. Februar: Kathrin Boron wird in Boston (USA) mit Weltrekord (8:27,2 min) Ergometer-Weltmeisterin der Ruderer vor Katrin Schröder und Judith Zeidler. Detlef Kirchhoff erreicht Rang drei.

17. - 18. Februar: Frank-Peter Barnikow/Sandro Zettl (Doppelsitzer) werden in Winterberg (BRD) Junioren-Weltmeister im Rennschlittensport. Jean Roos (Einsitzer) belegt Rang drei.

17. - 18. Februar: Im Finale um den Europacup der Pokalsieger im Volleyball der Frauen in Lille (Frankreich) erreicht der SC Traktor Schwerin Platz drei.

21. Februar: Gesetz über Vereinigungen (Vereinigungsgesetz).

23. - 25. Februar: Gabriele Kohlisch (Einsitzer) und die Mannschaft (Kohlisch, Erdmann, Müller, Jacob, Hoffmann/Pietzsch) erringen in Calgary die WM-Titel im Rennschlittensport. Jens Müller (Einsitzer) und Hoffmann/Pietzsch (Doppelsitzer) belegen jeweils Rang drei.

24. - 25. Februar: Angela Hauck wird in Tromsö (Norwegen) Weltmeisterin im Eisschnellaufen (Sprint-Vierkampf).

26. Februar: Deutsches Sportecho erscheint mit dem Untertitel „Die Sport-Tageszeitung“ und neuem Layout.

Februar: Der UNESCO-Preis für hervorragende Verdienste um Körpererziehung und Sport wird den Organisatoren des GutsMuths-Rennsteiglaufes zuerkannt.

2. - 4. März: Ulrike Adeberg wird in Obihiro (Japan) erneut Junioren-Weltmeisterin im Eisschnellauf (Vierkampf) vor Anke Baier.

3. - 4. März: Der außerordentliche Turn- und Sporttag des DTSB in Berlin nimmt ein neues Statut an, beschließt die „Leitlinie zur Erneuerung des DTSB“ und wählt Martin Kilian zum Präsidenten, Dr. Margitta Gummel und Rolf Beilschmidt zu Vizepräsidenten, Jochen Grünwald zum Generalsekretär und die Präsidiumsmitglieder Prof. Dr. Hans-Georg Herrmann, Gustav-Adolf Schur, Prof. Dr. Heinz Frankiewicz, Ulf Timmermann, Ulrich Wehling, Dr. Detlef Eckert und Uda Ernst.

3. - 4. März: Die Eisschnelläuferinnen gewinnen beim Weltcup-Finale in Inzell (BRD) alle Pokale, Angela Hauck über 500 m und 1000 m, Jacqueline Börner über 1500 m, Gunda Kleemann über 3000 m/5000 m.

3. - 4. März: Beate Anders verteidigt bei den Leichtathletik-Hallen-EM in Glasgow (England) ihren EM-Titel im 3000 m Gehen mit Weltrekord (11:59,36 min). Jens-Peter Herold wird Europameister über 1500 m.

4. März: Den Erzgebirgs-Skikammlauf Mühlleithen-Johanngeorgenstadt-Mühlleithen (50 km) gewinnen Alexandra Thoß und Lutz Liebig.

4. - 11. März: Junioren-Weltmeister im Biathlon wird in Sodankylä (Finnland) die 4x7,5-km-Staffel (Groß, Kreuzer, Sendel, Heymann).

7. März: Prof. Dr. med. Kurt Tittel erhält den Ehrenpreis des IOC für besondere Verdienste auf dem Gebiet der Sportmedizin.

8. März: Henry Maske (Boxen, Halbschwergewicht) unterzeichnet einen Profivertrag, der am 1. April 1990 in Kraft tritt. Mit ihm wechselt Trainer Manfred Wolke vom ASK Vorwärts Frankfurt (Oder) ins Profilager.

8. - 11. März: Weltmeister im Biathlon werden in Oslo Mark Kirchner (10 km) und die Mannschaft (Frank Luck, Raik Dittrich, Mark Kirchner, Birk Anders) im Mannschaftswettwerb über 20 km.

10. - 11. März: Uwe-Jens Mey wird beim Finale in Heerenveen (Niederlande) ungeschlagen und zum dritten Mal in Folge Weltcup-Sieger im Eisschnellauf über 500 m und zum zweiten Mal über 1000 m.

10. - 11. März: Bei den Jugend-EM (U 16) im Fechten in Gouda (Niederlande) gewinnt Claudia Bertow (Florett) die Bronzemedaille.

14. März: Der „Runde Tisch des Sports“ endet mit einer Schlußresolution.

15. März: Der Leiter des Amtes für Jugend und Sport hebt die Anordnung vom 1. Dezember 1976 über die Verleihung des Sportabzeichens „Bereit zur Arbeit und zur Verteidigung der Heimat“ auf.

17. März: Beim 15. Berliner Kulturpark-Marathon absolviert Gustav Ziel (Döbeln) als erster in der DDR seinen 250. Marathon.

17. - 18. März: Weltcup-Sieger im Ringen werden in Budapest Maik Bullmann (Klassischer Stil, 90 kg) und Karsten Polky (Freier Stil, 62 kg).

24. März: Gründung des Deutschen Orientierungslauf-Verbandes (DOLV) in Bad Blankenburg. Die Orientierungsläufer gehörten bisher zum DWBO.

28. März - 1. April: Junioren-Weltmeister in den nordischen Skidisziplinen werden in Les Saisies (Frankreich) erneut Gabriele Heß (Skilanglauf, Freistil 15 km) und die 4x10-km-Staffel der Junioren (Jens Dietel, Jens Neuber, Matthias Grunwald, Janko Neuber). Silbermedaillen erringen Frank Schwaar (nordische Kombination) und die 4x5-km-Staffel der Juniorinnen (Apel, Kramer, Heß, Henke), eine Bronzemedaille die Mannschaft nordische Kombination (Heisig, Schwaar, Weber).

30. März - 1. April: Marco Spittka (Halbmittelgewicht) und Mike Hax (Halbschwergewicht) werden in Dijon (Frankreich) Junioren-Weltmeister im Judo (U 21). Jens Altendorf (Halbleichtgewicht) belegt Rang zwei und Frank Möller (Schwergewicht) Rang drei.

31. März: Gründung der „Sportjugend der DDR“ in Berlin als selbständige Interessenvertretung der Kinder und Jugendlichen im DTSB.

März: Ralf Schumann wird zum Weltschützen des Jahres 1989 gewählt.

März: Hilfsaktion der „Gesellschaft zur Förderung des olympischen Gedankens“ zur Sicherung des Sports an der Basis unter dem Motto „Dein Herz den Sportkindern“ mit einem Fonds von 500.000 Mark.

4. April: Die Arbeitsgruppe des Runden Tisches „Neue Verfassung der DDR“ verabschiedet in ihrer Plenarsitzung einstimmig einen Gesamtentwurf der Verfassung der DDR. Art. 20 (2) lautet: „Das kulturelle Leben sowie die Bewahrung und Vermittlung des kulturellen Erbes werden gefördert. In den Haushalten des Bundes, der Länder und der Träger der Kommunalautonomie sind die dafür erforderlichen Mittel vorzusehen." Und Art. 50 (3): „In die Verantwortung der Träger der Kommunalautonomie fallen... 10. die Kultur-, Jugend- und Breitensportförderung..."

5. April: II. Kolloquium „Sportpsychologie für die Bewegungsregulation im Training und Wettkampf - Ansätze, praktische Lösungen, offene Problemfelder" am Forschungsinstitut für Körperkultur und Sport (FKS) in Leipzig.

5. - 8. April: Eberhard Uth/Volker Hofsommer (Eisenach/Opel Kadett 16V) werden Gesamtsieger der 30. Internationalen Pneumant-Rallye des MC Post Berlin. Sie gewinnen 12 der 21 Sonderprüfungen.

6. April: Nachrichtenagenturen melden, daß der Deutsche Segler-Verband (DSV) in der BRD Segelgemeinschaften und -vereine in der DDR zum Übertritt auffordert. Die Mitgliedsbeiträge sollen bis auf weiteres erlassen werden. Der Präsident des Bundes Deutscher Segler (BDS), Herbert Fechner, äußert in einem Brief an den DSV sein Befremden.

7. - 21. April: Bei der WM für Blinde und Sehbehinderte im Schach in Wunsiedel (BRD) belegt Jürgen Pohlers Rang zehn.

8. April: Das 30. Tischtennis-Turnier der Tausende (TTT) wird in Berlin beendet. (Neun Spielklassen, erstmalig die Klasse der über 60jährigen).

12. April: Mit der Wahl des Kabinetts der Regierung de Maiziére wählt die Volkskammer Cordula Schubert zur Ministerin für Jugend und Sport.

19. April: Gerhard Lindner wird zum Präsidenten und Prof. Dr. Helmuth Westphal zum Vizepräsidenten der „Gesellschaft zur Förderung des olympischen Gedankens" gewählt. Manfred von Brauchitsch ist auf eigenen Wunsch zurückgetreten. Das Präsidium beschließt ein neues Statut, nach dem sich die Gesellschaft als gemeinnützige Vereinigung versteht und alle Bürger als Förderer beitreten können.

21. April: Gründung des Läuferbundes im Deutschen Verband für Leichtathletik (DVfL). Zum Vorsitzenden wird der zweimalige Marathon-Olympiasieger Waldemar Cierpinski gewählt.

22. April: Beim ersten WM-Lauf zur Speedway-Mannschafts-Weltmeisterschaft in Güstrow belegt die DDR-Mannschaft (Mike Ott, Thomas Diehr, Ralf Peters) Rang zwei.

26. April: Gründung des Sportstättenvereins e.V. als Interessenvertretung von etwa 36.000 Mitarbeitern der Sporteinrichtungen.

28. April: Die erste gesamtdeutsche Allkategorien-Meisterschaft im Gewichtheben und gleichzeitige EM-Qualifikation für beide Verbände gewinnt in Gera Ingo Steinhöfel vor Andreas Behm und Marco Spanehl.

28. April: Gründung des Bundes Technischer Sportarten e.V. (BTSV) in Berlin mit acht Sportverbänden, dem Deutschen Schützenverband, Deutschen Seesportverband, Flug- und Fallschirmsportverband, Modellsportverband, Motorsportverband, Sommer-Biathlon-Verband, Tauchsportverband und dem Verband der Computerclubs.

28. - 29. April: Bei den EM im Bodybuilding in Leningrad (UdSSR) belegen Gabriele Otto (Leichtgewicht) und Thomas Beine (Mittelgewicht) jeweils Rang sieben, erreichen aber beide nicht das Finale.
30. April - 6. Mai: Jochen Schümann/Thomas Flach/Bernd Jäkel werden auf dem Chiemsee (BRD) Vize-Europameister im Segeln (Soling-Klasse).
April: Veröffentlichung der „Thesen zum Schulsport" (Albrecht Hummel/Willi Knappe) ein fachspezifischer Beitrag zur grundlegenden demokratischen Erneuerung des Bildungswesens.
2. Mai: Der Wanderer- und Bergsteiger-Verband (DWBV) wird in Dresden gegründet. Wanderer und Bergsteiger gehörten bisher zum DWBO.
5. - 8. Mai: Europameister im Ringen (Freier Stil) werden in Poznan (Polen) Hans Gstöttner (82 kg) und Andreas Schröder (130 kg). Karsten Polky (62 kg) gewinnt die Silbermedaille.
8. Mai: Erstes Gespräch der Ministerin für Jugend und Sport der DDR, Cordula Schubert, und des Innenministers der BRD, Wolfgang Schäuble.
8. - 20. Mai: Bei der 43. Internationalen Friedensfahrt (Berlin - Plzen - Bielsko Biala - Banska Bystrica) belegen Bert Dietz und die Mannschaft (Bert Dietz, Falk Boden, Frank Kühn, Jens Heppner, Steffen Rein, Martin Goetze) im Gesamtklassement jeweils Rang zwei.
10. - 12. Mai: Maik Bullmann (100 kg) erringt in Poznan (Polen) bei den EM im Ringen (Klassischer Stil) die Silbermedaille.
10. - 13. Mai: Vizeeuropameister im Judo werden in Frankfurt a.M. (BRD) Axel Lobenstein (Mittelgewicht) und Udo Quellmalz (Halbleicht). Bronzemedaillen erkämpfen Jana Perlberg (Extraleicht), Susann Singer (Halbmittel), Frank Borkowski (Halbschwer) und Frank Möller (Schwer).
12. Mai: Der Triathlon-Verband (TV) konstituiert sich in Leipzig als eigenständiger Sportverband im DTSB.
12. Mai: Deutscher Karate-Verband (DKV) in Berlin gegründet.
12. Mai: Während seiner 2. Tagung nimmt der Bundesvorstand des DTSB den Armbrustschützenverband e.V., den Carrom-Sportverband e.V. und den Golfsportverband e.V. als 44. Sportverband auf.
13. Mai: Die Nationalmannschaft Fußball (A-Auswahl) spielt gegen den dreifachen Weltmeister Brasilien im Maracana-Stadion in Rio de Janeiro unentschieden 3:3. Tore: Thomas Doll, Rainer Ernst, Rico Steinmann.
13. - 18. Mai: Beim „1. Weltkongreß für Fitneß, Ernährung und Sport für alle" in Chicago (USA) informieren Dr. Frigga Dickwach und Dr. Klaus Hennig über die Strategie zur Entwicklung der Fitneßbewegung in der DDR und deren wissenschaftlich gestützte konzeptionelle Grundaussagen.
13. - 18. Mai: 20. Treffen Junger Bergsteiger in Hohnstein mit 23 Mannschaften aus der DDR und einer Gastmannschaft aus der BRD.

15. - 26. Mai: Das „Interschach Berlin '90 - Mephisto-Großmeisterturnier" BRD, UdSSR und DDR gewinnt IGM Juri Balaschow vor IGM Oleg Romanischin (beide UdSSR) und IGM Lutz Espig.
17. Mai: Gründung des Deutschen Sportlehrerverbandes (DSLV) in Berlin.
19. Mai: Internationaler GutsMuths-Rennsteiglauf (45 km, 65 km) und 2. Rennsteigwanderung mit Rekordbeteiligung (9671 Aktive aus der BRD, CSFR, Frankreich, Italien, den Niederlanden, der UdSSR und DDR).
20. - 26. Mai: Bei den WM Kegeln (Asphalt) in Innsbruck (Österreich) gehen die Nationalmannschaften der Frauen und Männer nach 1972 erstmals wieder an den Start. Sie belegen jeweils Rang sechs im Mannschaftswettbewerb und durch Bernd Schierz (Einzel) Rang fünf.
25. Mai: Gründung der Deutschen Gesellschaft für Sportwissenschaft (DGfS) in Leipzig. Präsident: Prof. Dr. sc. phil. Günter Witt.
25. - 27. Mai: Beim ersten EM-Start werden Torsten Mager/Heiko Zschech in Bülach (Schweiz) Junioren-Europameister im Radball. Heiko Schmalfeld/Michael Meleschko (Zweierkunstfahren) belegen Rang drei.
26. Mai: Deutscher Wandersportverband (DWV) in Berlin gegründet. Wandern gehörte bislang zum DWBO.
26. Mai: Reinhardt Tauchnitz und Dr. Karsten König bezwingen als erste DDR-Alpinisten mit dem im Zentralhimalaja gelegenen Shisha Pangma (Westgipfel 8033 m) einen der 14 Achttausender. Zur Mannschaft gehören auch Winfried Kraus (bis 7500 m) und Sabine Körbs (bis 6400 m).
26. - 27. Mai: Vizeeuropameister im Turnen werden in Lausanne (Schweiz) Jens Milbradt (Seitpferd, Ringe) und Ralf Büchner (Sprung), der am Reck noch eine Bronzemedaille ebenso wie André Hempel (Barren) erringt.
27. Mai: Der ASK Vorwärts Frankfurt (Oder) der gewinnt in der Oderland-Halle den Europacup der Pokalsieger (IHF-Cup) im Handball der Frauen gegen Spartak Kiew (UdSSR) mit 21:16 (erstes Finalspiel 19:22).
Mai: Kristin Otto wird als erfolgreichste Schwimmerin aller Zeiten von der internationalen Föderation mit dem FINA-Preis ausgezeichnet.
2. - 3. Juni: 60 Jahre Teterower Bergring und 70. Rennen auf dem Bergring: Lokalmatador Thomas Diehr wird Grasbahnmeister, gewinnt den Bergring-Pokal und belegt im Rennen um den Goldhelm Rang zwei.
3. Juni: Die Leichtathletinnen des SC Neubrandenburg gewinnen in Wien den Europapokal für Klubmannschaften vor Trud Moskau.
7. Juni: Der Ministerrat hebt die Verantwortlichkeit der Betriebe für den Sport in ihrem Bereich auf und damit die Anordnung des Ministerrates über die Wahrnehmung der Verantwortung der Betriebe und staatlichen Einrichtungen auf dem Gebiet von Körperkultur und Sport vom 30.11.1972, die vom 20.10.1967 und die über die kostenlose Nutzung der Sporteinrichtungen vom 15.4.1975, nach der die finanziellen Kosten für alle Sporteinrichtungen „jeweils vom Rechtsträger zu übernehmen sind". Für die BSG Chemie Buna Schkopau mit ca. 2000 Mitgliedern in 22 Sek-

tionen fallen damit z.B. ab 1. Juli jährlich Fördermittel aus dem Kultur- und Sozialfonds des Kombinats in Höhe von 400.000 Mark, die Mittel für die Personalkosten und für den Unterhalt der Sportanlagen, insgesamt ca. 5 Millionen Mark (ohne Transport-, Betriebs- u.a. Kosten), aus.

9. - 10. Juni: Nach 18 Jahren findet wieder ein WM-Lauf im Endurosport in und um Zschopau statt. Vor mehr als 100.000 Zuschauern gewinnt Thomas Bieberbach (80 ccm/Simson), der die WM-Wertung anführt.

13. Juni: Verordnung zur Sicherung und Nutzung von Sporteinrichtungen im öffentlichen Eigentum (SportEinrVO).

14. - 17. Juni: Das Mächtigkeitsspringen des ersten CSIO nach 20 Jahren in Gera gewinnen Günter Till/Kosak und Lars Nieburg/Gondolier (BRD).

15. Juni: Forum des Deutschen Sportlehrerverbandes (DSLV) in Berlin zum Sportunterricht mit behinderten Kindern und Jugendlichen.

15. -17. Juni: Bei der ersten EM im 5-Kegel-Billard der Junioren in Neustadt/Rbge. (BRD) erreicht die Mannschaft des DBSV in der Länderwertung Rang drei, Hartmut Schmidt (Einzel) Rang sechs, Gerd Kunz Rang neun.

16. Juni: Die Mitgliederversammlung des NOK wählt in Kienbaum Prof. Dr. Dr. Joachim Weiskopf zum neuen Präsidenten und beschließt ein neues Statut. Das NOK sieht seine Hauptaufgabe darin, für 1992 eine gemeinsame deutsche Olympiamannschaft vorzubereiten. Das Vermögen des NOK für die Ausrüstung einer Olympiamannschaft beträgt 16 Millionen Mark.

16. Juni: Am DB-Marathon (vormals KMU) in Leipzig, dem größten Stadtmarathon in der DDR, beteiligen sich 2099 Aktive, 666 gehen über 10 km, 320 über 1,5 km an den Start. Etwa 500 Aktive besuchen am **17. Juni** das interdisziplinäre Marathon-Kolloquium zum Thema „Ausdauertraining".

19. Juni: Michael Knittel (Schwedt) erhält für seine Arbeit im Welt-Kinderzeichenwettbewerb (296 Teilnehmer) als Zweiter einen Ehrenpreis des IOC.

21. Juni: Die von Lothar de Maiziére geführte DDR-Regierung beschlagnahmt das gesamte Vermögen des DTSB und stellt es unter staatliche Treuhandschaft. Das betrifft Vermögenswerte in Höhe von 600 Millionen Mark, z.B. Liegenschaften und Immobilien. Nach bundesdeutschem Preisspiegel sind das Vermögenswerte von etwa 2,5 Milliarden DM.

21. Juni: Beschluß der Volkskammer der DDR zur Sportförderung, insbesondere des Behindertensports und der Olympiakader für die Olympischen Spiele 1992 einschließlich der für die Paralympics 1992.

23. Juni: Beate Anders geht in Rostock über 5000 m Weltrekord (20:07,52 min).

24. Juni - 1. Juli: 40. Internationale Ostseeregatta (IOR) in Rostock.

27. Juni - 6. Juli: Andreas Backhaus (74 kg) wird in Lapua (Finnland) erneut Junioren-Europameister im Ringen (Freier Stil).

28. Juni: Der Präsident des DTSB, Martin Kilian, und der Präsident des DSB, Hans Hansen, vereinbaren bei einem Treffen in Berlin (West) die Grundzüge und den Weg zur Einheit im Sport.

30. Juni - 1. Juli: Den letzten Länderkampf gewinnt die Nationalmannschaft Leichtathletik in Gateshead vor Großbritanien und Kanada mit 328,5 Pkt. (Frauen - Rang eins 169,5 Pkt.; Männer - Rang zwei 159 Pkt.).

30. Juni - 6. Juli: 40. Internationale Ostseeregatta (IOR) für Kinder und Jugendliche auf dem Salzhaff bei Rerik.

1. Juli: Der Deutsche Federballverband (DFV) im DTSB und der Deutsche Badminton-Verband (DBV) im DSB beginnen die Zusammenarbeit. Alle Altersklassen werden in das Spielsystem der DBV-Struktur und die höchste Spielklasse des DFV in die 2. Bundesliga als Gruppe Ost eingefügt.

1. - 6. Juli: Oder-Neiße-Friedenstour '90 anläßlich des Görlitzer Abkommens vor 40 Jahren mit 36 Aktiven aus der BRD, den Niederlanden, aus Polen und der DDR ca. 660 km per Rad entlang der Oder-Neiße-Grenze.

1. - 18. Juli: Beim „Internationalen Damenturnier Dresden '90" im Schach (FIDE-Kategorie 6) erreicht FM Gundula Nehse Rang drei.

3. - 12. Juli: Bei den Junioren-Weltspielen für Behinderte in St. Etienne (Frankreich) gewinnen die Aktiven elf Gold-, fünf Silber- und sieben Bronzemedaillen. Weltspielsieger werden Stefanie Gall (S8/100 m Brustschwimmen, 50 m Schmetterling, 100 m Freistil), Daniela Pohl (S7/100 m und 400 m Freistil, 100 m Rücken), Jan Miroslaw (S9/100 m Rücken, 100 m Brust), Andreas Hausmann (B1/100 m Brustschwimmen), Dirk Otten (F9/Speerwerfen) und Mike Hentschel (F8/Kugelstoßen).

5. Juli: Beim Start des „Friendship-Run" über 2000 km von Berlin nach Moskau am Brandenburger Tor verweigern DDR-Olympiasieger der Ministerin für Jugend und Sport, Cordula Schubert, den Ehrenstart vorzunehmen, übertragen diese Aufgabe Waldemar Cierpinski und machen auf den Crashkurs der Regierung gegenüber der Sportbasis aufmerksam. (vgl. 7.6.1990) Ein Gesprächsangebot der Ministerin ist das Ergebnis.

7. Juli: Der Bundesvorstand des DTSB beschließt in Kienbaum ein neues Statut, das die Rechtsfähigkeit garantiert und den Strukturen des DSB entspricht. Als neue Mitglieder werden der Deutsche Karateverband (DKV) und die Rock'n-Roll-Organisation aufgenommen.

13. - 14. Juli: Siegfried Martin wird in Bully-Les-Mines (Frankreich) mit geborgter Waffe Europameister im Armbrustschießen (30m kniend).

14. - 15. Juli: Thomas Bieberbach erringt in Povaszka Bystrica (CSFR) den WM-Titel im Endurosport (bis 80 ccm/ Simson).

14. - 25. Juli: Bei den WM und Weltspielen der Behinderten in Assen (Niederlande) gewinnen die Aktiven neun Gold-, zwölf Silber- und zwölf Bronzemedaillen. Weltmeister werden Marianne Buggenhagen (F5/ Diskuswerfen mit Weltrekord 16,88 m, Kugelstoßen mit Weltrekord 8,11 m, Fünfkampf), Martina Willing (B1/Speerwerfen mit Weltrekord 29,52 m,

Kugelstoßen), Ilona Thomas (B3/Speerwerfen), Siegmund Turteltaube (B1/Diskuswerfen mit Weltrekord 35,24 m), Geert Jährig (S8/100 m Rükkenschwimmen mit Weltrekord 1:18,58 min) und Detlef Schmidt (S9/100 m Rückenschwimmen mit Weltrekord 1:08,22 min).

15. - 22. Juli: Das bislang beste Ergebnis erreichen die Athleten bei den Junioren-EM im Boxen in Usti n. L. (CSFR) mit drei Gold-, zwei Silber- und drei Bronzemedaillen. Junioren-Europameister werden Kay Pielert (Fliegengewicht), Jens Hildebrandt (Leicht) und Jan Schwank (Mittel).

19. - 22. Juli: Sven Hoemke (55 kg) wird in Ungarn Kadetten-Weltmeister (14 - 16 Jahre) im Ringen (Klassischer Stil).

20. Juli - 5. August: Bei den 2. Goodwill-Games in Seattle (USA) erringen die Aktiven elf Gold-, acht Silber- und 23 Bronzemedaillen. Games-Sieger werden Ilke Wyludda (Diskuswerfen), Manuela Stellmach (Schwimmen, 200 m Freistil), Jörg Hoffmann (800 m, 1500 m Freistil), Patrick Kühl (400 m Lagen), die 4x100-m- und die 4x200-m-Freistilstaffel der Frauen, Jan Hempel (Turmspringen) und im Rudern der Vierer o.Stm., der Vierer o.Stfr. und der Frauen-Achter.

25. Juli: Die Gründungsmitglieder des Deutschen Olympiaclubs e.V. wenden sich in einem offenen Brief an den Präsidenten des IOC, Juan Antonio Samaranch, in großer Sorge um die Zukunft des Sports in der DDR und hoffen, daß der weitere „Niedergang... gebremst wird".

26. - 29. Juli: Mit fünf Goldmedaillen (200m, 400 m, 800 m Freistil, 4x100-m-Freistilstaffel, 4x100-m-Lagenstaffel) und einer Silbermedaille wird Sandra Gutsche die erfolgreichste Teilnehmerin der Junioren-EM im Schwimmen in Dünkirchen (Frankreich).

26. - 29. Juli: Bei den Jugend- und Junioren-EM im Kunst- und Turmspringen in Frankfurt a.M. (BRD) erringen Conny Schmalfuss (Jugend Kunstspringen 1 m), Jana Eichler (Juniorinnen Turmspringen) und Marco Trahndorf (Jugend Kunstspringen 1 m) die EM-Titel.

28. Juli: 17. Thüringer Burgenfahrt mit mehr als 4500 Teilnehmern aus Erfurt, Gotha, Arnstadt (jeweils 18 km Anfahrt), Bad Langensalza (35 km) und Eisenach (50 km), unter ihnen Lutz Heßlich, Detlef Macha, Volker Winkler, Gerald Mortag, Bernhard Eckstein, Klaus Ampler, Falk Boden, Jens Heppner, Bert Dietz, Steffen Rein, Frank Kühn.

28. - 29. Juli: Bernd Beckhusen wird in Nora (Schweden) Vizeweltmeister im Motorbootrennsport (Außenbord-Rennboote bis 250 ccm).

28. - 29. Juli: Junioren-Europameister im Turnierangelsport werden in Schwandorf (BRD) Jana Gerlach (Fliege-Skish, Fünfkampf), Tina Gerlach (Fliege-Kombination) und Katrin Werner (Gewicht-Skish). In der Mannschaftswertung belegen Juniorinnen und Junioren jeweils Rang zwei.

29. Juli: Start zur 7. Internationalen touristischen Friedensfahrt in Berlin über 1700 km nach Plzen (CSFR), Czestochowa (Polen), Görlitz (DDR) mit Aktiven aus der CSFR, UdSSR, aus Polen, Ungarn und der DDR.

Juli: Die Gewerkschaft Öffentliche Dienste (ÖTV) protestiert gegen die Auflösung des Sports und die damit einhergehende Entlassungswelle.

1. August: Der Präsident des DTSB, Martin Kilian, informiert während einer Pressekonferenz darüber, daß dem DTSB keinerlei finanzielle Mittel für das III. und IV. Quartal zur Verfügung stehen, so daß Löhne und Gehälter nicht gezahlt werden können und bis zum Ende des Jahres 9000 Mitarbeiter entlassen werden müssen.

2. - 5. August: Bei der Junioren-WM im Rudern in Aiguebelette (Frankreich) erringen die Aktiven sechs Gold-, drei Silber- und zwei Bronzemedaillen. Weltmeister werden der Vierer o.Stfr. und der Doppelvierer der Juniorinnen, Andrè Wilms (Einer), der Zweier m.Stm., der Doppelvierer und der Achter der Junioren.

3. August: Jens Lehmann fährt in der Oderland-Halle in Frankfurt (Oder) Weltrekord in der Einzelverfolgung (Amateure) über 4000 m (4:28,756 min) und über 5000 m (5:38,294 min).

3. - 12. August: Ines Bohn/Sabine Rohatzsch werden vor Hoorn (Niederlande) IYRU-Weltmeister im Segeln (olympische 470er Klasse).

6. - 19. August: Bei den WM im Schießsport in Moskau erringen die Aktiven drei Gold-, zwei Silber- und drei Bronzemedaillen. Weltmeister werden Manfred Kurzer (Laufende Scheibe, 10 m), Ralf Schumann (Olympisch Schnellfeuer) mit Egalisierung des Weltrekords und Jörg Damme (Wurftaube Trap) mit Weltrekord im Vorkampf (200) und im Finale (224).

9. - 12. August: Junioren-Weltmeister in der Leichtathletik werden in Plovdiv (Bulgarien) Andrea Philipp (100 m), Tanja Damaske (Speerwerfen) und Beatrice Mau (Siebenkampf).

15. August: Die Eisschnellauf-Weltmeisterin Jacqueline Börner wird beim Radtraining auf der Straße von einem Autofahrer vorsätzlich umgefahren und schwer verletzt. Kurz vorher hatte der PKW-Fahrer schon den Eisschnelläufer Peter Adeberg in den Straßengraben befördert.

17. August: Christine Wachtel läuft in Berlin Weltrekord über 1000 m (2:30,67 min).

20. - 26. August: Bei den WM im Bahnradsport in Maebashi (Japan) wird Michael Hübner der erste Profi-Weltmeister der DDR (Sprint und Keirin). Bei den Amateuren erringt Bill Huck (Sprint) den WM-Titel. Jens Glücklich (1000 m Zeitfahren) und Jens Fiedler (Sprint) belegen jeweils Rang drei.

22. - 26. August: Weltmeister im Kanurennsport werden in Poznan (Polen) über 500 m der KII und der KIV der Frauen, über 1000 m der KII und der CII der Männer, über 5000 m der KII der Frauen. Die Aktiven gewinnen fünf Gold-, drei Silber-, vier Bronzemedaillen. Am erfolgreichsten sind Anke von Seck und Ramona Portwich mit jeweils drei Goldmedaillen.

22. - 26. August: Vizeweltmeister im Segeln werden vor Medemblik (Niederlande) Peggy Hardwiger/Christina Pinnow (470er Klasse). Nauck/Hellriegel/Diedering (Soling-Klasse) belegen Rang drei.

27. August - 1. September: Bei den EM der Leichtathleten in Split (Jugoslawien) gewinnen die Aktiven zwölf Gold-, zwölf Silber- und zehn Bronzemedaillen. Europameister werden Katrin Krabbe (100 m vor Silke Möller und Kerstin Behrendt, 200 m vor Heike Drechsler), Grit Breuer (400 m) vor Petra Schersing, Sigrun Wodars (800 m) vor Christine Wachtel, Heike Drechsler (Weitsprung), Astrid Kumbernuss (Kugel-stoßen), Ilke Wyludda (Diskuswerfen), die 4x100-m-Staffel (Möller, Krabbe, Behrendt, Günther), die 4x400-m-Staffel (Derr, Hesselbarth, Schersing, Breuer) der Frauen, Jens-Peter Herold (1500 m), Ulf Timmermann (Kugelstoßen) vor Sven Buder und Jürgen Schult (Diskuswerfen).

28. August - 1. September: Europameister im Orientierungstauchen werden in Paris Martina Ocik/Claudia Schinzel (MONK).

29. August - 2. September: Vizeweltmeister im Straßenradsport/100-km-Wettbewerb) werden in Maebashi (Japan) Falk Boden, Maik Landsmann, Uwe Berndt und Uwe Peschel. Jens Heppner (Einzel) belegt Rang vier.

31. August: Vertrag zwischen der Bundesrepublik Deutschland und der Deutschen Demokratischen Republik über die Herstellung der Einheit Deutschlands - Einigungsvertrag.

Im Kapitel VIII, Art. 39 Sport wird festgelegt: „(1) Die in dem in Artikel 3 genannten Gebiet in Umwandlung befindlichen Strukturen des Sports werden auf Selbstverwaltung umgestellt. Die öffentlichen Hände fördern den Sport ideell und materiell nach der Zuständigkeitsverteilung des Grundgesetzes.

(2) Der Spitzensport und seine Entwicklung... wird, soweit er sich bewährt hat, weiter gefördert. Die Förderung erfolgt im Rahmen der in der Bundesrepublik Deutschland bestehenden Regeln und Grundsätze nach Maßgabe der öffentlichen Haushalte in dem in Artikel 3 genannten Gebiet. In diesem Rahmen werden das Forschungsinstitut für Körperkultur und Sport (FKS) in Leipzig, das vom Internationalen Olympischen Komitee (IOC) anerkannte Dopingkontrollabor in Kreischa (bei Dresden) und die Forschungs- und Entwicklungsstelle für Sportgeräte (FES) in Berlin (Ost) - in der jeweils angemessenen Rechtsform - als Einrichtungen im vereinten Deutschland in erforderlichem Umfang fortgeführt oder bestehenden Einrichtungen angegliedert.

(3) Für eine Übergangszeit bis zum 31. Dezember 1992 unterstützt der Bund den Behindertensport."

31. August - 2. September: Gabriele Hüller gewinnt bei den Wasserski-EM in Sasbach (BRD) zwei Silbermedaillen (Springen, Kombination).

August: Die Zeitschrift „Training und Wettkampf" - bis Dezember 1989 „Theorie und Praxis des Leistungssports" - stellt mit dem Heft 8 ihres 28. Jahrganges das Erscheinen ein.

1. September: Das NOK beschließt, 1,8 Millionen DM für die Teilnahme von sieben Sportverbänden an WM, EM, Weltcup-Wettbewerben und die Durchführung von Vorbereitungslehrgängen zur Verfügung zu stellen.

1. September: Am 9. Berliner Friedenslauf (Halb- und Viertel-Marathon) - erstmals grenzüberschreitend - nehmen mehr als 10.000 Aktive teil.

2. - 9. September: Junioren-Europameister im Sportschießen wird in Zenica (Jugoslawien) Enrico Liebich (Schnellfeuerpistole).

4. - 9. September: Rico Kubat (Fliegengewicht) wird in Dublin (Irland) Weltcupsieger im Boxen. Marco Rudolph (Leichtgewicht) und Bert Teuchert (Schwergewicht) belegen jeweils Rang zwei.

6. - 9. September: Beim 15. Pokal der Freundschaft im Orientierungslaufen in Bad Blankenburg gewinnt Jens Leibiger die neu eingeführte Kurzstrecke - der erste DDR-Sieg in der Geschichte des Wettbewerbs.

7. - 15. September: Bei den WM in Bled (Jugoslawien) erringen die Fallschirmspringer zwei Gold-, fünf Silber- und vier Bronzemedaillen. Weltmeister werden Denise Bär (Gesamteinzelwertung/Allround-Champion) und André Heinze (Junioren Zielspringen).

8. September: Die fünf neu gebildeten DTV-Landesverbände vereinigen sich in Hannover (BRD) mit dem Deutschen Turner-Bund (DTB) der BRD ebenso die Sportarten Gymnastik, Faustball, Orientierungslauf und die Musik- und Spielleute. Der Präsident des Deutschen Wandersport-Verbandes e.V. stellt fest: „Heute und hier können wir noch keinen Beitritt zum Deutschen Turner-Bund erklären."

9. September: Christa Luding-Rothenburger wird als erste Frau der Welt, die Medaillen bei olympischen Sommer- und Winterspielen gewann, vom IOC mit dem Ehrenpreis „Sport und Frauen" ausgezeichnet.

10. September: Die Athletenkommission beim NOK konstituiert sich unter Vorsitz von Jutta Behrendt (Rudern). Dem Achter-Rat gehören an: Thomas Flach, Bernd Jäkel, (Segeln), Olaf Heukrodt (Kanu), André Hoffmann (Eisschnellauf), Jörg Hoffmann (Rennschlittensport), Karsten Polky (Ringen) und Thomas Püschel (Bogenschießen). DTSB-Athletensprecher Ulf Timmermann wird in die Arbeit einbezogen.

12. September: Das letzte Länderspiel gewinnt die Nationalmannschaft Fußball (A-Auswahl) in Brüssel gegen Belgien mit 2:0. Die Länderspieltore Nr. 500 und 501 schießt Kapitän Matthias Sammer. Die vierzehn eingesetzten Spieler sind: Jens Schmidt, Heiko Peschke, Jörg Schwanke, Andreas Wagenhaus, Detlef Schößler, Dariusz Wosz, Matthias Sammer, Jörg Stübner, Heiko Bonan, Uwe Rösler, Heiko Scholz, Stefan Böger, Torsten Kracht und Jens Adler. Insgesamt 19 der eingeladenen Spieler hatten bei Nationaltrainer Eduard Geyer abgesagt.

12. September: Die Ministerin für Jugend und Sport, Cordula Schubert, stellt das „Sportsicherungsprogramm DDR" vor. Nach Bestätigung des Staatshaushalts sollen bereitgestellt werden für die Anschubfinanzierung der sich neu bildenden Landesverbände - 13,7 Mio DM, die Förderung des Behindertensports - 3,0 Mio, „die Unterstützung bisher nicht geförderter Sportarten“ - 2,0 Mio, die Förderung der Sportjugend und von freien Trägern des Sports - 0,5 Mio, Honorartrainer- und Übungsleiterentschädigungen - 3,0 Mio. Als Hilfe zur Selbsthilfe soll dieses Sicherungsprogramm neue Sportstrukturen der Länder fördern helfen.

15. September: Erster Landessportbund (LSB) durch Delegierte der Bezirke Potsdam, Cottbus und Frankfurt (Oder) in Geltow für das Land Brandenburg gegründet. Präsident: Prof. Dr. Gerhard Junghähnel.

22. September: Der Bundesvorstand des DTSB beschließt seine Auflösung zum 5.12.1990 und den Beitritt der ostdeutschen Landessportbünde anläßlich des DSB-Bundestages.

22. - 23. September: Weltmeister im Turnierangeln werden in Bordeaux (Frankreich) Jana Maisel (Fliege-Skish, Fliege-Kombination, Gewicht-Skish, Fünfkampf), die Frauenmannschaft (Maisel, Britze-Ernst, Gerlach) und Lothar Trampe (Fliege-Distanz zweihändig).

23. September: Das Finale der III. Teleschach-Olympiade UdSSR-DDR endet 4:4. Nach Abschätzung geht der FIDE/ICCF-Pokal an die DDR-Auswahl (IGM Uwe Bönsch, IGM Rainer Knaak, IGM Wolfgang Uhlmann, IGM Lutz Espig, IM Hans-Ulrich Grünberg, IM Raj Tischbierek/Fernschachbrett, IM Anett Wagner-Michel, Dirk Rosenthal/Junior).

29. September: Gründung der Landessportbünde Sachsen-Anhalt (Präsident: Klaus-Dieter Malzahn; Ehrenpräsident: Gustav-Adolf Schur), Sachsen (Andreas Decker), Thüringen (Prof. Dr. Manfred Thieß).

1. Oktober: Das „Sportmuseum Berlin“ wird dem Magistrat von Berlin unterstellt und ist damit nach dem 3.10.1990 ein Berliner Landesmuseum.

3. Oktober: Der Sportmedizinische Dienst (SMD), Teil des Gesundheitswesens der DDR, hört auf zu existieren.

Das Statut vom 1. September 1963 wird mit dem Beitritt der DDR zum Geltungsbereich des Grundgesetzes der BRD außer Kraft gesetzt. Die Mitarbeiter des SMD werden auf der Grundlage des 1. Staatsvertrages über die Schaffung einer Währungs-, Wirtschafts- und Sozialunion zwischen der Bundesrepublik Deutschland und der Deutschen Demokratischen Republik vom 18. Mai 1990, Art. 22, Abs. 2 entlassen. Danach „wird die Deutsche Demokratische Republik schrittweise eine Veränderung des Versorgungsangebots der Bundesrepublik Deutschland mit privaten Leistungserbringern vornehmen, insbesondere durch Zulassung niedergelassener Ärzte, Zahnärzte und Apotheker...“ Ebenso wie für das einzigartige Betreuungssystem, insbesondere auch das Vorsorgesystem, im Gesundheitswesen gibt es für den Sportmedizinischen Dienst wie auch für die Ausbildung zum Facharzt für Sportmedizin keine Bestandsmöglichkeiten.

Mit dem Wirksamwerden des Beitritts der Deutschen Demokratischen Republik zur Bundesrepublik Deutschland gemäß Artikel 23 des Grundgesetzes am 3. Oktober 1990 endet die Chronik des DDR-Sports.

Epilog - 1990

10. - 14. Oktober: Ralf Schumann gewinnt in München-Hochbrück erneut den Weltcup im Sportschießen (Olympisch Schnellfeuer). Da der Beitritt zum Deutschen Schützen-Bund (DSB) erst am 1. Januar 1991 erfolgt, wird der Sieg dem Deutschen Schützenverband (DSV) der DDR zugeordnet.
27. Oktober - 4. November: Bei den Ruder-WM in Lake Barrington (Australien) erringen die Aktiven des DRSV bei dreizehn Starts fünf Gold-, eine Silber- und fünf Bronzemedaillen. Weltmeister werden Birgit Peter (Einer), der Doppelzweier (Boron/Schramm) und der Doppelvierer der Frauen (Koeppen, Schmidt, Krüger, Sorgers), der Zweier o.Stm. (Jung/Kellner) und der Vierer m.Stm. der Männer (Grüssel, Schulz, Eichwurzel, Kirchhoff, Reiher). Der DRV ist mit einer eigenen Mannschaft am Start.
17. November: Letzte Beratung und Selbstauflösung des NOK der DDR.
November: Herbert Fechner, dem langjährigen Präsident des Bundes Deutscher Segler im DTSB, wird während der Generalversammlung des Internationalen Seglerverbandes (IYRU) in London als ersten Deutschen die höchste Auszeichnung der Weltorganisation, der Orden „Kreuz in Gold", verliehen.
2. Dezember: Andrea Stolletz absolviert bei der Handball-WM in Seoul, beim Hauptrundenspiel gegen Bulgarien ihren 200. Länderspieleinsatz für den Deutschen Handball-Verband (DHV) der DDR.
4. Dezember: Bei den WM im Handball der Frauen in Seoul gewinnt die Auswahl des DHV der DDR die Bronzemedaille im Spiel gegen die Auswahl des DHB der BRD mit 25:19 (12:7).
5. Dezember: Letzte Bundesvorstandssitzung des DTSB und Beschluß zu seiner Auflösung. Der Präsident, Martin Kilian, dankt allen, insbesondere den mehrere Hunderttausend ehrenamtlich Tätigen, die den Sport, wie er tatsächlich war, erst möglich machten. (vgl. 22.9.1990)
31. Dezember: Der Sportmedizinische Dienst ist in allen Bezirken endgültig aufgelöst und die Mitarbeiter sind entlassen. (vgl. 3.10.1990) Das betrifft insgesamt 185 Kreisberatungsstellen und 42 hauptamtlich besetzte Beratungsstellen, z.B. im einstigen Bezirk Halle 33 Ärzte davon 19 Kreissportärzte, 66 Mitarbeiterinnen und Mitarbeiter des mittleren medizinischen Fachschulpersonals, 16 Verwaltungs- und sonstige Angestellte.

INHALT:

INHALT: